Hans Herbert
von Arnim

DIE HEBEL
DER MACHT

UND WER SIE BEDIENT

Parteienherrschaft statt
Volkssouveränität

WILHELM HEYNE VERLAG
MÜNCHEN

MIX
Papier aus verantwor-
tungsvollen Quellen
FSC® C014496

Verlagsgruppe Random House FSC® N001967

Copyright © 2017 by Wilhelm Heyne Verlag, München,
in der Verlagsgruppe Random House GmbH,
Neumarkter Str. 28, 81673 München
Umschlaggestaltung: Hauptmann & Kompanie Werbeagentur, Zürich
Satz: Satzwerk Huber, Germering
Druck und Bindung: GGP Media GmbH, Pößneck
Printed in Germany
ISBN: 978-3-453-20142-2

www.heyne.de

Inhalt

Teil 7: Der Fehler liegt im System: Das Kartell auf dem Weg in den exzessiven, bürgerfernen Parteienstaat

Vorwort

Demokratie ist Herrschaft durch und für das Volk. Was den Bürgern frommt, ist allerdings höchst umstritten. Wie immer, wenn keine klaren Kriterien für die inhaltliche Richtigkeit bestehen, gewinnt deshalb das *Verfahren* zentrale Bedeutung: Die angemessene Gestaltung des politischen Willensbildungsprozesses soll bewirken, dass die Politik sich am Willen und am Interesse der Menschen ausrichtet. Die Ordnung dieses Prozesses und seine Ergebnisse sind jedoch verzerrt. Denn hinter der formalen Fassade von Regierung und Parlament entscheiden tatsächlich die politischen Parteien, und sie verfolgen ihre eigenen Interessen, die mit denen des Volkes keineswegs immer übereinstimmen.

Dabei geht es nicht nur um »Selbstbedienung« der Parteien an Geld und Posten, also um staatliche Politikfinanzierung und Ämterpatronage. Das sind nur die sichtbaren Zeichen für den Wandel von Parteien und Staat. Das eigentliche Problem ist viel grundlegender, denn die Parteien entscheiden selbst über die sogenannten Regeln des Machterwerbs, die ihnen eigentlich Grenzen setzen sollten. Dies stellt einen grundlegenden Strukturmangel unseres politischen Systems dar, prägt die Entwicklung zum exzessiven Parteienstaat und ermöglicht eine Politik über die Köpfe der Menschen hinweg.

Das 1949, vor bald 70 Jahren, erlassene Grundgesetz ist gegen diese Form der Machtergreifung nicht ausreichend gerüstet – und das vor einem halben Jahrhundert von den Parteien selbst konzipierte Parteiengesetz vom 24. Juli 1967 schon gar nicht. Die klassische Gewaltenteilung versagt, der Wettbewerb wird durch programmatische Angleichung der Parteien und durch politische Kartelle unterlaufen, und die von den Parteien bestellten Richter bewirken nur Randkorrekturen, ohne aber das Strukturproblem wirklich anzugehen.

Die Souveränität, die in der Demokratie eigentlich dem Volk zusteht, haben die Parteien an sich gerissen. Schritt für Schritt haben sie
ihre Macht immer weiter ausgebaut, ihre finanzielle Ausstattung ausgeweitet und ihr Personal in Schaltstellen und auf gesicherten Positionen untergebracht, um sich selbst immer unangreifbarer und uner-
setzlicher zu machen. Auf welche Weise sie das tun und welcher
Mittel sie sich dabei bedienen, das wird im Folgenden anhand vieler
Beispiele genau dargelegt.

Letztlich kann wohl nur direkte Demokratie, die den Bürgern die
Möglichkeit gibt, die Regeln der Macht selbst festzulegen und dem
Kartell der politischen Klasse Grenzen zu setzen, wirksam gegenhal-
ten und so die Gefahr eines exzessiven Parteienstaates bannen.
Schließlich sind der demokratische Staat und die, die ihn lenken, um
der Menschen willen da und nicht umgekehrt der Mensch um des
Staates und der Parteien willen.

In diesem Buch geht es bei aller Systemkritik nicht um eine De-
montage der Demokratie, sondern im Gegenteil um die Etablierung
eines wahrhaft demokratischen Systems. Dazu muss man Fehlentwicklungen aufzeigen und Wege zu besseren Lösungen. Von autori-
tären Staatsformen, die leicht versteinern und schließlich kollabie-
ren, unterscheidet sich Demokratie dadurch, dass sie öffentliche
Kritik verträgt, ja, sie geradezu braucht, um sich stetig fortzuentwi-
ckeln. So stellt sie ihre Lebensfähigkeit immer wieder unter Beweis.

Danken möchte ich Christian Pestalozza (Freie Universität Berlin), der große Teile des Manuskripts gegengelesen hat, für seine ver-
ständigen Anmerkungen, ebenso meinem Mitarbeiter Andrei Kiraly
für die Hilfe bei der Materialrecherche.

Speyer, im Dezember 2016   *Hans Herbert von Arnim*

Teil 1
Darf die Politik in eigener Sache entscheiden und alle Kontrollen beseitigen?

1. Wer sitzt an den Hebeln der Macht?

Ausgehebelt: Zum Beispiel Blitzgesetze

Wenn es um wichtige Angelegenheiten geht, entscheidet das Parlament in einem besonderen Verfahren, dem Gesetzgebungsverfahren – und solche Verfahren dauern oft ziemlich lang.

Manchmal aber geht es sehr rasch. Dann werden die vorgesehenen Fristen zwischen der Einbringung des Gesetzentwurfs und der ersten Lesung im Parlament und die Fristen zwischen der ersten und der zweiten Lesung nicht eingehalten; da wird der Inhalt des Gesetzes vor der Öffentlichkeit verborgen, tatsächliche und rechtliche Einwände werden unterdrückt; da fehlt eine Begründung, oder sie liegt neben der Sache; da meldet sich in den Plenardebatten niemand zu Wort, oder es werden Ausführungen gemacht, die von der Sache ablenken.

Wenn solche Verfahrensmängel vorliegen und das Ganze auch noch spätnachts beschlossen wird oder unmittelbar vor einem großen Sportereignis wie der Fußballweltmeisterschaft, das medial alles beherrscht, handelt es sich oft um ein Gesetz, welches das Parlament in eigener Sache beschließt. Typisch für solche Blitzgesetze[1] ist, dass die Politik sich an allen Kontrollen vorbei in parteiübergreifender Einigkeit »selbst bedient«.[2]

Auf die Spielregeln kommt es an

Wer legt die Regeln der Macht fest?

Entscheidungen in eigener Sache trifft die Politik in den Bereichen Wahlen, Politikfinanzierung, Ämterbesetzung und bei der sonstigen Ausgestaltung der Demokratie. Dabei geht es um politische Macht. Die Regeln über den Erwerb, den Behalt und den Genuss der Macht,[3] kurz: die »Regeln der Macht«,[4] haben, je nach Ausgestaltung, in unterschiedlicher Art und Weise Einfluss auf die Gewinnung, die Aufrechterhaltung und den Genuss der Macht. Sie sind fundamental *wichtig*, weil von ihrer Angemessenheit die Legitimation des ganzen politischen Systems wesentlich abhängt.[5] Deshalb gelten sie als besonders bedeutsames, grundlegendes Recht, als sogenanntes materielles Verfassungsrecht.[6]

Die Regeln der Macht sind nicht nur besonders wichtig, sondern auch besonders *gefährdet*, eben weil das Parlament – wegen der Entscheidung in eigener Sache – befangen und deshalb versucht ist, die Regeln zum eigenen Vorteil und damit unausgewogen und einseitig auszugestalten.[7]

Die grundlegende Bedeutung der Regeln der Macht erkennt man auch daran, dass Wahlrecht, Politikfinanzierung, Ämterpatronage und die restriktive Behandlung von Elementen direkter Demokratie zu den »Hebeln« gehören, mit denen die Parteien sich des Staates bemächtigt, ihn zum Parteienstaat geformt und eine politische Klasse mit eigenen Macht-, Status- und Einkommensinteressen ausgebildet haben. Die Erkenntnis, dass der Parteienstaat das Produkt der Selbstermächtigung von Parteien ist, die Parteien sich ihn also sozusagen angeeignet und einverleibt haben, muss seine Legitimation erschüttern.

Das Gewicht dieser Feststellung mag auch die zögerliche Haltung mancher Staats- und Politikwissenschaftler erklären, die grundlegende Problematik von Entscheidungen der Politik in eigener Sache anzuerkennen, ganz zu schweigen vom Widerstand der politischen Klasse selbst.

Das Spiel ...

Wie überall sind auch in der Politik die Spielregeln vom Spiel selbst zu unterscheiden, das sich innerhalb der Regeln bewegt.[8]
Das Spiel wird dadurch bestimmt,

- *wer* entscheidet: zum Beispiel der Bundestag oder die Bundesregierung;
- *was* entschieden wird und *mit welchem Ergebnis*: zum Beispiel die Höhe der Abgeordnetenentschädigung oder wer als Amtsträger eingestellt wird;
- *auf welche Weise*, das heißt in welchem Verfahren entschieden wird: zum Beispiel durch Sachgesetz (wie die staatliche Parteienfinanzierung), durch Änderung eines Titels im Haushaltsplan (wie die Höhe der öffentlichen Mittel für Fraktionen und Abgeordnetenmitarbeiter im Bund) oder durch Wahl (wie die Bestellung von Verfassungsrichtern) oder durch Verwaltungsakt (wie die Bestellung von Beamten).

... und die Bedeutung seiner Regeln

Die Spielregeln legen fest, wer worüber nach welchen Kriterien und in welchem Verfahren zu entscheiden hat.[9] Wer Erfolg haben will, muss sich an die Regeln halten. Dabei sollten diese so gestaltet sein, dass sie keinen Spieler von vornherein bevorzugen oder benachteiligen. Bestimmen aber einige der Spieler selbst die Regeln, gerät dieser Grundsatz in Gefahr. Niemand sollte die Regeln nach seinen Bedürfnissen so festlegen können, dass er bereits im Vorfeld gewonnen hat oder einen unangemessenen, möglicherweise spielentscheidenden Vorteil erlangt.

Die begriffliche Anleihe beim sportlichen Wettstreit bringt allerdings noch nicht gehörig zum Ausdruck, dass bei der Regelung des Wahlrechts, der Politikfinanzierung und Ämterbesetzung nicht nur die Interessen der unmittelbar betroffenen Spieler, sondern auch allgemeine Interessen auf dem Spiel stehen. Deshalb sollten die Spieler darüber sinnvollerweise auch dann nicht selbst entscheiden können, wenn sich alle einig sind. Gerade in diesem Fall besteht nämlich die Gefahr, dass die Einigung zulasten der Allgemeinheit erfolgt. Deshalb pflegt die Öffentlichkeit auf Änderungen des Grundgesetzes in eigener Sache besonders allergisch zu reagieren. Das hat zum Beispiel 1995 der Versuch des Bundestags gezeigt, den Diätenartikel (Art. 48 GG) zugunsten seiner Abgeordneten zu ändern: Das ist vornehmlich am öffentlichen Protest gescheitert.

Um solche Reaktionen der Öffentlichkeit von vornherein auszuschalten, suchen die Parlamente problematische Regelungen, selbst wenn es sich um materielles Verfassungsrecht handelt, bisweilen auf trickreich-manipulative Weise an der Öffentlichkeit vorbei zu beschließen, wie dies zum Beispiel bei Fraktionsgesetzen immer wieder der Fall war.

2. Entscheidungen in eigener Sache

Wann entscheidet das Parlament in eigener Sache?

Bei Entscheidungen des Parlaments in eigener Sache geht es nicht um Regelungen, von denen die Abgeordneten in ihrer Rolle als normale Bürger *mit* betroffen sind. Das Steuerrecht, das Familienrecht, das Straßenverkehrsrecht und die meisten anderen Rechtsgebiete gelten für die Allgemeinheit der Bürger und damit natürlich auch für Abgeordnete. Das ist auch gut so, schließlich sollen sie die praktischen Folgen ihrer parlamentarischen Entscheidungen sozusagen »am eigenen Leibe« verspüren, auch um ein Abheben der Repräsentanten vom Volk möglichst zu verhindern.[10]

Mit »Entscheidungen des Parlaments in eigener Sache« sind Entscheidungen gemeint, die *nur* (oder primär) das Parlament, das heißt dessen Abgeordnete, Fraktionen oder Parteien betreffen. Das sind Entscheidungen über das Wahlsystem oder über wahlrechtliche Sperrklauseln, Entscheidungen über Abgeordnetendiäten sowie über die Aufgaben und die Finanzierung von Parteien, Fraktionen und parteinahen Stiftungen. Auch die Regelung des finanziellen Status von Regierungsmitgliedern geschieht gewissermaßen in eigener Sache, wenn damit gleichzeitig eine Verbesserung der Diäten verbunden ist, um das Parlament und besonders die Opposition einzubinden. Ebenso betreffen Entscheidungen des Parlaments über seine Größe oder über die Dauer seiner Wahlperiode speziell die Abgeordneten und ihre Parteien im Parlament und erfolgen in eigener Sache.[11]

Auch hier ist wieder zwischen den Spielregeln und dem Spiel innerhalb der Regeln zu unterscheiden. Über die Spielregeln entscheiden in diesen Fällen die Spieler selbst, genauer gesagt eine Seite der Spieler, obwohl diese Festlegung ihnen fairerweise nicht einseitig überlassen werden dürfte, da sie am Ausgang des Spiels interessiert sind. Sie entscheiden also nicht nur über die Sache (das Spiel), sondern auch über die Spielregeln in eigener Sache.

Eine Frage des persönlichen Vorteils

Für die Väter des Verfassungsstaats war die Unterscheidung zwischen allgemeinen Gesetzen und solchen, die allein den Mitgliedern des Parlaments Vorteile bringen, noch selbstverständlich. Der Ausschluss Letzterer galt ihnen als Bedingung für die Legitimität der Staatsgewalt. So schrieb John Locke, dessen politische Philosophie prägend war für die Verfassungen der USA und der französischen Republik: »Den Mitgliedern der gesetzgebenden Versammlung ist es versagt, ein Gesetz zu erlassen, das allein ihnen Vorteile bringt. Sie sind lediglich ermächtigt, in Sachen der Allgemeinheit zu entscheiden, nicht aber in eigener Sache.«[12]

In der aktuellen Diskussion beharren allerdings manche darauf, dass das Parlament *immer* in eigener Sache entscheide, und lehnen deshalb das hier vorgetragene Konzept ab.[13] Deshalb sei der kategoriale Unterschied zwischen Entscheidungen des Parlaments in eigener

Sache und allgemeinen Regelungen, die Abgeordnete *auch* betreffen, wie Steuergesetze, noch einmal an zwei Beispielen illustriert.

So würde etwa eine Erhöhung der Mehrwertsteuer um einen Prozentpunkt zwar auch Abgeordnete belasten. Bei einem angenommenen monatlichen Verbrauch von 1000 Euro wären das 10 Euro im Monat. Da das damit erzielte zusätzliche Steueraufkommen aber auf der staatlichen Ausgabenseite in der Regel Nutzen für die Bürger und eben auch für Abgeordnete erbringen würde, dürfte das Nettoresultat für die Bürger (einschließlich der Abgeordneten), jedenfalls im Durchschnitt, bei null liegen oder sogar positiv sein: Steuergelder werden zum Erhalt und zur Entwicklung des Gemeinwesens eingesetzt.

Demgegenüber erbrächte eine Erhöhung der Abgeordnetenentschädigung um zum Beispiel 300 Euro monatlich jedem Bundestagsabgeordneten ein entsprechendes Mehr an Einkommen, ohne dass er in seiner Eigenschaft als Steuerzahler in relevanter Weise zusätzlich belastet würde. Abgeordnete kokettieren gelegentlich damit, wie wenig ihre Diäten die Allgemeinheit belasten, wenn man sie rechnerisch auf alle Bürger umgelegt. Das gilt aber auch für die Abgeordneten selbst in ihrer Eigenschaft als Steuerzahler. Da sich die steuerliche Belastung zur Finanzierung der genannten Diätenerhöhung von 300 Euro auf, sagen wir, 60 Millionen Steuerzahler verteilt, trüge jeder (und damit auch jeder Abgeordnete selbst) dazu mit weniger als einem Tausendstel Cent im Monat bei.

Während der Verzicht auf die Steuererhöhung die persönliche Nutzenbilanz von Abgeordneten per Saldo also praktisch nicht berühren würde, schlüge der Verzicht auf die Diätenerhöhung in voller Höhe auf jeden Abgeordneten durch.

Diese Unterschiede sind so wesentlich, dass sie von der Quantität in die Qualität umschlagen. Nur wer des Rechnens nicht mächtig ist oder das Arbeiten mit Zahlen für eine unwürdige, niedere Angelegenheit hält, wie Jean-Jacques Rousseau[14] oder – bezogen auf Juristen – zum Beispiel Günter Dürig[15] gelehrt haben, kann die gewaltigen Unterschiede ignorieren. Beschlüsse von Abgeordneten, die nur sie betreffen, sind eben qualitativ etwas ganz anderes als allgemeine Gesetze, die sie auch betreffen. Damit dürfte der Einwand, Entscheidungen in eigener Sache besäßen keine rechtliche Relevanz, weil Abgeordnete stets auch selbst von ihren Entscheidungen mitbetroffen seien, widerlegt sein.

Eigeninteresse und Gemeinwohl

Das Konzept der Entscheidung in eigener Sache unterstellt keineswegs, das Parlament und seine Abgeordneten handelten immer nur eigennützig und richteten sich bei ihren Entscheidungen stets nur am Erhalt und an der Verbesserung ihres eigenen finanziellen und sonstigen Status aus, ohne sich an den Erfordernissen des Gemeinwohls zu orientieren. Auch das Bundesverfassungsgericht spricht ja lediglich von der *Gefahr*, dass das Parlament sich etwa bei der Einführung und der Aufrechterhaltung von wahlrechtlichen Sperrklauseln statt von gemeinwohlbezogenen Erwägungen von dem Ziel leiten lasse, die eigene Macht und den eigenen Status zu erhalten, weshalb eine verschärfte Gerichtskontrolle erforderlich sei.[16]

Die Erfahrung zeigt aber, dass die Rechtsordnung sich nicht allein auf die Gemeinwohlorientierung des Parlaments verlassen kann, wenn massive Eigeninteressen der Abgeordneten und ihrer Parteien auf dem Spiel stehen und es an wirksamen Kontrollen und Gegengewichten fehlt. Aus demselben Gedanken heraus ist es schließlich auch dem ausdrücklich ans Wohl der Allgemeinheit und seine gesetzlichen Konkretisierungen gebundenen Beamten[17] untersagt, im Verwaltungsverfahren in eigener Sache tätig zu werden.[18] Ebenso ist es dem an Gesetz und Recht gebundenen Richter[19] verboten, Urteile zu fällen, die ihn selbst betreffen. Dafür sorgen die entsprechenden Ausschluss- und Befangenheitsvorschriften der Prozessordnungen.[20] Grundsätzlich darf kein Richter und kein Verwaltungsbeamter also über eine Angelegenheit entscheiden, die ihn selbst (seine Angehörigen, sein Unternehmen oder seine sonstige Sphäre) betrifft.[21] Diesen Grundsatz kannte bereits das römische Recht: »Nemo iudex in causa sua« – niemand sei Richter in eigener Sache. Wer in eigener Sache urteilt, ist befangen. Ihm fehlt, wie bereits der äußere Schein besagt, die für einen fairen Interessenausgleich erforderliche Unabhängigkeit.

Wirksame Kontrollen sind unerlässlich

Entscheidet das Parlament in eigener Sache, fehlt – anders als für Justiz und Verwaltung – zwar ein Verbot, aber auch die Abgeordneten und die Fraktionen beschließen mit ihren Parlamentsparteien Regelungen, von denen sie selbst profitieren können (oder unterlassen es, einschränkende Regelungen vorzunehmen). Auch sie sind also befangen.[22]

Auf der anderen Seite legt das Grundgesetz ausdrücklich fest, dass die Abgeordnetenentschädigung durch Gesetz zu regeln ist.[23] Auch die Regelung des Parteienrechts[24] und des Wahlrechts[25] weist das Grundgesetz dem Gesetzgeber zu. Und die Gesetzgebung liegt in der Hand des Parlaments.[26] Das gilt jedenfalls für den Bund, da das Grundgesetz – abgesehen von den Bestimmungen über die Neugliederung des Bundesgebiets[27] – keine direkte Demokratie kennt.[28] Die Väter des Grundgesetzes hatten das Problem des Entscheidens in eigener Sache noch nicht gesehen. Eine staatliche Parteienfinanzierung war ihnen noch fremd, und die Diäten galten als bloße Aufwandsentschädigung für ehrenamtlich tätige Abgeordnete; sie waren deshalb gering und sahen keine staatsfinanzierte Altersversorgung vor. Parteipolitischer Ämterpatronage sollte das ausdrückliche grundgesetzliche Verbot[29] einen Riegel vorschieben.

Wir stehen also vor einem Dilemma: Einerseits ist das Parlament bei Entscheidungen in eigener Sache befangen und deshalb nach Organisation und Verfahren für solche Entscheidungen wenig geeignet. Andererseits ist in der rein parlamentarischen Demokratie niemand vorhanden, der die Entscheidungen anstelle des Parlaments treffen könnte.

Da aber die Vorbehalte der Rechtsordnung gegen Entscheidungen staatlicher Organe in eigener Sache bei Entscheidungen des *Parlaments* nicht weniger greifen als bei Beamten oder Richtern, ist es umso wichtiger, den *Prozess* der politischen Willensbildung möglichst dadurch vor strukturellen Ungleichgewichten zu bewahren, dass für ausreichende Kontrollen und Gegengewichte gesorgt wird. Da das, was das Gemeinwohl verlangt, inhaltlich-positiv praktisch kaum zu bestimmen ist, wäre eine angemessene, problemadäquate Verfahrensordnung umso wichtiger.[30]

Tatsächlich aber ist die Bedeutung des Verfahrensgedankens im vorliegenden Zusammenhang noch nicht hinreichend erkannt.

3. Ausgehebelt: Kartelle schalten politische Kontrollen aus

Wie man Kontrollen beseitigt

Um die ganze Dimension des Dilemmas zu verstehen, muss man sich zweierlei klarmachen:

- welche weiteren Spielregeln normalerweise das parlamentarische Verfahren bestimmen
- und dass das Parlament bei Entscheidungen in eigener Sache alle diese Spielregeln weitgehend unterläuft und aushebelt.

Dieses fatale Dilemma zu erkennen verlangt allerdings ein gewisses gedankliches »Einsteigen«, denn es handelt sich dabei um Regeln, die zwar vorausgesetzt werden, aber zumeist nicht schriftlich niedergelegt sind; ihr Außerkraftsetzen beruht auf gleichgerichtetem informalem Verhalten[31] der – wegen ihrer besonderen tatsächlichen Interessenlage – in eigener Sache entscheidenden Abgeordneten und Fraktionen.

Die dabei angewandten Praktiken, die bisher in Wissenschaft und Rechtsprechung noch zu wenig Beachtung gefunden haben, lassen sich anhand typischer Fälle belegen (siehe Teile 2 und 3). Charakteristisch für solche Gesetzgebungsverfahren ist, dass über Tatsachen getäuscht wird, zum Beispiel werden vergleichbare Regelungen anderer Parlamente unterdrückt oder unrichtig dargestellt. Oder der Inhalt der zu beschließenden Regelungen wird vor der Öffentlichkeit verborgen, etwa durch unverständliche Formulierung. Oder es werden entgegenstehende rechtliche oder politische Argumente, wie zum Beispiel unerwünschte Berichte von Sachverständigenkommissionen, übergangen und verfassungsgerichtliche Urteile ignoriert oder falsch wiedergegeben, um sich eine öffentliche Auseinandersetzung zu ersparen und die öffentliche Kontrolle nicht auf den Plan zu rufen. Oder es wird zur Abschirmung gegen erwartete Kritik der Bericht einer Gefälligkeitskommission vorgeschoben.

Ein Indiz für solche Mängel ist häufig eine überhastete Blitzgesetzgebung; oder es meldet sich bei den »Beratungen« im Parlamentsplenum niemand zu Wort, sodass die eigentlichen »Dollpunkte« öffentlich nicht zur Sprache kommen.

Wie man die parlamentarische Opposition gleichschaltet und die Gewaltenteilung beseitigt

In der parlamentarischen Demokratie ist die klassische Gewaltenteilung[32] zwischen Regierung und Parlament geschwächt, weil Regierung und Regierungsfraktionen denselben Parteien angehören und deshalb politisch an einem Strang ziehen. Die Mehrheit bildet mit der Regierung einen gemeinsamen politischen Block, sodass sich der Gegensatz zwischen Regierung und Parlament in der parlamentarischen Demokratie zu einem großen Teil auf den Gegensatz zwischen der Regierung einschließlich der sie tragenden Parlamentsfraktionen einerseits und der parlamentarischen Opposition zusammen mit der Öffentlichkeit andererseits verschoben hat. Wesentlich für das parlamentarische Verfahren ist deshalb das Gegeneinander von Regierungsparteien und parlamentarischer Opposition.[33]

Die Opposition präsentiert sich im Parlament als Alternative bei der nächsten Wahl und übt so eine wichtige Kontrollfunktion aus. Sie zwingt die parlamentarische Mehrheit in öffentlicher Verhandlung zur Konkretisierung ihres Vorhabens und zum Eingehen auf Gegenargumente. Aus der Gewaltenteilung ist so der Wettbewerb der Parteien um die Gunst der Wähler geworden.

Bei Entscheidungen des Parlaments in eigener Sache jedoch wird diese Funktion der Opposition ausgehebelt: Bei Beschlüssen über Diäten, Parteienfinanzierung oder Sperrklauseln sowie beim Praktizieren und Tolerieren von Ämterpatronage stimmen die Interessen von Regierung und Opposition überein. Dann wird Opposition manchmal nur geheuchelt, während die öffentlichen Mittel und Posten oder die Ausschaltung außerparlamentarischer Konkurrenten in Wahrheit gern hingenommen werden. Die Halbherzigkeit des öffentlich vielleicht demonstrierten Widerstands zeigt sich dann daran, dass die Opposition selbst gegen Beschlüsse, die sie als verfassungswidrig erkennt, nicht bereit ist, vors Verfassungsgericht zu gehen.

Ist die parlamentarische Opposition aber aus Eigeninteresse mit im Boot, verliert sie ihren Oppositionscharakter. Dann ermangelt das Gesetzgebungsverfahren, wie das Bundesverfassungsgericht formuliert hat, »des korrigierenden Elements gegenläufiger politischer Interessen«.[34] Die Parlamentsparteien und ihre Abgeordneten bilden ein »politisches Kartell«, ein Ausdruck, den der Politikwissenschaftler Otto Kirchheimer schon früh gebraucht hat.[35] Ein Kartell ist eine Art (Kollektiv-)Monopol, das den Wettbewerb beseitigt. Es entsteht insoweit der Eindruck eines »Einparteienstaats mit mehreren Parteien«.[36]

Um das Problem politischer Kartelle zu verharmlosen, wird gelegentlich darauf hingewiesen, dass das Parlament häufig, ja geradezu in der Mehrzahl der Fälle, einstimmig entscheide; solche Beschlüsse könnten deshalb nicht problematisch sein. Die Beurteilung einstimmiger Entscheidungen fällt aber ganz unterschiedlich aus, je nachdem, ob es um Gesetze geht, die auch die Abgeordneten in ihrer Eigenschaft als Bürger betreffen, oder ob die Beschlüsse sich allein auf die Abgeordneten und ihre Parteien beziehen (siehe S. 20 ff.). Im einen Fall beruht die Einstimmigkeit darauf, dass die Interessen der Abgeordneten in denen der Allgemeinheit aufgehen. Im anderen Fall aber geht es um die speziellen Interessen der politischen Klasse selbst, und diese ist in ihren Eigeninteressen befangen.

Es bleibt also dabei: Der Opposition kommt eine wichtige Funktion in der parlamentarischen Demokratie zu. Der öffentliche Wettbewerb von Oppositions- und Regierungsparteien soll darauf abzielen, dass staatliche Entscheidungen »möglichst richtig« getroffen werden.[37] Bei politischen Kartellen der Parlamentsparteien fällt dieser Wettbewerb, der an die Stelle der klassischen Gewaltenteilung getreten ist, aus. Aus gewaltenteilendem Wettbewerb wird – kraft »großkoalitionärer Parteieneintracht«[38] – ein gewaltenvermengendes Kartell.

Wie man die öffentliche Kontrolle schwächt

Wesentlich für das parlamentarische Verfahren sind die öffentliche Diskussion und die öffentliche Kontrolle.[39] Dazu ist es erforderlich, die »Mehrheit zur Rechtfertigung ihrer Entscheidungen vor dem ganzen Volk« zu zwingen.[40] »Die öffentliche Diskussion insbesondere politisch bedeutsamer oder umstrittener Gesetzentwürfe [gilt] heutzutage [als] selbstverständlich.«[41]

Nur ein Gesetzgebungsverfahren, das dem öffentlichen Austragen von Meinungsverschiedenheiten und Interessengegensätzen Raum lässt, ist geeignet, eine am Gemeinwohl orientierte Entscheidung zu ermöglichen und zu fördern und – wie das Bundesverfassungsgericht es formuliert – eine mit Allgemeinverbindlichkeit ausgestattete normative Regelung, wie das Gesetz sie darstellt, hervorzubringen.[42] Anders gesagt: Öffentliche Kontrolle soll Auswüchse und Machtmissbrauch möglichst verhindern.

Tatsächlich aber wird die öffentliche Kontrolle bei Entscheidungen des Parlaments in eigener Sache regelmäßig geschwächt oder ganz ausgeschaltet. Das ist das Ziel der erwähnten Blitzgesetze. Die Medien sind in diesen Fällen vielfach auf Hinweise der Opposition angewiesen, die aber, wenn Eigeninteressen auf dem Spiel stehen, meist gar kein Interesse daran hat, auf ein Problem aufmerksam zu machen. Ganz im Gegenteil: Sie pflegt – zusammen mit den Regierungsparteien – an der Abschottung des Gesetzgebungsverfahrens gegenüber der Öffentlichkeit tatkräftig mitzuwirken.

Interessengruppen und Verbände sind regelmäßig mit den Parteien verbunden und zur Durchsetzung ihrer Interessen auf sie angewiesen, sodass auch von ihnen meist kein wirksames Gegengewicht gegen Maßnahmen der Politik in eigener Sache zu erwarten ist. Der Bund der Steuerzahler bot früher – jedenfalls was die Politikfinanzierung anlangt – immer wieder mal eine Plattform für wirksame Kritik.[43] Seit zweieinhalb Jahrzehnten ist er aber zunehmend von einer konfrontativen zu einer kooperativen Haltung übergegangen und mehrheitlich nicht mehr bereit, der politischen Klasse mit durchgreifender Kritik an ungerechtfertigter »Selbstbedienung« wirklich wehzutun.[44] Er hat damit eine ähnliche Wandlung durchgemacht wie die Grünen, die sich ursprünglich massiv gegen Fehlentwicklungen im parlamentarischen System zur Wehr gesetzt hatten, inzwischen aber Teil dieses Systems geworden sind.

Wie man Medien einbindet

Von den in Berlin, in den Hauptstädten der Bundesländer oder in Brüssel akkreditierten Journalisten kommt eher selten durchgreifende Kritik.[45] Zu eng pflegen sie mit der etablierten Politik verbunden zu sein, zu sehr bleiben sie für ihre tägliche Berichterstattung nach Hause auf die häufig auch inoffiziellen Informationskanäle zu Parlament und Regierung angewiesen. Bei Auslandsreisen, zu denen Politiker Journalisten im Flugzeug mitnehmen, und in handverlesenen sogenannten Hintergrundkreisen, von denen es in Berlin mehr als ein Dutzend gibt, werden Journalisten regelmäßig exklusiv informiert.

Für die Fähigkeit zur Kritik bleibt aber eine gewisse Distanz zwischen Politik und ihren Kontrolleuren unerlässlich. Um diese nicht zu gefährden, galt in früheren Zeiten, jedenfalls für den preußischen Oberrechnungshof, das sogenannte Berlin-Potsdam-Prinzip: Der Rechnungshof residierte in Potsdam, um sich auch räumlich den Einflüssen der Berliner Machtzirkel möglichst entziehen zu können. Heute ist das Gefühl für Distanz als Voraussetzung unbefangener Kontrolle vielfach verlorengegangen. Dabei kann allzu große Nähe zur Politik »für kritischen Journalismus tödlich« sein, wie Bascha Mika, ehemalige Chefredakteurin der *taz,* mit Recht schreibt.

Wenn Hauptstadtjournalisten ein Gesetz erst einmal unbehelligt haben passieren lassen, bedarf es im Nachhinein oft gesteigerter Anstrengungen, sie noch für das Thema zu interessieren. Das gilt selbst dann, wenn seine Unangemessenheit nun klar zutage tritt, denn damit wird nun erst recht deutlich, dass die »zuständigen« Journalisten die Thematik früher verschlafen hatten (Beispiele auf S. 58, 60 f., 217).

Opposition und Öffentlichkeit bedingen sich in ihrem Funktionieren gegenseitig und sollen zusammen ein Gegengewicht gegen die Macht der Regierung und der sie tragenden Fraktionen bilden. Werden beide Kontrollen aber vom Parlament in eigener Sache ausgeschaltet, so ist meist auch von den offiziellen Pressekonferenzen in Berlin, in den Bundesländern und in Brüssel wenig zu erwarten. Damit wird die durch die Gewaltenteilung versprochene Richtigkeitstendenz staatlicher Entscheidungen vollends geschwächt.[46]

Hinzu kommt eine auch von vielen Journalisten gepflegte *politische Korrektheit,* die der politischen Klasse lange in die Hände spielte: Kritiker und ihre Themen, die dem politisch-medialen Mainstream zuwiderlaufen, werden moralisch verurteilt und als populistisch gebrandmarkt, womit man glaubt, sich eine sachliche Auseinandersetzung ersparen zu können. Damit fühlen sich die Betroffenen aber erst recht ausgegrenzt und somit in ihrer Kritik bestätigt.[47] Gewiss ist ein Teil der Kritik abwegig und wird von Agitatoren geschürt, von inakzeptabler Wortwahl und Schmähungen unter der Gürtellinie ganz zu schweigen. Der andere Teil aber verdient eine öffentliche Diskussion. So sagt der

CDU-Politiker Wolfgang Bosbach: »Natürlich haben wir in Deutschland ein garantiertes Recht auf eine freie Meinungsäußerung, aber wehe dem, der von diesem Recht in einer Weise Gebrauch macht, die den Politikmainstream oder den Journalisten nicht gefällt.«[48]

Inzwischen schlagen sich auch nachdenkliche Journalisten wie der frühere WDR-Intendant Fritz Pleitgen[49] und der Chefredakteur der *Zeit* Giovanni di Lorenzo[50] an die Brust. Sie fragen, ob nicht auch sie – zusammen mit der Politik[51] – mit der Etablierung öffentlicher Benimmregeln, die viele Bürger als Bevormundung empfinden, dazu neigen, wichtige Anliegen breiter Bevölkerungskreise mittels einer Art sozialer Zensur unter den Teppich zu kehren.

Wie man den Ausschluss der Öffentlichkeit auf die Spitze treibt

Bei Änderungen etwa des Parteiengesetzes, eines Wahlgesetzes oder der Entschädigung von Abgeordneten ist immerhin ein spezielles Sachgesetzgebungsverfahren zu durchlaufen und das Ergebnis im Gesetzblatt zu veröffentlichen. Manchmal ist aber überhaupt kein Sachgesetz vorhanden – und folglich auch nicht das entsprechende Gesetzgebungsverfahren, so zum Beispiel bei den politischen Stiftungen; oder wenn das Gesetz die Höhe und die Verteilung der öffentlichen Mittel ausklammert und stattdessen auf den Haushaltsplan verweist, sodass Erhöhungen nur die Änderung eines Haushaltstitels verlangen, wie im Falle der Fraktionsgelder und bei den Kosten- und Mitarbeiterpauschalen von Bundestagsabgeordneten. Dann gehen selbst gewaltige Erhöhungen in den Tausenden Titeln, die der Haushaltsplan enthält, regelmäßig unter. Hier wird der Ausschluss der öffentlichen Kontrolle auf die Spitze getrieben.

Da eine effektive Einzelberatung aller Haushaltsposten ohnehin nicht möglich ist und das Parlament insgesamt meist kein Interesse an der öffentlichen Diskussion der in eigener Sache beschlossenen Etatposten hat, findet eine öffentliche Beratung dieser Haushaltstitel

praktisch nicht statt. Auch erfolgt keine Veröffentlichung im Gesetzblatt; dort werden nur das Haushaltsgesetz und der Gesamtplan pub-
liziert, aus denen die Erhöhungen der Einzeltitel nicht ersichtlich
sind. Hinsichtlich der Fraktionen steht nicht nur die Höhe der öffentlichen Mittel, sondern auch der Schlüssel für ihre Verteilung meist
lediglich in den Erläuterungen des Haushaltstitels, wenn überhaupt,[52]
und von einer speziellen Aufgliederung der beabsichtigten Ausgaben
der Fraktionen nach Art und Zweck entsprechend dem haushaltsrechtlichen Spezialitätsprinzip kann schon gar keine Rede sein.[53]

Die Öffentlichkeit wird umso mehr unterlaufen, wenn Erhöhungen nicht schon in den zu Beginn des Verfahrens vorgelegten Entwurf des Haushaltsplans eingefügt werden. Stattdessen werden sie in
der Regel erst in der letzten Sitzung des Haushaltsausschusses, kurz
vor der endgültigen Beschlussfassung im Plenum des Parlaments, gegen die das bisherige Zahlungsvolumen lediglich fortschreibenden
Angaben im Haushaltsentwurf ausgetauscht[54] (siehe auch S. 64 f.).

Ein Beispiel für ein solches Camouflage-Verfahren ist die Erhöhung der Mittel für Mitarbeiter um 30 Millionen Euro (17,6 Prozent),
die sich die Bundestagsabgeordneten für 2016 klammheimlich bewilligt haben: Im Haushaltsplan, den der Bundestag Anfang September
2015 in erster Lesung im Plenum verhandelt hatte, war davon noch
nicht die Rede. Stattdessen war scheinbar nur eine ganz unwesentliche
Erhöhung[55] gegenüber dem Vorjahr[56] vorgesehen.[57] Auch aus einem
Bericht des Haushaltsausschusses vom 11. November 2015 war noch
nichts ersichtlich.[58] Erst in einer Ergänzung seiner Beschlussempfehlungen vom 19. November 2015 kam der Haushaltsausschuss mit der
Erhöhung auf 202,325 Millionen Euro aus der Deckung;[59] und so wurde es kurz darauf in der zweiten Lesung beschlossen,[60] allerdings vor-
läufig unter Sperrung, die der Haushaltsausschuss aber am 16. Dezember 2015 aufhob.[61] Eine öffentliche Begründung für die gewaltige
Erhöhung erfolgte nicht.

Im Gegenteil: Die Unterlagen stiften geradezu Verwirrung. Denn
in den Haushaltsplänen findet sich regelmäßig der Vermerk, die Bewilligung erhöhe sich um den Prozentsatz, mit dem auch die Besol-

dung im öffentlichen Dienst steigt,[62] so auch für 2016. Doch das war nur ein weiteres Element im Prozess der umfassenden Ausschaltung und Irreführung der öffentlichen Kontrolle, denn die Bewilligung wurde keineswegs nur um die 2,4 Prozent des öffentlichen Dienstes erhöht, sondern um 17,6 Prozent.

Dass dies kein Einzelfall war, zeigt die Erhöhung der Globalzuschüsse für die parteinahen Stiftungen um 16 Millionen Euro (13,8 Prozent) im Jahr 2014, die ebenfalls erst in der sogenannten Bereinigungssitzung des Haushaltsausschusses[63] unmittelbar vor der zweiten Lesung des Bundeshaushalts 2014 im Plenum beschlossen wurde, ohne dass dort aber der gewaltige Umfang der Erhöhung genannt worden wäre.[64] Im Entwurf des Haushalts war noch keine Erhöhung signalisiert worden, sondern im Gegenteil eine Absenkung um 2 Millionen Euro.[65]

Die Parteistiftungen zeigen auch, dass Intransparenz noch weiter steigerungsfähig ist: Die sehr viel höheren *zweckgebundenen* Mittel, die sie unter anderem für den Erwerb von Liegenschaften zusätzlich erhalten, sind auf zahlreiche Haushaltstitel verteilt; aus diesen lässt sich oft gar nicht erkennen, dass sie den Stiftungen zufließen. Hier sind Erhöhungen und auch die Gesamthöhe der öffentlichen Stiftungsmittel aus dem Haushalt erst recht nicht zu ersehen.[66]

Den Ausdruck »Camouflage« für manipulative Versteckspiele zulasten der Bürger und Steuerzahler hatten übrigens Väter des hessischen Abgeordnetengesetzes von 1981 geschaffen, als sie im Rheingau beim Wein ihren Plan zur Täuschung der Öffentlichkeit ausheckten (siehe S. 56 f.).

Wie man Sachverständige für seine Zwecke instrumentalisiert

Das Bundesverfassungsgericht hat beim Fehlen »des korrigierenden Elements gegenläufiger politischer Interessen« – ein Ausdruck, mit dem Karlsruhe die mangelnde Gewaltenteilung und die geschwächte

Öffentlichkeitskontrolle umschrieb – die »Einschaltung objektiven Sachverstandes« vorgeschlagen.[67] Doch die Versuchung ist groß, dass das Parlament auch die Berufung von Sachverständigen und von Sachverständigenräten in den Dienst seiner Eigeninteressen stellt, wodurch diese Form der Kontrolle ebenfalls leicht ausgehebelt und zu einem Instrument der Manipulation umfunktioniert wird (siehe S. 212 f.). Hof-Veröffentlichungen von Autoren, die in den Diensten der politischen Klasse stehen, drohen die Kontrollfunktion der Wissenschaft ebenfalls zu schwächen (S. 213 ff.).

Wie man die eigene Basis hinters Licht führt

Auch die politischen Parteien selbst können eine gewisse Kontrolle über ihre Politiker in den Parlamenten und Regierungen ausüben: Die Partei stellt die Kandidaten auf und verfügt damit über einen Hebel, um Berufspolitiker, die bei Wiederwahl und Wiedernominierung auf ihre Partei angewiesen sind, unter Kontrolle zu halten. Die Mitglieder der Parteien und ihre örtlichen Repräsentanten haben häufig eine andere Auffassung als die Berufspolitiker und kein Verständnis etwa für übermäßige Selbstbedienung. Nicht ganz zu Unrecht hatte Helmut Kohl in seiner Verteidigung gegen die Parteienkritik von Weizsäckers (siehe S. 255 ff.) darauf hingewiesen, die Kritik an Missständen und Machtmissbrauch sei »oft innerhalb der Parteien am schärfsten«.[68] Wenn Mitglieder ihre Parteibücher massenweise zurückschicken und die Abgeordneten vor Ort mit entrüsteten Fragen konfrontieren, kann das erhebliche Wirkungen zeitigen.

Notwendige Voraussetzung dafür ist allerdings, dass Auswüchse überhaupt erst einmal aufgedeckt werden. Die kartellartige Einbindung der parlamentarischen Opposition hilft aber, Missstände etwa im Bereich der Politikfinanzierung nicht nur vor der Öffentlichkeit im Allgemeinen, sondern auch vor den eigenen Parteifreunden zu verbergen.[69]

Wie man die Wähler entmachtet

Geradezu elementar für die Ausgewogenheit des parlamentarischen Verfahrens und die Legitimität seiner Ergebnisse ist schließlich, dass die Bürger bei den periodisch anstehenden Parlamentswahlen eine gute Politik belohnen und eine schlechte bestrafen können. Mit den Worten des Bundesverfassungsgerichts: »Freie Wahlen mit regelmäßiger Wiederholung in relativ kurzen Zeitabständen« sollen »die Kontrolle des Volkes über die Benutzung der Macht durch die politische Mehrheit« sichern.[70]

Die Möglichkeit der Bürger, die Regierung abzuwählen und die Opposition an die Macht zu bringen, hat somit eine disziplinierende Wirkung auf die Regierungsmehrheit. Das ist jedenfalls die normale Funktionsverteilung zwischen Regierung, Opposition und Wählern in der Wettbewerbsdemokratie. Wen aber sollen die Bürger für eventuelle Missbräuche bestrafen, wenn Regierung und parlamentarische Opposition dafür in gleicher Weise verantwortlich sind?

Bei Entscheidungen des Parlaments in eigener Sache droht also – aufgrund kartellartiger Einheitsentscheidungen der Parlamentsparteien – auch die Kontrolle durch die Wähler weitgehend stumpf zu werden. Indem den Bürgern insoweit die Wahl zwischen Alternativen genommen wird, verliert ihr verfassungsrechtlich garantiertes Wahlrecht[71] seinen Kerngehalt und wird entwertet. Das objektive Defizit mangelnder Kontrolle stellt also auch die Verletzung eines subjektiven Bürgerrechts dar. Das kann die gerichtliche Anfechtbarkeit von Auswüchsen erleichtern, welche die politische Klasse beschließt. Denn vor Gericht muss in aller Regel die Verletzung eines subjektiven Rechts geltend gemacht werden.

Bei Kartellen der Parlamentsparteien mag dem Bürger zwar noch die Wahl *außerparlamentarischer* Parteien bleiben. Da der Wähler sich aber umfangreichen Programmpaketen der Parteien gegenübersieht, in denen Entscheidungen in eigener Sache meist nur einen eher geringen Teil ausmachen, können die etablierten Parteien selbst bei missbräuchlicher »Selbstbedienung« hoffen, nicht allzu viele Wähler zu verlieren. Das gilt erst recht, seitdem die Parlamente dazu übergegangen sind, Erhöhungen etwa der Diäten gezielt auf die Zeit unmittelbar *nach* den Wahlen zu verlegen und auf diese Weise der Kontrolle der Wähler vollends zu entziehen.

Damit tun sie übrigens genau das Gegenteil von dem, was in den USA schon vor mehr als 200 Jahren James Madison und in Deutschland vor gut 100 Jahren Julius Hatschek als Gegenmittel gegen parlamentarische Selbstbedienung empfohlen haben: nämlich den Parlamenten aufzugeben, über Abgeordnetendiäten vor der Wahl und nur mit Wirkung für die nächste Legislaturperiode zu entscheiden.[72]

Wenn sich allerdings eine Partei etabliert, die das Parteienkartell zum Gegenstand ihrer Kritik macht (siehe S. 309 ff.), dürfte sie in der einvernehmlichen Verschiebung von »Selbstbedienungen« auf die Zeit nach der Wahl einen weiteren Beleg für die politische Kartellierung und die Entmachtung der Wähler sehen.

Teil 2
Verdeckte Aktionen –
Wie Parteien agieren

1. Ausweitung des Einflusses

Im Folgenden wird mit zahlreichen Beispielen belegt, wie das in eigener Sache entscheidende Parlament versucht, sich zu »bedienen« und dabei die üblichen Kontrollen auszuschalten.

Wo die Parteien den Hebel ansetzen

Abgeordnetendiäten

Das Problem der politischen Kartelle und der Ausschaltung von Kontrollen wurde zuerst bei Beschlüssen über Abgeordnetendiäten virulent, und dies bemerkenswerterweise in den Ländern: Aus der Aufwandsentschädigung, die den Abgeordneten ursprünglich zustand, haben sie eine volle Bezahlung einschließlich üppiger Versorgung und Übergangsgeld gemacht. Hier sprach das Bundesverfassungsgericht auch zum ersten Mal von »Entscheidung des Parlaments in eigener Sache« und erzwang eine umfassende Regelung durch Gesetz (statt lediglich durch Titel im Haushaltsplan, siehe S. 31 ff., 113 ff.).

Besonders deutlich wurde die Gefahr exzessiver »Selbstbedienung«, die auch durch Regierungsmitglieder erfolgte, dann in den Diäten- und Versorgungsskandalen in Hessen (1988), Hamburg (1991), im Saarland (1992) und in anderen Ländern. 1995 hatte die politische Klasse im Bundestag sogar das Grundgesetz ändern wollen, um die Entschädigung durch Ankoppeln an die Bezüge von Bundesrichtern nicht nur gewaltig zu erhöhen, sondern auch zu dynamisieren und so die Rechtsprechung des Bundesverfassungsgerichts auszuhebeln. Das scheiterte zwar am Nein des Bundesrats, wurde dann aber 2014, also fast 20 Jahre später, ohne Grundgesetzänderung nachgeholt – in der begründeten Hoffnung, dass trotz der Verfassungswidrigkeit der Indexierung kein Klagebefugter das Bundesverfassungsgericht anrufen werde.

Staatliche Parteienfinanzierung

Sehr klar wurde der Zusammenhang zwischen politischem Kartell und Kontrolldefizit bei der Bewilligung staatlicher Parteienfinanzierung, sei es durch direkte Zahlungen, sei es indirekt durch Steuerbegünstigung von Parteispenden. Hier zeigten sich auch die zwei Gesichter des Bundesverfassungsgerichts als Bremser und Antreiber der Staatsfinanzierung: So hatte das Gericht 1958 selbst den Anstoß dazu gegeben, dass die Bundesrepublik als erstes europäisches Land eine direkte Staatsfinanzierung der Parteien einführte. Zwar begrenzte das Gericht 1966 und 1968 die Staatsfinanzierung und erzwang auch die Einbeziehung außerparlamentarischer Parteien. Doch das veranlasste die politische Klasse zu einer gewaltigen Umgehung der gerichtlichen Grenzen: Genau wie ab 1959 die direkte Staatsfinanzierung in die Höhe geschossen war, so explodierten ab 1967 die öffentlichen Mittel für Fraktionen, parteinahe Stiftungen und Abgeordnetenmitarbeiter und wurden zu Ersatzinstrumenten der Parteienfinanzierung ausgebaut – dies alles gut verborgen vor der Öffentlichkeit und abgeschottet vor möglichen Kontrollen.

Die Klage einer außerparlamentarischen Partei gegen diese Ersatzfinanzierung, die die Vorkehrungen gegen unangemessene Staatsfinanzierung unterläuft, hat das Bundesverfassungsgericht Mitte 2015 durch einen formalen Nichtzulassungsbeschluss abgewiesen. Ein weiteres Verfahren in Form einer Wahlanfechtung ist aber noch anhängig und harrt der Entscheidung.

Wahlrecht

Ganz ähnlich ist die politische Klasse immer wieder versucht, das Wahlrecht in ihrem Sinne zu gestalten, denn damit hat sie den Schlüssel, das klassische Recht des Machterwerbs in der Demokratie, in der Hand. Mehrere Urteile der Verfassungsgerichte der Länder und des Bundes, welche die Sperrklausel bei Kommunal- und Europawahlen aufhoben, haben dies neuerdings gezeigt. Dabei haben die Gerichte nunmehr auch ausdrücklich anerkannt, dass es bei Entscheidungen des Parlaments in eigener Sache einer besonders intensiven gerichtlichen Kontrolle bedarf, denn hier bestehe die Gefahr, dass der Gesetzgeber sich statt vom Gemeinwohl von Überlegungen des parteilichen Macht- und Mandatserhalts leiten lasse.

Parteiliche Ämterpatronage

Auch hinsichtlich der Ämterpatronage gehen die Gerichte inzwischen zu einer verschärften Kontrolle über, wie einige Leiturteile belegen. Zugleich nimmt die Scheu benachteiligter Bewerber vor Konkurrentenklagen ab.

Die einschlägigen Vorgehensweisen

Charakteristisch für Entscheidungen in eigener Sache ist, dass die Parlamente die üblichen Kontrollen vielfach durch informales Handeln von Quasi-Kartellen ausschalten; sie folgen dabei Praktiken, die nirgendwo schriftlich niedergelegt sind und sich deshalb nur anhand typischer Fälle belegen lassen. Wenn es um Sachgesetze geht, kommen typischerweise folgende Verfahrensweisen zum Einsatz (siehe S. 40 ff.):

- ein Schnellverfahren,
- ein Verfahren ohne Begründung oder mit getürkter Begründung,
- ein Verfahren unter Heranziehung bestellter Sachverständiger o. Ä.

Ebenso wird die Kontrolle ausgeschaltet bei Bewilligungsverfahren, die für Erhöhungen öffentlicher Mittel nur die Änderung eines Haushaltstitels verlangen, weil entweder überhaupt kein Gesetz vorhanden ist (wie bei den parteinahen Stiftungen) oder weil die Höhe der Bewilligung nicht im Gesetz steht, sondern nur im Haushaltsplan (wie bei Kosten- und Mitarbeiterpauschalen von Abgeordneten und bei Zahlungen an Fraktionen) (siehe S. 64 f.).

Von derartigen Beschlüssen des Parlaments über Sachfragen zu unterscheiden ist die Bestellung geneigter Personen zu Amtsträgern (siehe S. 65 ff.).

2. Camouflage-Gesetze

Bundestag

Das Verfahren zum Abgeordnetengesetz 2014

Wie das in der Praxis laufen kann, zeigt das jüngste Änderungsgesetz zum Abgeordnetengesetz des Bundes vom 16. Juli 2014.[1] Mit diesem Gesetz wurden die Diäten rückwirkend zum 1. Juli 2014 und dann ein weiteres Mal zum 1. Januar 2015 weit überdurchschnittlich erhöht. Ferner sah das Gesetz für den 1. Juli 2016 eine weitere, automatische Erhöhung entsprechend der Entwicklung des sogenannten Nominallohnindex vor,[2] durch die die Entschädigung noch einmal um 245 Euro stieg, sodass sie nun 9327 Euro beträgt. Zudem erhalten Ausschussvorsitzende eine monatliche Zulage von 1300 Euro und selbst ehemalige Abgeordnete eine höhere Altersversorgung.

Das verfassungswidrige Gesetz,[3] welches auch zahlreiche weitere, schon vorher bestehende verfassungsrechtlich zweifelhafte Regelungen unbeanstandet lässt,[4] konnte nur ergehen, weil die öffentliche Kontrolle durch ein mehrstufiges Vorgehen ausgetrickst wurde.

Als ersten Schritt hatte der Bundestag eine Kommission unter Vorsitz des ehemaligen Bundesjustizministers Edzard Schmidt-Jortzig installiert und sie vornehmlich mit ehemaligen Ministern, Parlamentarischen Staatssekretären, Abgeordneten und anderen partei- und parlamentsnahen Mitgliedern besetzt.[5] Diese Kommission interpretierte in ihrem im März 2013 vorgelegten Bericht die Urteile des Bundesverfassungsgerichts ausgesprochen bundestagsfreundlich und blendete dabei fast die gesamte staatsrechtliche Fachliteratur aus, welche die einschlägigen Urteile ganz anders versteht.[6]

Die Kommission hatte vorgeschlagen, die Entschädigung auf das Niveau der Bezüge von Bundesrichtern zu erhöhen. Um die Medien nicht aufzuschrecken, hatte sie den Betrag, zu dem ihr Vorschlag führen sollte, aber verschwiegen[7] und so ihre Vorschläge verharmlost. Da die Bezüge von Bundesrichtern, die als Bezugsgröße dienten, schwer zu berechnen sind, hantierten die Medien mit weit untertriebenen Zahlen und beachteten den ein halbes Jahr vor der Bundestagswahl vorgelegten Bericht kaum. In Wahrheit lief der Kommissionsvorschlag auf eine Erhöhung der Entschädigung um monatlich fast 1000 Euro hinaus.[8]

Bundestagspräsident Norbert Lammert hatte das Parlament aufgefordert, die Vorschläge der Kommission *vor* der Bundestagswahl im Herbst 2013 zu behandeln, um dem Wähler reinen Wein einzuschenken, wie die von ihm zu bestellenden Vertreter bezahlt werden sollten. Andernfalls drohe der Eindruck unkontrollierter Selbstbedienung. Doch Lammerts Rat wurde von Fraktionssprechern zurückgewiesen.[9] *Nach* der Wahl hat der Bundestag dann das Vorhaben Anfang 2014 als erstes Gesetz der neuen Legislaturperiode im Schnellverfahren beschlossen – mit den Empfehlungen der Kommission als scheinbare Rechtfertigung im Rücken.

Um durchgreifende Kritik gar nicht erst aufkommen zu lassen, war das Gesetz blitzartig – und im medialen Windschatten der sogenannten Edathy-Affäre und der Olympischen Winterspiele – in kaum mehr als einer Woche durch den Bundestag gepeitscht worden. Zu einem äußerst kurzfristig anberaumten Sachverständigen-Hearing hatten die Regierungsfraktionen wiederum vier Mitglieder der genannten Kommission eingeladen, die – wenig überraschend – das

Gesetz absegneten. Die Fraktion der Linken verzichtete auf die Benennung von Sachverständigen, weil dafür, wie sie erklärte, nicht ausreichend Zeit gewesen sei.

Flankierend war eine Desinformationskampagne des Bundestags auf den Weg gebracht worden. Es wurde nämlich der Eindruck erweckt, die Entschädigung würde zwar erhöht, gleichzeitig die Altersversorgung der Abgeordneten aber abgesenkt.[10] In Wahrheit jedoch wurde auch die Versorgung für fast alle Abgeordnete in zwei Schritten um 10 Prozent erhöht. Ferner wurde suggeriert, gegen die Novelle könne man nur mittels der Normenkontrolle nach Artikel 93 des Grundgesetzes vorgehen.[11] Den Antrag für eine Normenkontrolle des Bundesverfassungsgerichts kann nur mindestens ein Viertel der Mitglieder des Bundestags erheben, und selbst gemeinsam erreichten die beiden Oppositionsfraktionen der Linken und der Grünen dieses Viertel nicht. Das wäre aber auch gar nicht erforderlich, denn auch einzelne Bundestagsabgeordnete waren durchaus befugt, innerhalb einer Sechsmonatsfrist gegen die Diätennovelle zu klagen. Kein Volksvertreter braucht sich einen verfassungswidrigen Status aufdrängen zu lassen. Die Behauptung mangelnder Klagemöglichkeit, die die Opposition aufgriff, verdeckt, dass ihr Protest gegen das Diätengesetz nur vordergründige Schau war; tatsächlich dürfte keine Bereitschaft bestanden haben, wirksam gegen das Gesetz vorzugehen, und diese Doppelzüngigkeit sollte möglichst nicht publik werden.

Dass die Oppositionsparteien im Bundestag nicht wirklich etwas gegen das Gesetz haben, wird auch dadurch bestätigt, dass diese Parteien in mehreren Bundesländern der Einführung der verfassungswidrigen Teile des Gesetzes (Automatismus, Zulagen für besondere Funktionen und übermäßige Altersversorgung) bei Landtagsdiäten zugestimmt haben, ohne deren Verfassungswidrigkeit zu beanstanden.

Das parlamentarische Camouflage-Verfahren, in welchem die Öffentlichkeit entweder falsch oder gar nicht informiert und die Rechtsprechung ignoriert worden war, segnete Bundespräsident Joachim

Gauck schließlich ab, indem er das Diätengesetz unterzeichnete – zwei Tage vor dem Finale der Fußballweltmeisterschaft 2014 in Rio de Janeiro ; in der allgemeinen erwartungsvollen Begeisterung nahm davon natürlich kaum einer Notiz. Völlig undurchsichtig blieb, warum der Bundespräsident das Gesetz trotz des Widerspruchs zu verfassungsgerichtlichen Urteilen unterschrieb, wen er dabei zu Rate gezogen und was seine Ratgeber empfohlen hatten.

Das Fraktionsgesetz von 1994

Nachdem das Fehlen von Fraktionsgesetzen und die gewaltigen Wachstumsraten der »Fraktionszuschüsse« immer wieder in der Öffentlichkeit kritisiert worden waren,[12] gingen die Parlamente seit 1992 daran, Fraktionsgesetze zu erlassen. Den Anfang machte Bayern mit einem Fraktionsgesetz vom März 1992[13] (siehe S. 55 f.). Der Bund folgte dem bayerischen Muster mit einem inhaltlich und verfahrensmäßig ganz ähnlichen Gesetzentwurf vom März 1993,[14] wobei die Regelungen als neuer Abschnitt ins Abgeordnetengesetz eingefügt wurden.[15]

Noch vor der Verabschiedung stießen die vorgesehenen Regelungen auf erhebliche Kritik,[16] denn die verfassungsrechtlichen Problembereiche (wie Öffentlichkeitsarbeit und Gehaltszulagen für Funktionsträger) wurden nicht etwa beseitigt, sondern im Gegenteil durch das Gesetz nun scheinbar legalisiert. Zugleich blieb die Bewilligung der Mittel bloß im Haushaltsplan, also ohne Änderung des Fraktionsgesetzes, der Kontrolle durch die Öffentlichkeit ebenso entzogen wie die Kontrolle besonders heikler Verwendungen durch den Rechnungshof.[17]

Um von der Unhaltbarkeit des in eigener Sache zu beschließenden Gesetzes abzulenken und die Nichtbeachtung des Berichts einer von Bundespräsident Richard von Weizsäcker eingesetzten Kommission, für deren Vorschläge Arnim angeblich verantwortlich war,[18] zu übertönen, überschütteten die CDU/CSU, die SPD und die FDP bei der Beratung des Gesetzes im Plenum des Bundestags am 12. November 1993 den lästigen »Parteienkritiker« mit Schmähungen. Sein Name oder die Umschreibung etwa als »Professor aus Speyer« wurde nicht weniger als einundzwanzigmal genannt. So glaubte die Berliner politische Klasse sich der Auseinandersetzung mit den Sachargumenten der Kommission (und von Arnims) entziehen zu können.[19]

Der Staatsrechtler Hans Meyer kommentierte das so: »Das Hohe Haus« konnte sich »nicht genug tun, ein Scherbengericht [...] auf Kosten eines abwesenden Dritten [...] abzuhalten und dabei die Grenzen [...] des guten Geschmacks weit hinter sich zu lassen«.[20] Man hätte meinen können, merkte der Abgeordnete Werner Schulz (Bündnis 90/Die Grünen) im Parlamentsplenum sarkastisch an, »das Gespenst derer von Arnim« schwebe »über dieser Debatte«. Die »Unbelehrbarkeit« der großen Mehrheit des Hauses »in Sachen Geld« kenne »offenbar keine Grenzen«.[21]

Der verfassungswidrige Zustand besteht im Bund und in vielen Ländern heute noch fort.[22] Die Bundestagsfraktionen haben ihr Staatsgeld von 1968 bis 2015 auf das 35-Fache angehoben: von 4,9 Millionen DM auf 83,8 Millionen Euro. Die Maßlosigkeit dieser Steigerung zeigt der Vergleich mit der staatlichen Parteienfinanzierung. Diese stieg, weil sie Ende der Sechzigerjahre gedeckelt und der öffentlichen Kontrolle unterworfen worden war, von 1968 bis 2015 nur auf das 6,7-Fache: von 47,3 Millionen DM auf 149 Millionen Euro. Eine entsprechende Begrenzung und Kontrolle fehlt bisher bei der Fraktionsfinanzierung, weshalb die übermäßigen Steigerungsraten zustande kommen.

So haben etwa die Fraktionen in Bayern, Thüringen und im Saarland ihr Staatsgeld in den Jahren 2008 und 2009 schnell einmal um die Hälfte aufgestockt.[23] Die gewaltigen Wachstumsraten waren natürlich auch ein Thema für ein Fernsehmagazin wie *Panorama*.[24]

Die Fraktionen missbrauchen das Staatsgeld nicht zuletzt dafür, ungeniert Öffentlichkeitsarbeit zu betreiben, obwohl die Mittel von Verfassungs wegen nur für parlamentsinterne Koordinierung bestimmt sind.[25] Dabei wird auch noch der Umfang der Ausgaben für Öffentlichkeitsarbeit verheimlicht, indem die Rechenschaftsberichte in sinnwidriger Weise nur die Sach- und nicht auch die Personalausgaben öffentlich ausweisen.[26] Zur Abschirmung vor der Kritik beauftragte der Bayerische Landtag den Münchner Staatsrechtslehrer Hans-Jürgen Papier mit einem Gegengutachten gegen von Arnims Veröffentlichungen. Unmittelbar nach der Vorlage seines »Persilscheins«[27] wurde Papier, den der *Spiegel* später als »Mietfeder« bezeichnete,[28] zum Verfassungsrichter in Karlsruhe gewählt und bald darauf zum Präsidenten des Gerichts befördert.

Da die politische Klasse sich in Sachen Fraktionsfinanzierung gegenüber öffentlicher Kritik[29] bisher ziemlich ungerührt zeigt, hatte die Ökologisch-Demokratische Partei im Juni 2012 eine für Parteien vorgesehene sogenannte Organklage zum Bundesverfassungsgericht erhoben; darin spielten die Fehlentwicklungen der Fraktionsfinanzierung eine wesentliche Rolle.[30] Das Gericht beendete zwar das Verfahren, indem es den Antrag der ÖDP mit Beschluss vom 15. Juli 2015 aus formalen, speziell für Organklagen geltenden Gründen verwarf.[31] In der Sache ist damit aber noch nichts entschieden. Ein weiteres Verfahren, das auf einer Wahlanfechtung des Verfassers dieses Buchs beruht, ist beim Bundesverfassungsgericht weiterhin anhängig.[32] Und hier greifen die im ÖDP-Verfahren vom Gericht geltend gemachten formalen Gründe von vornherein nicht.

1995: Verfassungsänderung in eigener Sache?

Dieses eben geschilderte Diätengesetz hat eine längere Vorgeschichte, von der hier einige Etappen skizziert werden sollen. 1995 wollte der Bundestag seine Diäten gewaltig erhöhen und sie an die Gehälter von Bundesrichtern ankoppeln.[33] Das widersprach allerdings dem Grundgesetz, denn das Bundesverfassungsgericht hatte eine derartige Koppelung untersagt, um das Parlament bei solchen Beschlüssen in eigener Sache zu einer selbstständigen, der öffentlichen Kontrolle zugänglichen Entscheidung zu zwingen. Die beiden ganz unterschiedlichen Systeme des öffentlichen Dienstes und des Parlamentsmandats dürften besoldungsmäßig nicht miteinander verknüpft werden.[34] Dieses Urteil wollte der Bundestag gezielt unterlaufen, die Koppelung im Grundgesetz festschreiben und dadurch das Verfassungsgericht und die Öffentlichkeit aushebeln, obwohl beide bei Entscheidungen des Parlaments in eigener Sache unverzichtbare Kontrollinstanzen darstellen. Die damalige Bundestagspräsidentin Rita Süssmuth (CDU) und ihr Vizepräsident Hans-Ulrich Klose (SPD) sprachen beschwichtigend von einer bloßen »Diätenanpassung« und beriefen sich auf ein angebliches Zurückbleiben der Entschädigung hinter der allgemeinen Einkommensentwicklung. Dabei verschwiegen sie aber ihre Verdoppelung im Jahre 1977, durch welche die Diäten der Entwicklung immer noch weit vorauseilten.[35]

Entgegen den Verlautbarungen der Parlamentsspitze, die behauptet hatte, zur Kompensation der Diätenerhöhung sei eine Absenkung der Versorgung vorgesehen, sollte auch die Altersversorgung angehoben werden und erst recht die von Mitgliedern des Bundestagspräsidiums wie Süssmuth und Klose.[36] Das stellte vor allem den SPD-Partei- und Fraktionsvorsitzenden Rudolf Scharping mit seinem vielzitierten Satz bloß, die Abgeordneten seien unterbezahlt, aber überversorgt.[37]

Der geplante Artikel 48, Absatz 3 des Grundgesetzes war zudem so gefasst, dass er nicht nur eine Anbindung an die Bezüge eines (einfachen) Bundesrichters (Besoldungsgruppe R 6) erlaubt hätte, wie sie im Abgeordnetengesetz zunächst vorgesehen war, sondern später auch eine Koppelung an die Bezüge von Vorsitzenden Richtern (Besoldungsgruppe R 8) und sogar von Gerichtspräsidenten (R 10), deren Grundgehalt nach R 10 fast doppelt so hoch ist wie das der Besoldungsgruppe R 6. Die Verfassungsänderung wurde deshalb auch als »Ermächtigungsgesetz« kritisiert.[38]

Die Unverfrorenheit der Gesetzesinitiatoren veranlasste das Nachrichtenmagazin *Der Spiegel* zu einer Titelgeschichte und seinen Herausgeber Rudolf Augstein zu einem geharnischten Kommentar.[39] Das Heft erschien allerdings erst drei Tage vor der abschließenden

Lesung des Bundestags,[40] sodass es seine Wirkung zunächst verfehlte. Um bloß die Sachargumente zu verdrängen, wurde »jener Professor aus Speyer«, der den Inhalt der geplanten Aktion aufgedeckt hatte,[41] immer wieder persönlich diffamiert; insgesamt wurde er in der Bundestagsdebatte nicht weniger als vierundzwanzigmal genannt.[42] Augstein wurde – unter dem »Beifall bei der CDU/CSU und der SPD sowie der Abgeordneten der F.D.P. [damals schrieb sie sich mit Pünktchen] und des Bündnisses 90/Die Grünen«, wie es im Protokoll heißt – der »intellektuellen Selbsterniedrigung« bezichtigt, weil er sich »fast ausschließlich auf die Argumentation jenes Professors« gestützt hatte.[43]

Angesichts der anschwellenden öffentlichen Kritik beantragte die »große Diätenkoalition«, der Bundesrat solle der Grundgesetzänderung im Eilverfahren zustimmen, das heißt ohne die sonst übliche Dreiwochenfrist. Die Ministerpräsidenten wollten sich aber nicht zum Komplizen machen lassen und verschoben die Sitzung um einige Wochen, während die Union und die SPD Durchhalteparolen verbreiteten.[44]

Immerhin verschaffte der Aufschub einigen Staatsrechtslehrern die Zeit, Unterschriften zu sammeln und mit einem von 86 Kollegen unterschriebenen Offenen Brief den Bundesrat aufzufordern, seine Zustimmung zur Verfassungsänderung zu verweigern,[45] was der Bundesrat schließlich am Freitag, dem 13. Oktober 1995, auch tat.[46] Begründet wurde das exakt mit den Formulierungen des Offenen Briefs, die sich im Protokoll des Bundesrats fast wörtlich wiederfinden.[47] Damit war – nach den gescheiterten Versuchen in Hessen (siehe S. 56 ff.), in Hamburg (siehe S. 62 f.) und im Saarland (siehe S. 60 f.) – ein weiterer missbräuchlicher Versuch der legislativen Korruption, diesmal des Bundestags, spektakulär gescheitert.

Wie sehr der Skandal die Öffentlichkeit erschütterte, kam auch darin zum Ausdruck, dass die Gesellschaft für deutsche Sprache »Diätenanpassung« zum »Unwort des Jahres 1995« erklärte.

Der Bundestag aber gab nicht klein bei. Wolfgang Schäuble, der damalige Vorsitzende der CDU/CSU-Fraktion und heutige Bundesfinanzminister, hatte bereits angekündigt, man werde »in der Sache keinen Millimeter zurückweichen«. Wenn der Bundesrat der Grundgesetzänderung nicht zustimme, »dann müssen wir halt den anderen Weg der Gesetzgebung beschreiten«.[48] Der Bundestag schrieb nun ins Abgeordnetengesetz, die Entschädigung solle sich in Zukunft an den Bezügen von (einfachen) Bundesrichtern (Besoldungsgruppe R 6) und Oberbürgermeistern (B 6) »orientieren«. Diese selbstgeschaffene Formel diente in den folgenden Jahren zur Begründung für weitere, wohlcamouflierte Erhöhungen (siehe S. 48–51), bis man dann 2014 schließlich einen Diätenautomatismus beschloss, diesmal – anders als 1995 – ohne Grundgesetzänderung und ohne Zustimmung des Bundesrats, obwohl dem Gesetz der Widerspruch zum Diätenurteil auf die Stirn geschrieben steht (siehe S. 40 ff.).

Dabei handelte der Bundestag in der durchaus berechtigten Erwartung, dass sich kein Kläger finden würde, der das neue Diätengesetz vors Verfassungsgericht bringt, und dass auch die Regierung es gegenzeichnet und der Bundespräsident es unterschreibt.

Die Diätennovelle von 2007

Im November 2007 hatte die Große Koalition im Blitzverfahren ein Gesetz durchgeboxt, welches die Abgeordnetenentschädigung um rund 10 Prozent anhob.[49] Zugleich gab das Gesetz Abgeordneten schon nach einem einzigen Jahr im Bundestag einen Versorgungsanspruch; bis dahin waren mindestens acht Jahre erforderlich gewesen.

Am Montag, dem 5. November 2007, um 14.00 Uhr, hatten die Parlamentarischen Geschäftsführer der Bundestagsfraktionen von CDU/CSU und der SPD, Norbert Röttgen und Olaf Scholz, ein engbeschriebenes dreizehnseitiges Papier mit einem ausformulierten Gesetzentwurf präsentiert. Den Journalisten, mit der komplizierten Materie ohnehin wenig vertraut, blieb zu dieser Stunde kaum Zeit für ihre an die heimische Redaktion gerichteten Berichte, die am nächsten Tag erscheinen mussten. Die problematischen Punkte waren auf die Schnelle kaum zu erkennen. Entsprechend lückenhaft war die Berichterstattung.

Offenbar war Eile geboten, denn noch in derselben Woche, am Freitag, 9. November, kam das Gesetz[50] zur ersten Beratung in den Bundestag;[51] die zweite und die abschließende dritte Beratung erfolgten gemeinsam eine Woche später am 16. November.[52] Die sonst übliche Überweisung an die zuständigen Bundestagsausschüsse unterblieb ebenso wie die Berufung einer Sachverständigenkommission. Die Anhebung der steuerpflichtigen Diäten von damals monatlich 7009 Euro um 330 Euro zum 1. Januar 2008 und um weitere 329 Euro ein Jahr später wurde damit begründet, man wolle mit Bundesrichtern gleichziehen. Dabei wurde unterschlagen, dass Abgeordnete mehrere gewichtige Privilegien besitzen, deren ökonomischer Wert sie schon vor der Erhöhung weit über das Gehalt von Bundesrichtern hinaushob.[53]

Zum Ausgleich für die Anhebung der Diäten sollte die Altersversorgung eingeschränkt werden. Diese Behauptung hielt schon damals einer Nachprüfung nicht stand. Kleine Einschnitte änderten an der Überversorgung nichts Wesentliches. Vielmehr fiel die Höchstversorgung aufgrund der steigenden Diäten deutlich höher aus als bisher. Es waren sogar noch neue Privilegien hinzugekommen, wie der Erwerb eines Versorgungsanspruchs schon nach einem Mandatsjahr und nicht erst wie bisher nach acht Jahren.

Wie willkürlich die neue Regelung war, zeigte ein zweiter Gesetzentwurf, den der Bundestag am selben Tag in erster Lesung behandelte wie das Diätengesetz, der aber in der öffentlichen Diskussion völlig unterging. Er betraf die Änderung des Bundesministergesetzes.[54] Darin wurde die Wartezeit für den Versorgungsanspruch von Ministern von bislang zwei auf vier Amtsjahre verlängert – ganz im Gegensatz zur Absenkung der Wartezeit für Abgeordnete auf ein Jahr. Auch der Beginn der Ministerversorgung wurde hinausgeschoben und dem Beamtenrecht angeglichen. Dagegen blieb es für Abgeordnete mit mindestens 18 Parlamentsjahren ohne jeden Abschlag beim Versorgungsalter 57 – eine unhaltbare Regelung, wie der Kontrast zur Versorgung von Regierungsmitgliedern erst recht deutlich machte.

Der Ablauf des Gesetzgebungsverfahrens war typisch für Entscheidungen des Parlaments über Diäten: Sie erfolgen überfallartig, unter Camouflage der Problempunkte, mit vorgeschützten Gründen und weitgehend einstimmig. Die drei kleinen Oppositionsparteien protestierten zwar pflichtgemäß – aber wohlwissend, dass die Erhöhung ohnehin kommt und auch sie davon profitieren würden.

Der mangelnde Ernst ihres Widerstandes zeigte sich beispielsweise darin, dass sie sich nicht darauf einigen konnten, eine Anhörung von Sachverständigen durchzusetzen, welche die Möglichkeit eröffnet hätte, die verschämt hintangehaltenen Teile des Gesetzes aufzudecken und die vorgeschützten Argumente öffentlich zu widerlegen.

Erneute Versuche zur Diätenerhöhung 2008 und 2011

Nur fünf Monate später, als im Mai 2008 die Beamtengehälter erhöht wurden, versuchten die Großkoalitionäre abermals eine Steigerung der Diäten durchzusetzen, diesmal um 6 Prozent. Überraschenderweise gab keine Geringere als Bundeskanzlerin Angela Merkel dem Vorhaben Rückendeckung: Eine unabhängige Kommission im Auftrag des früheren Bundespräsidenten Johannes Rau habe die Orientierung der Diäten an den Beamtengehältern empfohlen, erklärte sie in einem Interview[55] – eine Behauptung, die sich später als Ente erwies.[56] Auf die beharrliche Nachfrage im Kanzleramt stellte sich nämlich heraus, dass es eine solche Kommission nie gegeben hatte. Hinzu kam, dass die Initiatoren der abermaligen Diätenerhöhung sich in Widerspruch zum Gesetz von 2007 setzten, in dessen Begründung eine weitere Erhöhung vor dem Jahr 2010 ausdrücklich ausgeschlossen worden war.[57]

Als die »Diätenlüge« publik wurde,[58] zog die SPD unter dem Druck der empörten Parteibasis ihre Mitwirkung zurück. Das Vorhaben war gescheitert. Und auch Angela Merkel war blamiert und ließ für Regierungsmitglieder den Verzicht auf die sechsprozentige Erhöhung der (an die Beamtenbesoldung gekoppelten) Bezüge im Kabinett beschließen.

Wenige Jahre später holte der Bundestag seine im Mai 2008 gescheiterte Diätenerhöhung nach, und zwar im Wege eines – diätentypischen überfallartigen – Blitzgesetzes, das unmittelbar vor der Sommerpause 2011 sehr rasch, spätabends und im Windschatten parlamentarischer Großprojekte (Ausstieg aus der Kernenergie und Präimplantationsdiagnostik) durchgepeitscht wurde:[59] Der gemeinsame Gesetzentwurf der Regierungsfraktionen von CDU/CSU und FDP sowie der Oppositionsfraktionen von SPD und Grünen datiert vom 28. Juni 2011. Die erste Lesung im Bundestag fand am 30. Juni statt, und zwar nach 21.00 Uhr, wofür erst am Morgen die Tagesordnung ergänzt worden war. Dabei wurde sogar § 78 Absatz 5 der Geschäftsordnung ignoriert, wonach die erste Lesung einer Vorlage grundsätzlich frühestens am dritten Tag nach der Verteilung der Drucksache erfolgen soll. Obendrein stellte der an diesem 30. Juni 2011 beschlossene Atomausstieg natürlich alles andere in den medialen Schatten.

Schon eine Woche später, der letzten Woche vor der Sommerpause, erfolgte, nachdem tags zuvor der Innenausschuss zugestimmt hatte, die zweite und dritte Lesung im Bundestag – diesmal im Windschatten der Beratung und Abstimmung über die Präimplantationsdiagnostik. Am Tag darauf stimmte der Bundesrat zu.

Das Verfahren von 2013 zur Drei-Prozent-Sperrklausel bei Europawahlen

Bei der Einführung der Drei-Prozent-Sperrklausel bei Europawahlen im Jahre 2013[60] war der Bundestag ganz ähnlich wie bei den Diätengesetzen vorgegangen und hatte die Kontrolle durch die Öffentlichkeit gezielt leerlaufen lassen. Auch hier war er »gewissermaßen in eigener Sache tätig« (Bundesverfassungsgericht),[61] weil die Mandate, die eigentlich den von der Sperrklausel ausgeschlossenen Parteien zugedacht wären, ja den Bundestagsparteien zuwachsen.

Die Dreiprozentklausel war Anfang Juni 2013 in einem Blitzgesetz unter Nichteinhaltung der in der Geschäftsordnung des Bundestags vorgesehenen Regelfristen[62] durchgezogen worden – im medialen Windschatten der damaligen gewaltigen Überschwemmungen in Bayern, Sachsen-Anhalt und anderen Ländern und der gleichzeitig stattfindenden mündlichen Verhandlung zum Europäischen Stabilitätsmechanismus (ESM) und den Aufgaben der Europäischen Zentralbank (EZB) beim Bundesverfassungsgericht in Karlsruhe. Ein Appell von 30 Staatsrechtslehrern,[63] die Finger von dem Sperrklausel-Gesetz zu lassen, wurde ignoriert, eine ebenfalls warnende Analyse des eigenen Bundesministeriums des Innern wurde unterdrückt.[64] Zum Hearing wurden solche Sachverständige eingeladen, die im vorangegangenen, am Bundesverfassungsgericht gescheiterten Fünfprozentverfahren den Bundestag erfolglos vertreten und/ oder das entsprechende Urteil in Fachaufsätzen kritisiert hatten.[65] Andere Sachverständige legten dem Bundestag sogar nahe, das Gericht durch eine Verfassungsänderung auszubooten.[66] Wenn das Parlament es aber ganz offen unternimmt, die Verfassung in eigener Sache zu ändern, um rechtliche Barrieren gegen Maßnahmen zum Machterhalt zu beseitigen, erscheint dies besonders anfechtbar.

Exemplarische Fälle aus den Bundesländern

Bayern

Ein Abgeordnetengesetz entsteht –
und wird zum fatalen Muster für andere Landtage
Die heutige bayerische Diätenregelung geht auf das Abgeordnetengesetz von 1977 zurück.[67] Als Reaktion auf das Diätenurteil des Bundesverfassungsgerichts von 1975 wurde erstmals ein steuerpflichtiges Gehalt eingeführt und auf monatlich 6750 DM festgesetzt. Gleichzeitig bewilligte sich der Landtag eine überaus großzügige, nunmehr beitragslose Altersversorgung, wobei die Abgeordneten sich rück-

wirkend auch die bisherigen Mandatsjahre pensionserhöhend zu-
rechneten; selbst Abgeordnete, die vor 1968 aus dem Landtag ausgeschieden waren, wurden beteiligt und so ruhiggestellt. Zugleich
wurden die steuerfreie Aufwandspauschale auf monatlich 3800 DM
heraufgesetzt und gewisse Zusatzpauschalen abgeschafft. Damit
übernahmen bayerische Abgeordnete hinsichtlich ihrer Bezahlung
die Spitze unter allen Landesparlamenten und haben sie seitdem
auch beibehalten.[68]

Als der Landtag das Gesetz 1977 in Angriff genommen hatte,
waren die Fraktionen sich der verfassungsrechtlichen Probleme natürlich bewusst, zumal Artikel 31 der Bayerischen Verfassung für
Landtagsabgeordnete nur eine Aufwandsentschädigung und keine
Vollalimentation samt Altersversorgung vorsieht. Umso entschlosse-
ner gingen die Fraktionen unter Federführung der CSU daran, die
öffentliche Kontrolle auszuschalten. Der Gesetzentwurf enthielt keine Begründung. Im Vorblatt wurde zwar behauptet, das Bundesverfassungsgericht erzwinge eine Neuregelung, weil das bisherige Diätengesetz mit dem Diätenurteil von 1975 »nicht in Einklang stehe«.[69]
Das aber war schlicht falsch, weil das Urteil offenließ, ob es auch für
andere Länder gilt, erst recht dann, wenn diese eine eigene landesver-
fassungsrechtliche Regelung vorsehen, wie es Bayern in Artikel 31
der Bayerischen Verfassung tut.[70]

Bei der ersten »Beratung« des Gesetzes im Bayerischen Landtag
am 28. Juni 1977 wagte denn auch niemand, das Wort zur Verteidigung des Gesetzes zu ergreifen. Die zweite »Beratung« erfolgte am
13. Juli 1977 in der letzten Sitzung des Landtags vor den Schul- und
Parlamentsferien, nur einen Tag nach den Beratungen des Ausschusses für Verfassungs-, Rechts- und Kommunalfragen. Sie begann
unmittelbar nach der Verteilung der Ausschussberichte, obwohl die
Geschäftsordnung des Landtags grundsätzlich vorsieht, dass die Beratung frühestens am vierten Tag danach erfolgen soll. Wiederum
wurde der unzutreffende Eindruck erweckt, das Bundesverfassungsgericht zwinge zu einer Vollalimentation in Bayern. Die Einführung
der üppigen beitragsfreien Altersversorgung und die Rolle des Arti-

kels 31 der Bayerischen Verfassung, der ja nur eine Aufwandsentschädigung vorsieht, wurden völlig übergangen und das Gesetz einen
Tag nach Beginn der Ferien veröffentlicht.

Das auf diese Weise erschlichene Bayerische Abgeordnetengesetz
erwies sich als besonders folgenschwer, denn es wurde zum »Vorbild« für die Landesparlamente aller anderen Flächenländer, die
überall vollalimentierte und überversorgte Landtagsabgeordnete etabliert haben. Diese können – angesichts ihrer begrenzten Aufgaben,[71]
die höchstens eine Teilzeitbezahlung rechtfertigen[72] – tagein, tagaus
auf Staatskosten für ihre Partei tätig sein, wie der frühere Bundestagspräsident Kai-Uwe von Hassel kritisierte. Die große Diskrepanz
von Aufgaben und finanziellem Status räumen auch Insider wie die
Landtagsdirektoren Joachim Linck[73] und Albert Janssen[74] sowie
Landtagspräsidenten wie Gottfried Müller[75] ein. Das Land Hamburg
hält sogar am Feierabendparlament fest, und seine Abgeordneten erhalten nur einen Bruchteil der Entschädigung und Versorgung, die
etwa ihre Kollegen in Thüringen bekommen, und das, obwohl sie
auch die kommunalen Aufgaben mit zu erledigen haben (siehe dazu
S. 62 f.).

Das Gesetzgebungsverfahren 2000: Vortäuschen falscher
Tatsachen
Im Herbst 2000 hatte der Bayerische Landtag endlich die höchst an-
fechtbare staatliche Bezahlung von Mitarbeiterverträgen mit Verwandten oder Ehegatten der Abgeordneten verboten. So wurde es
jedenfalls im Vorblatt des Gesetzentwurfs dargestellt, den CSU, SPD
und Grüne gemeinsam eingebracht hatten, und so schilderte es auch
CSU-Sprecher Dr. Otmar Bernhard[76] in der ersten und zweiten Lesung des Gesetzes. Außer ihm ergriff in beiden Lesungen niemand
das Wort zur Sache.

Tatsächlich aber blieb die staatliche Bezahlung von Mitarbeiterverträgen mit Geschwistern und Verwandten zweiten und höheren Gra-
des unbeschränkt zulässig. Und für Verträge mit Ehegatten und Kindern, die vor dem 1. Dezember 2000 geschlossen worden waren, wurde

eine unbegrenzte »Übergangsregelung« beschlossen. Der Stichtag war derart früh angekündigt worden, dass viele Abgeordnete mit flugs geschlossenen Verträgen mit Ehegatten oder Kindern noch »aufspringen« konnten.

Als 2013 herauskam,[77] dass viele Abgeordnete, auch Regierungsmitglieder, ihre Ehegatten und Kinder immer noch auf Staatskosten beschäftigten, kam es zum Eklat. Der Fraktionsvorsitzende der CSU, Georg Schmid, der seine Ehefrau als Abgeordnetenmitarbeiterin beschäftigt hatte, musste ebenso zurücktreten wie der Vorsitzende des Haushaltsausschusses, Georg Winter, der seinen minderjährigen Söhnen Mitarbeiterposten zugeschanzt hatte. Mehrere Minister zahlten illegale Staatsgelder zurück (siehe S. 216 ff.).

Ein Fraktionsgesetz wird erschlichen – und zum Muster
für den Bund
Das Bayerische Fraktionsgesetz[78] wurde unter dem Vorwand, Transparenz herzustellen – so die zynische Bemerkung im Vorblatt des Gesetzentwurfs[79] –, erlassen. In Wahrheit war es von der Intention getragen, die bestehenden Verfassungswidrigkeiten und Kontrollmängel beizubehalten und lediglich vordergründig zu legalisieren. Als besonders fatal erwies sich das Gesetz, weil es nach Inhalt und Verfahren zum Vorbild für die Fraktionsgesetze anderer Länder und auch des Bundes wurde (siehe S. 43 ff.).

Der gemeinsame Gesetzentwurf aller vier Fraktionen des Bayerischen Landtags[80] unterschlug die gravierenden Problempunkte genauso wie der CSU-Sprecher.[81] Eine Begründung, warum eine Öffentlichkeitsarbeit der Fraktionen entgegen der Rechtsprechung des Bundesverfassungsgerichts erlaubt werden sollte, fehlte. Unbegründet blieb auch, warum der Rechnungshof die Ausgaben der Fraktionen – ebenfalls der Rechtsprechung des Bundesverfassungsgerichts zuwider – nicht auf ihre Erforderlichkeit sollte prüfen dürfen. Weder erwähnt und schon gar nicht begründet wurden die Bewilligung der Mittel allein im Haushaltsplan, die dem verfassungsrechtlichen Gesetzesvorbehalt widerspricht, den das Diätenurteil des Bundesverfassungsgerichts hervorgehoben hatte, und die Scheinlegalisierung von Extradiäten für Funktionsträger der Fraktionen, die ebenfalls mit dem Diätenurteil unvereinbar sind. Eine Aussprache im Parlamentsplenum fand nicht statt. Nach dem höchst einseitigen Bericht des CSU-Abgeordneten Michl ergriff bezeichnenderweise kein anderer Abgeordneter das Wort, weder in der ersten noch in der zweiten »Beratung« des Landtags. Wären der Inhalt des Gesetzes und die Widersprüche zur Rechtsprechung des Bundesverfassungsgerichts offengelegt und öffentlich diskutiert worden, hätte das Gesetz vermutlich kaum eine Chance gehabt.

Wie schon im Fall des Bayerischen Abgeordnetengesetzes ist wieder besonders fatal, dass der Bayerische Landtag mit seinem Fraktionsgesetz auch andere Landtage (siehe zum Beispiel fürs Saarland S. 61 f.) – und sogar den Bund (siehe S. 43 ff.) – ermutigte, auf dieselbe Verfahrensweise und an der öffentlichen Kontrolle vorbei ihre Fraktionsgesetze durchzusetzen.

Hessen

Das Verfahren zum Diätengesetz von 1981

Das Gesetz zur Änderung des Hessischen Abgeordnetengesetzes von 1981 führte unter anderem ein 13. Gehalt für Landtagsabgeordnete ein. Das war hochproblematisch. Der Bundestag hatte ausdrücklich von einem 13. Gehalt abgesehen, weil seine Gewährung »mit dem Status eines Mitglieds des Bundestags nicht vereinbar« sei.[82] Dem waren auch alle anderen Landesparlamente gefolgt.

Um das Gesetz in Hessen dennoch durchzubekommen, wurde ein Verfahren gewählt, welches die Öffentlichkeit praktisch ausschloss: Zu Beginn der ersten Beratung im Hessischen Landtag am 22. Juni 1981 lag der Gesetzentwurf, der nach der Geschäftsordnung des Landtags eigentlich acht Tage vorher hätte verteilt werden sollen, den Abgeordneten noch nicht vor. Bereits am nächsten Tag, in der letzten Sitzung vor der Sommerpause, wurde das Gesetz, in dem die 13. Entschädigung in einer harmlos klingenden Formulierung versteckt war, ohne Aussprache endgültig beschlossen – einstimmig.[83]

Der Präsident des Landtags, Dr. Hans Wagner, dem die Aufgabe zugefallen war, das Gesetz in der ersten Lesung zu begründen, erwähnte die Einführung der 13. Entschädigung mit keinem Wort, und begründet hat er sie schon gar nicht.[84]

Das Verfahren zum Diätengesetz von 1988 und später:
Der Geburtsfehler wirkt bis heute fort
Einige Jahre später setzte der Hessische Landtag zum großen Coup an. Das Gesetz zur Änderung des hessischen Diätengesetzes vom Februar 1988 sah eine Fülle von politisch unhaltbaren, vielfach verfassungswidrigen Regelungen vor[85] und musste dann ja auch einige Monate später, nachdem sein Inhalt bekannt geworden war, aufgehoben werden (genauso wie das 13. Gehalt).

Dem unhaltbaren Inhalt des Gesetzes entsprach das Verfahren seines Zustandekommens. Im Gesetzentwurf und in den beiden Lesungen im Landtag waren die Begründungen für die Anhebungen und sonstigen Neuerungen zum Teil sachlich unrichtig, zum Teil rechtlich falsch; andere Änderungen wurden überhaupt nicht begründet.[86] Auch über die Höhe der Haushaltsbelastung wurde die Öffentlichkeit getäuscht.[87] Die gewaltigen verfassungsrechtlichen Risiken wurden mit keinem Wort erwähnt.[88]

Vorab hatte der Landtagspräsident Jochen Lengemann (CDU) das Vorhaben unter Hinweis auf seinen Diätenbericht vom 25. Januar 1988 öffentlich für »in jeder Richtung angemessen« erklärt, und sein Stellvertreter Dr. Lang (SPD) hatte öffentlich behauptet, die Diäten in Hessen seien »überall Schlusslicht«[89] und müssten deshalb angehoben werden. In Wahrheit waren die hessischen Diäten schon vor dem Februargesetz in der Spitzengruppe[90] und danach in vieler Hinsicht einsame Spitze.[91]

Der gemeinsame Gesetzentwurf von CDU, SPD und FDP vom 26. Januar 1988 wurde am 2. Februar in erster und am 4. Februar in zweiter Lesung gegen die Stimmen der Grünen im Landtag verabschiedet. Der frühere Finanzminister Heribert Reitz enthielt sich der Stimme.

Wie sehr die Manipulation der Öffentlichkeit gelungen war und wie leichtgläubig die in der Landeshauptstadt akkreditierten Journalisten sich hatten manipulieren lassen, offenbaren begleitende Äußerungen prominenter hessischer Meinungsmacher. Rainer Dinges, Vorsitzender der Landespressekonferenz, hatte im *Darmstädter Echo* geschrieben, »noch nie« sei »im Hessischen Landtag so offen über ein solches Vorhaben diskutiert worden«. Der Landtag habe »bis ins kleinste Detail der künftigen Pensionsregelung für Abgeordnete alles ausgebreitet«. Von Maßlosigkeit könne keine Rede sein.[92] Und Dietmar Ossenberg meinte in der einflussreichen Fernsehsendung *Hessenschau,* die Diätenerhöhung sei noch viel zu niedrig ausgefallen.[93]

Diese Aussagen erscheinen vor dem Hintergrund des vom Landtag beschlossenen Gesetzes geradezu so, als redeten Blinde von der Farbe. Umso höher schlugen die öffentlichen Wellen, als das abgekartete Spiel bekannt wurde. Die Erkenntnis, dass anscheinend kaum etwas vor der Öffentlichkeit leichter verborgen werden kann als in einem Gesetz, wenn es nur kompliziert genug formuliert und im Schnellverfahren durchgepeitscht wird, die Erkenntnis, dass höchste Repräsentanten eines deutschen Parlaments mit Falschinformationen, schiefen Vergleichen und unter Heranziehung inadäquater Maßstäbe die öffentliche Meinung und ihre Wortführer in Presse und Rundfunk irregeführt hatten, wirkte wie ein Schock, zumal sich herausstellte, dass die Gesetzesänderung vom Februar 1988 kein Einzelfall war und ähnliche Manipulationen schon früher geschehen waren. Der Präsident des Landtags und sein Stellvertreter, die besondere Verantwortung für das Gesetz trugen, mussten ihren Hut nehmen.

Die Fraktionen der CDU, der SPD und der FDP hatten zunächst nur Teile des Gesetzes revidieren, zahlreiche ungerechtfertigte Regelungen aber aufrechterhalten wollen. Der Ministerpräsident und Vorsitzende der hessischen CDU Dr. Walter Wallmann zwang jedoch seine Fraktion und damit auch den Landtag insgesamt, das ganze Gesetz zurückzunehmen.[94]

Doch der Landtag gab nicht auf und erreichte schließlich auf anderem Weg sein eigennütziges Ziel – auch weil die Öffentlichkeit von dem kaum noch überschaubaren Hin und Her ermüdet und die hessischen Medien von der ganzen für sie blamablen Entwicklung ohnehin *not amused* waren. Einmal mehr wurde dafür eine Kommission instrumentalisiert, diesmal »Beirat« genannt. Der Landtag hatte ihn überwiegend mit hohen Funktionsträgern und Verbandsvorsitzenden besetzt, die fast alle aus Hessen kamen und in ihren verschiedenen offiziellen und außeramtlichen Obliegenheiten vom Wohlwollen des Landtags und der mitbetroffenen Landesregierung nicht unabhängig waren. Es handelte sich zudem um »durchweg gutverdienende Persönlichkeiten«, wie Dieter Meng in der *Frankfurter Rundschau* anmerkte, sodass das Ergebnis »von vornherein gesichert« schien.[95]

Der Beirat schlug eine gewaltige Erhöhung der Entschädigung auf monatlich 10 200 DM vor. Das war weit mehr, als alle anderen Landesparlamente und sogar mehr, als Bundestagsabgeordnete an Entschädigung erhielten. Entsprechend sollte auch die Versorgung gewaltig ansteigen.

Doch die Vorschläge enthielten einen krassen Fehler. Der Beirat hatte sich bei seinem Vorschlag am Einkommen der Mitglieder freier Berufe orientiert, die in Hessen im Jahre 1987 im statistischen Durchschnitt exakt 10 200 DM im Monat verdienten. Freiberufler müssen aus diesem Bruttoverdienst aber ihre gesamte Versorgung für Alter, Invalidität, Krankheit und Hinterbliebene finanzieren. Dies hatte der Beirat bei seiner Empfehlung, für Abgeordnete eine ausschließlich *staats*finanzierte Versorgung einzuführen, schlicht vernachlässigt und Äpfel mit Birnen verglichen. Dennoch übernahm der Landtag die Ergebnisse des Beirats. Damit ist das hessische Diätengesetz nach wie vor von einem schweren Geburtsfehler gezeichnet.

Saarland

Ministerpension und Fraktionszuschüsse

Der Clou des Saarländischen Ministergesetzes hatte darin gelegen, dass ein Regierungsmitglied schon nach einem einzigen Tag im Amt einen staatsfinanzierten dynamisierten Ruhegeldanspruch von 75 Prozent seines Ministergehalts erwerben konnte, beginnend mit Vollendung des 55. Lebensjahres, wenn er nur vorher 13 ½ Jahre Abgeordneter gewesen war. Der Passus war allerdings – aufgrund einer höchst komplizierten und missverständlichen Gesetzessprache – selbst für Juristen schwer zu entziffern.[96]

Dieses unglaubliche Versorgungsprivileg war nur durch ein regelrechtes Camouflage-Gesetzgebungsverfahren durchzusetzen. Der eigentliche Sündenfall war 1972 erfolgt – als Frucht eines öffentlichkeitsscheuen politischen Kartells. Der von der damaligen Regierungsfraktion CDU eingebrachte Gesetzentwurf enthielt keine Begründung. Eine Aussprache fand in keiner der drei »Beratungen« im Landtag statt.

Selbst die damalige SPD-Opposition äußerte sich mit keinem Wort, von Kritik ganz zu schweigen. Das lag offenbar an der Verdoppelung der Staatszuschüsse an die Fraktionen in den folgenden beiden Haushaltsjahren und an der Erhöhung der Abgeordnetendiäten, die als politisches Schmiermittel zur Herstellung der »Einigkeit der Demokraten« herhalten mussten. Von der Erhöhung der Staatsleistungen an die Fraktionen profitierte vor allem die SPD: Ihre Fraktion erhielt durch Einführung eines Sockelbetrages und eines Oppositionsbonus den größten Teil der Aufstockung.

Die groteske Versorgung saarländischer Regierungsmitglieder musste 1992 nach Vorlage eines Gutachtens des Verfassers und einer darauf beruhenden Geschichte des *Spiegel,* der auf dem Titel Oskar Lafontaine mit Perücke und Robe Ludwigs XIV. zeigte und den Inhalt der Regelungen öffentlich machte,[97] zurückgenommen werden.

Auch hier hatten die Medien bei der Einführung der grotesken Versorgung ein schwaches Bild geboten. So schrieb die *Saarbrücker*

Zeitung: »Die Altersversorgung der ersten Diener des saarländischen Staates war längst fällig – in anderen Bundesländern ist sie bereits früher und großzügiger geregelt worden.« Die Lage war ähnlich wie bei Verabschiedung des Hessischen Abgeordnetengesetzes, als einflussreiche Journalisten zur falschen Musik mitgesungen hatten. »Selbstkritisch« fragte dann auch ein Kommentator im Mai 1992 in derselben Zeitung, ob wir Journalisten »20 Jahre lang geschlafen haben«.[98]

Das Fraktionsgesetz

Das sogenannte Fraktionsrechtsstellungsgesetz des Saarlandes vom 13. November 1996 enthält im Wesentlichen gleichlautende Regelungen wie das Fraktionsgesetz des Bundes, welches 1995 als elfter Abschnitt in das (Bundes-)Abgeordnetengesetz eingefügt worden war.[99] Auch in diesem Fall entsprach das saarländische Gesetzgebungsverfahren wieder genau dem – bei solchen Gesetzen leider üblichen – Camouflage-Muster, bei welchem die Verantwortlichen offenkundig ein schlechtes Gewissen haben und deshalb die verfassungsrechtlichen Probleme ausblenden und mit keinem Wort erwähnen. Das Gesetz enthält dieselben Regelungen wie das Fraktionsgesetz des Bundes: Es erlaubt den Fraktionen Öffentlichkeitsarbeit trotz deren Unzulässigkeit; es verbietet – entgegen der Rechtsprechung des Bundesverfassungsgerichts – die Prüfung der Erforderlichkeit der Fraktionsausgaben durch den Rechnungshof; es gestattet – im Widerspruch zum Gesetzesvorbehalt und zur Wesentlichkeitsrechtsprechung des Bundesverfassungsgerichts – die Mittelbewilligung bloß im Haushaltsplan, und es lässt – im Widerspruch zum Diätenurteil – Funktionszulagen für Abgeordnete zu.

Im gesamten Gesetzgebungsverfahren waren alle diese Verfassungswidrigkeiten geflissentlich übergangen worden. In der ersten Beratung des Gesetzentwurfs redete nur der Landtagspräsident Hans Kasper (SPD),[100] den, wie es im Protokoll heißt, »die im Landtag vertretenen Fraktionen gebeten [hätten], diesen Gesetzentwurf zu begründen und damit auch der Öffentlichkeit vorzustellen«. Kasper behauptete, »der vorliegende Gesetzentwurf [entspreche] den verfassungsrechtlichen Erfordernissen«,[101] ohne auch nur auf einen einzigen der genannten verfassungsrechtlichen Einwände einzugehen. In der zweiten Beratung sprach nur der Berichterstatter Dr. Gerd Bauer (CDU).[102] Er berichtete, dass der saarländische Rechnungshof konsultiert worden sei. Was dieser bemängelt hatte und was die Fraktionen von seiner Kritik nicht aufgegriffen hatten, teilte der Abgeordnete aber nicht mit. Auch Bauer ging auf Fragen der Verfassungsmäßigkeit nicht ein. Eine Debatte unter Beteiligung noch anderer Abgeordneter fand weder in der ersten noch in der zweiten Lesung statt.

Hamburg: Wie ein vorbildliches Abgeordnetengesetz entstand

Besonders trickreich war auch das Gesetzgebungsverfahren 1987 in Hamburg. Aufgrund einer Änderung des dortigen Senatsgesetzes erhielten die Senatoren, also die Mitglieder der Hamburger Landesregierung, eine gewaltige Erhöhung ihrer ohnehin schon üppigen Pension: Nach vier Amtsjahren bekamen sie statt bisher 47 Prozent nunmehr 62 Prozent ihrer Amtsbezüge.[103] In der letzten Sitzung der Legislaturperiode wurde die neue Regelung überfallartig und ohne ein Wort der öffentlichen Begründung beschlossen. Das ganze Verfahren einschließlich der vorbereitenden Sitzungen des Verfassungsausschusses und eines Unterausschusses wurde an ein und demselben Tag durch die Bürgerschaft gepeitscht, am Nachmittag des 19. März 1987, unmittelbar vor der Auflösung der Bürgerschaft vor den anstehenden Neuwahlen. Der Gesetzesantrag war von niemandem unterzeichnet und wurde den Abgeordneten kurz vor der Abstimmung im Plenum als Anlage eines Ausschussberichts auf den Tisch gelegt. Der Bürgerschaftspräsident, Dr. Martin Willich, sagte nur wenige Sätze und blendete den eigentlich brisanten Punkt, die Erhöhung der Senatorenpension, völlig aus. Wortmeldungen gab es nicht.

Bei Vorlagen aus der Bürgerschaft sieht die Verfassung normalerweise eine Sechstagefrist vor, auf welche nur mit Zustimmung des Senats verzichtet werden kann. Doch der Erste Bürgermeister Klaus von Dohnanyi erteilte die Zustimmung, sodass sich die zweite abschließende Abstimmung in der Bürgerschaft unmittelbar an die erste anschloss.

Die Änderung des Senatsgesetzes war hinter einem zweiten, relativ harmlos anmutenden Gesetz versteckt worden, durch das eine Invaliditäts- und Hinterbliebenenversorgung für alle Abgeordneten eingeführt wurde. Als Anlass wurde der Tod eines jungen Parlamentariers angegeben, der Frau und Kinder unversorgt hinterlassen habe. Für Bürgerschaftspräsidenten, Fraktionsvorsitzende und ihre Stellvertreter war eine Verdoppelung oder Verdreifachung der Leistungen aus der Invaliditäts- und Hinterbliebenenversorgung vorgesehen, unabhängig davon, wie lange das Amt ausgeübt worden war. Darin lag ein erster Schritt auf dem Weg zu einer voll ausgebauten Altersversorgung für Abgeordnete, für die Bürgerschaftspräsident Willich seit Langem eingetreten war, mit hohen Zuschlägen für die genannten Parlamentsfunktionäre.

Im Herbst 1991 sollte diese Altersversorgung durchgesetzt werden. Als dann aber der Verfasser in mehreren gutachtlichen Äußerungen auch den inneren Zusammenhang zur Erhöhung der Senatorenpension vier Jahre vorher aufgezeigt hatte, war die öffentliche Entrüstung groß. Der Senat unter dem Ersten Bürgermeister Henning Voscherau legte sein Veto gegen das vom Parlament schon beschlossene Gesetz ein, sodass es gescheitert war. Schließlich musste auch die Erhöhung der Senatorenpension rückwirkend wieder aufgehoben werden.[104]

Doch der Fall Hamburg, der »bundesweit« eine »fundamentale Legitimationskrise« (Voscherau)[105] hervorrief, hatte auch sein Gutes. Zur Aufarbeitung wurde eine Untersuchungskommission und zur Neuregelung eine Enquete-Kommission unter dem späteren Richter am Bundesverfassungsgericht Wolfgang Hoffmann-Riem eingesetzt, und diese schlug vorbildliche Diätenregelungen vor, die heute noch gelten und Hamburg von fast allen anderen Bundesländern positiv abheben.

3. Abschieben in den Haushaltsplan

Noch leichter fällt dem Parlament das Verschleiern missbräuchlicher Akte, wenn es gelingt, sie in den Haushaltsplan abzuschieben. Werden Höhe und Verteilung der Mittel ohne spezielles Gesetzgebungsverfahren bloß im Haushaltsplan geregelt, werden die Kontrollen erst recht unterlaufen (siehe S. 31 ff.). Hier fällt es noch weniger auf, wenn jede gemeinwohlorientierte öffentliche Begründung fehlt. Beispiele sind Entscheidungen über die öffentlichen Mittel für Fraktionen, Abgeordnetenmitarbeiter und politische Stiftungen, deren Erhöhungen regelmäßig ohne jede nachvollziehbare Begründung erfolgen.[106] Selbst gewaltige Steigerungen der bewilligten Mittel werden nur nichtssagend kommentiert, wie »Erhöhung wegen vermehrten Bedarfs«,[107] wenn nicht ganz auf eine öffentliche Begründung verzichtet wird.

So wurden zum Beispiel die Erhöhung der Globalzuschüsse für politische Stiftungen für 2014 um 18 Millionen Euro auf 116 Millionen, die Erhöhung ihrer Mittel für Investitionen um 4 Millionen Euro auf 5,3 Millionen und die Einstellung von Verpflichtungsermächtigungen, mit denen Stiftungsmittel für kommende Jahre in Höhe von 16,4 Millionen Euro festgesetzt wurden, nicht sachlich begründet: weder im Bericht über die sogenannte Bereinigungssitzung des Haushaltsausschusses des Bundestags[108] noch in der zweiten Lesung des Bundeshaushalts[109] noch im Bundeshaushalt 2014.[110] Auch die Festsetzung der Mittel für Fraktionen und Abgeordnetenmitarbeiter wurde nicht begründet;[111] ebenso wenig wurde die Erhöhung der Gelder für Abgeordnetenmitarbeiter durch den Haushaltsausschuss begründet, auch wenn die Erhöhung drastisch ausfiel: Selbst sprunghafte Steigerungen der Mitarbeiterpauschalen von Bundestagsabgeordneten – zum Beispiel 1977 um 58,6 Prozent, 1985 um 30,4 Prozent, 1990 um 18,3 Prozent, 2004 um 21,5 Prozent, 2006 um 28,1 Prozent und 2016 um 17,4 Prozent, das heißt: von 172,3 (2015) auf 202,3 Millionen Euro (2016)[112] – entbehrten jeder stichhaltigen öffentlichen Begründung. Das Gleiche gilt beispielsweise für die Verdreifachung der Gelder für Bundestagsfraktionen von 1969 bis 1971: Es handelt sich durchgehend um Entscheidungen ins Blaue hinein ohne vernünftige Grundlage (zur verfassungsrechtlichen Problematik solcher Entscheidungen siehe S. 105 ff.).

Bei geringeren Erhöhungen stellt auch der Hinweis auf Preis- und Gehaltssteigerungen keine ausreichende Begründung dar, erst recht, wenn damit überproportionale Erhöhungen verdeckt werden sollen. Preis- und Gehaltssteigerungen können das gebotene öffentliche Abwägen der Argumente für und gegen Erhöhung, Senkung oder Beibehalten des bisherigen Niveaus nicht ersetzen.[113]

Ohne öffentliche Begründung wird es dem in eigener Sache entscheidenden Bundestag erleichtert, die Mittel nach Belieben zu erhöhen oder erforderliche Senkungen zu unterlassen. Die ungehinderte Beschaffbarkeit der staatlichen Mittel und ihre parteiergreifende Verwendung, die durch mangelhafte Kontrollen erleichtert werden und die die Schlagkraft der Mutterpartei im Kampf um die Macht erhöhen, verstärken noch die Motivation, die Bewilligungen aufzublähen und so durch verdeckte Parteienfinanzierung das Recht von Außenseitern auf Chancengleichheit umso massiver zu verletzen.[114]

4. Ämterpatronage: Bestellung geneigter Amtsträger

Das schleichende Gift

Ämterpatronage ist eine verbreitete Form von »Selbstbedienung« der politischen Klasse.[115] Sie hat mehrere Ziele: die Sicherung der Macht (Herrschaftspatronage), die Belohnung von Parteigängern (Versorgungspatronage) und die Demonstration des Einflusses nach außen (Demonstrationseffekt). Das übt einen disziplinierenden Effekt auf alle aus, die im Staat etwas werden wollen, erhöht deren Kooperationsbereitschaft und vermehrt dadurch wiederum die Macht der Parteien.

Ämterpatronage wird offiziell oft geleugnet. Als die Grünen seinerzeit bei der Regierung von Helmut Kohl anfragten, wie man parteiliche Ämterpatronage erfolgreich bekämpfen könne, antwortete die Regierung lapidar, Ämterpatronage existiere überhaupt nicht. Der Hauptgrund: Ämterpatronage ist anrüchig, ja grundsätzlich sogar verfassungswidrig. Nach dem Grundgesetz dürfen Einstellungen und Beförderungen im öffentlichen Dienst und der Gerichtsbarkeit nur nach persönlicher und sachlicher Qualifikation erfolgen. Das Parteibuch von Bewerbern darf nicht den Ausschlag geben. Deshalb muss dennoch praktizierte Ämterpatronage unter der Decke gehalten werden.

Tatsache aber ist, dass die Parteien alle Sektoren durchdringen, auch die, in denen sie eigentlich nichts zu suchen haben. Primäres Ziel sind Kontrollorgane wie hohe Gerichte, Rechnungshöfe, Rundfunkanstalten. Auch Einrichtungen, die das politische Denken prägen, suchen sie mit Leuten ihres Vertrauens zu durchsetzen. Die Bundes- und Landeszentralen für politische Bildung, die Parteistiftungen und die meisten Volkshochschulen sind in ihrer Hand. Kaum ein Leiter einer größeren Schule, der nicht auch unter parteipolitischen Gesichtspunkten berufen wird; Führungskräfte der öffentlich-rechtlichen Medien werden nach Parteibuch bestellt. Die Politisierung des aus Zwangsbeiträgen finanzierten öffentlich-rechtlichen Hörfunks und Fernsehens mindert seine Informations-, Kritik- und Kontrollfunktion. Das geht an den Nerv des demokratischen Rechtsstaats. Unabhängige Information und kritische Kontrolle durch das Massenmedium Fernsehen wären gerade im Parteienstaat eigentlich unerlässlich.

Ämterpatronage zielt aber auch auf die Verwaltung mit ihren Millionen lukrativen Posten. Sie mit Parteigenossen zu besetzen, gelingt zwar nicht immer, aber doch immer öfter. Darin liegt ein schleichendes Gift, dessen Schädlichkeit für den Rechtsstaat gar nicht überschätzt werden kann.

Allerdings wird das Problem oft – und bisweilen ganz offiziell – als gar nicht existent abgetan. Typisch war die erwähnte Antwort der

Regierung Kohl: Da es das Problem der Ämterpatronage nicht gebe, seien die gestellten Fragen gegenstandslos. Eine Antwort nach der Devise, dass nicht sein kann, was nicht sein darf.

Vor seiner Regierungsübernahme hatte derselbe Kohl eine solche, das Problem der Ämterpatronage ignorierende Haltung noch als »lächerlich« zurückgewiesen. Auch der heutige Bundesverfassungsrichter Peter Müller neigte, als er noch Ministerpräsident des Saarlandes war, dazu, das Problem zu bagatellisieren.[116] Dabei ist der parteilich berufene (und beförderte) Schulleiter, Krankenhausdirektor oder auch nur ganz normale Laufbahnbeamte in Staat und Gemeinde keine Karikatur, sondern alltägliche Wirklichkeit.[117]

Der Wissenschaft wird ihre Unabhängigkeit nicht zuletzt deshalb gewährt, um ihre Sachlichkeit und Kritikfähigkeit gegenüber den Mächtigen in Staat und Gesellschaft zu erhalten. Aber gerade diejenigen Wissenschaftler, die sich besonders intensiv mit den Parteien (und ihren Abgeordneten, Fraktionen, Stiftungen etc.) befassen, stehen diesen aufgrund vielfacher Zusammenarbeit oft zu nahe und sind ihnen aufgrund ehrenvoller Berufungen, prestigeträchtiger Gutachten und Prozessvertretungen zu sehr verpflichtet, um noch unbefangen Kritik äußern zu können, so notwendig diese auch wäre.

Die politische Klasse spart auch nicht mit Dankesbezeugungen für wissenschaftliche Ansichten, die Kritik am bundesdeutschen Parteienstaat abwehren und ihn in möglichst hellem Licht erstrahlen lassen. Nicht zuletzt mit allen möglichen Arten von Orden und Ehrenzeichen verpflichtet sich die politische Klasse fast alle zur Dankbarkeit, die öffentlich etwas zu sagen haben.

Werden dann auch noch vorrangig parteinahe oder gar parteihörige Personen in Kommissionen zur Reform des Parteiwesens berufen, so wird der Bock zum Gärtner, die Einrichtung der wissenschaftlichen Politikberatung wird diskreditiert und zugleich das Gemeinwesen zur hilf- und wehrlosen Beute der Parteien gemacht.

Wer in Ämterpatronage nur die Verletzung juristisch-formaler Grenzen sieht, verkennt die Dimension des Problems. Parteibuchwirtschaft beeinträchtigt die Chancengleichheit, untergräbt die Leistungsfähigkeit im Amt, bläht Staat und Verwaltung auf, gefährdet ihre Neutralität, presst Beamte in die Parteien und leistet der Parteien- und Staatsverdrossenheit beim Bürger Vorschub. Vor allem steht die Machtorientierung der Parteien im Gegensatz zur sach- und wertorientierten Denk- und Handlungsweise, die den genannten Einrichtungen gemeinsam ist oder jedenfalls sein sollte; gerade deshalb sind sie unabhängig gestellt. Darum kann auch die Herstellung sogenannter parteipolitischer Ausgewogenheit das Problem nicht entschärfen. Denn der parteiliche Einfluss verändert auch dann die Motivations- und Denkweisen, wenn er nicht von einer Monopolpartei ausgeht. Die Folgen dieser Kolonisierungstendenzen sind fatal: Wem es nur auf Mehrheiten, Bündnisse und die Festigung des eigenen Status und der eigenen Macht ankommt, dem droht der Anreiz, nach sachgerechten Problemlösungen zu suchen, allmählich abhandenzukommen.

Löckt dagegen einer wider den Stachel oder übt gar an die Wurzel gehende Kritik an den Verhältnissen, wird er als politisch inkorrekt gebrandmarkt, notfalls auch persönlich diffamiert und ins politische oder berufliche Abseits gestellt. Und wenn dann einer vom inneren Kreis der Berufspolitiker sich zu einer Fundamentalkritik aufrafft, wie der frühere Bundespräsident Richard von Weizsäcker mit seiner Parteienschelte, wird das von der politischen Klasse und (fast) allen ihren unzähligen Zuarbeitern als Ausdruck von Undankbarkeit, ja von Verrat hingestellt. Berufspolitiker verfügen damit – als einzige Berufsgruppe überhaupt – nicht nur über die gesetzlichen und wirtschaftlichen, sondern bis zu einem gewissen Grad auch über die ideologischen Bedingungen ihrer eigenen Existenz.

Einschlägige Fälle

Das wirkliche Ausmaß der parteilichen Durchdringung des öffentlichen Dienstes und der obersten Gerichte bleibt intransparent. Immer mal wieder aber gibt es unübersehbare Einzelfälle problematischer Ernennungen.

So machte der frühere juristische Mitarbeiter der rheinland-pfälzischen SPD-Fraktion, Lars Brocker, einen gewaltigen Karrieresprung. Er wurde 2007 mit nicht einmal 40 Jahren hoch eingestufter Landtagsdirektor in Mainz und im Juni 2012 mit 44 Jahren sogar Präsident des rheinland-pfälzischen Oberverwaltungsgerichts in Koblenz und damit auch des rheinland-pfälzischen Verfassungsgerichts, ohne dass er bis dahin über einschlägige richterliche Erfahrung verfügt hätte.[118] Aber Brocker hatte ein großes parteiliches Verdienst: Er hatte die üppigen Funktionszulagen, die zum Beispiel viele stellvertretende Fraktionsvorsitzende im Bund und in den Ländern, auch in Rheinland-Pfalz, trotz ihrer Verfassungswidrigkeit von ihren Fraktionen erhalten (siehe S. 119 ff.), in einer Fachzeitschrift verteidigt.[119]

Mit seiner gefälligen Veröffentlichung hatte Brocker parteiintern Zuverlässigkeit demonstriert. Seine Berufung an die Spitze des Landesverfassungsgerichts dürfte die Zahlungen an Funktionsträger im rheinland-pfälzischen Landtag jedenfalls ein Stück sicherer gemacht haben vor einem verfassungsgerichtlichen Verdikt, obwohl das Bundesverfassungsgericht Extragelder etwa an stellvertretende Fraktionsvorsitzende mittlerweile in mehreren Entscheidungen für verfassungswidrig erklärt hat. Bedenkt man, dass das Bundesverfassungsgericht eine Klage gegen rheinland-pfälzische Funktionszulagen mit der Begründung verworfen hatte, dafür sei allein das rheinland-pfälzische Verfassungsgericht zuständig (siehe S. 128 ff.), so gerät die Berufung Brockers zum Präsidenten dieses Gerichts erst recht in ein problematisches Licht.

Hier bestätigt sich, dass die Parteien dazu neigen, besonders ihre institutionellen Kontrolleure parteipolitisch zu besetzen. Aber es gibt auch etwas, das man den Becket-Effekt nennen kann: Jean Anouilh schildert in seinem Drama *Becket oder Die Ehre Gottes*, wie der zum Erzbischof berufene Becket schließlich den Belangen seines kirchlichen Amtes den Vorzug gibt vor den Interessen desjenigen, dem er das Amt verdankt, dem König. Um ein solches amtsorientiertes Verhalten zu ermöglichen, welches auch das Grundgesetz eigentlich verlangt, sind Richter und Mitglieder der Rechnungshöfe des Bundes und der Länder unabhängig gestellt. Sie sollen ja gerade auch diejenigen, die sie ernannt haben, kontrollieren.

Ein Beispiel ist der Präsident des Landesrechnungshofs Thüringen, Sebastian Dette. Er machte von seiner Unabhängigkeit wirklich Gebrauch, als er die Funktionszulagen von Thüringer Abgeordneten, wie es seines Amtes ist, als verfassungswidrig kritisierte und ihre Rückzahlung an den Landeshaushalt anmahnte. Dabei sah er sich allerdings massivem Mobbing seitens der politischen Klasse ausgesetzt. Doch seine Stellung erlaubte es ihm, dem Druck standzuhalten. Dabei mag ihm geholfen haben, dass der Rechnungshof – entsprechend dem Berlin-Potsdam-Prinzip der alten preußischen Oberrechnungskammer – nicht in Erfurt, dem Sitz von Regierung und Landtag, angesiedelt ist, sondern in Rudolstadt. Am Ende hatte Dette vollen Erfolg: Die Funktionszulagen sind in Thüringen unlängst abgeschafft worden. (Näheres siehe S. 126 ff.)

Die Unabhängigkeit des neuen Präsidenten des Bundesrechnungshofs Kay Scheller, der vorher Direktor der CDU/CSU-Bundestagsfraktion war, harrt dagegen noch der Bewährung, etwa bei Prüfung der Bundestagsfraktionen. Die *Süddeutsche Zeitung* hatte diese Berufung »als Dank Kauders an einen sehr engen Mitarbeiter« interpretiert.[120] Volker Kauder ist seit Langem Vorsitzender der Unionsfraktion.

In Rheinland-Pfalz wurde im Jahr 2014 das Rechnungshofgesetz geändert. Dadurch wurde die Wahl des Abgeordneten und haushaltspolitischen Sprechers der Grünen-Landtagsfraktion, Ulrich Steinbach, zum Vizepräsidenten des Landesrechnungshofs zumindest erleichtert, denn bis dahin hatten ihm die nach dem Wortlaut des § 4 Landesrechnungshofgesetz erforderlichen Voraussetzungen gefehlt.[121] Die Opposition verstand das als Berufung eines Aufpassers im Rechnungshof; die Finanzkontrolleure waren der früheren SPD-Alleinregierung nämlich auf die Füße getreten, als sie ihr bei dem gescheiterten Versuch, den Nürburgring zu retten, schwere Fehler vorgehalten hatten.

Ein Versuch, Steinbach auf einer Abteilungsleiterstelle im Wirtschaftsministerium unterzubringen, das von der Grünen-Ministerin

Eveline Lemke geleitet wurde, war vorher an der Konkurrentenklage eines Ministerialrats im Wirtschaftsministerium gescheitert. Seinem Antrag auf Erlass einer Einstweiligen Anordnung hatte das Verwaltungsgericht Mainz stattgegeben und festgestellt, die Entscheidung des Wirtschaftsministeriums, Steinbach zu berufen, leide »sowohl an formellen wie materiellen Fehlern«.[122] Überhaupt stellen Rechnungshöfe leider »Musterbeispiele« für Patronage dar. Der Präsident gehört regelmäßig der einen und der Vizepräsident einer anderen Parlamentspartei an, und diese werden es sich gut überlegen, ob sie mit ihrer Kritik ihren Genossen wirklich wehtun wollen. Würden die Spitzen der Rechnungshöfe dagegen nicht von denen ausgewählt, die sie kontrollieren sollen, sondern unmittelbar vom Volk,[123] würden die Kontrolleure vermutlich ganz anderen Druck auf die politische Klasse entfalten. Dann würden sie die Interessen der Bürger sehr viel massiver wahrnehmen und nachdrücklich Rechtmäßigkeit, Wirtschaftlichkeit und Sparsamkeit der Verwaltung und der gesamten Politik einfordern, wie das eigentlich ihre Aufgabe ist – und in Sternstunden der Finanzkontrolle ja auch geschieht.

Die parteiliche Infiltration derjenigen Institutionen, die die Parteien eigentlich kontrollieren sollten, sowie die zunehmende parteipolitische Kolonisierung von Staat und Gesellschaft führen in der Tendenz zu strukturellen Änderungen in den Köpfen aller Beteiligten. Der tägliche Anschauungsunterricht parteilicher Patronage droht die »Moral« der davon positiv oder negativ Betroffenen auf Dauer zu beeinträchtigen und Opportunismus und politische Willfährigkeit zu fördern. Darin liegt vielleicht der größte Schaden von Ämterpatronage. Die Erkenntnis, dass die Parteien hier die Substanz von Demokratie und Rechtsstaat gefährden, wird allerdings dadurch erschwert, dass sie, eben mittels Ämterpatronage, auch die Hand auf den Institutionen der politischen Bildung haben.

Ämterpatronage vor Gericht

Der Fall Graefen/Bartz

Angesichts der Gefährlichkeit von Ämterpatronage stellt sich die Frage, inwieweit die Gerichte hier ein Gegengewicht bilden können. Ein spektakuläres Beispiel für die gerichtliche Kontrolle bei der Ernennung von Richtern hat Rheinland-Pfalz erlebt, nachdem 2007 der Präsident des Oberlandesgerichts Koblenz bestellt worden war. Von der SPD-geführten Landesregierung war Ralf Bartz, der damalige Präsident des Landessozialgerichts, vorgeschlagen und dann auch vom Richterwahlausschuss mehrheitlich gewählt worden. Dagegen wehrte sich Hans-Josef Graefen, zu dieser Zeit Landgerichtspräsident (und CDU-Mitglied), mit einer Konkurrentenklage. Die beiden rheinland-pfälzischen Gerichte, das Verwaltungsgericht und das Oberverwaltungsgericht, wiesen die Klage ab. Doch das Bundesverwaltungsgericht in Leipzig hob die Urteile auf und gab dem Kläger Graefen mit Urteil vom 4. November 2010 recht – Graefen wurde Präsident des Oberlandesgerichts (OLG) Koblenz.

Auch die zunächst geplante Auflösung des OLG Koblenz und seine Eingliederung in das halb so große OLG Zweibrücken, die allgemein als Racheakt gegen die Koblenzer Justiz verstanden wurden und deutschlandweit auf Protest gestoßen waren, musste die Landesregierung abblasen.

Konkurrentenklagen haben allerdings eine große Schwäche: Sie führen selbst im Erfolgsfall nur zur Aufhebung der rechtswidrigen Bestellung, nicht automatisch auch zur Ernennung des Klägers. In Koblenz allerdings wurde Hans-Josef Graefen dennoch ernannt. Die Regierung war offenbar derart blamiert, dass ihr zur Befriedung des verwüsteten Terrains nur noch Graefens Ernennung blieb.

Insgesamt hat die Rechtsprechung neuerdings die prozessuale Stellung übergangener Bewerber gestärkt. Früher bildete die Ernennung des Beamten oder Richters eine unüberwindliche Sperre. War sie erst einmal erfolgt, galt »Ämterstabilität«, sodass dem benachtei-

ligten Konkurrenten allenfalls noch eine mögliche Schadensersatz-
klage blieb. Doch diesen Grundsatz haben die Gerichte inzwischen
gelockert. Sie verpflichten den Dienstherrn neuerdings, vor Aushän-
digung der Ernennungsurkunde unterlegenen Mitbewerbern die
Möglichkeit zu geben, die Ernennung etwa durch Eilantrag oder Ver-
fassungsbeschwerde erst einmal zu verhindern.[124]
Dagegen hatte der rheinland-pfälzische Justizminister Heinz Georg Bamberger verstoßen, als er unmittelbar nach Ablehnung der
von Graefen beantragten Einstweiligen Anordnung durch das rheinland-pfälzische Oberverwaltungsgericht dem von ihm favorisierten
Bartz die Ernennungsurkunde aushändigte, obwohl Graefen ihm
vorher mitgeteilt hatte, er werde bei nachteiligem Ausgang des Verfahrens das Bundesverfassungsgericht anrufen. In solchen Fällen
müsse, so dekretierte das Bundesverwaltungsgericht, der Grundsatz
der Ämterstabilität zurückstehen.[125] Aber auch inhaltlich erklärte das
Gericht die Ernennungsentscheidung für rechtswidrig, denn die
Auswahl habe »nicht auf einer tragfähigen Tatsachengrundlage beruht«.[126]

Politische Beamte

Auch an anderen Stellen sucht die Rechtsprechung die gerichtliche
Kontrolle zu verbessern. Hier sind die sogenannten politischen Beamten zu nennen. Sie können, weil das Vertrauen der politischen
Spitze hier besonders wichtig sei, laut Beamtengesetzen jederzeit
ohne Angabe von Gründen in den einstweiligen Ruhestand versetzt
werden. Die politischen Beamtenstellen werden, wie es der Präsident
des Thüringer Rechnungshofs Sebastian Dette formuliert, »von den
Regierungsparteien munter genutzt, um ihre Leute zu beglücken«.
Die Beamtengesetze des Bundes und der Länder enthalten ganze Ka-
taloge von derartigen Stellen.[127] Besonders umfangreich sind die Ka-
taloge im Bund, in Rheinland-Pfalz und in Thüringen.
Das Bundesverwaltungsgericht hat neuerdings klargestellt, dass
für politische Beamte keine Ausnahme vom Leistungsprinzip des

Grundgesetzes[128] gilt, sondern dass auch sie voll daran gebunden sind:»Objektive Defizite hinsichtlich der an Eignung, Befähigung und Leistung zu stellenden Anforderungen [können] nicht durch ›politisches Vertrauen‹ kompensiert werden.«[129] Zudem hat das Bundesverfassungsgericht neuerdings den Kreis der sogenannten politischen Ämter denkbar eng gefasst. Nur der »engste Kreis unmittelbarer Berater der Träger politischer Ämter« komme für das Institut des politischen Beamten in Betracht.[130] Damit ist der größte Teil der derzeitigen politischen Beamtenstellen unvereinbar. Das gilt zum Beispiel auch für Präsidenten der Verfassungsschutzämter oder des Bundeskriminalamts und für Polizeipräsidenten, deren Stellen vielfach ebenfalls als politische Ämter ausgewiesen sind.[131] Das betrifft etwa den Fall des Präsidenten des Bundesnachrichtendienstes, Gerhard Schindler, der im April 2016 als politischer Beamter ohne jede Begründung in den einstweiligen Ruhestand versetzt wurde, wobei die gesamte Öffentlichkeit über die Hintergründe rätselte.[132]

Ein weiterer aktueller Fall betrifft die bisherige Präsidentin der Aufsichts- und Dienstleistungsdirektion (ADD) in Trier, Dagmar Barzen. Im Mai 2016 schickte Ministerpräsidentin Malu Dreyer die ADD-Chefin überraschend in den einstweiligen Ruhestand. Über die Gründe war offiziell nicht zu erfahren.[133] Zum »engsten Kreis unmittelbarer Berater der Träger politische Ämter« gehören die Präsidenten und Vizepräsidenten der rheinland-pfälzischen Mittelbehörden ADD sowie SGD (Struktur- und Genehmigungsdirektion) Süd und Nord aber definitiv nicht. Ihre Stellung als politische Beamte ist deshalb verfassungswidrig.[134]

Dasselbe gilt zum Beispiel für die Gleichstellungs-, Behinderten- und Ausländerbeauftragten in Thüringen, die ebenfalls den Status des politischen Beamten besitzen, und für eine Vielzahl weiterer Positionen.

Zunahme von Konkurrentenklagen

Während es früher eher verpönt war, gegen Auswahlentscheidungen vorzugehen, nimmt die Zurückhaltung unterlegener Bewerber inzwischen ab. Zu diesem Mentalitätswandel dürfte Graefens vielbeachteter Erfolg beigetragen haben. Auch das spektakuläre Verfahren, mit welchem sich der Strafrichter Thomas Fischer eine Vorsitzendenstelle am Bundesgerichtshof (BGH) erkämpft hat, dürfte mögliche Kläger ermutigt haben.

Auffällig ist, dass insbesondere hohe Richter vielfach Front gegen parteipolitische Ämterpatronage machen. Das hat allerdings auch dazu geführt, dass die Besetzung wichtiger Stellen immer häufiger durch Konkurrentenklagen blockiert wird.[135] So konnten, wie die *Süddeutsche Zeitung* im Dezember 2015 berichtete, am Bundessozialgericht in vier der vierzehn Senate die Vorsitzendenstellen wegen Konkurrentenklagen nicht besetzt werden.[136] Bundesjustizminister Heiko Maas hatte laut *Spiegel* vom 24. November 2014 allerdings sechs Richter am Bundesgerichtshof ernannt, bevor feststand, ob ein Antrag auf Erlass einer einstweiligen Verfügung Erfolg haben würde.[137]

Öffentlich-rechtlicher Rundfunk

Auch den Einfluss der Parteien auf den öffentlich-rechtlichen Rundfunk hat das Bundesverfassungsgericht etwas einzudämmen versucht, jedenfalls vordergründig. In einem Urteil von 2014 bekräftigte der Erste Senat zwar, dass die Organisation des öffentlich-rechtlichen Rundfunks dem Gebot der Staatsferne genügen müsse. Dennoch lässt er es zu, dass den Aufsichtsgremien bis zu einem Drittel Vertreter der Parteien, der Parlamente oder sogar der Regierungen angehören dürfen, also auch Ministerpräsidenten.[138] Diese dominieren im Fernsehrat des ZDF auch die beiden sogenannten Freundeskreise, den »schwarzen« und den »roten«, in denen zwar Vertreter gesellschaftlicher Gruppen sitzen, die aber zur Durchsetzung ihrer Verbandsinteressen von der Politik weitgehend abhängig sind.

Ausgangspunkt des gerichtlichen Verfahrens war der Einfluss des damaligen hessischen Ministerpräsidenten Roland Koch (und seiner Union), der als Vorsitzender des ZDF-Verwaltungsrats die Vertragsverlängerung für Chefredakteur Klaus Brender verhinderte. Dieser sah sich daraufhin frei, das Wirken der Parteien im Rundfunk ganz ungeschminkt zu kritisieren: Im ZDF sei ein »feingesponnenes Netz von Abhängigkeiten« entstanden, »aus dem sich Karrierechancen, aber auch Verpflichtungen ableiten lassen«. »Parteipolitische Methodik« drohe »den öffentlich-rechtlichen Rundfunk zu okkupieren«. Das »Denken in Mehrheits- und Minderheitsmustern sowie in Freund-Feind-Schemata« führe zu »Fraktionszwang« und »intransparentem Hinterzimmergeklüngel«. Es gebe sogar »ein internes Spitzelsystem, das davon lebt, dass Redakteure den Parteien Senderinterna zutragen«.[139]

Brenders Hoffen auf das Bundesverfassungsgericht wurde allerdings ziemlich enttäuscht. Angesichts des von ihm geschilderten Befundes und der Tatsache, dass die Rundfunkanstalten der Länder, wie WDR, NDR und SWR, weitgehend ohne Vertreter der Landesexekutive in ihren Aufsichtsgremien auskommen,[140] stellt sich das Urteil als deutliches Einknicken des Gerichts vor der politischen Macht dar. Die Zusammensetzung des neuen Fernsehrats des ZDF war denn auch ernüchternd.[141]

Hörfunk und Fernsehen haben eine zentrale Kontrollaufgabe. Doch »wenn nun die Aufsichtsgremien von Rundfunk und Fernsehen von denen beherrscht werden, deren Kontrolle sie unter anderem ermöglichen sollen, ist damit eine Beeinträchtigung ihrer Funktion verbunden«, kritisierte der Bundesverfassungsrichter Andreas Paulus sehr zu Recht das Urteil der Kollegen in einem Minderheitsvotum.[142]

Auch vorher war bereits spektakulär deutlich geworden, wie sehr gerade das ZDF zu einem Exerzierplatz der Parteipolitik geworden ist. So kam es bei der Intendantenwahl im Jahr 2002, bei der Union und SPD sich ja nicht im üblichen Proporzwege ohne viel Aufsehens einigen können, zu einem monatelangen erbitterten, auch vor der Öffentlichkeit nicht mehr zu verheimlichenden Ringen, bis man sich schließlich – nach vielen vergeblichen Anläufen – auf Markus Schächter als neuen Intendanten einigte. Das Echo der Öffentlichkeit auf diese Mainzer Karnevalsnummer war vernichtend. Doch war auch hier nur nach außen deutlich geworden, was intern seit Langem tägliches Brot ist: Parteitickets entscheiden über Karrieren.

5. Parallelen im Privatrecht

Privatautonomie und öffentliche Freiheit

Die Problematik von Entscheidungen der Politik in eigener Sache erkennt man nur, wenn man hinter die äußere Form von Gesetzen und sonstigen Rechtsakten blickt und das tatsächliche Kräftespiel ins Auge fasst, dessen Resultate sich in solchen Akten niederschlagen. Im Zivilrecht zeigt sich eine gewisse Parallele. Dort geht es statt um hoheitliche Akte um – ebenfalls rechtsverbindliche – private Verträge. Im Zivilrecht blicken Wissenschaft und Praxis schon lange auf die tatsächlichen Kräfte hinter dem formalen Vertragsschluss. Das hat dazu geführt, dass Verträge bei struktureller Übermacht eines Vertragschließenden, der dem anderen den Vertrag und seinen Inhalt oktroyiert, rechtlich nicht anerkannt werden. Andernfalls würde »das Recht des Stärkeren gelten«.[143]

Normalerweise vertraut die Rechtsordnung zwar auf privatautonom geschlossene Verträge, weil sie davon ausgehen kann, dass sich in ihnen ein angemessener Ausgleich der Interessen beider Kontrahenten niederschlägt. Typischerweise verspricht die Vertragsfreiheit die inhaltliche Richtigkeit von Verträgen. Das setzt allerdings ein Minimum an »Vertragsparität« der Beteilgten voraus, also ein gewisses Gleichgewicht ihrer Verhandlungsmacht (»bargaining power«).[144] Ist eine Seite besonders mächtig und wird ihre Verhandlungsstärke nicht durch den Wettbewerb neutralisiert, so führt ihre Dominanz tendenziell zur Unfreiheit der anderen Seite und zur Unrichtigkeit des Vertragsinhalts. Dann ist es anerkannterweise Aufgabe der Rechtsordnung,»auf strukturelle Störungen der Vertragsparität angemessen zu reagieren.«[145]

So formuliert das Bundesverfassungsgericht mit großer Klarheit und fährt folgendermaßen fort: Privatautonomie beruht»auf dem Prinzip der Selbstbestimmung«, verlangt also,»dass auch die Bedingungen freier Selbstbestimmung tatsächlich gegeben sind. Hat einer der Vertragsteile ein so starkes Übergewicht, dass er vertragliche Regelungen faktisch einseitig setzen kann, bewirkt dies für den anderen Vertragsteil Fremdbestimmung. Wo es an einem annähernden Kräftegleichgewicht der Beteiligten fehlt, ist mit den Mitteln des Vertragsrechts allein kein sachgerechter Ausgleich der Interessen zu gewährleisten.«[146] Dann bedarf es hoheitlicher Eingriffe. Deshalb gehört»der Ausgleich gestörter Vertragsparität zu den Hauptaufgaben des geltenden Zivilrechts«.[147]

Parallel dazu liegt bei Entscheidungen des Parlaments in eigener Sache und gleichzeitiger Ausschaltung der gerade hier eigentlich unerlässlichen Kontrollen (siehe S. 25 ff.) eine strukturelle Störung des Willensbildungsprozesses vor, diesmal des politischen, auf welche die Rechtsordnung ebenfalls angemessen zu reagieren hat. Die Interessen derer, die»drin« sind, haben ein krasses Übergewicht, weil sie im Parlament unmittelbar die Hebel der Macht in Händen halten und alle anderen von der Mitwirkung weitgehend ausschließen, sodass einseitige Ergebnisse zu befürchten sind.

Wie die Rechtsordnung von der früher rein formal verstandenen Vertragsfreiheit (»Vertrag ist Vertrag«) inzwischen auf die materielle, wirkliche Vertragsfreiheit übergegangen ist, die eben nicht vorliegt, wenn der Vertrag einem Kontrahenten faktisch aufgedrückt wird, so ist sie auch im Begriff, von der formalen Freiheit des Gesetzgebers (»Gesetz ist Gesetz«) zu einer materiellen Sichtweise überzugehen. Noch allerdings geschieht dies bisher nicht in ausreichender Weise. Es gilt, möglichst Ausgewogenheit herzustellen, die eben bei Entscheidungen des Parlaments in eigener Sache und faktischem Ausschluss des politischen Wettbewerbs und anderer Kontrollen nicht vorliegt. Beispiele sind Beschlüsse des Parlaments über Sperrklauseln im Wahlrecht, mit denen die »drinnen« Newcomer aussperren und denen deshalb die dem Gesetz normalerweise zugeschriebene Richtigkeitsgewähr fehlt. Darin sieht das Bundesverfassungsgericht neuerdings eine Entscheidung in eigener Sache und unterwirft solche Klauseln einer besonders intensiven Kontrolle (siehe S. 90 f.). Analog zum allgemein anerkannten Grundsatz »Keine Vertragsfreiheit bei mangelnder Parität der Kräfte« muss gelten: Keine schrankenlose Freiheit des Gesetzgebers bei offensichtlicher struktureller Einseitigkeit und Unausgewogenheit des gesetzgeberischen Willensbildungsprozesses, wie sie bei Entscheidungen des Parlaments in eigener Sache bestehen.

Die Verfallbarkeit der betrieblichen Altersversorgung

Ein Beispiel für den inneren Zusammenhang zwischen Verfahren und Inhalt von Entscheidungen bietet die Geschichte der betrieblichen Altersversorgung. Dieses gesellschafts- und sozialpolitisch gewichtige Thema – rund die Hälfte aller Arbeitnehmer hat eine betriebliche Ruhegeldzusage,[148] und rund 8 Millionen Menschen beziehen eine Betriebsrente[149] – zeigt nicht nur, wie die *Vertragsfreiheit* bei mangelnder Parität der Partner ihre Funktion verliert und stattdessen Unfreiheit und Ungerechtigkeit bewirkt, sondern auch, wie die *Gesetzgebung* bei einseitigem Input auch inhaltlich versagt.

Bis Anfang der Siebzigerjahre galt für die betriebliche Altersversorgung die sogenannte Verfallbarkeit, das heißt, die Beschäftigten verloren damals jeglichen Anspruch auf Ruhegeld, wenn sie vor Erreichung der Altersgrenze aus ihrem Betrieb ausschieden, selbst wenn sie gegen ihren Willen entlassen worden waren. Trotz der Unangemessenheit griff die Politik nicht ein. Aufrechterhalten wurde die Verfallbarkeit mit der These, die Arbeitnehmer hätten der Klausel zugestimmt, und der Nachteil der Verfallbarkeit werde durch umso höhere Zusagen kompensiert. Dabei wurde allerdings übersehen,

dass die Vertragsbindung eine halbwegs ausgewogene Verhandlungsmacht voraussetzt, die Arbeitnehmer aber regelmäßig keine Wahl
hatten:[150] Sie konnten die Klausel nicht ändern, und da andere Unternehmen dieselbe Klausel verwendeten, konnte auch ein Betriebs-
wechsel keine Änderung bringen.

Da die Politik sich scheute einzugreifen, sah sich das Bundesarbeitsgericht in einem Grundsatzurteil vom 10. März 1972 gehalten,
die Unverfallbarkeit durchzusetzen.[151] Nun war der Weg frei für das
Betriebsrentengesetz von 1974.[152] Anwartschaften auf betriebliches
Ruhegeld verfallen heute nach fünf Jahren Betriebszugehörigkeit
nicht mehr, sondern bleiben – in Höhe der abgeleisteten Dienstzeit –
erhalten.[153]

Enthüllend war, warum der Gesetzgeber die Klausel nicht von
sich aus unterbunden hatte, sondern das Gericht gezwungen war, die
Eisbrecherrolle zu übernehmen. Der Grund lag wiederum in der
Einseitigkeit des Willensbildungsprozesses, diesmal des politischen.
Beide großen Organisationen des Arbeitslebens hielten – aus kurz-
sichtigem Eigeninteresse und ideologischer Voreingenommenheit –
an der Verfallbarkeit fest, und gegen beide gemeinsam sah sich die
Politik nicht in der Lage, den Missstand zu beseitigen: Die Arbeitgeber wollten auf die Bindung ihrer Leute an das Unternehmen nicht
verzichten, die Gewerkschaften hatten Vorbehalte gegen die rechtliche Konsolidierung der betrieblichen Altersversorgung, da diese
nicht von der organisierten Arbeitnehmerschaft erkämpft, sondern
von paternalistisch denkenden Unternehmern wie Siemens, Krupp
und anderen früher einmal eingeführt worden war und von den Gewerkschaften als »Sozialklimbim« abgewertet wurde.

Die Geschichte der betrieblichen Altersversorgung zeigt also
Dreierlei: die misslichen Folgen mangelnder Vertragsparität, die
ebenso misslichen Folgen von Pluralismusdefiziten durch einseitigen
Einfluss politischer Kräfte auf die Gesetzgebung und die Notwendigkeit kompensatorischer gerichtlicher Ersatzgesetzgebung.

Wenn die Inhaber einseitiger Macht die Unrichtigkeit ihrer Beschlüsse bestreiten, ist das, wenn stringente Maßstäbe fehlen, inhalt-

lich oft nicht zu widerlegen. Dann muss der Ansatz am *Verfahren* erst recht in den Vordergrund treten. Bei Entscheidungen der Politik in eigener Sache und bei Ausschaltung der üblichen Kontrollen ist das politische Willensbildungs- und Entscheidungsverfahren aber unübersehbar schief und unausgewogen. Das kann die Rechtsordnung nicht hinnehmen, erst recht nicht, wenn es um die für Demokratie und Rechtsstaat zentralen Regeln der Macht geht.

Teil 3
Der Kampf ums Recht:
Was darf die Politik in eigener Sache?

Im Folgenden geht es anhand von Urteilen des Bundesverfassungsgerichts um konkrete Beispiele, wie Entscheidungen des Parlaments in eigener Sache rechtlich zu beurteilen sind – und welche Grenzen der Politik hier gesetzt sind oder doch gesetzt sein sollten.

1. Von entscheidender Bedeutung: ein fairer politischer Wettbewerb

Die Rolle kleinerer Parteien

Die neuere Rechtsprechung zur Befangenheit des Parlaments bei Entscheidungen in eigener Sache (siehe S. 90 ff.) hatte das Bundesverfassungsgericht bereits im Jahre 2004 vorbereitet. Dabei ging es zwar nicht ums Wahlrecht, doch die Entscheidung hatte unübersehbar Auswirkungen auf die spätere Rechtsprechung zu den Fünf- beziehungsweise Drei-Prozent-Sperrklauseln. Damals befand das Gericht, eine vom Bundestag gerade beschlossene Verschärfung der Voraussetzungen für die Beteiligung außerparlamentarischer Parteien an der staatlichen Parteienfinanzierung sei sachlich nicht gerechtfertigt, und erklärte diese Regelung für verfassungswidrig.[1]

Das Gericht hob dabei die große Bedeutung kleiner Parteien für die »Offenheit des politischen Prozesses« hervor. Diese Offenheit beuge einer »Erstarrung des Parteiwesens« vor und stärke die »Lernfähigkeit des politischen Systems«: »Schon die potentielle Konkurrenz, also die Chance neuer und kleiner Wettbewerber, für überzeugende Lösungskonzepte bei Wahlen belohnt zu werden, [zwingt] die etablierten Parteien zu einer Rückkoppelung mit dem Volk, um dem Aufkommen neuer Konkurrenten und einem Erfolg kleiner Wettbewerber nach Möglichkeit entgegenzutreten.« Es gelte deshalb von Verfassungs wegen, der »Gefahr des Verlustes der politischen Vielfalt und damit einer Einschränkung des Parteienwettbewerbs« entgegenzuwirken.[2] Damit formulierte das Gericht geradezu eine Art Magna Charta für kleinere Parteien.

Was der politische Wettbewerb bewirkt

Zugleich skizzierte das Bundesverfassungsgericht mit seinem Urteil ganz allgemein das Funktionieren des politischen Wettbewerbs. Das erlaubt uns, weiter zu präzisieren, worum es bei Entscheidungen des Parlaments in eigener Sache geht. Ein Kennzeichen politischen Wettbewerbs besteht nämlich darin, dass er Parteien dazu anreizt, attraktive Programmpunkte der Konkurrenten, mit denen diese bei Wahlen Erfolg hatten oder in Zukunft haben könnten, zu übernehmen und ihnen auf diese Weise den politischen Wind aus den Segeln zu nehmen, um so die eigenen Wahlchancen zu verbessern.

Ein Beispiel ist die Wende in der Atompolitik, mit der die Union unter Bundeskanzlerin Angela Merkel – unter dem Eindruck von Fukushima und entgegen dem eigenen früheren Programm – im Frühjahr 2011 den baldigen Abbau von Atomkraftwerken in Deutschland einleitete, was damals laut Umfragen rund drei Viertel der Deutschen befürworteten. Dabei spielte offenbar auch ein politisches Machtkalkül mit. Denn mit der Wende nahm die Union den Grünen (und eingeschränkt auch der SPD) einen ihrer stärksten Wahlschlager weg und erweiterte zugleich ihre künftigen Koalitionsoptionen in Richtung auf ein mögliches Zusammengehen auch mit den Grünen. Ein weiteres Beispiel war die Asylgesetzgebung der Regierungsparteien in den Jahren 1992/93,[3] womit der damals aufstrebenden Partei Die Republikaner ihr wichtigster Programmpunkt genommen wurde[4] (zu Merkels Euro- und Flüchtlingsrettungspolitik siehe S. 227 ff.).

So ärgerlich ein solcher politischer »Themenklau« den »beraubten« Parteien erscheinen mag, so liegt darin doch geradezu der Sinn des Wettbewerbs. Denn er soll bewirken, dass die Ergebnisse der politischen Willensbildung den Präferenzen der Wähler möglichst entsprechen. Eine ähnliche Funktionsweise schreibt man bekanntlich der »unsichtbaren Hand« des ökonomischen Wettbewerbs zu, von dem idealerweise erwartet wird, dass er die Wirtschaft in Richtung der Interessen der Konsumenten und der Gesamtheit der Bevölkerung steuert.[5]

Die Übernahme erfolgversprechender Programmpunkte auch von kleineren Parteien liegt also durchaus im eigenen Machtinteresse der Etablierten, wie überhaupt dem ganzen Wettbewerbskonzept die Vorstellung vom Ringen widerstreitender Interessen um die Macht im Staate zugrunde liegt. Damit ist klar: Nicht allein durch das Motiv des Machterhalts wird die Politik in eigener Sache so problematisch, denn das mehr oder weniger ausgeprägte Streben nach der Macht ist für den politischen Wettbewerb kennzeichnend.[6] Die Problematik liegt vielmehr darin, dass der politische Wettbewerb außer Funktion gesetzt oder geschwächt wird und die Politik sich dadurch – im Widerspruch zur Idee der Wettbewerbsdemokratie – vom Wähler emanzipiert und ihn entmachtet.[7]

Dabei gibt es innerhalb der Parteien im Parlament durchaus unterschiedliche Interessenlagen: Den Parteispitzen geht es vornehmlich um den Erhalt beziehungsweise den Erwerb der Regierungsmacht im Wettbewerb mit dem politischen Gegner. Denn die Regierung kann normalerweise nur *eine* Seite innehaben: Entweder die Regierungsparteien behalten sie oder die Oppositionsparteien erlangen sie, indem sie die Regierung ablösen. Der übrigen politischen Klasse kommt es dagegen vor allem darauf an, im Genuss der bezahlten Mandate zu bleiben und dass diese möglichst gut ausgestattet werden. Ihr vornehmliches Interesse ist deshalb die Ausschaltung des Wettbewerbs durch politische Kartelle, die dafür sorgen, dass Posten,

Geld und Status der Parteien und Abgeordneten beider Seiten – der Regierung *und* der parlamentarischen Opposition – gesichert werden.[8] Dieselbe Unterscheidung trifft der Politikwissenschaftler Klaus von Beyme, der innerhalb der Parlamentsparteien zwei Interessengruppen ausgemacht hat: die im Wettbewerb stehenden und offen um die Regierungsmacht kämpfenden politischen Eliten einerseits und andererseits die politische Klasse, die sich in dem Ziel stillschweigend einig ist, allgemein den Status von Abgeordneten und Parteien auszubauen und abzusichern; deshalb drängt sie auf »Selbstbedienung« und Abschottung durch politische Kartelle[9] (siehe S. 20 ff., 265 ff.).

Ein offener politischer Prozess

Dem Bundesverfassungsgericht geht es um den politischen Wettbewerbsprozess, um die Sicherung der Offenheit dieses Prozesses und der Chancengleichheit der Konkurrenten. Das Bundesverfassungsgericht wirkt als Hüter dieses Prozesses.[10] Dieser Idee vom Wettbewerb liegt die Vorstellung zugrunde, der demokratische Prozess verdiene nur dann das Vertrauen, akzeptable Ergebnisse hervorzubringen, wenn die annähernd gleiche Mitwirkungschance aller Bürger und ihrer Parteien gewährleistet ist. Ist diese Voraussetzung gegeben, hat das Gericht sich bei der Normenkontrolle grundsätzlich zurückzuhalten (»judicial restraint«), schon weil der Gesetzgeber die größere demokratische Legitimation besitzt. Steht aber die Fairness des politischen Prozesses auf dem Spiel, muss das Gericht aktiv werden. Die verschärfte richterliche Kontrolle widerspricht dann auch keineswegs dem Grundsatz der Demokratie: Die Gleichheit der Mitwirkungschancen aller ist elementarer Bestandteil des Demokratieprinzips, und mit deren Herstellung durch das Gericht wird die demokratische Legitimität des Parlaments und des Gesetzgebungsprozesses überhaupt erst geschaffen.[11]

Diese vor allem von dem amerikanischen Rechtswissenschaftler John Hart Ely entwickelte Auffassung von der grundlegenden Bedeutung eines offenen politischen Prozesses[12] und des Verfassungsgerichts als Hüter eines fairen politischen Wettbewerbs hat auch in der bundesrepublikanischen Staatsrechtslehre Anerkennung gefunden[13] und liegt offenbar auch der neueren Rechtsprechung des Bundesverfassungsgerichts (siehe S. 90 f.) zugrunde. Eine der Hauptaufgaben der Verfassungsgerichte besteht nach Ely darin, über das Funktionieren des politischen Prozesses zu wachen und bei offensichtlichen Funktionsdefiziten einzugreifen.[14] Richter seien gefordert, wenn der »politische Markt« systematisch gestört ist (»is systematically malfunctioning«).[15] Man dürfe denen, die *im Parlament* sind, nicht die Entscheidung überlassen, wer *draußen* zu bleiben habe.[16]

Primäre Aufgabe der gerichtlichen Kontrolle sei es, Rechte zu sichern, die zum einen wesentlich für den demokratischen Prozess seien und deren Ausgestaltung zum anderen nicht unseren gewählten Repräsentanten überlassen werden könne, weil diese ein unübersehbares Interesse an der Aufrechterhaltung des Status quo hätten.[17] Die demokratischen Mitwirkungsrechte, allen voran das gleiche Wahlrecht, seien »für einen offenen und effektiven politischen Prozess«[18] fundamental.[19]

Ely war zu seiner grundlegenden Arbeit durch eine im Verfahren United States vs. Carolene Products geäußerte Rechtsauffassung des Verfassungsrichters Harlan F. Stone[20] inspiriert worden. Darin wird zwar die allgemeine Forderung nach grundsätzlicher gerichtlicher Zurückhaltung unterstrichen, Stone macht aber einen Vorbehalt hinsichtlich anderer Bereiche, die eine strengere gerichtliche Überprüfung verlangen, nämlich vor allem, wenn die Gesetzgebung jene politischen Prozesse beseitigt oder einschränkt, die gemeinhin für ausgewogene Ergebnisse sorgen.[21] Dass das Gericht vor allem darüber zu wachen hat, dass der politische Prozess einigermaßen funktioniert, ist, wie der spätere Verfassungsrichter Brun-Otto Bryde schon 1982 bestätigte, ein Gedanke, der keineswegs »auf die amerikanische Verfassungsrechtslage beschränkt« ist.[22]

Die Abschottung der politischen Klasse und die Bildung politischer Kartelle, zu denen Entscheidungen des Parlaments in eigener Sache neigen (siehe Teil 1), bewirken aber geradezu das Gegenteil von Offenheit des politischen Prozesses und fairer Interessenwahrung. Das »prozeduralistische« Verfassungsverständnis ist richtigerweise also nicht nur auf den Schutz von sozialen Minderheiten und Randgruppen zu richten,[23] sondern auch und erst recht auf den Schutz der Allgemeinheit vor der an den Hebeln der Macht sitzenden politischen Klasse der Parteien. Hier sind die Gerichte deshalb ganz besonders gefordert. Zur Kontrolle von Mängeln des politischen Prozesses seien Richter besonders gerüstet, meint Ely. Denn »aufgrund ihrer politischen Unangreifbarkeit und Expertise in prozessualen Fragen [seien sie] die bestgeeignete Institution, um die Demokratie- und Repräsentationsanforderungen zu beurteilen und durchzusetzen«.[24] Richter seien dafür ausgebildet, im gerichtlichen Prozess als Schiedsrichter zu fungieren. Ihre Expertise in Sachen Verfahrensgerechtigkeit solle deshalb auch für den politischen Prozess im Ganzen fruchtbar gemacht werden, soweit Behinderungen oder Störungen des Interessen-Input auftreten.[25] Genüge der »politische Prozess dem von der Verfassung vorausgesetzten Modell fairer Repräsentation nicht […], ist nach Ely nicht zu bestreiten, dass unter Demokratie- und Gleichheitsgesichtspunkten ein Ausgleich verlangt ist«. »Die Bundesgerichtsbarkeit [sei] die beste geeignete Institution zur (Wieder-) Herstellung dieser Bedingungen gelungener Partizipation«.[26]

Die politische Chancengleichheit

In Bezug auf die Sicherung der politischen Chancengleichheit hat das Bundesverfassungsgericht schon früh von einer verschärften gerichtlichen Prüfung gesprochen.[27] So hatte es in einem Urteil von 1958 die steuerliche Begünstigung von Parteispenden nur in engen Grenzen zugelassen, da sonst Parteien privilegiert würden, die sich verstärkt auf finanziell leistungsfähige Bürger stützen können. Diese würden sich dann nicht nur höhere Spenden leisten können, sondern sie würden – wegen des progressiv steigenden Steuersatzes bei höheren

Einkommen – auch noch zu einem höheren Anteil steuerlich begünstigt. Das widerspreche dem für alle gleichen Recht auf Teilhabe an der politischen Willensbildung.

Von diesem Grundsatz dürfe der Gesetzgeber »nur aus zwingenden Gründen« abweichen. Denn »dem Ergebnis dieser Willensbildung, der Mehrheitsentscheidung, [sind] *alle* unterworfen, auch diejenigen, die nicht die Parteien der Mehrheit unterstützt haben. Deshalb [ist] hier hinsichtlich der Chancengleichheit ein besonders strenger Maßstab anzulegen.«[28]

Die grundlegende Bedeutung der fairen Ausgestaltung des politischen Prozesses war dem Gericht also bereits Ende der Fünfzigerjahre bewusst. Damals allerdings noch nicht erkannt, zumindest nicht ausgesprochen, wurde, dass Entscheidungen des Parlaments in eigener Sache die Fairness besonders gefährden, weil die Parlamentsmehrheit versucht sein kann, im Interesse des eigenen Machterhalts die Konkurrenz möglichst kleinzuhalten – mit der Folge, dass der politische Prozess in solchen Fällen kein Vertrauen mehr verdient. Dies anzusprechen blieb jüngeren Urteilen des Gerichts vorbehalten, die sich nun ausdrücklich auf Entscheidungen der Parlamentsmehrheit in eigener Sache beziehen, worin eine deutliche Verschärfung der gerichtlichen Kontrolle zum Ausdruck kommt, wie die neuen Sperrklausel-Urteile zeigen. Denn ob wirklich zwingende Gründe dafür vorlagen, von der allgemeinen Teilhabe an der politischen Willensbildung abzuweichen, hatte das Gericht früher gelegentlich nur formelhaft überprüft, ohne dass es den Behauptungen des Parlaments wirklich nachgegangen wäre, wie etwa das Urteil von 1979 deutlich macht,[29] mit welchem der Zweite Senat in Karlsruhe die Sperrklausel bei der deutschen Europawahl damals noch abgesegnet hatte.[30]

2. Wahlrecht

Strikte Gerichtskontrolle von Sperrklauseln bei Kommunal- und Europawahlen

2008 hat das Bundesverfassungsgericht die fünfprozentige Sperrklausel bei Kommunalwahlen für verfassungswidrig erklärt,[31] wie
schon zuvor mehrere Landesverfassungsgerichte.[32] Kurz darauf kassierte das Bundesverfassungsgericht auch die Fünfprozentklausel bei
deutschen Europawahlen,[33] und 2014, knapp drei Jahre später, erklärte es die vom Bundestag ersatzweise vorgesehene Dreiprozentklausel bei Europawahlen für verfassungswidrig.[34] Dass die neueren
Urteile auf einer verschärften Gerichtskontrolle beruhen, sieht man
bereits daran, dass die Verfassungsgerichte früher Sperrklauseln bei
Kommunal-[35] und bei Europawahlen[36] noch als verfassungsgemäß
abgesegnet hatten. Die Kernsätze der neuen Rechtsprechung lauten:
»Mit Regelungen, die die Bedingungen der politischen Konkurrenz berühren, [wird] die jeweilige parlamentarische Mehrheit gewissermaßen in eigener Sache tätig.«»Gerade bei der Wahlgesetzge-
bung [besteht] die Gefahr, dass die jeweilige Parlamentsmehrheit
sich statt von gemeinwohlbezogenen Erwägungen vom Ziel des eigenen Machterhalts leiten lässt. ... [Die im Parlament] vertretenen Parteien könnten an der ... Sperrklausel festhalten, um die Konkurrenz
durch kleinere Parteien und kommunale Wählergemeinschaften
möglichst klein zu halten. ... Aus diesem Grund [unterliegt] ... die
Ausgestaltung des Wahlrechts einer strikten verfassungsgerichtlichen Kontrolle.«[37]

Bemerkenswert ist, dass es dabei nicht um Sperrklauseln bei der
Wahl derjenigen Parlamente ging, die die Klauseln beschlossen hatten, also der Landtage, welche die Sperrklausel in die Kommunal-
wahlgesetze geschrieben hatten, beziehungsweise des Bundestags,
der für die Sperrklauseln im deutschen Europawahlgesetz zuständig
ist. Die Klauseln kamen aber natürlich den Vertretern der beschließenden Parteien zugute. Die lediglich mittelbare Betroffenheit der

Abgeordneten bringt das Bundesverfassungsgericht durch die Formulierung zum Ausdruck, die jeweilige parlamentarische Mehrheit
werde nur *gewissermaßen* in eigener Sache tätig.[38] Damit erteilt das
Gericht zugleich allen jenen eine Absage, die den Begriff auf unmit-
telbares Entscheiden des Parlaments in eigener Sache beschränken
und mittelbares Entscheiden davon ausschließen wollen,[39] und erst
recht weist es die Auffassung zurück, man solle auf den Begriff der
Entscheidung in eigener Sache ganz verzichten.[40]

Verteidigung des Status quo: Beschwichtigende Staatsrechtler

Die Urteile des Bundesverfassungsgerichts zur Sperrklausel bei Europawahlen ergingen beide mit 5:3-Mehrheit. Einige überstimmte Richter,
wie Udo Di Fabio, Rudolf Mellinghoff und Peter Müller, sowie Wissenschaftler, die die Mehrheitsentscheidung kritisierten, wandten sich gegen den die Urteile tragenden Gedanken, dass das Parlament gewissermaßen in eigener Sache entschieden habe und es deshalb einer
intensiven Gerichtskontrolle bedürfe. Sie beriefen sich dabei auf bestimmte Autoren, die dem Thema Entscheidung in eigener Sache besonders kritisch gegenüberstehen. Um den Dingen auf den Grund zu gehen, ist daher eine Auseinandersetzung mit diesen Autoren erforderlich.

Zwei Politiker als Staatsrechtslehrer: Hans Hugo Klein und Walter Schmitt Glaeser

Die ganz große Mehrheit der Staatsrechtslehrer erkennt das Problem
parlamentarischer Selbstentscheidung zumindest im Ansatz an. Im
Gegensatz dazu bestreitet vor allem der Göttinger Staatsrechtslehrer
Hans Hugo Klein, dass der Umstand, dass das Parlament in eigener
Sache entscheide, irgendwelche verfassungsrechtliche Relevanz besit-
ze. Klein, der die Grundgesetzvorschriften über Abgeordnete und
Parteien in einem traditionsreichen Großkommentar wissenschaft-

lich behandelt, war – neben der Betreuung seines Lehrstuhls – CDU-Bundestagsabgeordneter und Parlamentarischer Staatssekretär, bevor er 1983 auf Vorschlag seiner Partei für zwölf Jahre ins Bundesverfassungsgericht gewählt wurde.

Klein meint, das Problem der Befangenheit sei nur bei Gerichten und Verwaltungen rechtlich von Bedeutung, nicht dagegen beim Gesetzgeber. Denn über Gesetze beschließe das Parlament stets in eigener Sache.[41]

Diese am Wesentlichen vorbeigehende Behauptung (siehe S. 20 ff.) sucht Klein auch ideologisch zu überhöhen, indem er auf eine längst überholte Staatstheorie zurückgreift: Da das Parlament in Wahrheit gar nicht die Vertretung des Volkes, sondern mit ihm identisch sei, könne es gar nicht anders, als stets in eigener Sache zu entscheiden.

Dabei beruft Klein[42] sich auf die Identitätstheorie von Carl Schmitt,[43] die auch Kleins Kollege, der Staatsrechtslehrer Walter Schmitt Glaeser, übernommen hat. Dieser war als Mitglied und zuletzt als Präsident des 1996 durch Volksentscheid abgeschafften Bayerischen Senats prominenter (CSU-)Politiker. Nach Schmitt Glaesers Auffassung entscheide »das im Parlament repräsentierte Volk gewissermaßen immer in eigener Sache«,[44] was aber unproblematisch sei. Denn Schmitt Glaeser lehnt den »Befangenheitsgedanken« ab und erklärt »Eigennutz« und die entschiedene Wahrnehmung eigener Interessen durch die Abgeordneten geradezu zur demokratischen Tugend[45] – übersieht dabei aber, dass es, gerade wenn man auf die Interessen abhebt, auf deren Ausgewogenheit ankommt, die bei Entscheidungen des Parlaments in eigener Sache eben fehlt (siehe S. 20 ff., 25 ff.).

Klein schließt sich diesen Thesen Schmitt Glaesers ausdrücklich an.[46] Auch er empfiehlt – unter Berufung auf die wolkige Identitätsfiktion von Carl Schmitt –, die Befangenheit der Abgeordneten als Normalfall anzusehen, da sie ja stets in eigener Sache beschlössen, und ihr keine verfassungsrechtliche Bedeutung beizumessen. Dabei betonte Klein die formale Autorität des Parlaments. Man müsse der

Kerninstitution der Demokratie Vertrauen entgegenbringen. Auch das Bundesverfassungsgericht dürfe dem in eigener Sache entscheidenden Parlament nicht misstrauen.[47] Klein empfiehlt dem Verfassungsrechtler also, sich gegenüber der Realität blind zu stellen nach der Devise, dass nicht sein kann, was nicht sein darf.

Deshalb kommen für Klein alle die Konsequenzen, welche sich aus Entscheidungen des Parlaments in eigener Sache ergeben, nicht in Betracht: weder beispielsweise eine intensivere Kontrolle des in eigener Sache entscheidenden Gesetzgebers durch das Bundesverfassungsgericht[48] noch eine Verengung des Entscheidungsspielraums des Gesetzgebers.[49] Die Koppelung der Abgeordnetenentschädigung an Beamtengehälter oder andere Richtgrößen sei – entgegen dem Diätenurteil – zulässig.[50]

Indem Klein und Schmitt Glaeser Entscheidungen des Gesetzgebers in eigener Sache zur Normalität erklären, blenden sie den entscheidenden Unterschied zwischen Regelungen, von denen die Abgeordneten auch als Bürger betroffen sind, und solchen, die nur sie in ihrer Funktion als Abgeordnete betreffen (siehe S. 20 ff.), aus und lassen das elementare Verfassungsproblem von Entscheidungen der politischen Klasse und ihrer Parteien, in denen es um die Sicherung von Macht, Geld, Posten und Status geht, unter den Tisch fallen.

Zwar räumt Klein selbst ein, dass die tatsächliche Situation bei Diätenentscheidungen eine besondere ist, weil das »individuelle Interesse der Abgeordneten an statusrechtlichen Regelungen, die nur sie betreffen, tatsächlich ein gesteigertes sein kann«. Doch das sei für »die verfassungsrechtliche Betrachtung [...] ohne Bedeutung.«[51] Auch die Ausschaltung der Kontrolle von Opposition, Öffentlichkeit, parteiinterner Kritik und Wahlen durch die in eigener Sache gebildeten politischen Kartelle und der dadurch bewirkte Funktionsverlust der Gewaltenteilung (siehe S. 25 ff.) bleiben bei Klein und Schmitt Glaeser unberücksichtigt.

Ein solches Ausblenden der Wirklichkeit aus dem Blick des Verfassungsrechtlers steht aber im Widerspruch zum heutigen Stand der Verfassungsinterpretation, die davon ausgeht, dass Rechtsnormen unter Einbeziehung der tatsächlichen Verhältnisse ausgelegt werden müssen.[52]

Kleins Zurückweisung des Konzepts der Entscheidung in eigener Sache geht zurück auf eine Auseinandersetzung im Vorfeld des Diätenurteils von 1975, in dem das Gericht erstmals ausdrücklich von einer Entscheidung des Parlaments »in eigener Sache« gesprochen hatte. Klein war damals Bundestagsabgeordneter (1972–1983) und hatte in einem Parteigutachten für eine äußerst laxe Kontrolle plädiert.[53] Seine Auffassung ist nicht nur durch das Diätenurteil selbst widerlegt worden, welches die Grenzen für eine Entscheidung des Parlaments in eigener Sache aufzeigt (siehe S. 111 ff.), sondern inzwischen auch durch die neuere Rechtsprechung etwa zu Sperrklauseln (siehe S. 90 f.).

Der lange Schatten einer abwegigen Doktrin: Gerhard Leibholz

Auch für Gerhard Leibholz stellten Entscheidungen der Politik in eigener Sache kein Problem dar. Leibholz hatte in den ersten Jahrzehnten der Republik großen Einfluss auf die Rechtsentwicklung. Er war Staatsrechtslehrer und zugleich Bundesverfassungsrichter und betreute im Zweiten Senat das Schlüsseldezernat »Parlaments-, Parteien- und Wahlrecht« als Berichterstatter. Entscheidungen des Parlaments in eigener Sache waren auch für ihn – entsprechend der von ihm vertretenen Lehre vom Parteienstaat – der Normalfall, auch wenn Leibholz selbst den erst später geläufig gewordenen staatsrechtlichen Begriff »Entscheidung des Parlaments in eigener Sache« noch nicht verwendete. Denn Partei und Volk seien, so Leibholz, genau wie Partei und Staat als identisch anzusehen: Partei, Staat, Volk seien eins.[54] In dieser Sicht, deren – horribile dictu – faschistische Provenienz von einer jungen Historikerin aufgezeigt worden ist,[55] müssen Entscheidungen der Politik in eigener Sache ohne Weiteres und scheinbar ganz natürlich hinzunehmen erscheinen.

Die Dreieinigkeitslehre von Leibholz gilt heute in der Staatsrechtslehre und der Verfassungsrechtsprechung zwar als überholt.[56]

Das mag auch der Grund sein, warum Klein und Schmitt Glaeser sich nicht ausdrücklich auf Leibholz berufen, obwohl ihre Ansätze große Ähnlichkeit aufweisen. Wie man an Klein und Schmitt Glaeser sieht, wirkt die von Leibholz inspirierte Entwicklung – trotz der Unhaltbarkeit seiner Lehre – unterschwellig und ohne seinen Namen zu nennen – aber immer noch fort; das muss man verdeutlichen, wenn man dagegen wirksam Front machen will.

Bedingte Erkenntnis: Thilo Streit und Heinrich Lang

Thilo Streits rechtswissenschaftliche Dissertation und Heinrich Langs Habilitationsschrift werden gern von Autoren und Politikern, die den Gedanken eines befangenen Parlaments zurückweisen, sowie von Verfassungsrichtern in ihren Minderheitsvoten angeführt, um ihre Auffassung zu belegen; so zum Beispiel in der Diskussion um Sperrklauseln im Wahlrecht.[57] Deshalb muss auf die Arbeiten beider Autoren eingegangen werden.

Streit, ein Schüler des Düsseldorfer Parteienrechtlers Martin Morlok, lehnt den Begriff der »Entscheidung in eigener Sache« ab und will ihn durch den Begriff des »strukturellen Kontrolldefizits« ersetzen.[58] Das wäre nicht von vornherein falsch, wenn Streit nicht das Entscheiden des Parlaments in eigener Sache als eigentliche Ursache für das Defizit infrage stellte und nicht den kategorialen Unterschied bestritte zwischen allgemeinen Gesetzen, die *auch* die Abgeordneten als Bürger betreffen, wie Steuergesetze, und solchen, die *nur* sie betreffen (siehe S. 20 ff.).[59] Ebenso versucht er, die für Entscheidungen in eigener Sache typischen politischen Kartelle und die daraus resultierende weitgehende Ausschaltung der Kontrolle durch Opposition, Öffentlichkeit, parteiinterne Kritik und Wähler sowie das Verstecken der Regelung im Haushaltsplan (siehe S. 25 ff.) wegzuargumentieren.[60] So geht zum Beispiel sein Hinweis, dass auch sonst viele Entscheidungen des Parlaments einstimmig getroffen würden,[61] am Problem der »Selbstbedienung« völlig vorbei.

Wenn er auf den »Interessengegensatz zwischen regierungsnahen und Oppositionsabgeordneten« abhebt,[62] ignoriert er den grundlegenden Unterschied zwischen der auf ihren finanziellen und sonstigen Status erpichten politischen Klasse und der nach Erringung und Erhalt der Regierungsmacht strebenden politischen Elite (siehe S. 265 ff.). Auch behauptet er, es gebe keine empirischen Belege für ein Kontrolldefizit.[63] Dabei liegen solche Belege inzwischen durchaus vor, wie im Folgenden an einer Fülle von Fallstudien gezeigt wird.

Streit meint, ein strukturelles Kontrolldefizit liege zum Beispiel bei Wahlen nicht vor, weil hier das Recht auf Chancengleichheit und die Anfechtbarkeit von Wahlen im Wege von Einspruch und Beschwerde ausreichenden Gerichtsschutz versprächen.[64] Er versperrt sich damit aber den Weg zu der Frage, wie intensiv das Verfassungsgericht von den Parlamentsparteien in eigener Sache erlassene Wahlgesetze prüfen muss. Diese Frage beantwortet das Gericht inzwischen etwa in den Sperrklausel-Urteilen dahingehend, dass die Prüfung mit besonders großer Intensität zu erfolgen habe – eine Feststellung, zu der Streit wegen seines Ausgangspunkts gar nicht gelangen kann. Das ist aus seiner Sicht allerdings kein Manko, weil er eine solche intensivierte Gerichtskontrolle bei Entscheidungen des Parlaments in eigener Sache ohnehin für problematisch erklärt.[65] Dabei verkennt Streit, dass in Eigeninteressen befangene Abgeordnete und ihre Produkte, wie Sperrklauseln und eine nur bestimmten Parteien gewährte staatliche Parteienfinanzierung, die Sicherung der Offenheit des Wettbewerbsprozesses[66] und des gleichen Zugangs aller Interessen zum staatlichen Willensbildungsprozess[67] aufs Spiel setzen.

Streit versucht, seine Konstruktion mit der These zu halten, ein richtig verstandener Pluralismus hebe nicht auf die inhaltliche Richtigkeit politischer Entscheidungen ab.[68] Er übersieht dabei aber, dass es hierbei gar nicht unmittelbar um die Herstellung inhaltlicher Richtigkeit geht, die mangels verfassungsrechtlicher Maßstäbe oft gar nicht feststellbar ist, sondern um die Antwort auf Unausgewogenheiten des politischen Willensbildungs*verfahrens*, und genau eine solche

Unausgewogenheit droht eben bei Entscheidungen des Parlaments in eigener Sache und der darauf beruhenden Lähmung der Kontrolle durch Opposition, Öffentlichkeit, parteiinterne Kritik und Wähler.

Das Pluralismuskonzept ist aus der Übertragung des wirtschaftlichen Wettbewerbsgedankens auf die Politik hervorgegangen.[69] Der Ausschluss des Wettbewerbs zur Förderung von Eigeninteressen der Kartellmitglieder ist aber in der Politik genauso gemeinschaftsschädlich wie in der Wirtschaft, wo solche Kartelle verboten sind und durch Gesetze gegen Wettbewerbsbeschränkungen und Monopolbehörden bekämpft werden. Politische Kartelle schränken die Bürger sogar noch stärker ein als wirtschaftliche Kartelle die Marktgegenseite beeinträchtigen.[70]

Hinter Streits Konstruktion steht auch der Wunsch, von den beiden Gründen für die besondere Kontrollbedürftigkeit von Entscheidungen des Parlaments in eigener Sache – dem besonderen Gewicht von Regeln der Macht und der besonderen Gefährdung ihrer Angemessenheit eben wegen Eigeninteressiertheit der Abgeordneten – den zweiten auszublenden, um dem Hohen Haus und seinen Mitgliedern den Vorwurf der Befangenheit zu ersparen und ihnen, wie er meint, nicht zu nahe treten zu müssen.[71]

Das bedeutet aber einmal mehr, die Augen vor der Realität und dem Kern des Problems zu verschließen. Einen solchen Kotau vor den Mächtigen sollte unabhängige Wissenschaft nicht nötig haben, auch und gerade, wenn ebendiese Macht Gegenstand der Forschung ist.

Der Rostocker Rechtswissenschaftler Heinrich Lang beschränkt sich in seiner Habilitationsschrift über »Gesetzgebung in eigener Sache«[72] auf solche Beschlüsse des Parlaments, bei denen die Entscheidung sich »unmittelbar auf den verfassungsrechtlichen (finanziellen) Status des Abgeordneten auswirkt«,[73] also letztlich auf »das Beispiel der staatlichen Abgeordnetenfinanzierung«.[74] Er kommt dabei in gründlichen Analysen zum Ergebnis, dass die dort in eigener Sache getroffenen Regelungen »überwiegend – und nicht nur in Randbereichen« – verfassungswidrig sind.[75] Andere Bereiche, zum Beispiel das Wahlrecht[76] und das Recht der Parteien, Fraktionen und Parteistiftungen einschließlich deren Finanzierung,[77] klammert Lang aus seiner rechtlichen Betrachtung aus. Dies sei, wie er selbst einräumt, »schon aus Gründen des Umfangs« ratsam;[78] schließlich umfasst seine Arbeit – trotz der thematischen Beschränkung – bereits 570 Seiten. Er begründet diese Einengung auch damit, bei Abgeordnetendiäten sei »das Vorliegen einer Entscheidung in eigener Sache unbestritten«.[79] Damit bekommt Lang allerdings das übergreifende und grundlegende Problem von Entscheidungen der Politik über die Regeln der Macht und die daraus resultierende Entwicklung hin zum exzessiven Parteienstaat nicht in den Blick.[80] Im Übrigen ist die Beobachtung Langs, das Bundesverfassungsgericht verwende den Topos »Entscheidungen des Parlaments in eigener Sache« im Zusammenhang mit Wahlen nicht, womit er sich im Ausklammern dieses Bereichs bestätigt sieht,[81] inzwischen überholt. Die neuere Rechtsprechung zu Sperrklauseln erkennt, dass die Parlamentsmehrheit hier »gewissermaßen in eigener Sache« entscheidet, und misst diesem Umstand zentrale rechtliche Bedeutung bei. Mit dieser Formulierung bringt das Gericht zum Ausdruck, dass auch die Abgeordneten und Parteien eines Landtags bei Beurteilung der Sperrklausel im Gemeindewahlrecht befangen sind und deshalb eine verschärfte gerichtliche Überprüfung geboten ist. Gleiches gilt für die Parteien und Abgeordneten des Bundestags bei Beurteilung der Sperrklausel bei Europawahlen.[82] Hier hebt die Rechtsprechung also ganz entschieden auf die faktische Interessenlage der Parteien und ihrer politischen Klasse ab.

Diskriminierung der parlamentarischen Opposition

Wenn die Regierungsmehrheit Machtregeln zu ihren eigenen Gunsten und auf Kosten der parlamentarischen Opposition erlässt, bleibt die Kontrolle durch Opposition, Öffentlichkeit und Wahlen intakt. Das unterscheidet sie von den bisher behandelten Regelungen, welche das *gesamte* Parlament zum eigenen Nutzen und zulasten der *außer*parlamentarischen Opposition trifft; in diesen Fällen ist die parlamentarische Opposition regelmäßig auch an der Ämterpatronage und speziell an der Auswahl von Sachverständigen und Richtern mitbeteiligt.

Überhangmandate und Ausgleichsmandate: Es droht eine explosionsartige Vergrößerung des Bundestags

Überhangmandate entstehen, wenn eine Partei in einem Bundesland mehr Direktmandate erlangt, als ihr nach den Zweitstimmen zustehen. Normalerweise werden die von einer Partei errungenen Direktmandate von der Gesamtzahl der ihr zustehenden Abgeordneten abgezogen. Ist die Zahl der Direktmandate aber höher, kann nichts mehr abgezogen werden. Es entstehen Überhangmandate, und die darf die Partei behalten.

Die Überhangmandate können bei knappen Mehrheiten von großem Gewicht sein. Bei der Bundestagswahl 1994 waren 16 Überhangmandate angefallen (12 für die CDU und 4 für die SPD), und diese stabilisierten die Mehrheit der unionsgeführten Regierung unter Helmut Kohl. Statt nur 2 Mandate hatte die Union/FDP-Regierungskoalition nun 10 mehr. Überhangmandate können geradezu zum Zünglein an der Waage werden. So wurde Helmut Kohl am 15. November 1994 nur mithilfe der Überhangmandate zum Bundeskanzler gewählt: Kohl erhielt (bei 337 nötigen) 338 Stimmen. Gleiches gilt für die Wahl Angela Merkels zur Kanzlerin am 28. Oktober 2009; sie erhielt 323 Stimmen (bei 312 zur Kanzlermehrheit benötigten Stimmen). Damals hatte die Union 24 Überhangmandate.

Am Beispiel der Rechtsprechung zu Überhangmandaten wird auch deutlich, wozu die Richterauswahl durch die Parlamentsparteien in der Praxis führen kann. Unter Helmut Kohl, dessen Wahl von den Überhangmandaten profitiert hatte, wollte die Union daran unbedingt festhalten, während die parlamentarische Opposition Überhangmandate zu Fall zu bringen versuchte. Als das Bundesverfassungsgericht 1997 darüber zu urteilen hatte, erklärten die vier von der SPD-Opposition vorgeschlagenen Richter die Überhangmandate für verfassungswidrig, während die vier auf Vorschlag der Union und der FDP Bestellten sich

nicht genierten, geschlossen die Überhangmandate verfassungsrechtlich abzusegnen.[83] Angesichts des 4:4-Votums im Urteil galten Überhangmandate weiterhin als verfassungsrechtlich zulässig.

Als das Thema Überhangmandate dann 2012 erneut zur Entscheidung anstand, votierte der Zweite Senat diesmal betont einstimmig; in
zu peinlicher Erinnerung war noch das Urteil von 1997.[84] In der
mündlichen Verhandlung hatte Gerichtspräsident Andreas Voßkuhle
das mangelnde Zusammengehen von Regierung und Opposition bei
Beschlüssen über das Wahlrecht bedauert, dabei tatsächlich aber auch
die Einheit des Senats beschworen; dahinter konnte der Senat schlecht
zurückfallen. Seine Einstimmigkeit erkaufte er jedoch mit einer Kom-
promissentscheidung und erklärte bis zu 15 Überhangmandate (ohne
Ausgleichsmandate) für zulässig. Da Überhangmandate aber auch in
geringerer Zahl als 16 den Gleichheitssatz verfälschen, war es nicht
leicht, das Urteil überzeugend zu begründen, was der Senat auch
selbst einräumt.[85] Die Einstimmigkeit war also nur mit einer sachlich
schwer begründbaren Teils-teils-Entscheidung erreichbar.

Allerdings haben Regierungs- und Oppositionsparteien sich
schließlich auf dem größten gemeinsamen Nenner geeinigt und gleichen nun sämtliche Überhangmandate aus – mit der Folge, dass dem
Bundestag eine gewaltige Ausdehnung droht. Denn nun ist nicht nur
ein Ausgleich zwischen den Parteien, sondern auch zwischen den
Bundesländern vorgesehen. Das macht das Wahlrecht für die Bürger
vollends undurchschaubar. Bereits bei der Wahl 2013 führten nur
4 Überhangmandate zu nicht weniger als 29 Ausgleichsmandaten,
sodass der Bundestag mit 631 Abgeordneten seine normale Größe
von 598 (siehe § 1 des Bundeswahlgesetzes) erheblich überschritt.

Erst recht könnte bei der Bundestagswahl 2017 das Parlament aus
allen Nähten platzen.[86] Das zeigt ein Beispiel: Wäre der Bundestag
2009 bereits nach den jetzt geltenden Regeln gewählt worden, hätte
er 671 Sitze gehabt. Denn die Zahl der Überhangmandate und damit
erst recht auch die Zahl der Ausgleichsmandate sind tendenziell
umso größer, je besser die kleineren Bundestagsparteien abschnei-
den und dadurch den größeren, welche die Wahlkreise gewinnen,

Zweitstimmen wegnehmen.[87] Und 2017 könnte neben der FDP mit der AfD noch eine weitere Partei in den Bundestag einziehen, deren Ergebnisse, jedenfalls bei den Landtagswahlen des Jahres 2016, ganz erheblich auf Kosten der CDU und der SPD gingen (siehe S. 312 f.) und auch zusätzliche Ausgleichsmandate nötig machen würden. Der Bundestag könnte dann auf weit über 700 Mitglieder aufgebläht werden.

Deshalb hat Bundestagspräsident Norbert Lammert wiederholt eine Gesetzesänderung rechtzeitig vor der Bundestagswahl 2017 angemahnt.[88] Doch dafür besteht wenig Hoffnung. Zwar spricht sich auch die SPD für eine Begrenzung der Zahl der Bundestagsmandate aus, aber erst nach der Wahl. Zugleich will sie, wie Lammert, damit den Pferdefuß einer Verlängerung der Legislaturperiode auf fünf Jahre und damit einer weiteren Entmündigung der Wähler verbinden.[89] Das zeigt, wie schwer die politische Klasse sich tut, den Zugriff auf gut bezahlte staatliche Posten zu reduzieren, so ungerechtfertigt dieser auch sein mag.

Auch sonst tendiert die Mehrheit bei Entscheidungen in eigener Sache dazu, sich schließlich mit der parlamentarischen Opposition zu einigen und mit ihr gemeinsame Sache zu machen.

So hat etwa die SPD ihren ursprünglichen Widerstand gegen die staatliche Parteienfinanzierung inzwischen längst aufgegeben.[90] Auch die Parteistiftung der PDS und heutigen Linken wurde an der Staatsfinanzierung beteiligt; so wurde die PDS veranlasst, ihre Klagen beim Bundesverfassungsgericht zurückzunehmen.[91] Umso mehr droht dann aber eine Diskriminierung außerparlamentarischer Konkurrenten, und umso mehr geht die Entwicklung auf Kosten von Staat und Recht.

Die Blockade notwendiger Reformen durch die Regierungsmehrheit

Ähnlich wie die Regierungsmehrheit die Beseitigung von Überhangmandaten oder wenigstens deren Kompensation durch Ausgleichsmandate lange Zeit verhindert hat, so hat sie lange auch die Einführung anderer notwendiger Regelungen blockiert. Im vorliegenden Zusammenhang sind das:

- das Verbot von Interessentenzahlungen,
- die Publikation privater Einnahmen von Abgeordneten,
- die Einführung einer wirksamen strafrechtlichen Vorschrift gegen Abgeordnetenkorruption und
- wirksame Karenzvorschriften beim Wechsel von Regierungsmitgliedern in die Wirtschaft.

Erst die rot-grüne Koalition setzte unmittelbar vor der Bundestagswahl 2005 die schon im Diätenurteil angemahnte[92] Vorschrift gegen sogenannte arbeitslose Zahlungen an Abgeordnete sowie die Publikation der Höhe von Nebeneinnahmen durch – gegen die Opposition von CDU/CSU und FDP.[93] Abgeordnete der CDU/CSU und der FDP versuchten zwar, die Regelung vom Bundesverfassungsgericht kippen zu lassen. Aber das misslang.[94] Wiederum kam es zu einem 4:4-Urteil, und wiederum votierten die von der Union vorgeschlagenen Richter überwiegend gegen und die von der SPD vorgeschlagenen überwiegend für die Regelung.[95]

Die längst überfällige und von den Vereinten Nationen sowie dem Europarat seit Langem angemahnte Vorschrift gegen Abgeordnetenkorruption wurde erst 2014 – in unmittelbarem zeitlichem Zusammenhang mit dem Änderungsgesetz zum Diätengesetz (siehe S. 40 ff.) – eingeführt, wohl um die Öffentlichkeit hinsichtlich der Diätenregelung milder zu stimmen. Tatsächlich aber erscheint auch diese Vorschrift, auf die sich Regierung und parlamentarische Opposition geeinigt hatten, eher als ein Papiertiger: Sie ist so gefasst, dass kaum je ein Abgeordneter danach verurteilt werden wird.

Spätestens seit dem Wechsel Gerhard Schröders gleich nach Verlust seines Kanzleramts im Herbst 2005 zu Gazprom waren Vorschriften über Karenzzeiten von Regierungsmitgliedern beim Übergang in Wirtschaft oder Verbände überfällig.[96] Hier entsteht der böse Schein, dass Insiderwissen ausgebeutet wird oder dass der Politiker noch im Amt seinen späteren Arbeitgeber – mit Blick auf die künftige Tätigkeit – bevorzugt haben könnte. Doch man musste die Regierung förmlich zum Jagen tragen. Erst ein weiterer spektakulärer Fall, der Wechsel des Kanzleramtsministers Ronald Pofalla zur Deutschen Bahn AG, trug dazu bei, dass 2015 schließlich ein Gesetz beschlossen wurde.[97] Es verstrich aber ein weiteres Jahr, ehe die Regierung im Juli 2016 die Mitglieder eines Gremiums berief, das sie dabei beraten soll, ob ein Interessenkonflikt vorliegt, der eine Karenzzeit erfordert.[98]

Vorgesehen ist für Regierungsmitglieder und Parlamentarische Staatssekretäre, die in Wirtschaft oder Verbände wechseln, aber nur eine Karenzzeit, »die in der Regel die Dauer von einem Jahr nicht überschreiten« soll. Lediglich bei schwerer Beeinträchtigung kann die Karenz auf bis zu 18 Monate ausgedehnt werden.[99] Diese Regelung ist zu lasch. Es ist nicht einzusehen, warum Minister und Parlamentarische Staatssekretäre so viel günstiger behandelt werden als Beamte im Ruhestand. Für sie gilt eine Karenzzeit von fünf Jahren, bei über 65-Jährigen von drei Jahren, wenn zu besorgen ist, dass die neue Tätigkeit »dienstliche Interessen beeinträchtigt«.[100] Die krass unterschiedliche Wertung wird besonders deutlich beim Vergleich des Parlamentarischen Staatssekretärs, dessen Karenzzeit ein oder anderthalb Jahre beträgt, mit dem beamteten Staatssekretär mit einer Karenzzeit von fünf oder drei Jahren. Ganz ähnlich auch die Behandlung früherer Angehöriger der Finanzverwaltung: Sie dürfen »nicht für Auftraggeber tätig werden, mit deren Steuerangelegenheiten sie innerhalb der letzten drei Jahre vor dem Ausscheiden materiell befasst waren«.[101]

Deshalb erscheint eine dreijährige Karenzzeit angemessen, und zwar ohne die jetzt vorgesehene Verschärfung der Voraussetzungen bei Überschreitung der Jahresfrist.

Gewiss, der Ruhestandsbeamte ist durch seine Pension versorgt; das erleichtert ihm die Hinnahme der Karenz. Aber auch der Minister erhält regelmäßig zwei Jahre lang Übergangsgeld,[102] und man könnte den Bezug entsprechend verlängern. Solange ehemalige Regierungsmitglieder oder Parlamentarische Staatssekretäre allerdings als Abgeordnete weiterhin ihre Entschädigung von immerhin 9327 Euro monatlich[103] beziehen, wäre eine Verlängerung nicht erforderlich.

Entsprechende Regelungen wären an sich auch für Abgeordnete angebracht, und die UN-Konvention gegen Korruption, die Deutschland ratifiziert hat,[104] sieht sie ausdrücklich vor.[105] Bisher werden allerdings massive Interessenkollisionen sogar während des aktiven Mandats hingenommen, die das Ansehen des Parlaments schwer schädigen. Nicht selten verkaufen nämlich Abgeordnete, etwa als Lobbyisten, ihre Unabhängigkeit, zu deren Sicherung sie vom Steuerzahler bezahlt werden.[106] Bevor derartiges Dienen zweier Herren von *aktiven* Abgeordneten nicht unterbunden wird, besteht vermutlich wenig Hoffnung, dass gegen *nach*amtliche Interessenkollisionen von Abgeordneten wirksam vorgegangen wird.

Teil 4
Das Bundesverfassungsgericht verschärft die Regeln – die Politik ignoriert sie

1. Das Verfassungsgericht legt die Regeln der Gesetzgebung fest

Bei der Kontrolle von Gesetzen begnügt sich das Bundesverfassungsgericht neuerdings in bestimmten Fällen nicht mehr mit der Überprüfung der inhaltlichen Verfassungsmäßigkeit des Gesetzes, sondern stellt auch gewisse Anforderungen an das Gesetzgebungs*verfahren*, die über die in der Verfassung und in der Geschäftsordnung des Parlaments ausdrücklich enthaltenen Anforderungen hinausgehen. Der vielzitierte Satz, der Gesetzgeber schulde »nichts als das Gesetz«,[1] gilt hier also nicht. In diesen Fällen erwartet das Gericht vom Gesetzgeber vielmehr eine sorgfältige Begründung.[2]

Die Begründung als Anforderung des sogenannten inneren Gesetzgebungsverfahrens tritt neben den Gesetzesvorbehalt, den das Bundesverfassungsgericht für bestimmte Fälle schon seit Längerem entwickelt hat, und zwar unabhängig davon, ob das Grundgesetz ihn ausdrücklich vorsieht oder nicht (siehe S. 113 ff.).

In drei Fallgruppen stellt das Bundesverfassungsgericht besondere Anforderungen an das innere Gesetzgebungsverfahren. Dabei ist zwischen der Rechtsprechung des Ersten und des Zweiten Senats zu unterscheiden.

Kreditaufnahme

Bei Überprüfung einer höchst umstrittenen Kreditaufnahme der Bundesregierung unter Helmut Schmidt im Jahre 1981[3] hat der Zweite Senat des Bundesverfassungsgerichts in einem Urteil von 1989 dem Gesetzgeber eine besondere »Darlegungslast im Gesetzgebungsverfahren« auferlegt.

Das Verfahren hatte die CDU/CSU-Fraktion angestrengt, weil die Nettokredite die Investitionen überschritten, was das Grundgesetz nur ausnahmsweise zulässt. In dem Urteil heißt es, der Gesetzgeber habe »im Hinblick auf den Ausnahmecharakter dieser Befugnis« die »Obliegenheit«, darzulegen, »daß, aus welchen Gründen und in welcher Weise er von der Befugnis des Art. 115 Abs. 1 Satz 2 Halbs. 2 GG Gebrauch macht«.[4]

Und 2007, anlässlich einer von der CDU/CSU-Fraktion beantragten Überprüfung der Kreditaufnahme der Schröder-Regierung im Jahre 2004, präzisierte der Zweite Senat seine Auffassung: Dem Einschätzungs- und Beurteilungsspielraum des Gesetzgebers korrespondiere »eine Darlegungslast im Gesetzgebungsverfahren. Dem Bundesverfassungsgericht obliegt im Streitfall die Prüfung, ob die im Gesetzgebungsverfahren dargelegte Beurteilung und Einschätzung des Gesetzgebers nachvollziehbar und vertretbar ist.«[5]

Hartz IV und Asyl

Ähnlich argumentierte der Erste Senat 2010 bei der Kontrolle der Höhe der Hartz-IV-Regelsätze:[6] Der Gesetzgeber habe »die Obliegenheit, die zur Bestimmung des Existenzminimums im Gesetzgebungsverfahren eingesetzten Methoden und Berechnungsschritte nachvollziehbar offenzulegen.« Kommt der Gesetzgeber dem »nicht hinreichend nach, steht die Ermittlung des Existenzminimums bereits wegen dieser Mängel nicht mehr mit Art. 1 Abs. 1 GG in Verbindung mit Art. 20 Abs. 1 GG in Einklang.«[7]

Versäumt der Gesetzgeber es also, eine nachvollziehbare Begründung vorzunehmen und diese offenzulegen, ist das Gesetz bereits deshalb verfassungswidrig. Dabei habe der Gesetzgeber »die soziale Wirklichkeit zeit- und realitätsgerecht« zu erfassen.[8] Er dürfe den Bedarf nicht »ins Blaue« hinein schätzen[9] und ihn nicht »freihändig« und »ohne irgendeine empirische und methodische Fundierung« festlegen.[10]

Klar ist somit, dass überhaupt eine Begründung erforderlich ist. Zumindest darf sie nicht völlig fehlen oder offenkundig an der Sache vorbeigehen, das heißt, relevante Tatsachen oder offensichtliche rechtliche Einwände dürfen nicht gänzlich unerörtert bleiben.

Die Begründungspflicht ist zum Beispiel verletzt, wenn keine Auseinandersetzung mit offenbar entgegenstehenden verfassungsgerichtlichen Urteilen erfolgt, sondern diese mit Stillschweigen übergangen werden, oder wenn der einschlägige Bericht einer Sachverständigenkommission unerwähnt bleibt oder verfälscht wiedergegeben wird.

Damit hat das Gericht die bisher umstrittene Frage, ob Mängel der Begründung im Gesetzgebungsverfahren Auswirkungen auf die Verfassungsmäßigkeit des Gesetzes haben können, zumindest für Fälle der vorliegenden Art bejaht. Darüber hinaus hat es dem Gesetzgeber ein diesbezügliches Offenlegungsgebot auferlegt und bei seiner Nichtbeachtung die Regelung für verfassungswidrig erklärt.[11]

Der Erste Senat hat diese Position dann aber 2012 bei der Kontrolle der Leistungen nach dem Asylbewerberleistungsgesetz[12] abgeschwächt und nur noch ein *begründbares* Gesetz verlangt, also ein Gesetz, dessen Begründung notfalls auch im Verfassungsprozess nachgeholt werden kann.[13] Diese Linie hat der Erste Senat im zweiten Hartz-IV-Urteil von 2014 fortgeführt. Darin hält er zwar an der Kontrolle der Grundlagen und der Methoden der Leistungsbemessung fest: »Schlicht gegriffene Zahlen ebenso wie Schätzungen ins Blaue hinein« genügen jedenfalls »den verfassungsrechtlichen Anforderungen nicht«.[14] »Die Art und Höhe der Leistungen müssen sich mit einer Methode erklären lassen, nach der die erforderlichen Tatsachen im Wesentlichen vollständig und zutreffend ermittelt werden und nach der sich die Berechnungsschritte mit einem nachvollziehbaren Zahlenwerk innerhalb dieses Verfahrens bewegen.«[15] Es genüge aber, dass die gesetzlichen Regeln realitätsgerecht und schlüssig »begründet werden können«.[16]

Fehlt es an der Begründbarkeit, so liegt schon deshalb Verfassungswidrigkeit vor: »Lassen sich die Leistungen zur Sicherung des Existenzminimums nicht nachvollziehbar und sachlich differenziert, also bedarfsgerecht berechnen, stehen diese Leistungsregeln nicht mehr mit Art. 1 Abs. 1 GG in Verbindung mit Art. 20 Abs. 1 GG in Einklang.«[17]

Beamtenbesoldung

Im Gegensatz zum Ersten Senat bleibt der Zweite Senat bei der Kontrolle der Amtsangemessenheit der Alimentierung von Beamten, Professoren,[18] Richtern, Staatsanwälten[19] und sonstigen Beamten[20] dabei, dass bereits im Gesetzgebungsverfahren eine nachvollziehbare Begründung gegeben werden muss. Unter ausdrücklicher Bezugnahme auf das erste Hartz-IV-Urteil von 2010[21] übernahm der Zweite Senat 2012 dessen Kerngedanken und hielt daran auch in seinem zweiten Besoldungsurteil vom 5. Mai 2015[22] und in seiner dritten Besoldungsentscheidung vom 17. November 2015[23] fest: Die nachträgliche »Begründbarkeit« genüge »den verfassungsrechtlichen Anforderungen der Prozeduralisierung« nicht.

Vielmehr müssten »die erforderlichen Sachverhaltsermittlungen vorab erfolgen und dann in der Gesetzesbegründung dokumentiert werden«. Diese Anforderung an das Gesetzgebungsverfahren ziele »auf die Herstellung von Entscheidungen und nicht auf ihre Darstellung, d.h. nachträgliche Begründung«.[24] Demnach besteht also *keine* Möglichkeit der Nachbesserung im Verfassungsprozess.[25]

Übereinstimmendes Kennzeichen dieser drei Fallgruppen ist das Fehlen konkreter verfassungsrechtlicher Maßstäbe. Wo solche Maßstäbe fehlen, stellt das Bundesverfassungsgericht deshalb umso höhere Anforderungen an das *Verfahren* der Gesetzgebung.

Unbestimmtheit der inhaltlichen Vorgaben

Weder die Voraussetzungen der Kreditaufnahme[26] noch die Höhe der Besoldung noch die der Hartz-IV-Regelsätze oder der Leistungen für Asylbewerber lassen sich inhaltlich genau bestimmen. So hebt das Kreditfinanzierungsurteil auf das »Fehlen eindeutiger materiellrechtlicher Vorgaben« ab.[27] »Die Unbestimmtheit des materiellen Maßstabs« finde »ein Stück weit einen Ausgleich in formell-verfahrensmäßigen Anforderungen«.[28]

Im ersten Besoldungsurteil von 2012 heißt es: »Die prozeduralen Anforderungen an den Gesetzgeber kompensieren die Schwierigkeit, das verfassungsrechtlich gebotene Besoldungsniveau anhand materieller Kriterien zu bestimmen. [...] Das grundrechtsgleiche Recht auf Gewährung einer amtsangemessenen Alimentation [liefert] keine quantifizierbaren Vorgaben im Sinne einer exakten Besoldungshöhe.«[29] Es bedürfe deshalb »prozeduraler Sicherungen, damit die verfassungsrechtliche Gestaltungsdirektive des Art. 33 Abs. 5 GG auch tatsächlich eingehalten wird.«[30] Mit dieser »Prozeduralisierung« soll als Ausgleich für die fehlende inhaltliche Bestimmbarkeit ein »Rationalisierungsgewinn« erzielt werden.[31]

Evidenzkontrolle

Die inhaltliche Unbestimmtheit besteht jedoch nur innerhalb bestimmter Bandbreiten. Deren Ausmaß wird immerhin durch Indizien, die der Gesetzgeber im Rahmen seiner Begründungspflicht darzulegen hat, eingegrenzt. Wird der dadurch vorgegebene Rahmen des sozusagen »auch noch« Richtigen unterschritten, erscheint das gesetzgeberische *Ergebnis* evident unrichtig.

Unabhängig von der gesetzgeberischen Begründung hatte der Erste Senat die seit 1993 nicht erhöhten Leistungen für Asylbewerber deshalb als evident zu gering und damit das Asylbewerberleistungsgesetz als verfassungswidrig angesehen, weil die Preise und der Lebensstandard zwischenzeitlich deutlich gestiegen waren.[32] Ebenso hatte der Zweite Senat eine W2-Professorenbesoldung für evident unangemessen gehalten, weil das Grundgehalt trotz der besonderen Qualitätsanforderungen des Professorenberufs nicht einmal dem Besoldungsniveau eines Regierungsrats (dem Eingangsamt des höheren Dienstes) in der Endstufe entsprach.[33] Schließlich hat der Zweite Senat die A10-Besoldung von Beamten in Sachsen 2015 für evident verfassungswidrig erklärt, weil sie in den letzten eineinhalb Jahrzehnten deutlich hinter den Preissteigerungen und anderen einschlägigen Indikatoren zurückgeblieben war,[34] ohne dass dafür zureichende Rechtfertigungsgründe vorlagen.[35]

Im Rahmen der Evidenzkontrolle prüft das Gericht also, ob Hilfskriterien und Anhaltspunkte zur Verfügung stehen, die die sachliche Unangemessenheit sozusagen indizieren,[36] wie die völlige Nichtberücksichtigung des Anstiegs der Preise und des Lebensstandards über einen längeren Zeitraum[37] oder die krasse Unterbesoldung im Vergleich zu anderen Amtsträgern.[38] Liegen derartige Indizien vor, ohne dass der Gesetzgeber die Nichtberücksichtigung plausibel begründen kann, erklärt das Gericht das Gesetz wegen evidenter Unangemessenheit für verfassungswidrig.[39]

Begründungspflicht nur bei Grundrechtsverletzungen?

Die Urteile zur Frage des Existenzminimums (Hartz IV; Asylbewerber) und zur Besoldung sind dadurch gekennzeichnet, dass die Leistungsempfänger einen grundrechtlichen oder grundrechtsgleichen Leistungsanspruch haben[40] und dass es um die Sicherung einer *Untergrenze*, also um die Verhinderung eines Zuwenig an Leistungen geht. Soll das aber eine notwendige Voraussetzung für die Annahme einer Begründungspflicht sein?

Das erscheint fraglich. Denn im Fall der Kreditaufnahme hat der Senat dem Gesetzgeber ebenfalls eine besondere Begründungspflicht auferlegt, obwohl es um die Sicherung einer *Obergrenze* ging und kein grundrechtlicher Anspruch berührt war.

2. Politikfinanzierung

Die Finanzierung der Abgeordneten

Vorkehrungen zur Ermöglichung öffentlicher Kontrolle:
Das Diätenurteil von 1975

Der Begriff »Entscheidung des Parlaments in eigener Sache« ist nicht wirklich neu. Das Bundesverfassungsgericht hatte ihn bereits im sogenannten Diätenurteil von 1975 verwendet,[41] welches damals von einem saarländischen Abgeordneten in Gang gebracht worden war. Genau wie bei den Sperrklausel-Entscheidungen pflegt auch in puncto Diäten das ganze Parlament – mehr oder weniger deutlich – an einem Strang zu ziehen und ein Quasi-Kartell zu bilden, womit der Wettbewerb zwischen Regierungsparteien und parlamentarischen Oppositionsparteien ausfällt.

Zwar sprach das Diätenurteil noch nicht ausdrücklich von der Notwendigkeit einer verschärften gerichtlichen Kontrolle. Tatsächlich hat es seine Kontrolle aber derart intensiv ausgeübt, dass Kritiker geradezu von einem übertriebenen juristischen Aktivismus (»judicial activism«) sprachen.[42]

Umfassende Neuregelung
Obwohl der eigentliche Streitfall nur die Frage der Vereinbarkeit eines saarländischen Landtagsmandats mit der leitenden Position in einem privatrechtlichen Unternehmen der öffentlichen Hand betraf,[43] hat das Gericht eine ganze Reihe von Regelungen für verfassungswidrig erklärt: die Steuerfreiheit der Entschädigung (Steuerprivileg), die Doppelbezahlung von Abgeordneten aus dem öffentlichen Dienst (Beamtenprivileg),[44] die Doppelalimentation von Regierungsmitgliedern mit

Abgeordnetenmandat (Ministerprivileg), sogenannte arbeitslose Zahlungen aus der Wirtschaft, mit denen Abgeordnete »angefüttert« werden (Lobbyistenprivileg)[45] und Extrazahlungen für bestimmte Funktionsträger (mit Ausnahme des Parlamentspräsidenten und seiner Stellvertreter). Auch steuerfreie Kostenpauschalen lässt das Gericht nur in enger Orientierung am tatsächlichen Aufwand zu.[46]

Zugleich hat es den Inhalt von Artikel 48 des Grundgesetzes,[47] wonach Bundestagsabgeordnete Anspruch auf eine ihre Unabhängigkeit sichernde Entschädigung haben, dahin uminterpretiert, dass sie nunmehr eine amtsangemessene Vollalimentation beanspruchen können. Auch eine Koppelung der Diäten an Beamtengehälter wurde untersagt. Insgesamt hat das Gericht ein umfassendes neues Modell der Abgeordnetenfinanzierung entwickelt.[48]

Öffentliche Kontrolle unerlässlich
Zugleich hat das Gericht die Bedeutung der öffentlichen Kontrolle hervorgehoben und die Notwendigkeit, sie möglichst intakt zu halten. Die Passagen des Diätenurteils, welche das Gesetzgebungsverfahren betreffen, sind für unsere Thematik zentral. Sie lauten:

»In einer parlamentarischen Demokratie [lässt] es sich nicht vermeiden, dass das Parlament in eigener Sache entscheidet, wenn es um die Festsetzung der Höhe und um die nähere Ausgestaltung der mit dem Abgeordnetenstatus verbundenen finanziellen Regelungen geht. Gerade in einem solchen Fall [verlangt] aber das demokratische und rechtsstaatliche Prinzip (Art. 20 GG), dass der gesamte Willensbildungsprozess für den Bürger durchschaubar ist und das Ergebnis vor den Augen der Öffentlichkeit beschlossen wird. Denn dies [ist] die einzige wirksame Kontrolle.«[49]

Jede Veränderung in der Höhe der Entschädigung sei »im Plenum zu diskutieren, und vor den Augen der Öffentlichkeit [sei] darüber als einer selbstständigen politischen Frage zu entscheiden«.[50] Deshalb lässt das Gericht einen Automatismus, der durch die Ankopplung der Entschädigung an Beamtengehälter die öffentliche Diskussion und Rechtfertigung erübrigt, nicht zu.[51]

Strenger Gesetzesvorbehalt

Diätenurteil und Wesentlichkeitsrechtsprechung: Das Diätenurteil verlangt, wie ganz überwiegend von der Rechtsprechung[52] und der Staatsrechtslehre[53] geschlossen wird, einen Gesetzesvorbehalt, das heißt eine spezialgesetzliche Regelung, gerade auch hinsichtlich der Höhe der Abgeordnetendiäten. Die bloße Beschlussfassung durch das Parlamentspräsidium, den Ältestenrat oder ein sonstiges inner-parlamentarisches, nicht-öffentlich tagendes Gremium und die Be-willigung nur im Haushaltsplan reichen nicht aus. Andernfalls kann, wie eine Fülle von Beispielen zeigt, die Öffentlichkeit praktisch völlig ausgeschaltet und damit die »einzig wirksame Kontrolle« (Bundes-verfassungsgericht) beseitigt werden.

Die Funktion des Gesetzesvorbehalts besonders hinsichtlich des Wichtigsten: der Höhe der Zahlungen, hat das Verwaltungsgericht Schleswig-Holstein am Beispiel der Fraktionszuschüsse wie folgt be-schrieben: »Ursprünglich (bis 1967) hatte das Gesetz die konkreten Beträge ziffernmäßig genannt. Davon ist das Land dann abgegangen. Es ist anzunehmen, dass dies in einem ursächlichen Zusammenhang mit einer enormen Steigerung der Zahlungen steht. Eine Erhöhung ist leichter durchzusetzen, deren Gesamtbetrag lediglich in den Haus-haltsplan eingestellt wird, als wenn es dazu der Änderung eines förm-lichen Gesetzes bedurfte, in dem die Zahlungen, die die Fraktionen erhalten, ziffernmäßig aufgeführt sind.«[54]

Der Gesetzesvorbehalt ergibt sich zusätzlich auch aus der Wesent-lichkeitsrechtsprechung des Bundesverfassungsgerichts. Danach ver-langt Artikel 20 Absatz 3 des Grundgesetzes bei wichtigen Entscheidun-gen des Parlaments eine gesetzliche Regelung. Der eigentliche Grund dafür ist die Öffentlichkeitswirkung des Gesetzgebungsverfahrens, das wichtige Entscheidungen sozusagen allen vor Augen führt. Wesentlich sind solche Entscheidungen, bei denen diese Öffentlichkeitswirkung be-sonders notwendig erscheint. Gerade dies ist bei Entscheidungen des Parlaments in eigener Sache in gesteigertem Maße der Fall.[55]

Das Oberverwaltungsgericht Berlin-Brandenburg hat dies wie folgt zusammengefasst: »Einer ausdrücklichen gesetzlichen Ermächtigung, die den Umfang der Mittel, deren Empfängerkreis und die übrigen Kriterien, anhand derer sie vergeben werden sollen, hinreichend bestimmt bzw. bestimmbar festlegt und umschreibt«, bedürfen zum Beispiel Zuschüsse an Jugendorganisationen der Parteien aus öffentlichen Mitteln. Denn durch die Maßnahme werde das »staatliche Neutralitätsgebot und die damit zusammenhängende politische Chancengleichheit« betroffen und darüber hinaus »die Frage einer – verfassungsrechtlich nicht unproblematischen – verkappten, weil außerhalb der hierfür geschaffenen gesetzlichen Bestimmungen stattfindenden Finanzierung« aufgeworfen.[56] Es bedürfe »im Interesse eines dem Demokratieprinzip inhärenten öffentlichen und transparenten Meinungsbildungsprozesses einer hinreichend effektiven Kontrolle. Diese kann allein durch die einem parlamentarischen Gesetzgebungsverfahren eigene Transparenz gewährleistet werden.«[57]

Diese Ausführungen gelten sinngemäß auch für die Fraktionen, die Kosten- und die Mitarbeiterpauschalen der Abgeordneten sowie die parteinahen Stiftungen.

Nachweis der Wirksamkeit des Gesetzesvorbehalts: Dass die Erhöhung eines im Gesetz verankerten Betrags der öffentlichen Kontrolle in der Regel deutlich stärker ausgesetzt ist als die Erhöhung eines bloßen Haushaltstitels und dass dies einen dämpfenden Effekt auf die Steigerungsraten besitzt,[58] lässt sich empirisch belegen. Denn das Bewilligungsverfahren für Fraktionen und Abgeordnetenmitarbeiter ist im Bund und in den Ländern unterschiedlich ausgestaltet: In manchen Ländern bedürfen Erhöhungen einer Gesetzesänderung, im Bund und in vielen anderen Ländern reicht dafür die bloße Erhöhung eines Haushaltstitels. Viele Beispiele zeigen, dass die öffentliche Kontrolle im ersteren Fall sehr viel stärker greift als im letzteren.

Kontrolle des Wachstums von Fraktionszuschüssen: In Niedersachsen, Rheinland-Pfalz und Hamburg gilt für die Bewilligung von Fraktionsmitteln der strenge Gesetzesvorbehalt, nicht aber zum Beispiel in Bayern und Thüringen. Es verwundert deshalb nicht, dass die Fraktionszahlungen in Bayern, die nur im Haushaltsplan bewilligt werden, inzwischen doppelt so hoch sind wie in Niedersachsen und in Thüringen doppelt so hoch wie in Rheinland-Pfalz. Selbst Hamburg bewilligt seinen Fraktionen weniger als das erheblich kleinere Bremen. Der Abstand wäre wohl noch deutlich größer, wenn nicht auch Niedersachsen und Rheinland-Pfalz die Höhe ihrer Fraktionsmittel bis Ende 1993 bloß im Haushaltsplan ausgewiesen hätten.[59]

In den Achtzigerjahren hatten die Zahlungen in Niedersachsen noch auf ähnlichem Niveau gelegen wie in Bayern. In Thüringen waren die Beträge 1993 sogar noch niedriger als in Rheinland-Pfalz.[60] Der Abstand Bremens zu Hamburg wäre vermutlich ebenfalls größer, wenn Hamburg nicht 1968 von der zahlenmäßigen Nennung im Gesetz vorübergehend abgerückt wäre[61] und die Leistungen sich daraufhin verdoppelten.[62]

Auch in anderen Ländern wurden die konkreten Beträge aus dem Gesetz genommen, offenbar um hohe Steigerungen zu verschleiern. So stiegen die Zahlungen in Schleswig-Holstein in den Jahren 1968 und 1969 gewaltig an, nachdem die gesetzliche Nennung, die bis 1967 bestanden hatte, aufgehoben worden war.[63] Das Verwaltungsgericht Schleswig-Holstein kommentierte dies wie folgt: »Ursprünglich (bis 1967) hatte das Gesetz die konkreten Beträge ziffernmäßig genannt. Davon ist das Land dann abgegangen. Es ist anzunehmen, dass dies in einem ursächlichen Zusammenhang mit einer enormen Steigerung der Zahlungen steht. Eine Erhöhung ist leichter durchzusetzen, deren Gesamtbetrag lediglich in den Haushaltsplan eingestellt wird, als wenn es dazu der Änderung eines förmlichen Gesetzes bedürfte, in dem die Zahlungen, die die Fraktionen erhalten, ziffernmäßig aufgeführt sind.«[64]

Ähnliches geschah in Baden-Württemberg. Anfang 1969 wurde die Nennung der Beträge im Gesetz aufgegeben,[65] was in diesem und im folgenden Jahr von einer Verdreifachung der Zahlungen an die Fraktionen begleitet wurde.[66] Auch in Nordrhein-Westfalen erfolgte im Zusammenhang mit der Streichung der Beträge im Gesetz im Jahre 1979[67] eine kräftige Anhebung der Zahlungen.[68]

Kontrolle der Mitarbeiterpauschale: Für die Höhe der Gelder für Abgeordnetenmitarbeiter fehlt im Bund, in Bayern und Brandenburg bisher eine gesetzliche Regelung.[69] Dort sind deshalb die Zahlungen an Mitarbeiter ganz besonders hoch. Bayern nimmt mit großem Abstand die Spitze unter den Ländern ein; auch Brandenburg übertrifft vergleichbare Länder bei Weitem.

Dagegen sind Nordrhein-Westfalen und Schleswig-Holstein, wo die Beträge im Gesetz genannt werden, sehr viel bescheidener. In Nordrhein-Westfalen wären die Beträge noch niedriger, wenn nicht 1991, als es noch keine gesetzliche Festlegung gab, erheblich aufgestockt worden wäre. Der Bundestag schließlich schüttet sehr viel mehr Geld für Abgeordnetenmitarbeiter aus als alle Länder zusammen, und auch der Betrag pro Abgeordnetem ist besonders hoch.

Dynamisierung der Entschädigung: Verstoß gegen den Gesetzesvorbehalt: Auch sonst werden das Diätenurteil und entsprechende Urteile der Landesverfassungsgerichte von den Parlamenten vielfach nicht ernst genommen. So unterläuft der Bundestag den Gesetzesvorbehalt, indem er die Entschädigung dynamisiert und nur den Ausgangsbetrag noch ins Gesetz gestellt hat.[70]

Mit einer Dynamisierung war der Bundestag 1995 noch gescheitert. Damals hatte man das Diätenurteil durch eine Verfassungsänderung aushebeln wollen, welcher der Bundesrat aber seine Zustimmung versagte. Deshalb hat man die Dynamisierung jetzt ohne Verfassungsänderung eingeführt. Deutlicher könnte die Grundgesetzwidrigkeit nicht sein.

Das Dynamisierungsverbot gilt auch für die Landesparlamente. Gerade weil die Dynamisierung nicht durch einfaches Landesgesetz eingeführt werden darf, haben Thüringen und Bremen die Dynamisierung in ihre Landesverfassungen geschrieben.[71]

Das Gericht erlaubt zwar eine Indexierung der sogenannten absoluten Obergrenze der staatlichen Parteienfinanzierung, das heißt, die Obergrenze darf an die Entwicklung bestimmter Bezugsgrößen (zum Beispiel an das Preisniveau) gekoppelt werden. Das bedeutet aber nicht, dass auch die einzelnen Erhöhungen der Mittel dynamisiert werden dürften. Die Obergrenze sollte den Gesetzesvorbehalt hinsichtlich der Regelung der Parteienfinanzierung und insbesondere auch hinsichtlich der Höhe und Verteilung der Mittel nicht aufheben oder ersetzen. Obergrenzen einerseits und die tatsächlichen, im Parteiengesetz geregelten Zahlungen sollten nach der Intention des Gerichts auseinanderfallen. Dass der Gesetzgeber dann die Staatsfinanzierung so erhöhte, dass beides ineinanderfiel und damit beispielsweise auch die Höhe der Zahlungen von der Wahlbeteiligung abkoppelte, lag gerade nicht in der Intention des Gerichts.

Einheitliche Kostenpauschale: Verstoß gegen
den strengen Gleichheitssatz
Die allen Bundestagsabgeordneten in gleicher Höhe gezahlte steuerfreie Kostenpauschale von monatlich 4305 Euro (ab 1.1.2016) ist für die Einrichtung und Unterhaltung von Wahlkreisbüros, für Fahrten im Wahlkreis und für die Wahlkreisbetreuung gedacht. Schon angesichts der höchst unterschiedlichen Aufwendungen, welche zum Beispiel Abgeordnete aus Berlin und solche aus einem ländlichen Wahlkreis in Bayern haben, stellt sie für viele ein hohes steuerfreies Zusatzgehalt dar, was vor dem strengen Gleichheitssatz, dem die gesamte Entschädigung unterliegt, nicht mehr durch den Grundsatz der Praktikabilität und Rechtssicherheit gerechtfertigt werden kann.[72] Die Gewährung der einheitlichen Kostenpauschale erfolgt in der Diktion des Bundesverfassungsgerichts nicht mehr »in Orientierung am tatsächlichen Aufwand«[73] und ist deshalb verfassungswidrig.[74] Zudem fehlen belastbare empirische Grundlagen für ihre Bemessung und damit eine tragfähige Begründung, die aber gerade bei der Kostenpauschale unerlässlich wäre.[75]

Die Situation ist ähnlich wie bei zivilrechtlichen Unterhaltsklagen etwa von Ehegatten der Abgeordneten.[76] Bei der Bemessung des Unterhalts wollen die in Anspruch genommenen Abgeordneten regelmäßig, dass nur die steuerpflichtige Entschädigung zugrunde gelegt wird und Aufwandspauschalen unberücksichtigt bleiben. Die Zivilgerichte sind dem aber nicht gefolgt: Auch Kostenpauschalen seien Einkommen, soweit sie die tatsächlichen Kosten übersteigen. Die Zivilgerichte haben denn auch wiederholt festgestellt, dass die Kostenpauschalen den Mandatsaufwand überstiegen und die überhöhten Teile dem (für die Unterhaltsverpflichtung zugrunde zu legenden) Einkommen zuzuschlagen seien.[77] Es sei »Sache des Unterhaltspflichtigen, den tatsächlichen Anfall solcher Mehraufwendungen konkret darzulegen und gegebenenfalls zu beweisen, wenn sie von den Einkünften in Abzug gebracht werden sollen«.[78] Den Abgeordneten treffe eine »Darlegungslast«.[79]

Das Gleiche muss aber auch bei der parlaments- und steuerrechtlichen Festsetzung der Kostenpauschale gelten: Das Parlament muss konkret darlegen, welche Aufwendungen tatsächlich anfallen.[80] Geschieht dies nicht, ist die Regelung verfassungswidrig (siehe auch S. 105 ff.).

Dasselbe gilt für allgemeine Kostenpauschalen etwa in Bayern und Sachsen: Die Kostenpauschalen in Höhe von monatlich 3377 Euro (seit 1.7.2016) in Bayern und zwischen 3144 und 4011 Euro (seit 1.4.2016) in Sachsen sind verfassungswidrig.[81] Bayerische Landtagsabgeordnete erhalten die steuerfreie Kostenpauschale auch dann in voller Höhe, wenn sie damit kein Wahlkreisbüro und keine Zweitwohnung finanzieren oder nur geringe Pkw-Kosten haben oder sogar von allen drei kostenmindernden Faktoren profitieren, obwohl die Pauschale zur Abdeckung solcher Kosten gedacht ist.[82] Ein krasses Beispiel ist Peter Paul Gantzer, seit 1978 im Bayerischen Landtag, 2008 und 2013 dessen Alterspräsident. Sein Wahlkreis liegt im Münchner Norden, und 2013 wurde bekannt, dass er seine Arbeit in seinem Landtagsbüro abwickelt. Er rechtfertigte seine Pauschale damit, sein »Porsche habe einen immensen Benzinverbrauch [, außerdem gehe er] nicht bei McDonald's essen«.[83]

Gantzer war offenbar kein Einzelfall. 40 der 187 bayerischen Abgeordneten sollen nach Recherchen des Magazins *Focus* 2013 kein eigenes Wahlkreisbüro unterhalten haben.[84] Der Bayerische Oberste Rechnungshof schlug deshalb vor, für Abgeordnete, die kein Wahlkreisbüro und/oder keine Zweitwohnung unterhalten, Abschläge vorzunehmen und einen weiteren Teil der Kostenpauschale nach der Entfernung zwischen Wohnort und München zu staffeln.[85] Der Landtag hat diesen Vorschlag nicht aufgegriffen.

Funktionszulagen: Ein Kampf ums Recht

Die geltenden Grundsätze

Wie schon bemerkt, hat das Bundesverfassungsgericht im Diätenurteil von 1975 Einkommenszulagen nur für den Parlamentspräsidenten und seine Stellvertreter zugelassen (siehe S. 112). 25 Jahre später behandelte das Gericht dieses Thema auf Antrag der Grünen erneut, bestätigte das grundsätzliche Verbot, gestattete aber nunmehr auch Zahlungen für Fraktionsvorsitzende. Wörtlich führt das Gericht am Beispiel der Zulagen in Thüringen aus: »Die Regelungen über ergänzende Entschädigungen für die stellvertretenden Fraktionsvorsitzenden, für die parlamentarischen Geschäftsführer der Fraktionen und für die Ausschussvorsitzenden sind [...] mit dem Verfassungsrecht unvereinbar. Sie verstoßen gegen die Freiheit des Mandats und den Grundsatz der Gleichbehandlung der Abgeordneten.«[86] Diese Funktionen seien nicht in gleicher Weise rechtlich oder politisch hervorgehoben wie die der Parlamentspräsidenten und der Fraktionsvorsitzenden.[87]

Das grundsätzliche Verbot von Zusatzgehältern ist konsequent. Wenn allen Abgeordneten in gleicher Weise eine volle Alimentation gewährt wird, »unabhängig davon, ob die parlamentarische Arbeit größer oder geringer ist«,[88] wie das im Bund und inzwischen in den Parlamenten aller Flächenländer der Fall ist, soll die Bezahlung ja gerade dazu dienen, auch diejenigen ausreichend zu bezahlen, die wegen der Wahrnehmung besonderer Funktionen voll in Anspruch genommen sind.

Zudem droht, worauf das Gericht im Hinblick auf die bisherigen Erfahrungen[89] ebenfalls hinweist, im Falle der Zulassung ergänzender Entschädigungen eine geradezu »systematische Ausdehnung der Funktionszulagen«; auch aus diesem Grund dürften sie »nur in geringer Zahl vorgesehen werden«.[90] So untersagt das Gericht Zahlungen an Ausschussvorsitzende auch deshalb, weil die Zahl der Ausschüsse »deutlich diejenige der Fraktionen« übersteigt und sich »zudem vergleichsweise einfach erhöhen« lässt, wie überhaupt die Anzahl »der hier in Rede stehenden Funktionen weitgehend im Belieben von Landtag und Fraktionen« steht.[91]

Umgekehrt hat das Bundesverfassungsgericht für Parlamente mit bloßer Teilalimentation ihrer Abgeordneten ausdrücklich einen Vorbehalt gemacht.[92] Dementsprechend heben die Landesverfassungsgerichte von Hamburg und Bremen auf das Fehlen einer Vollalimentation der dortigen Parlamentarier ab, wenn sie Zulagen für stellvertretende Fraktionsvorsitzende in beiden Stadtparlamenten zulassen;[93] sie treten aber zugleich einer schrankenlosen Ausweitung von Funktionszulagen entgegen.[94]

Der Thüringer Verfassungsgerichtshof hat den Stand der Rechtsprechung prägnant zusammengefasst und ist dabei auch auf das wohlfeile, aber unzutreffende Gegenargument eingegangen, größerer Arbeitseinsatz rechtfertige auch eine höhere Bezahlung: Der durch eine besondere Funktion bedingte »zeitliche Einsatz des Abgeordneten [...] ist mit der Grundentschädigung entgolten. [...] Die Grundentschädigung hat Alimentationsfunktion, weil sie die Ausübung des Mandats und sämtlicher mit ihm verbundener parlamentarischer Aufgaben gewährleistet. Daher ist die zeitliche Inanspruchnahme eines Abgeordneten unabhängig von ihrem Anlass mit der Grundentschädigung so vollständig abgegolten, dass in Bezug auf den durch eine besondere Funktion verursachten Einsatz kein Raum für eigenständige Ausgleichsregelungen besteht.«[95]

Der Bundestag und seine Fraktionen

Im Widerspruch zur Rechtsprechung gibt das Abgeordnetengesetz des Bundes neuerdings den 23 Ausschussvorsitzenden je eine 15-prozentige Zulage auf die Entschädigung.[96]

Zusätzlich zu diesen offen ausgewiesenen Ansprüchen werden in noch sehr viel größerem Umfang weitere Einkommenszulagen gezahlt, und zwar aus den Fraktionskassen, vor allem aus denen der Union und der SPD. Das viele Geld, das die Fraktionen sich in eigener Sache und unter Aushebelung der Kontrollen bewilligen (siehe S. 31 ff.), ermöglicht es ihnen, zahlreichen Funktionären großzügige Extra-Diäten zu zahlen, obwohl deren Arbeit durch ihre »Vollalimentation« bereits abgedeckt ist (siehe S. 119 f.).[97]

Wegen ihres schlechten verfassungsrechtlichen Gewissens halten die Fraktionen die Anzahl und die Höhe der Extra-Diäten meist geheim und teilen sie nicht einmal den Medien auf Anfrage mit. Die beiden großen Fraktionen des Bundestags verweigern jede über die öffentlichen Rechenschaftsberichte hinausgehende Auskunft.[98] In den Rechenschaftsberichten braucht lediglich eine Globalsumme angegeben zu werden.[99] Wer welche Zulagen erhält, bleibt Verschlusssache. Man ist deshalb auf Zufallsfunde angewiesen.

Die Problematik derartiger Zulagen war unter anderem am Beispiel des Vorsitzenden der Partei Die Linken, Klaus Ernst, öffentlich geworden.[100] Daraufhin hat diese Fraktion Extra-Diäten – bis auf die (zumindest materiell) zulässigen Zulagen für Fraktionsvorsitzende – abgeschafft.[101] Andere Fraktionen halten dagegen an den Zuschlägen fest.

Zu den Empfängern von Funktionszulagen zählen – neben den Fraktionsvorsitzenden – die Ersten Parlamentarischen Geschäftsführer und die weiteren Parlamentarischen Geschäftsführer (Union und SPD haben je vier weitere Parlamentarische Geschäftsführer),[102] die stellvertretenden Fraktionsvorsitzenden (CDU/CSU: 12; SPD: 9) und die Sprecher von Arbeitsgruppen (CDU/CSU: 23; SPD: 23).[103]

So erhielten stellvertretende SPD-Fraktionsvorsitzende nach Angaben zweier Betroffener im Jahre 2010 eine Zulage von 3451 Euro im Monat, Erste Parlamentarische Geschäftsführer angeblich je eine volle Entschädigung zusätzlich; weitere Parlamentarische Geschäftsführer erhielten nach Angabe eines Betroffenen der SPD 3434 Euro. Die Sprecher von Arbeitsgruppen der Union bekamen nach Angabe des *Stern* 1700 Euro, die der SPD 1080 Euro.[104]

Zu den Empfängern heimlicher Extra-Diäten der Fraktion gehörte auch der CDU-Bundestagsabgeordnete Jens Spahn. Ausgerechnet er

hatte von Arnim in einem Offenen Brief vom 19. Januar 2012 zur Veröffentlichung seiner Einnahmen aufgefordert.[105] Spahn musste auf die
Antwort Arnims[106] die 1830 Euro offenbaren, die er als gesundheitli-
cher Sprecher der Unionsfraktion monatlich erhielt[107] – wie (damals)
25 andere Sprecher der Fraktion auch. Weitere von Arnim angemahnte Verbesserungen der Transparenz der Einnahmen Spahns und der
Unionsfraktion stehen allerdings noch aus.

Verfassungswidrig?
Bei der verfassungsrechtlichen Analyse stellen sich drei Fragen: Gilt
die Rechtsprechung des Bundesverfassungsgerichts auch für den Bundestag? Betrifft sie auch Zulagen, die die Fraktionen aus ihren Mitteln
gewähren? Und welches Gericht hat bindend über die Zulässigkeit zu
entscheiden?

Geltung auch für den Bundestag: Das Bundesverfassungsgericht hatte seine Rechtsprechung 1975 am Beispiel saarländischer Landtagsabgeordneter und 2000 am Beispiel Thüringer Landtagsabgeordneter
entwickelt. Das Gericht machte jedoch ganz klar, dass die Grundsätze
auch für den Bundestag und für Landtage mit vollalimentierten
Abgeordneten gelten sollten. Das ergibt sich bereits daraus, dass
das Gericht seine Entscheidung maßgeblich auf die (für Bundestagsabgeordnete geltenden) Artikel 38 Absatz 1 und 48 Absatz 3 des
Grundgesetzes stützt,[108] ferner daraus, dass das Gericht inzwischen
wiederholt festgestellt hat, es habe mit seiner Entscheidung von 2000
»allgemeine Maßstäbe zu der Frage aufgestellt, für welche Ämter
Funktionszulagen vorgesehen werden können, ohne dass die Freiheit
des Mandats und der Grundsatz der Gleichbehandlung der Abgeordneten verletzt sind«.[109]
    Die 15-prozentige Zulage, die der Bundestag seinen Ausschuss-
vorsitzenden zahlt,[110] steht in klarem Widerspruch dazu. Die Initiatoren dieses Gesetzes setzten sich mit der Rechtsprechung des Bundesverfassungsgerichts nicht auseinander, sondern beriefen sich lediglich
auf den Bericht der sogenannten Schmidt-Jortzig-Kommission.[111]

Dabei führt diese selbst die wiederholte Feststellung des Gerichts an, es habe »allgemeine Maßstäbe zu der Frage [entwickelt], für welche Ämter Funktionszulagen vorgesehen werden können, ohne dass die Freiheit des Mandats und der Grundsatz der Gleichbehandlung der Abgeordneten verletzt sind«.[112] Die Kommission kommt deshalb auch nicht um die Feststellung herum, dass diese Maßstäbe vermutlich auch »eine künftige den Bundestag betreffende Entscheidung bestimmen« werden[113] und dass das Gericht die genannten Funktionszulagen im Bund dann auch ausdrücklich für verfassungswidrig erklären werde. Das heißt, die Kommission und die Initiatoren des Gesetzes ignorieren die Rechtsprechung sehenden Auges.

Auch für Zahlungen aus der Fraktionskasse: Die aus den Fraktionskassen gezahlten Zulagen versuchen die Fraktionen – zusammen mit der Parlamentsverwaltung – mit dem Hinweis aufrechtzuerhalten, die Urteile des Bundesverfassungsgerichts beträfen nur jene Zahlungen des Parlaments, die explizit im Abgeordnetengesetz genannt werden. Sie stützen sich dabei auf vereinzelte Publikationen parlamentsnaher Autoren,[114] insbesondere auf einen Aufsatz des früheren juristischen Mitarbeiters der rheinland-pfälzischen SPD-Fraktion, Lars Brocker.[115] Brocker wurde bald darauf Direktor des rheinland-pfälzischen Landtags und dann im Alter von Mitte 40 und ohne verwaltungsgerichtliche Erfahrung Präsident des rheinland-pfälzischen Oberverwaltungsgerichts und damit auch Präsident des Landesverfassungsgerichts (siehe S. 69).

Doch kann den Fraktionen nicht erlaubt sein, was im Parlament verboten ist.[116] Darüber hinaus verstoßen von den Fraktionen gezahlte Zulagen auch noch gegen den bei Diäten geltenden Gesetzesvorbehalt und das Transparenzprinzip.[117] Das leistet der unkontrollierbaren Aufblähung der Zulagen erst recht Vorschub und lässt tendenziell immer größere Teile der Diäten in den parlamentarischen Untergrund abtauchen.

Bei solchen Zulagen ist auch die Gefährdung der Unabhängigkeit der Abgeordneten, die zusammen mit dem Verstoß gegen den

Gleichheitssatz das verfassungsgerichtliche Verbot trägt, besonders groß: Werden die Zulagen im Abgeordnetengesetz festgelegt und unmittelbar vom Parlament gezahlt, gibt das den Funktionsträgern größere Sicherheit, als wenn die Zahlungen faktisch nur vom Fraktionsvorstand festgesetzt werden. Die ansonsten bestehende Gestaltungsfreiheit der Fraktionen muss hier zurücktreten, genauso wie bei einer gesetzlichen Regelung die Autonomie des Parlaments zurückzutreten hat. Das ist ganz herrschende Auffassung in der Staatsrechtslehre[118] und wird zum Beispiel durch ein Gutachten Paul Kirchhofs,[119] den Bericht einer von Ernst Benda, dem ehemaligen Präsidenten des Bundesverfassungsgerichts, geleiteten Sachverständigenkommission,[120] einen Bericht des Landesrechnungshofs Baden-Württemberg[121] und eine Expertise des Landtags Brandenburg[122] bestätigt.

Legt man die von der Rechtsprechung entwickelten Grundsätze an, so sind die von den Fraktionen geleisteten Zulagen eindeutig verfassungswidrig, auch wenn es bisher noch an einem ausdrücklich diese Frage behandelnden Urteil des Bundesverfassungsgerichts fehlt.

Wer kann verbindlich entscheiden? Eine weitere Frage geht schließlich dahin, ob der Bundestag (und die anderen Landesparlamente neben dem Saarland und Thüringen)[123] an die Urteile des Bundesverfassungsgerichts gebunden sind.

Dabei geht es letztlich darum, welches Gericht über die Frage der Verfassungsmäßigkeit der Funktionszulage verbindlich, das heißt mit Bindungswirkung für das Parlament, zu entscheiden hat. Diese Frage der Bindung gewinnt bei Entscheidungen des Parlaments in eigener Sache besondere Bedeutung. Normalerweise kann man davon ausgehen, dass Urteile des höchsten Gerichts von den staatlichen Organen befolgt werden, schon aus dem Bestreben heraus, rechtmäßig zu handeln, und weil ansonsten ohnehin das nächste Urteil droht. Das gilt auch für die Länder.

Bei Entscheidungen des Parlaments in eigener Sache aber ist es anders. Hier ist oft kein Kläger vorhanden, und die Eigeninteressen der Politik, die einer Klage entgegenstehen, stehen regelmäßig auch der Befolgung des Urteils entgegen. Man mag auch hoffen, dass ein anderes Gericht, auf dessen Besetzung die politische Klasse ja zentralen Einfluss besitzt, anders entscheidet. Solange es aber an der bindenden Entscheidung eines zuständigen Gerichts fehlt, ist das Parlament rechtlich nicht daran gehindert, eine eigene Interpretation der heiklen Rechtsfrage vorzunehmen.

Die Frage ist, welche Konsequenz aus dieser besonderen Situation zu ziehen ist.

Laut Bundesverfassungsgerichtsgesetz[124] binden Entscheidungen des Bundesverfassungsgerichts die Verfassungsorgane des Bundes und der Länder sowie alle Gerichte und Behörden. Verfassungsorgane im Sinne dieser Bestimmung sind auch die Parlamente von Bund und Ländern. Mit »Entscheidungen« sind nach Auffassung des Gerichts der Tenor eines Urteils und die diesen tragenden Gründe gemeint. Damit soll eine verbindliche einheitliche Auslegung des Grundgesetzes auf Dauer gewährleistet werden. Die Bindung an die genannten Urteile wird von vielen bejaht.[125]

Nach Auffassung des Bundesverfassungsgerichts entfalten seine Entscheidungen Bindungswirkung aber nur innerhalb des Streitgegenstandes.[126] Der Gesetzgeber hat sich bei der Koppelung der Abgeodnetenentschädigung an die Gehälter von Bundesrichtern[127] allerdings nicht mit dem entgegenstehenden Urteil des Bundesverfassungsgerichts auseinandergesetzt. Im Gegenteil: Die Schmidt-Jortzig-Kommission, auf die er sich berief, ging ihrerseits davon aus, das Bundesverfassungsgericht werde, wenn es damit befasst werde, so entscheiden wie 2000 (siehe S. 122 f.).

Allerdings geht das Bundesverfassungsgericht selbst davon aus, im Bund und in jedem Land seien die jeweilige Landesverfassung und das jeweilige Verfassungsgericht dafür zuständig, über die Verfassungsmäßigkeit der jeweiligen Regelung zu entscheiden.[128] »Soweit das Grundgesetz für die Verfassungen der Länder keine Normativbestimmungen gibt, können die Länder ihr Verfassungsrecht und damit auch ihre Verfassungsgerichtsbarkeit selbst ordnen.«[129]

Das spräche an sich für eine restriktive Interpretation der im Bundesverfassungsgerichtsgesetz festgelegten Bindungswirkung. Die Besonderheit von Entscheidungen des Parlaments in eigener Sache jedoch spricht eher dafür, diese Bindungswirkung extensiv auszulegen. Auch die Landesverfassungsgerichte können aber – selbst bei Verneinung der formalen Bindung – nicht die materiellen Erwägungen des Bundesverfassungsgerichts und der herrschenden Lehre übergehen.

Bundesländer
Thüringen: Das Urteil des Bundesverfassungsgerichts vom 21. Juli 2000 bezog sich unmittelbar auf das Thüringer Abgeordnetengesetz. Das Gericht wurde, da es damals noch keinen Rechtsweg für Abgeordnete zum Thüringer Landesverfassungsgericht gab, an dessen Stelle tätig.[130] Geklagt hatten die Abgeordneten Matthias Büchner und Siegfried Geißler vom Neuen Forum. In seinem Urteil erklärte das Bundesverfassungsgericht die Regelungen des Thüringer Abgeordnetengesetzes, welche Parlamentarischen Geschäftsführern, stellvertretenden Fraktionsvorsitzenden und Ausschussvorsitzenden steuerpflichtige Einkommenszulagen gaben, für verfassungswidrig,[131] Zulagen für Fraktionsvorsitzende dagegen – in Abweichung vom sogenannten Ersten Diätenurteil von 1975 – für zulässig.[132]

In Reaktion auf das Urteil führte der Landtag mit Änderungsgesetz vom 20. Dezember 2000 *steuerfreie Aufwandsentschädigungen* für einen Parlamentarischen Geschäftsführer je Fraktion und für die Vorsitzenden der Arbeitskreise ein. Doch auch diese wurden als verfassungswidrig kassiert, diesmal vom Thüringer Verfassungsgerichtshof mit Urteil vom 14. Juli 2003.[133] Der Gerichtshof beharrte darauf, dass Kostenpauschalen sich an den Betrag der »spitzen Abrechnung« anlehnen müssen, sonst stellten sie unzulässige Einkommenszulagen dar.[134]

Darauf senkte der Landtag die Kostenpauschalen, wobei allerdings immer noch fraglich bleibt, ob den Aufwandsentschädigungen überhaupt ein entsprechender Aufwand gegenübersteht. Denn die Funktionsträger verfügen über Hilfskräfte des Landtags und der

Fraktionen,[135] und Fahrten zu den Sitzungen des Ausschusses und zum Landtag allgemein müssen auch die einfachen Ausschuss- und Fraktionsmitglieder unternehmen.[136]

Auch nach dem Urteil von 2000 und der entsprechenden Änderung des Diätengesetzes vom selben Jahr wurden allerdings teilweise Funktionszulagen aus der Staatskasse gezahlt. Beispielsweise erhielten stellvertretende Fraktionsvorsitzende beziehungsweise der Parlamentarische Geschäftsführer eine Zulage in Höhe von 40 Prozent der Grundentschädigung, und Sprecher der Arbeitskreise erhielten (weiterhin) 25 Prozent der Grundentschädigung zusätzlich.[137]

In einer großangelegten, umfassenden Beratungsunterlage des Präsidenten des Thüringer Rechnungshofs Sebastian Dette wird im Februar 2015 dargelegt, dass die von den Fraktionen gezahlten Zulagen verfassungswidrig sind.[138] Materiell widersprechen sie den vom Bundesverfassungsgericht entwickelten Grundsätzen erst recht, weil durch derartige Zulagen die Abhängigkeit der Begünstigten von ihren Fraktionen noch verstärkt zu werden droht; formell widersprechen sie aufgrund ihrer Geheimhaltung dem verfassungsrechtlich gebotenen Gesetzesvorbehalt und dem Transparenzgebot.[139] Die Stellungnahme des Rechnungshofpräsidenten setzt sich auch mit einem von Professor Dr. Michael Brenner (Jena) für die CDU-Fraktion gefertigten Gutachten auseinander und widerlegt es Punkt für Punkt.

Der Präsident des Rechnungshofs weist aber auch darauf hin, dass der Thüringer Verfassungsgerichtshof angerufen werden könne und dann die Möglichkeit habe, anders zu entscheiden.

Der Thüringer Gesetzgeber hat die Stellungnahme des Rechnungshofpräsidenten zum Anlass genommen, das Abgeordnetengesetz zu ändern und Funktionszulagen aus der Fraktionskasse zu untersagen.[140] Das betraf die CDU-Fraktion, die ihre Zulagen – im Hinblick auf das Dette-Gutachten – allerdings schon vorher eingestellt hatte, und die FDP-Fraktion, aber die Liberalen sind inzwischen ohnehin nicht mehr im Thüringer Landtag vertreten.

Damit ging ein langer Kampf ums Recht zu Ende. Schon ein früherer Präsident des Thüringer Rechnungshofes, Heinrich Dietz, hatte die Zulagen aus der Fraktionskasse im Jahr 2006 gerügt und in einer Expertise für die Jahre 1998 bis 2004 festgestellt, dass die CDU-Fraktion unzulässigerweise 936 000 Euro für Fraktionsvorsitzende, Parlamentarische Geschäftsführer und Arbeitskreissprecher ausgegeben hatte.[141] Eine generelle, geschweige denn öffentliche Aufarbeitung fand zu dieser Zeit aber nicht statt.[142] Erst Dette, der bewusst die Öffentlichkeit suchte, um die öffentliche Kontrolle zu mobilisieren, war es gelungen, die Funktionszulage zu beseitigen, wobei die Änderung der Regierungsmehrheit nach der letzten Landtagswahl die Beseitigung sicher begünstigte.

Rheinland-Pfalz: Ganz anders als in Thüringen lief es in Rheinland-Pfalz. Hier griffen der rheinland-pfälzische Rechnungshof und sein Präsident Klaus P. Behnke das Thema Funktionszulagen nicht auf. Zudem zeigt sich in Rheinland-Pfalz der ganze Fächer von Möglichkeiten, eine Überprüfung heikler Regelungen durch das Bundesverfassungsgericht zu vermeiden, wobei in diesem Fall wohl auch das Gericht selbst »mitspielte«, um ein offenbar lästiges Verfahren auf kaltem Wege loszuwerden: In Karlsruhe war neun Jahre lang ein Verfahren anhängig, mit dem eine Abgeordnete der Grünen, die spätere Vizepräsidentin des Landtags Friedel Grützmacher, gegen die im rheinland-pfälzischen Abgeordnetengesetz genannte Einkommenszulage für Fraktionsvorsitzende sowie gegen die dort ebenfalls genannten zusätzlichen steuerfreien Kostenpauschalen für Präsident, Vizepräsidenten, Fraktionsvorsitzende und Ausschussvorsitzende klagte, die allesamt verfassungswidrig seien. Zudem griff sie die Verfassungsmäßigkeit der Kostenpauschale für Abgeordnete, die großzügige Altersversorgung und die laxen Anrechnungsbestimmungen beim Zusammentreffen der Entschädigung mit dem Gehalt von Regierungsmitgliedern oder mit der Versorgung ehemaliger Regierungsmitglieder an.

Doch im Jahr 2000 änderte der rheinland-pfälzische Landtag seine Verfassung. Unter anderem erhielten einzelne Abgeordnete durch Änderung des Artikels 130 der Landesverfassung ein Klagerecht.[143] Die

Änderung trat am 18. Mai 2000 in Kraft. Das nahm das Bundesverfassungsgericht zum Anlass, die Anträge von Grützmacher als unzulässig zu verwerfen: Das Bundesverfassungsgericht sei nur behelfsmäßig zuständig gewesen.[144] Nunmehr aber sei das rheinland-pfälzische Landesverfassungsgericht für Klagen von Abgeordneten allein zuständig geworden.[145] Auf diese Konsequenz war bei der Änderung der rheinland-pfälzischen Landesverfassung nicht hingewiesen worden.[146]

So wurde eine inhaltliche Entscheidung des Bundesverfassungsgerichts über das rheinland-pfälzische Abgeordnetengesetz vermieden – und das, nachdem das Verfahren dort fast ein Jahrzehnt lang anhängig gewesen war!

Es spricht manches dafür, dass hier ein Zusammenwirken von Landtag und Bundesverfassungsgericht vorlag und das Gericht das Verfahren bis zur Entscheidung des Landtags über die Verfassungsänderung aufgeschoben hatte. Die Verfassungsänderung war durch eine 1991 berufene Enquete-Kommission zur Verfassungsreform und eine diese ergänzende Enquete-Kommission zur Parlamentsreform vorbereitet worden. Dem Bundesverfassungsgericht gab die Verfassungsänderung die Möglichkeit, einer Entscheidung im anhängigen Verfahren gegen zentrale Vorschriften des rheinland-pfälzischen Abgeordnetengesetzes die Grundlage zu entziehen.

Rheinland-Pfalz war in der Person seines Landtagspräsidenten (und dessen Beratern) auch der eigentliche Initiator einer bundesweit konzertierten Aktion, die zum Ziel hatte, die Funktionszulagen dadurch aufrechtzuerhalten, indem man die Zahlungen an die Fraktionen übertrug. Im Herbst 2000, kurz nach den beiden Urteilen des Bundesverfassungsgerichts, hatte der Mainzer Landtag eine Vorlage für die Konferenz der Parlamentspräsidenten gefertigt, worin die Fortsetzung der verfassungswidrigen Funktionszulage auf dem Umweg über die staatsfinanzierten Fraktionschefs empfohlen wurde.[147] Mehrere Arbeiten aus dem Kreis der Landtagsverwaltung lieferten, zusammen mit dem Aufsatz des späteren Präsidenten des rheinland-pfälzischen Verfassungsgerichtshofs Lars Brocker, die scheinbare Rechtfertigung für eine derartige Umgehung (siehe S. 123 f.).

Als das ARD-Fernsehmagazin *Report Mainz* das Zulagenproblem thematisierte, wurden Nebelkerzen gezündet. Der Landtagspräsident griff sogar zum Mittel einer Programmbeschwerde gegen die Verantwortlichen der Sendung beim Südwestrundfunk. Schließlich wurde, wohl auch um die Funktionszulage abzusichern, im Wege einer dreisten Ämterpatronage-Aktion der Posten des Präsidenten des rheinland-pfälzischen Verfassungsgerichtshofs mit ebendem Mann besetzt, der den besagten Aufsatz geschrieben und dem Präsidenten bei seiner Nebelkerzenaktion die Feder geführt hatte (siehe S. 69).

Bayern: Auch in Bayern blieben die Höhe und die Empfänger der Einkommenszulagen, die die Landtagsfraktionen bestimmten Funktionären zahlen, lange unter Verschluss.[148] 2010 hatte der damalige Vorsitzende der CSU-Fraktion, Georg Schmid, dem ARD-Fernsehmagazin *Report Mainz* auf die Frage nach der Höhe und den Empfängern der Zulagen noch geantwortet: »Das ist intern festgelegt, wie ich gesagt habe, und intern soll es auch bleiben.«[149]

Erst 2013, im Zuge des bayerischen Diätenskandals, sah Schmid sich genötigt, an die Öffentlichkeit zu gehen. Nach eigenen Angaben erhielt er als CSU-Fraktionsvorsitzender – zusätzlich zu seinen normalen Diäten – monatlich 13 746 Euro und damit deutlich mehr als die Landtagspräsidentin, eine Überhöhung, die auch der Rechnungshof beanstandete. Die vier stellvertretenden Fraktionsvorsitzenden bekamen je 5220 Euro, die zwölf Arbeitskreisvorsitzenden je 2000 Euro und die Beisitzer und Vorsitzenden von sonstigen Gremien und Kommissionen je 500 Euro extra. Allein im Jahr 2011 hatte die CSU-Fraktion insgesamt 768 097 Euro an ihre Funktionsträger gezahlt.[150] Das war mehr, als irgendeine andere Fraktion in einem der deutschen Landesparlamente für Zulagen aufwendet.

Dabei wären eigentlich nicht die Funktionsträger einer Regierungsfraktion, sondern die der Oppositionsfraktionen finanziell hervorzuheben, denn schließlich ist die Kontrolle der Regierung hauptsächlich Sache der Opposition. Das betont auch Artikel 16a der Bayerischen Verfassung und gibt deshalb den Oppositionsfraktionen einen verfassungsrechtlichen Anspruch auf »eine zur Erfüllung ihrer besonderen Aufgaben erforderliche Ausstattung«.

Die anderen bayerischen Fraktionen zahlten 2011 monatlich folgende Zulagen:

SPD

Fraktionsvorsitzender: 7060 Euro (entspricht einer zusätzlichen Entschädigung); drei stellvertretende Fraktionsvorsitzende: je 2118 Euro (entspricht 30 Prozent der Entschädigung); Parlamentarischer Geschäftsführer: 3530 Euro (entspricht 50 Prozent der Entschädigung); sechs Arbeitskreisvorsitzende: je 383 Euro.
2011 insgesamt: 233 040 Euro.

Freie Wähler

Fraktionsvorsitzender: 3208 Euro; drei stellvertretende Fraktionsvorsitzende: je 1069 Euro; Parlamentarischer Geschäftsführer: 2139 Euro; vier Arbeitskreissprecher: je 200 Euro.
2011 insgesamt: 112 256 Euro.

Die Grünen/Bündnis 90

Drei Fraktionsvorsitzende: je 850 Euro; Parlamentarischer Geschäftsführer: 850 Euro.
2011 insgesamt: 31 450 Euro.

FDP

Fraktionsvorsitzender: 4707 Euro (entspricht zwei Drittel der Entschädigung); drei stellvertretende Fraktionsvorsitzende: je 2353 Euro (entspricht einem Drittel der Entschädigung).
2011 insgesamt: 135 276 Euro.

Nach dem Rücktritt von Georg Schmid senkte die CSU-Fraktion die Zulagen etwas, behielt sie aber bei.

Die grundsätzliche Unzulässigkeit von Extra-Diäten hat auch der Oberste Bayerische Rechnungshof in seinem Jahresbericht 2012 bestätigt und betont,[151] dass das Bundesverfassungsgericht in seinem Beschluss vom 27. November 2007 klargestellt habe, dass es mit seiner Entscheidung vom 21. Juli 2000 »allgemeine Maßstäbe zu der Frage aufgestellt habe, für welche Ämter Funktionszulagen vorgesehen werden können, ohne dass die Freiheit des Mandats und der Grundsatz der Gleichbehandlung der Abgeordneten verletzt sind«.[152]

Als Antwort präsentierte der Bayerische Landtag wiederum[153] ein Gutachten, diesmal des ehemaligen Bundesverfassungsrichters Udo Steiner.[154] Dieser entwickelt darin eine Art bayerisches Landrecht, indem er weder auf das Problem der Entscheidung des Parlaments und der Fraktionen in eigener Sache eingeht noch auf die mangelnde Transparenz und selbst den hier anzuwendenden strengen Gleichheitssatz in Abrede stellt. Dabei berief Steiner sich fast durchgehend auf bekannt parlamentsnahe Autoren.

Der Rechnungshof hält deshalb auch gegenüber dem Steiner-Gutachten mit Recht an seiner Auffassung fest. Gleichwohl behalten die Fraktionen des Bayerischen Landtags die Zulagen bei.

Schleswig-Holstein: Der Landtag von Schleswig-Holstein setzte eine Kommission unter Ernst Benda, dem früheren Präsidenten des Bundesverfassungsgerichts, ein, die auch Zulagen für Parlamentarische Geschäftsführer vorschlug.[155] Die Empfehlung wurde vom Landtag alsbald im Abgeordnetengesetz (§ 6) umgesetzt. Zugleich wurde die Zahl der Funktionszulagen limitiert: höchstens zwei Vizepräsidenten, ein Fraktionsvorsitzender und ein Parlamentarischer Geschäftsführer je Fraktion. Stellvertretende Landtagspräsidenten erhalten nur noch eine Zulage von 13 Prozent der Entschädigung. Gleichzeitig wurden Zahlungen aus der Fraktionskasse gesetzlich untersagt. Die Zulage für Parlamentarische Geschäftsführer wurde vom Landesverfassungsgericht – unter Berufung auf den eigenen Verfassungsbereich des Landes – als verfassungsmäßig bestätigt.[156]

Die Finanzierung der Parteien

Das Urteil von 1992:
Die unmittelbare Finanzierung von Parteien

Entscheidung in eigener Sache

Auch mit dem Urteil von 1992 zur Parteienfinanzierung,[157] mit dem das Bundesverfassungsgericht auf Antrag der Grünen das damals geltende Parteiengesetz in wesentlichen Teilen für verfassungswidrig erklärte, hat Karlsruhe seine Prüfungsintensität verschärft. Das ergibt jedenfalls ein Vergleich mit einem deutlich laxeren Urteil von 1986,[158] von dem das Gericht sich nun ausdrücklich distanziert[159] und stattdessen dem Minderheitsvotum von Ernst-Wolfgang Böckenförde zum Urteil von 1986 folgt.[160] Das Gericht sprach 1992 allerdings noch nicht ausdrücklich von Entscheidungen des Parlaments (oder der Parlamentsmehrheit) in eigener Sache, obwohl dies auch bei der Regelung der staatlichen Parteienfinanzierung offensichtlich der Fall ist.[161] Es wies aber darauf hin, dass »das Gesetzgebungsverfahren in diesem Bereich [gemeint war die Parteienfinanzierung] – (…) ähnlich wie bei der Festlegung der Bezüge von Abgeordneten und sonstigen Inhabern politischer Ämter – (…) regelmäßig des korrigierenden Elements gegenläufiger Interessen« ermangelt.[162]

Mit diesem Hinweis auf die Gleichgerichtetheit der Interessen spricht das Gericht indirekt auch die daraus resultierende Neigung zur Bildung politischer Kartelle an. Zudem begründet es die Errichtung von Schranken gegen ein Zuviel an Staatsgeld unter anderem damit, es müsse der Eindruck vermieden werden, »die Parteien ›bedienten‹ sich aus der Staatskasse«.[163]

Die absolute und die relative Obergrenze für staatliche Zuwendungen, die das Gericht hieraus ableitete und die es hier erstmals so bezeichnete, waren allerdings nicht wirklich neu, sondern lehnten sich an seine frühere Rechtsprechung an.[164] Die absolute Obergrenze besagt, dass die Parteien sich grundsätzlich nicht mehr als bisher bewilligen dürfen; nach der relativen Obergrenze dürfen die Staatszuschüsse nicht höher sein als die selbsterwirtschafteten Einnahmen, etwa aus Beiträgen und Spenden.

Die Parteienfinanzierung: Ausdruck des Parteienstaats
Der Kampf um die staatliche Parteienfinanzierung hat eine lange Geschichte. Für die Väter (und die vier Mütter) des Grundgesetzes war eine Staatsfinanzierung der Parteien noch unvorstellbar.[165] In den Fünfzigerjahren war man dann davon ausgegangen, staatliche Zuschüsse an Parteien seien, wenn sie denn überhaupt eingeführt würden, allenfalls dann gerechtfertigt, wenn gleichzeitig private Zuwendungen an Parteien verboten und dadurch die Gefahr eingedämmt würde, dass privates Kapital sich politischen Einfluss erkauft.[166]

Diese gedankliche Voraussetzung für die Staatsfinanzierung geriet später in Vergessenheit, und dazu trug das Bundesverfassungsgericht fatalerweise selbst bei: 1958 hatte es die hochgeschossene Steuervergünstigung von Parteispenden begrenzen müssen,[167] nachdem es vorher schon die Beteiligung auch außerparlamentarischer Parteien durchgesetzt hatte.[168] Überraschenderweise – und quasi nebenbei – gestattete das Gericht eine direkte staatliche Subventionierung der Parteien, ohne irgendwelche Einschränkungen anzugeben.[169] Es machte die direkte staatliche Parteienfinanzierung also sozusagen im Nebensatz salonfähig, was angesichts der ablehnenden Haltung des Parlamentarischen Rates bis heute nur schwer nachvollziehbar ist.

Geistiger Vater dieses Schwenks war Gerhard Leibholz, der federführende sogenannte Berichterstatter im Urteil von 1958. Seine »Parteienstaats«lehre, die die Parteien auch normativ mit dem Staat gleichsetzt und damit dem rechtlichen Widerstand gegen eine Usurpation des Staates durch die Parteien die Grundlage entzieht, wird heute zwar allgemein verworfen, auch vom Bundesverfassungsgericht selbst. Aber der Widerstand gegen die Etablierung des Parteienstaats hatte eine entscheidende Schwächung erfahren. Hätten die anderen Richter des Senats vorausgesehen, welche Lawine sie damit ins Rollen bringen würden und welches Kuckucksei Leibholz ihnen ins Nest gelegt hatte – sie hätten die für die Entscheidung des Falles überflüssige Bemerkung sicher unterdrückt oder wenigstens wirksame Voraussetzungen und Begrenzungen gleich mitgenannt.

Die Regierungsparteien CDU/CSU und FDP griffen die »Anregung« des Gerichts unverzüglich auf – teilweise gegen den Widerstand der SPD – und ließen die Zahlungen geradezu in die Höhe schießen: von 5 Millionen DM im Jahre 1959 auf 38 Millionen 1964. Zudem war geplant, sie auf über 90 Millionen DM aufzustocken.[170] Das Gesetz, das zum 1. Juli 1966 in Kraft treten sollte, hätte also eine Steigerung der Staatsfinanzierung innerhalb von nur sieben Jahren von fünf auf 90,8 Millionen DM gebracht. Da der Bundestag das vom Grundgesetz[171] zwingend vorgesehene Parteiengesetz damals immer noch nicht erlassen hatte, weil die Adenauer-Regierung die dann anstehende und eigentlich längst fällige Spendenpublizität[172] fürchtete, wurden die Zahlungen im Haushaltsplan versteckt und zudem auf die Parlamentsparteien beschränkt.

Da musste dann das Gericht mit Urteilen von 1966[173] und 1968[174] sozusagen die Notbremse ziehen, das Staatsgeld wenigstens begrenzen, außerparlamentarische Parteien auch hier einbeziehen und den jahrelang verschleppten Erlass des Parteiengesetzes erzwingen.

In diesem Gesetz, mit dem die Parteien »auf dem Umweg über den Gesetzgeber über sich selbst« verfügten (Richard von Weizsäcker),[175] definierten sie in Paragraph 1, Absatz 2 des Parteiengesetzes ihre Aufgaben unerhört weit, auch um damit die Basis für eine möglichst umfangreiche staatliche Parteienfinanzierung zu legen,[176] wodurch dann aber gleichzeitig der Weg in den exzessiven Parteienstaat geebnet wurde. Tatsächlich war der in die Gesetzentwürfe eines Parteiengesetzes eingefügte Aufgabenkatalog der Parteien – im Gleichschritt mit den seit 1959 eingeführten und schnell wachsenden Staatszuschüssen – immer weiter ausgedehnt worden, bevor er schließlich die umfassende Gestalt des heutigen Parteiengesetzes erhielt.

1992 hat das Gericht die Obergrenzen für die Staatsfinanzierung der Parteien aus den Sechzigerjahren bestätigt, die bürgernahe Ausgestaltung der Finanzierung vorgeschrieben und die bis dahin völlig aus dem Ruder gelaufene Steuervergünstigung von Spenden begrenzt. Dabei musste das Gericht sich von dem laxen Urteil von 1986 distanzieren, mit dem das Gericht eine auf einer Gefälligkeitskommission von 1983[177] beruhende, ins Kraut geschossene staatliche Parteienfinanzierung noch weitgehend durchgewunken hatte.[178]

Bei der gerichtlichen Kontrolle der Parteienfinanzierung geht es um zwei zentrale Punkte:

1. die Verhinderung einer unangemessenen »Selbstbereicherung« der Parlamentsparteien, also eines Zuviel an Staatsgeld (Widerspruch zum Grundsatz der Staatsfreiheit oder besser: der Bürgernähe),

2. um die Sicherung der Gleichheit des Bürgereinflusses und der Chancengleichheit der parlamentarischen und vor allem der außerparlamentarischen Opposition.

Deshalb hatte das Gericht schon früher vorgeschrieben, dass kleinere außerparlamentarische Parteien an der direkten Staatsfinanzierung beteiligt werden müssen, wenn sie bei den jeweils letzten Bundestags- oder Europawahlen mindestens 0,5 Prozent[179] oder bei einer Landtagswahl 1 Prozent der Stimmen[180] erlangt haben. An der steuerlichen Begünstigung von Mitgliedsbeiträgen und kleineren Spenden haben inzwischen alle Parteien teil, die vom Bundeswahlleiter zur Wahl zugelassen sind. Insoweit besteht also keine Schwelle.

Die Problematik staatlicher Parteienfinanzierung
Was daraus für die Kontrolle folgt: Der Umfang der Staatsfinanzierung richtet sich nach den bei vorangegangenen Wahlen jeweils erlangten Stimmen und den Beiträgen von Mitgliedern sowie den eingeworbenen kleineren Spenden von natürlichen Personen im Jahr vor der Wahl.[181] Damit soll die Verwurzelung der Parteien in der Gesellschaft prämiert werden.[182] Doch hat die Regelung zur Folge, dass große Parteien ein Vielfaches ihrer kleineren Konkurrenten erhalten. So bekam etwa die SPD im Jahre 2015 50,1 Millionen Euro, während zum Beispiel die ÖDP 0,9 Millionen erhielt. In ihrer gegenwärtigen

Form bevorzugt die Staatsfinanzierung daher die Etablierten und verfestigt den Status quo; und je höher die öffentlichen Mittel ausfallen, umso mehr nimmt diese Bevorzugung zu.[183]

Deshalb ist verschiedentlich erwogen worden, allen Parteien, die die Beteiligungsschwelle überschreiten, gleich hohe staatliche Mittel zu zahlen. Andererseits würden kleinere Parteien dadurch zu sehr aufgewertet, sodass auch eine absolut gleiche Dotierung schwerlich in Betracht kommen kann.[184] Genaugenommen gibt es also keinen Verteilungsmaßstab, der die Wettbewerbssituation unberührt ließe und mit der verfassungsrechtlichen Verpflichtung des Staates zur Neutralität voll vereinbar wäre. Daraus zieht zum Beispiel der Heidelberger Professor Hanns-Rudolf Lipphardt den Schluss, dass jede staatliche Leistung unzulässig sei.[185]

Auch für die Verfassungsväter (und die wenigen Mütter) war bei Konzeption des Grundgesetzes eine staatliche Parteienfinanzierung unvorstellbar. Nachdem das Bundesverfassungsgericht 1958 aber in einer Nebenbemerkung die Staatsfinanzierung zugelassen hatte[186] und der Bundestag sich daraufhin sogleich schnell wachsende öffentliche Mittel bewilligt hatte (siehe S. 134 f.), erschien es für die Rechtsprechung kaum mehr möglich, wieder »zurückzurudern«. Sie – und in der Folge die herrschende Lehre – machte Konzessionen an die Verfassungswirklichkeit und ließ die Staatsfinanzierung trotz der genannten unlösbaren Probleme weiterhin grundsätzlich zu.[187]

Immerhin hat das Gericht zumindest angedeutet, die Gewährung eines Sockelbetrags für alle Parteien könne die »verfassungsnähere« Lösung sein.[188] Bezeichnend ist auch, dass die Parlamentsfraktionen einen Grundbetrag und einen Oppositionszuschlag erhalten[189] und dass die parteinahen Stiftungen der FDP, der Grünen und der Linken überproportional hohe öffentliche Leistungen beziehen.[190]

In dieselbe Richtung geht eine andere Regelung des Parteiengesetzes.[191] Danach müssen, wenn überhaupt öffentliche Leistungen gewährt werden, Parteien, die im Bundestag in Fraktionsstärke vertreten sind, mindestens halb so viel erhalten wie die am besten dotierte Partei. Die Vorschrift wurde offenbar von kleineren Bundestagsparteien durchgesetzt, die, wenn sie für die Bildung von Regierungskoalitionen gebraucht werden, eine starke Stellung besitzen.[192]

Auch bei Wahlwerbespots im öffentlich-rechtlichen Rundfunk hat das Bundesverfassungsgericht einen Mindestsockel für alle Parteien vorgeschrieben, die sich an der Wahl beteiligen.[193] Eine ähnliche Abflachung der Proportionalität ist bei der Zuteilung von Stellflächen für die Plakatwerbung vorgesehen.[194]

In jedem Fall gebietet das Prinzip der Chancengleichheit zweierlei: zum einen »äußerste Zurückhaltung« bei der Vergabe staatlicher Leistungen an die Parteien, zum anderen die »Pflicht zur sorgfältigen Prüfung«, ob Wettbewerbsbeeinträchtigungen vorliegen.[195] Das Prinzip der Chancengleichheit verlangt also nicht nur die Einbeziehung außerparlamentarischer Parteien in die Staatsfinanzierung, sondern es richtet sich auch gegen ein Zuviel an Staatsfinanzierung. Zugleich verlangt es eine besonders sorgfältige Kontrolle, ob die Etablierten begünstigt werden.

Das Erfordernis der Zurückhaltung und der sorgfältigen Prüfung versagt aber hinsichtlich der Frage, ab wann die Zulässigkeitsgrenze überschritten ist. Denn für den Bedarf an staatlicher Parteien-, Fraktions- und Stiftungsfinanzierung sowie den Bedarf an Abgeordnetenmitarbeitern gibt es keine praktikablen Maßstäbe. Umso mehr sind gesetzgeberische Verfahren nötig, die beides – Zurückhaltung und Prüfung – einigermaßen versprechen. Denn angesichts fehlender Maßstäbe für die Inhaltskontrolle verbleibt nur die Kontrolle durch Sicherung entsprechender Verfahren (siehe auch S. 105 ff.).

Zusätzliche Benachteiligung neuer Parteien: Die Berechnung der Staatsfinanzierung erfolgt nach den Ergebnissen der Vergangenheit, und dies benachteiligt neue und eventuell stark wachsende Parteien zusätzlich. Für jede Stimme bei den letzten Bundestags-, Landtags- und Europawahlen erhält jede Partei, soweit sie die für die jeweilige Wahl geltende Mindestgrenze für die Staatsfinanzierung erreicht hat, jährlich 83 Cent, für die ersten 4 Millionen Stimmen sogar einen Euro. Zusätzlich erhält sie auf ihre Mitgliedsbeiträge und kleineren

Spenden einen staatlichen Zuschlag von 45 Prozent.[196] Berechnungs-grundlage sind hier die im Rechenschaftsbericht ausgewiesenen Zu-wendungen in dem der Wahl vorausgehenden Jahr.[197]

Die Parteien erhalten vierteljährliche Abschlagszahlungen, die sich nach den Festsetzungen für das vorangegangene Jahr richten.[198] Da die Festsetzung durch den Bundestagspräsidenten aber erst mit mindestens einjähriger Verzögerung erfolgt,[199] erhalten Parteien, die erst im Wahljahr gegründet wurden – im Gegensatz zu den etablier-ten Parteien –, vor der Wahl keinerlei Staatsgeld, wie in jüngerer Zeit wieder der Fall der im Frühjahr 2013 gegründeten AfD am Beispiel der Bundestagswahl vom September 2013 gezeigt hat.

Auch nach der Wahl erhalten neu aufkommende Parteien keinen Zuwendungsanteil, wenn sie im Vorwahljahr noch gar nicht existier-ten und deshalb im für die Berechnung maßgeblichen Jahr noch kei-ne Zuwendungen bekommen konnten. Auch das zeigte sich am Bei-spiel der AfD.[200]

Verschärfung durch die relative Obergrenze: Umgehungsversuche: Ein weiterer Nachteil besteht darin, dass, gerade wenn neue Parteien Erfolg bei den Wählern haben, ihrem hohen Wähleranteil und den daraus folgenden staatlichen Zuschüssen – mangels Mitgliedern und Spendern in der Anfangsphase – regelmäßig kein entsprechender Zuwendungsanteil gegenübersteht. Deshalb laufen sie in der An-fangszeit leicht Gefahr, dass die sogenannte relative Obergrenze ih-nen große Teile der Staatsfinanzierung wieder wegschneidet. Die relative Obergrenze besagt, dass die staatlichen Zuschüsse nicht hö-her sein dürfen als die selbsterwirtschafteten Mittel,[201] zu denen ne-ben den Beiträgen und Spenden auch Einnahmen aus Unternehmens-tätigkeit gehören.

Um eine Kürzung durch die relative Obergrenze zu verhindern, kam die AfD auf die Idee, Gold einzukaufen und weiterzuverkaufen. Denn nach der ursprünglichen Fassung des Parteiengesetzes brauch-ten von den Einnahmen aus Unternehmenstätigkeit die entsprechen-den Ausgaben nicht abgezogen zu werden.[202] Der mit seiner Partei ins Europäische Parlament gewählte Satiriker Martin Sonneborn persiflierte die merkwürdige Regel, indem er Geldscheine zum Verkauf gegen bestimmte Geldbeträge anbot,[203] ein rechtes Schelmenstück, das Sonneborn aber überzog, sodass die Bundestagsverwaltung die Partei zu einer hohen Bußzahlung verdonnerte, wogegen Sonneborn gerichtlich vorgehen will.[204]

Der Bundestag hat diese Möglichkeit mit Gesetz vom 22. Dezember 2015[205] beseitigt, indem ab dem Rechenschaftsjahr 2015[206] als »Einnahmen aus Unternehmenstätigkeit« nicht mehr die Brutto-Einnahmen, sondern nur noch die Einnahmen unter Abzug der Ausgaben gelten.[207] Diese von der AfD als »Lex AfD« empfundene Maßnahme nutzte die Partei, um mittels einer gesonderten Aktion bei ihren Mitgliedern und Sympathisanten um Spenden zu werben. Das brachte ihr so viele zusätzliche Mittel ein, dass sie die relative Obergrenze nicht mehr berührt.

Der Gefahr, dass die relative Obergrenze ihnen Teile ihrer Staatsfinanzierung wegnimmt, suchen Parteien auch auf andere Weise zu begegnen. Sie begründen Ansprüche etwa ihrer Mitglieder auf Ersatz von Reise- oder anderen Kosten und legen ihnen dann nahe, darauf zu verzichten. Ein solcher Verzicht gilt als Zuwendung an die Partei,[208] die dafür eine die Steuerlast mindernde Spendenquittung ausstellen kann. Davon profitieren dann beide: die Partei, die nicht nur die Kürzung durch die relative Obergrenze verringert, sondern die auch noch einen 45-prozentigen staatlichen Zuschlag auf die Zuwendung erhält, und der Bürger, der seine Steuerschuld verringert.

Wie dieser Überblick zeigt, lassen die unerträglich komplizierten Regelungen die Belange neuer Parteien unberücksichtigt.

Der Multiplikatoreffekt: aus eins mach drei: Parteispenden bis zur Höhe von 3300 Euro im Jahr lösen einen staatlichen Zuschuss für die Partei in Höhe von 45 Prozent aus;[209] darüber hinaus sind Spenden bis zur Höhe von 3300 Euro steuerbegünstigt (bei Verheirateten bis 6600 Euro).[210] Wer 1000 Euro spendet, lässt der Partei also insgesamt 1450 Euro zukommen. Zugleich kann er 50 Prozent von seiner Steuerschuld abziehen. Im Ergebnis braucht er also nur 500 Euro aufzuwenden, um die Partei in den Genuss fast des dreifachen Betrages kommen zu lassen.

Parteisteuern: Die doppelte Begünstigung von Zuwendungen an Parteien mag im Allgemeinen noch hingehen. Denn sie soll die Verwurzelung der Parteien in der Bürgerschaft finanziell belohnen. Dies impliziert allerdings Freiwilligkeit. Absurderweise werden aber auch die sogenannten Parteisteuern auf diese Weise subventioniert, und die sind – im Widerspruch zum Grundsatz des freien Mandats – alles andere als freiwillig. Parteisteuern werden Abgeordneten, Kommunalvertretern und sonstigen Inhabern von öffentlichen Ämtern unter Ausnutzung ihrer Abhängigkeit von der Partei zusätzlich zum normalen Mitgliedsbeitrag abgepresst, sozusagen als Gegenleistung für die Verschaffung des Amtes. Wer nicht zahlt, läuft Gefahr, die Unterstützung der Partei zu verlieren und zum Beispiel bei der nächsten Wahl nicht wieder aufgestellt zu werden. Insgesamt erhalten die Parteien auf diese Weise an die 60 Millionen Euro jährlich.

Hinzu kommt, dass die Schatzmeister, die dem Gesetzgeber des Parteiengesetzes regelmäßig die Feder führen, die Steuervergünstigung in verfassungswidriger Weise zu hoch angesetzt haben, nämlich so hoch, dass die Parteisteuern möglichst in vollem Umfang begünstigt werden. Der Komplex Parteisteuern ist also mehrfach sinn- und verfassungswidrig.

Absolute Obergrenze

Der gerichtliche Ansatz: Das Bundesverfassungsgericht formulierte 1992 ausdrücklich eine »absolute Obergrenze« für die direkte Staatsfinanzierung aller Parteien zusammen, die in Zukunft grundsätzlich nicht höher sein dürfe als die Leistungen, welche die Parteien im Durchschnitt der vorangehenden vier Jahre (1989–1992) aus der Staatskasse erhalten hatten[211] (damals 230 Millionen DM jährlich). Die absolute Obergrenze bewirkt ein Einfrieren des (realen) Gesamtvolumens der öffentlichen Mittel und soll die übermäßige finanzielle

Ausbeutung des Staates durch die Parlamentsparteien und damit auch eine fortschreitende Überdehnung ihrer Aktivitäten verhindern. Dieser Gedanke findet im Urteil Ausdruck in der schon erwähnten Formulierung: »Gewönne der Bürger den Eindruck, die Parteien ›bedienten‹ sich aus der Staatskasse, so führte dies notwendig zu einer Verminderung ihres Ansehens und würde letztlich ihre Fähigkeit beeinträchtigen, die ihnen von der Verfassung zugewiesenen Aufgaben zu erfüllen.«[212]

Das Gericht stellt die absolute Obergrenze allerdings unter zwei Vorbehalte: Sie gelten nur, »solange die bestehenden Verhältnisse keine einschneidende Veränderung erfahren«. Außerdem könne der Gesetzgeber »die mit Rücksicht auf Veränderung des Geldwerts etwa notwendigen Anpassungen« vornehmen.[213] In Wahrheit ist es mit der Absolutheit der Obergrenze also nicht so weit her. Auch ist sie, wie schon erwähnt, so neu nicht: Das Gericht hatte bereits in einem Urteil von 1968 erklärt, die staatliche Kostenerstattung dürfe grundsätzlich nicht schneller wachsen als die allgemeine Kostenentwicklung.[214] Ausgangs- und Orientierungsgröße sollten die (von den Schatzmeistern der Parteien gegenüber dem Gericht angegebenen) Ausgaben für den Bundestagswahlkampf 1965 sein.[215] Die in eigener Sache entscheidenden Parteien haben sich nach Berechnungen der Politikwissenschaftlerin Christine Landfried daran aber nicht gehalten.[216]

Die absolute Obergrenze hat das Gericht recht großzügig definiert. In ihre Bemessung ging alles ein, womit der Bundestag sich zusätzliche Mittel bewilligt hatte, auch der sogenannte Sockelbetrag und der sogenannte Chancenausgleich, obwohl das Gericht beide für verfassungswidrig erklärt hatte. Zugleich wurde hinsichtlich der Wahlkampfkostenerstattung in den fünf neuen Ländern ein höherer Betrag fingiert als tatsächlich gezahlt worden war.[217]

Das Parteiengesetz von 1994: Die absolute Obergrenze sollte gleichwohl nur eine äußerste Grenze markieren und nicht die gesetzliche Regelung der Grundlagen der Parteienfinanzierung einschließlich der Höhe der jeweils gewährten Zahlungen ersetzen.[218]

Tatsächlich setzte der Bundestag die Bestimmungsgrößen für die Staatsfinanzierung aber derart hoch fest, dass die Obergrenze nicht nur erreicht, sondern sogar weit überschritten wurde.[219] Zwar wird der überschießende Teil gekappt, aber die überhöhten Beträge bewirken, dass die Parteien insgesamt in jedem Fall die Maximalsumme erhalten, unabhängig von ihrem Erfolg bei Wahlen – wodurch das Ausmaß der Wahlbeteiligung irrelevant wird – und unabhängig auch von ihrem Erfolg bei der Anwerbung von Mitgliedsbeiträgen und Spenden. Das läuft dem Sinn des vom Bundesverfassungsgericht entwickelten Konzepts der Parteienfinanzierung zu einem guten Teil entgegen; die Karlsruher Richter hatten das Ziel verfolgt, die Parteien für den Anklang, den sie beim Wähler, bei ihren Mitgliedern und bei Kleinspendern finden, auch finanziell zu belohnen und sie dadurch zu einer stärkeren Basis- und Bürgernähe zu veranlassen.[220]

Hinzu kam, dass die nach dem Gesetz tatsächlich gezahlten Staatszuschüsse über die Obergrenze von 230 Millionen DM hinausgingen: Leistungen aus dem sogenannten Chancenausgleich wurden in den Jahren 1994 und 1995 weitergezahlt (rund 30 Millionen DM pro Jahr), obwohl das Gericht die Fortgeltung des für verfassungswidrig erklärten Chancenausgleichs über den 1. Januar 1994 hinaus verboten hatte. Im Übrigen war der Chancenausgleich auch bereits in die Berechnung der Obergrenze eingegangen, seine Bezahlung über diese Grenze hinaus war im Ergebnis eine doppelte Berücksichtigung.

Weitere rund 100 Millionen DM, die das Gesetz ebenfalls vorsieht und welche die Parteien – entgegen den Empfehlungen der Parteienfinanzierungskommission – im Jahr 1994 zur nachträglichen Anhebung früherer Abschlagszahlungen erhalten hatten, waren dabei noch gar nicht berücksichtigt, ebenso wenig Mittel an die Jugendorganisationen der Parteien (damals über 10 Millionen DM jährlich), die ebenfalls zusätzlich gezahlt und weder auf die absolute noch auf die relative Obergrenze angerechnet werden.[221]

Bedeutung der absoluten Obergrenze: Die absolute Obergrenze bezeichnet zunächst einmal eine inhaltliche Begrenzung. Das Bundesverfassungsgericht hat aber ihre Indexierung und im Falle einer einschneidenden Veränderung der Verhältnisse auch eine darüber hinausgehende Erhöhung zugelassen. Damit wird bei einer außerordentlichen Erhöhung der Grenze eine Abwägung erforderlich. Das läuft auf eine besondere Anforderung an das Gesetzgebungsverfahren hinaus, denn das Parlament muss belegen, dass eine einschneidende Veränderung der Verhältnisse vorliegt, das heißt, die Beweislast trägt der Bundestag.

Das wäre eigentlich nichts Besonderes. Denn die Initiatoren müssten eigentlich immer belegen, dass eine Erhöhung notwendig ist. Doch bei Entscheidungen des Parlaments in eigener Sache ist das faktisch in der Regel anders: Erhöhungen erfolgen regelmäßig ohne Begründung. Das bei der absoluten Obergrenze vorgeschriebene Verfahren bedeutet also lediglich die Rückkehr zu einem eigentlich selbstverständlichen Vorgehen. Insofern ist das, was als absolute Obergrenze firmiert, nichts anderes als die Institutionalisierung einer angemessenen Verfahrensweise (zur Notwendigkeit einer Begründung siehe auch S. 105 ff.).

Dass eine Dynamisierung der Obergrenze zulässig ist, bedeutet aber nicht, dass auch die tatsächlich beschlossene Leistung dynamisiert werden dürfte (siehe S. 112, 116 f.), auch wenn die volle Ausschöpfung der Obergrenze die Unterschiede zwischen beiden zu verwischen droht. Verfassungsrechtlich besteht aber eben ein wichtiger Unterschied.

Was bringt die absolute Obergrenze? Es fragt sich, inwieweit die absolute Obergrenze ein Mehr an Kontrolle gegenüber den verfassungsrechtlich gebotenen anderen verfahrensmäßigen Kontrollen bringt. Zum einen betrifft die Obergrenze nur die Politikfinanzierung, nicht zum Beispiel auch wahlrechtliche Regelungen. Zudem markiert sie nur eine äußerste Grenze, sodass auf die öffentliche Kontrolle hinsichtlich des tatsächlich zu treffenden Beschlusses nicht verzichtet werden kann. Bei der staatlichen Parteienfinanzierung, anlässlich derer sie entwickelt worden war, setzt sie erst bei einer sehr großzügig bemessenen Ausgangshöhe an und darf zudem indiziert werden.

Es ist allerdings die Frage, ob die absolute Obergrenze nicht zu einer Zeit erlassen wurde, als eine strenge gerichtliche Kontrolle auch hinsichtlich der Höhe der öffentlichen Mittel noch nicht im heutigen Umfang etabliert war. Mittlerweile geht der Tenor in Richtung stärkerer Kontrolle, wie an folgenden Beispielen ersichtlich:

- die strenge Kontrolle der Sperrklauseln,
- die erforderliche sorgfältige Prüfung auf Verletzung der Chancengleichheit und die äußerste Zurückhaltung bei der Gewährung von Leistungen,
- die zentrale Bedeutung der Offenheit des »politischen Marktes« und die wichtige Rolle kleiner Parteien im Prozess des politischen Wettbewerbs.

Vor diesem Hintergrund spricht manches dafür, dass die Obergrenze heute rigider zu interpretieren ist, als dies noch 1992 geschehen war.

Die mittelbare Finanzierung der Parteien ...

... durch die Finanzierung der Fraktionen

Das Wüppesahl-Urteil von 1989: Bei den Fraktionen, die sich ihre staatlichen Mittel ebenfalls selbst bewilligen,[222] welche heute fast 100 Prozent ihrer Einnahmen ausmachen, liegt die Gefahr einer verdeckten Parteienfinanzierung nahe. Denn Medien und Bürger unterscheiden praktisch nicht zwischen den öffentlichkeitswirksamen Maßnahmen der Parlamentsfraktionen und solchen ihrer Parteien.[223] Um Missbrauch vorzubeugen, lässt das Bundesverfassungsgericht Zahlungen an Fraktionen deshalb nur für deren parlamentsinterne Koordinationsaufgaben zu.[224] Jedenfalls hat das Gericht 1989 dem fraktionslosen Bundestagsabgeordneten Thomas Wüppesahl die Beteiligung an der Fraktionsfinanzierung mit der Begründung verweigert, die Zuschüsse seien für die Finanzierung der »der Koordination dienenden Parlamentsarbeit bestimmt und insoweit zweckgebunden. Im Falle des fraktionslosen Abgeordneten fehlt es an einem solchen Koordinationsbedarf und dementsprechend auch an einem Anspruch auf finanzielle Gleichstellung.«[225]

Zugleich hat das Gericht in der Wüppesahl-Entscheidung betont, der Bundesrechnungshof sei »verpflichtet, die ordnungsgemäße Verwendung der Fraktionszuschüsse im Sinne ausschließlichen Einsatzes für die Arbeit der Fraktionen regelmäßig nachzuprüfen, Verstöße gegen die Zweckbindung sowie die Wirtschaftlichkeit und sonstige Ordnungsmäßigkeit der Mittelverwendung aufzudecken und zu beanstanden, gegebenenfalls Abhilfevorschläge zu unterbreiten und Beanstandungen in den jährlichen Prüfungsbericht aufzunehmen (Art. 114 Abs. 2 GG). Der verfassungsrechtliche Prüfungsauftrag des Bundesrechnungshofs umfasst die Rechtmäßigkeit und Wirtschaftlichkeit der Verwendung von Fraktionszuschüssen in gleicher Weise und nach den gleichen verfassungsrechtlichen und haushaltsrechtlichen Maßstäben wie bei anderen Etatmitteln auch.«[226]

Schließlich weist das Gericht darauf hin, es sei ein verfassungswidriger Missbrauch,[227] wenn der Bundestag, »sei es durch übermäßige Zuwendungen, sei es durch ungenügende Voraussicht und Kontrolle, einem Missbrauch das Tor öffnet und so den Weg ebnet für eine verfassungswidrige Parteienfinanzierung«.[228]

Ein verfassungswidriges Fraktionsgesetz: Alle diese Anforderungen werden im Fraktionsgesetz, das 1993 als 11. Abschnitt ins Abgeordnetengesetz eingefügt worden ist, nicht beachtet (siehe S. 43 ff.). Das war dadurch ermöglicht oder doch wesentlich erleichtert worden, dass die Initiatoren des Gesetzes die verfassungsrechtlichen Mindestanforderungen im Gesetzentwurf sowie in der ersten und zweiten Lesung des Gesetzes im Bundestag schlicht ausgeblendet oder unrichtig dargestellt hatten.

Die Initiatoren des Gesetzes unterschlugen auch, dass sich aus der Rechtsprechung ein grundsätzliches Verbot ergab, Öffentlich-

keitsarbeit von Fraktionen mit Staatsgeldern zu finanzieren (siehe
S. 145 f.). Dabei ist der Verstoß gegen dieses Verbot auch quantitativ
von sehr viel größerem Gewicht, als es den Anschein hat. Denn die
Rechenschaftsberichte der Fraktionen weisen nur die Sachausgaben
für Öffentlichkeitsarbeit aus, nicht auch die Personalausgaben (siehe
S. 44 f.).

Dass die staatliche Finanzierung von Öffentlichkeitsarbeit der
Fraktionen auf eine verdeckte Parteienfinanzierung hinausläuft und
deshalb unzulässig ist, hatte nur der fraktionslose Abgeordnete Ortwin Lowack in der ersten Lesung angesprochen.[229] Auch die Begründung des Gesetzentwurfs[230] und der Bericht des Ausschusses für
Wahlprüfung, Immunität und Geschäftsordnung[231] setzten sich weder mit dem der Öffentlichkeitsarbeit entgegenstehenden Wüppesahl-
Urteil des Bundesverfassungsgerichts auseinander noch mit der Empfehlung der vom Bundespräsidenten eingesetzten Kommission, die
Höhe der Zahlungen nicht nur im Haushaltsplan, sondern im Gesetz
festzulegen. Auch die Einschränkung des Rechnungshofs, der die
Erforderlichkeit von Ausgaben der Fraktionen nicht prüfen darf, obwohl diese Erforderlichkeit wesentlicher Bestandteil des Wirtschaft-
lichkeitsgrundatzes ist, wurde trotz des Widerspruchs zum Wüppesahl-Urteil nicht nachvollziehbar begründet.

Mangels öffentlicher Begründung im Gesetzgebungsverfahren
(siehe S. 105 ff.) sind mehrere Bestimmungen im Fraktionsgesetz verfassungswidrig: Paragraph 47, Absatz 3 des Abgeordnetengesetzes,
der Öffentlichkeitsarbeit der Fraktionen gestattet; Paragraph 50, Absatz 2, Satz 2 des Abgeordnetengesetzes, der die Festlegung der Höhe
und der Verteilung der öffentlichen Mittel in den Haushaltsplan abschiebt; und Paragraph 53, Abs. 2 des Abgeordnetengesetzes, der die
Prüfung durch den Rechnungshof einschränkt und die politische
Erforderlichkeit von einer solchen Prüfung ausschließt.

Die genannten Bestimmungen des Fraktionsgesetzes sind also
nicht nur inhaltlich verfassungswidrig (siehe S. 145 f.), sondern mangels Begründung im Gesetzgebungsverfahren auch formal verfassungswidrig.[232]

... *durch die Finanzierung parteinaher Stiftungen*

Das Stiftungsurteil von 1986: überholt: Die Finanzierung der parteinahen Stiftungen scheint das Bundesverfassungsgericht 1986 im Wesentlichen abgesegnet zu haben,[233] jedenfalls betrachten die Stiftungen und die etablierten Parteien das Urteil als ihre Magna Charta. Tatsächlich hat das Gericht aus prozessualen Gründen wichtige Fragen offengelassen, und in denjenigen Bereichen, die es behandelt hat, ist es durch die neuere Rechtsprechung inzwischen überholt.[234] Das Urteil war am selben Tag wie das ebenfalls höchst laxe Urteil zur Parteienfinanzierung ergangen[235] und ist noch von derselben permissiven Grundhaltung geprägt, weshalb es schon früh in der Fachliteratur aufs Heftigste kritisiert wurde.[236]

Bezeichnend ist, dass das Parteienfinanzierungsurteil 1986 aufgrund nunmehr verschärfter Gerichtskontrolle durch das Urteil von 1992[237] korrigiert wurde. Die entsprechende Korrektur des Stiftungsurteils, welche vor dem Hintergrund der neueren Rechtsprechung (siehe S. 83 ff., 90 ff., 105 ff. und 111 ff.) erst recht geboten erscheint, steht dagegen noch aus.

Kleine Geschichte der Stiftungsfinanzierung: Auch die parteinahen Stiftungen sind ein Kind der verfassungsgerichtlichen Rechtsprechung. Die Staatszuschüsse der *Parteien* waren ursprünglich für die politische Bildung bestimmt.[238] Das Bundesverfassungsgericht hat dies aber 1966 untersagt und eine staatliche Finanzierung nur noch für einen zeitlich eng begrenzten Wahlkampf zugelassen.[239] Dafür wurden ab 1967 den *Stiftungen* sogenannte Globalzuschüsse für die politische Bildung bewilligt. 1992 hob das Gericht dann aber die Begrenzung der staatlichen Parteienfinanzierung auf die Erstattung der Wahlkampffinanzierung auf. Die Parteien dürfen die Staatsgelder nun für ihre sämtlichen Aufgaben verwenden, auch für die politische Bildung, welche das Parteiengesetz ausdrücklich zu den Aufgaben der Parteien zählt.[240] Damit wird bereits deutlich: Die Parteistiftungen nehmen Parteiaufgaben wahr, unterliegen aber nicht den Anforderungen, denen die Parteien unterworfen sind.[241]

Kritik des Stiftungsurteils: Im Einzelnen ergibt die Analyse des Stiftungsurteils von 1986 im Lichte der neueren Rechtsprechung Folgendes:

Verdeckte Parteienfinanzierung? Das Urteil zerfällt in zwei sich widersprechende Teile[242] und stellt insgesamt ein in dieser Krassheit seltenes Tohuwabohu dar: Im ersten Teil der Begründung ging es um die Frage, ob die Parlamentsparteien mittels der Globalzuschüsse der parteinahen Stiftungen verdeckt finanziert würden. Das Gericht zog aber lediglich den *allgemeinen* Gleichheitssatz heran,[243] übte richterliche Zurückhaltung und gelangte so zur Verneinung einer verdeckten Parteienfinanzierung.[244] Aus heutiger Sicht aber ist der Bundestag, wenn er den Stiftungen Gelder bewilligt, in eigenen Machtinteressen befangen und entscheidet »gewissermaßen in eigener Sache«.[245] Deshalb ist der *strenge* Gleichheitssatz zugrunde zu legen und eine intensive Gerichtskontrolle geboten (siehe S. 90 f.), zumal inzwischen die hohen Werte anerkannt sind, die Offenheit und Chancengleichheit in der Wettbewerbsdemokratie darstellen (siehe S. 83 ff.). Dann aber lässt sich eine verdeckte Parteienfinanzierung nicht mehr in Abrede stellen.

Das wird indirekt durch das Urteil von 1986 bestätigt, denn im zweiten Teil seiner Begründung erklärt das Gericht selbst, dass die Stiftungsfinanzierung den Mutterparteien vielfach zugutekommt[246] und deshalb eine Verletzung der Chancengleichheit zulasten von Parteien ohne staatsfinanzierte Stiftungen in Betracht kommen kann.[247] Diese vom Gericht bereits auf der Grundlage des allgemeinen Gleichheitssatzes getroffene Feststellung muss erst recht gelten, nachdem das Gericht inzwischen dazu übergegangen ist, bei Entscheidungen des Parlaments in eigener Sache nicht mehr gerichtliche Zurückhaltung zu üben, sondern eine strenge Kontrolle vorzunehmen.

Das Gericht hätte allerdings schon damals den Grundsatz heranziehen können, wonach die ungleiche Behandlung von politischen Konkurrenten nur zu rechtfertigen ist, wenn dafür ein zwingender

Grund vorliegt. Dieses Prinzip entsprach bereits 1986 ständiger Rechtsprechung (siehe S. 88 f.). Der Grund für die dennoch geübte geringe Prüfungsintensität liegt offenbar darin, dass das Gericht vom Willen getragen war, an den Status quo der Stiftungsfinanzierung nicht zu rühren[248] – genauso wie das am selben Tag erlassene (und inzwischen revidierte) Parteienfinanzierungsurteil die damals bestehende direkte staatliche Parteienfinanzierung ebenfalls lediglich unter Heranziehung des allgemeinen Gleichheitssatzes[249] im Wesentlichen bestätigt hat. Beiden Urteilen war deshalb mit Recht eine »apologetische Tendenz« bescheinigt worden.[250]

Hätte das Gericht dagegen bejaht, dass die Globalzuschüsse der parteinahen Stiftungen eine verdeckte Parteienfinanzierung darstellen, wäre für die Globalzuschüsse verfassungsrechtlich kein Platz mehr und damit die Stiftungsfinanzierung insgesamt infrage gestellt gewesen. Denn verdeckt finanziert wären dann nicht nur Wahlkämpfe gewesen, sondern auch sonstige Aufgaben der Parteien. Das aber war den Parteien damals nicht erlaubt; Staatsgeld durfte nur für Wahlkämpfe verwendet werden.

Deshalb musste das Gericht – wenn auch mit wenig überzeugender, vielfach kritisierter Begründung – eine verdeckte staatliche Parteienfinanzierung ablehnen, auch wenn es sich damit zu seiner im zweiten Teil seiner Begründung getroffenen Feststellung in Widerspruch setzte, dass die Stiftungsfinanzierung den Mutterparteien vielfach zugutekommt.

Dem »Totschlagsargument«, dass es auf ein Verbot der Stiftungsfinanzierung hinauslaufe, wenn die Globalzuschüsse als verdeckte Parteienfinanzierung beurteilt werden, wurde 1992 die Grundlage entzogen, nachdem das Gericht – in Abkehr von seiner früheren Rechtsprechung – zur Zulässigkeit einer allgemeinen staatlichen (Teil-)Finanzierung übergegangen war. Die Feststellung, dass die Parteien über ihre Stiftungen verdeckt finanziert werden, braucht nun nicht mehr zur Beseitigung der Globalzuschüsse zu führen, da inzwischen eine Staatsfinanzierung der Parteien auch für andere Zwecke als die Erstattung von Wahlkampfkosten zulässig ist. Festzustellen, es handle sich um eine verdeckte Parteienfinanzierung, führt vielmehr lediglich zur Drosselung der Bewilligungen und zur Auferlegung derjenigen Anforderungen an die Stiftungsfinanzierung, die eine übermäßige Staatsfinanzierung in Grenzen halten und eine Kompensation für kleinere Parteien sicherstellen.

Das Problem der verdeckten Parteienfinanzierung ist im Übrigen nicht auf die Globalzuschüsse beschränkt, schon deshalb, weil auch in den projektgebundenen Zuschüssen stets ein nicht unerheblicher Anteil für die interne, die Stiftungen in Deutschland stärkende Tätigkeit enthalten ist.[251]

Voraussetzungen für die Beteiligung an der Stiftungsfinanzierung: Die laxe Prüfung im Stiftungsurteil von 1986 hatte noch dem Bestreben des Gerichts entsprochen, alles möglichst beim Alten zu belassen. Neuerdings werfen aber die Betonung der Offenheit des Wettbewerbs, die Verkrustungen vorbeugen soll (siehe S. 83 ff.), und die deutliche Verschärfung der Gerichtskontrolle bei Entscheidungen in eigener Sache (siehe S. 90 f.) die Frage auf, ob die sehr starren und hohen Voraussetzungen für die Beteiligung der Parteien an der staatlichen Stiftungsfinanzierung noch zu halten sind. Dass die auf wenige Etablierte beschränkte Stiftungsfinanzierung einen versteinernden Effekt hat, lässt sich schwerlich bestreiten. Das begründet nicht nur eine Doppelwirkung der Sperrklausel, welches das Gericht bei der staatlichen Parteienfinanzierung ausdrücklich untersagt hat,[252] sondern potenziert geradezu deren Effekt.

Das Gericht ist wie selbstverständlich davon ausgegangen, es sei zulässig, eine Stiftung nur dann an der speziellen staatlichen Finanzierung zu beteiligen, wenn die Mutterpartei die Sperrklausel bei Bundestagswahlen übersprungen habe.[253] Diese Hürde ist aber bereits zehnmal so hoch wie die für die direkte staatliche Parteienfinanzierung, welche bei 0,5 Prozent der Stimmen liegt. Hinzu kommt, dass Ergebnisse bei Landtagswahlen oder bei deutschen Europawahlen nicht zu einer Beteiligung der Stiftungsfinanzierung berechtigen, weil die Zulassung auf einen Erfolg bei Bundestagswahlen – und dann auch noch, wie es in der »Gemeinsamen Erklärung« der parteinahen Stiftungen und der sie tragenden politischen Parteien heißt, auf einen zweimaligen Erfolg – beschränkt ist.

Die Ausschlusswirkung des Urteils traf in den Achtzigerjahren eine Partei wie die Grünen, die damals bereits in Hessen und anderen Landtagen vertreten waren, und sie trifft heute zum Beispiel die AfD, die in zehn Landtagen vertreten ist und 2014 bei der Europawahl 7,1 Prozent der Stimmen erlangt hat. Selbst ein Überspringen der Sperrklausel bei allen sechzehn Landtagswahlen oder ein wiederholter (über 5 Prozent der Stimmen hinausgehender) Erfolg bei Europawahlen würde nicht ausreichen.[254]

Die Krassheit dieser Diskriminierung von Konkurrenten wird auch im Vergleich mit der Finanzierung der Fraktionen und der Abgeordnetenmitarbeiter deutlich, obwohl diese – unter dem Gesichtspunkt der Chancengleichheit gegenüber außerparlamentarischen Parteien – ihrerseits bereits hochproblematisch sind: An der Fraktionsfinanzierung und an der Finanzierung von Abgeordnetenmitarbeitern sind Parteien nämlich immerhin schon dann beteiligt, wenn sie bei einer Landtagswahl die Sperrklausel überwinden; an der Mitarbeiterfinanzierung sind sie beteiligt, wenn sie ins Europäische Parlament einziehen. Wie soll eine derart krasse Selbstprivilegierung etablierter Parteien bei der Stiftungsfinanzierung vor dem strengen Gleichheitssatz noch gerechtfertigt werden können?

Die »Fallhöhe« zwischen den von der staatlichen Stiftungsfinanzierung begünstigten und den davon ausgeschlossenen Parteien wird dadurch noch weiter erhöht (und damit die Verletzung der Chancengleichheit intensiviert), dass die Stiftungen der kleineren Bundestagsparteien (Linke, Grüne) und sogar die Friedrich-Naumann-Stiftung der FDP, die seit 2013 nicht mehr im Bundestag vertreten ist, finanziell weit überproportional im Verhältnis zu den von ihren Mutterparteien erlangten Wählerstimmen und Bundestagsmandaten bedacht werden.

Ende der Sechzigerjahre dürfte beim Ausschluss von Parteien außerhalb des Bundestags auch das Bestreben der Etablierten mit eine

Rolle gespielt haben, der NPD, die damals bei manchen Landtagswahlen die Sperrklausel überwunden hatte, keine Stiftung zu finanzieren. Dieser Gesichtspunkt darf aber von Verfassungs wegen, und
spätestens seit dem Urteil von 2004, keine Rolle mehr spielen, solange eine extremistische Partei nicht vom Bundesverfassungsgericht
für verfassungswidrig erklärt worden ist.[255]

Der Politikwissenschaftler Göttrik Wewer hat bereits kurz nach
dem Stiftungsurteil die Frage gestellt, ob »die Grenze für eine ›angemessene Beteiligung‹ von jedweden dauerhaften, ins Gewicht fallen-
den politischen Grundströmungen in der Bundesrepublik sogar unter der Fünfprozentmarke bei Bundestagswahlen liegen« müsse.[256]
Erst recht fragt sich, ob die außerordentlich restriktiven und an der
Aufrechterhaltung des Status quo ausgerichteten Voraussetzungen
für die Stiftungsfinanzierung, wie sie in der sogenannten Gemeinsamen Erklärung niedergelegt sind,[257] verfassungsrechtlich noch zu
halten sind.

Diskriminierung außerparlamentarischer Parteien: Am Beispiel der
Parteistiftungen wird die Krassheit der Diskriminierung außerparlamentarischer Parteien besonders deutlich. Wie die sogenannte
Gemeinsame Erklärung der parteinahen Stiftungen und der sie tragenden politischen Parteien von 1998[258] ergibt, erhält die FDP, auch
nachdem sie aus dem Bundestag ausgeschieden ist, immer noch in
kaum vermindertem Umfang Staatsmittel für ihre Friedrich-Naumann-Stiftung. Dagegen kommt die AfD, die wie die FDP bei der
Bundestagswahl 2013 knapp unter der Fünfprozentklausel geblieben
ist, nicht in den Genuss staatlicher Mittel für eine ihre politische Arbeit unterstützende Stiftung.

Selbst dann, wenn im Jahre 2017 die FDP und die AfD in den
Bundestag einziehen sollten, müsste die AfD noch eine weitere Legislaturperiode, also bis zum Jahr 2021, warten, bevor sie an den staatlichen Stiftungsgeldern beteiligt würde, während die FDP weiterhin in
deren Genuss käme. Die Regelung kann also etablierten Parteien gegenüber neuen Parteien acht Jahre lang einen gewichtigen Wettbe-

werbsvorteil verschaffen, selbst wenn beide Parteien genau dieselbe Stimmenzahl erhalten haben.

Derartige, die Etablierten krass privilegierende Regelungen sind – angesichts des Grundsatzes der Chancengleichheit – verfassungsrechtlich nicht haltbar. Sie allein durch eine außerhalb der Gesetzgebung getroffene Absprache unter den Begünstigten zu regeln, ist angesichts des erforderlichen Gesetzesvorbehalts erst recht verfassungswidrig.

Unerlässlich: Ein Gesetz für parteinahe Stiftungen: Die Frage, ob die Stiftungsfinanzierung nicht gesetzlich geregelt werden müsste, hat das Stiftungsurteil aus prozessualen Gründen offengelassen.[259] Sie wird in der Literatur jedoch fast durchgehend und mit vollem Recht bejaht.[260] Der Gesetzesvorbehalt gilt auch und erst recht hinsichtlich der bewilligten Beträge (siehe S. 113 ff.). Derzeit ergeben sich die Globalzuschüsse lediglich aus dem Haushaltsplan.

Noch sehr viel öffentlichkeitsscheuer ist die Bewilligung der projektgebundenen Zuschüsse der Stiftungen. Sie finden sich in mehreren unterschiedlichen Haushaltstiteln verschiedener Ministerien, häufig ohne dass aber daraus ersichtlich ist, dass die Mittel den parteinahen Stiftungen zukommen. Hier herrscht totale Intransparenz. Das ist auch unter dem Gesichtspunkt der Chancengleichheit von Relevanz, weil in den bewilligten Mitteln jeweils auch ein bestimmter Prozentsatz für die (im Inland vorgenommene) Verwaltung der Projekte enthalten ist.

Finanzierungskompetenz des Bundes? Die Finanzierung der parteinahen »Stiftungen«, vor allem ihrer Globalzuschüsse, steht auch aus einem anderen Grund auf sehr dünnem verfassungsrechtlichen Eis. Es fehlt dem Bund nämlich die Kompetenz, die politische Bildung zu finanzieren.[261] Auch diese Frage nach der Gesetzgebungs- und Finanzierungskompetenz des Bundes blieb im Stiftungsurteil aus prozessualen Gründen unbeantwortet.[262]

Bildung ist Ländersache, sofern das Grundgesetz dem Bund nicht eine ausdrückliche Kompetenz dazu gibt. Solange die Parteien die

Zuschüsse für die politische Bildung erhielten, konnte man die Bundeskompetenz aus Artikel 21, Absatz 3 des Grundgesetzes ableiten, wonach die Regelung der Parteienfinanzierung Sache des Bundes ist. Seitdem die »Stiftungen« die öffentlichen Mittel nur erhalten dürfen, wenn sie von den Parteien rechtlich und organisatorisch abgeschottet sind, ist eine Grundlage für die Kompetenz des Bundes nicht mehr ohne Weiteres ersichtlich. Damit sind zumindest die Globalzuschüsse für die politische Bildung auch unter diesem Gesichtspunkt verfassungsrechtlich hochproblematisch.

... durch die Finanzierung von Mitarbeitern der Abgeordneten
Hierher gehören auch die gewaltig hochgeschossenen öffentlichen Mittel für die Mitarbeiter von Abgeordneten (siehe S. 160 ff.). Abgeordnetenmitarbeiter werden auf vielfache Weise so eingesetzt, dass sie den Parteien Aufgaben abnehmen, die diese sonst selbst erfüllen müssten. Dass ein solcher den Parteien zugutekommender Einsatz der Mitarbeiter, jedenfalls im Wahlkampf, tatsächlich flächendeckend geschieht und die übliche Schutzbehauptung der Betroffenen, Parteiarbeit werde nur unentgeltlich während der Freizeit gemacht, nicht zutrifft, hat eine Sendung des ARD-Fernsehmagazins *Report Mainz* kurz vor der Bundestagswahl 2013 bestätigt.[263]

Der Einsatz der üppigen personellen Ressourcen, die nach dem Abgeordnetengesetz nur zur Unterstützung bei der parlamentarischen Arbeit verwendet werden dürfen,[264] ist im alles dominierenden Kampf um Macht und Mandate überaus verlockend, mag dies auch als verdeckte Parteienfinanzierung verfassungswidrig sein,[265] wie der Bundestag selbst einräumt.[266]

Dennoch schiebt der Bundestag die Verantwortung für die bestimmungsgemäße Verwendung der Mitarbeiter dem Abgeordneten ganz allein zu.[267] Dieser ist dafür aber denkbar ungeeignet, weil die Partei und der Abgeordnete politisch an einem Strang ziehen, sodass für beide die Versuchung besonders naheliegt, den Mitarbeiter – auf Kosten des Steuerzahlers sowie der Staatsfreiheit und der Chancengleichheit der Parteien – Arbeit für ihre Partei machen zu lassen. Da das Geld vom Bundestag gezahlt wird und nicht vom Abgeordneten selbst, der ansonsten als Arbeitgeber fungiert, fehlt hier das normalerweise in Arbeitsverhältnissen bestehende Interesse des Arbeitgebers, dafür zu sorgen, dass der Mitarbeiter auch das tut, wofür er bezahlt wird, sodass der entsprechende Kontrolleffekt ausfällt. Im Gegenteil, für Arbeitgeber und den meist auch der Partei angehörenden Arbeitnehmer besteht die große Versuchung, sich in gemeinsamem kollusiven Zusammenwirken unerlaubte Vorteile im Wettbewerb um Macht und Mandate zu verschaffen.

Die Versuchung zum Missbrauch erhöht sich dadurch noch weiter, dass die Mitarbeiter – neben ihrem parteilichen Interesse am Wahlerfolg – oft auch noch ein vitales wirtschaftliches Eigeninteresse daran haben, dass der Abgeordnete und seine Partei bei der Wahl Erfolg haben. Immerhin kann davon die Fortsetzung ihres Arbeitsvertrages abhängen, der ja laut Ausführungsbestimmungen längstens bis zum Ende der Wahlperiode laufen darf.

Die gesteigerten Missbrauchsgefahren machen eine wirksame Kontrolle umso notwendiger. Doch der Bundestag trifft keinerlei Vorkehrungen, um sich einen Überblick über die Verwendung der Mitarbeiter zu verschaffen, Kontrollen zu installieren und einen parteiergreifenden Einsatz der Mitarbeiter zu verhindern. Im Gegenteil: Er verwehrt auch noch dem Bundesrechnungshof die Prüfung der Mitarbeiter[268] und verkürzt damit dessen grundgesetzlichen Prüfungsauftrag.[269]

Eine Pflicht der Abgeordneten, über die Verwendung ihrer Mitarbeiter öffentlich Rechenschaft zu geben, hat der Bundestag schon gar nicht eingeführt, obwohl eine Kommission seines Ältestenrats dies vorgeschlagen hatte.[270] Fraktionen müssen immerhin öffentlich Rechnung über ihre Einnahmen und deren Verwendung legen[271] und werden von den Rechnungshöfen geprüft.[272] Beide Kontrollen fehlen bei Abgeordnetenmitarbeitern.

Der Bundestag hat bisher auch keinerlei Klärung vorgenommen, um zulässige von unzulässiger Verwendung der Mitarbeiter abzugrenzen. Selbst für die heiße Phase des Wahlkampfs fehlt eine solche

Klärung. Deshalb findet die Arbeit der Mitarbeiter in einer breiten rechtlichen Grauzone statt.[273]

Wie die Formel des Abgeordnetengesetzes, die Mitarbeiter seien zur Unterstützung der parlamentarischen Tätigkeit der Abgeordneten bestimmt, zu verstehen und wie sie von unzulässiger Tätigkeit für die Partei abzugrenzen ist, lässt der Bundestag völlig im Unklaren. Das widerspricht dem rechtsstaatlichen Gebot der Bestimmtheit von Normen.[274] Die Vorschrift ist deshalb bereits wegen ihrer Unbestimmtheit verfassungswidrig.

Die Gefahr verdeckter Parteienfinanzierung – unter Verstoß gegen die verfassungsrechtlichen Grundsätze der Staatsfreiheit und der Chancengleichheit von Parteien – ist im Wahlkampf besonders groß. Deshalb hat das Bundesverfassungsgericht die Maßstäbe für den Parallelfall staatlich finanzierter Öffentlichkeitsarbeit der Regierung in der Wahlkampfzeit verschärft und sie in den letzten Monaten vor der Wahl grundsätzlich ganz untersagt.[275] Regierungspropaganda kommt ebenfalls regelmäßig den dahinterstehenden Parteien zugute,[276] kann der Regierung aus verfassungsrechtlichen Gründen aber nicht gänzlich verwehrt werden.[277] In der heißen Phase des Wahlkampfes gewinnen solche Aktionen aber, mit den Worten des Gerichts: »in aller Regel den Charakter parteiischer Werbemittel in der Wahlauseinandersetzung«[278] – und sind eben deshalb grundsätzlich zu unterlassen.

Ganz im Gegensatz dazu werden die parteinützigen Aktivitäten der Abgeordnetenmitarbeiter in der Wahlkampfzeit noch massiv ausgeweitet. Auch viele der sonst im Bundestag beschäftigten Mitarbeiter der Abgeordneten werden vor Ort zusammengezogen.[279] Hier liegt verdeckte staatliche Parteienfinanzierung also besonders nahe.

Die mangelnde Klärung und die Verweigerung jeglicher Kontrolle sucht der Bundestag mit der Freiheit des Mandats der Abgeordneten[280] zu rechtfertigen. Doch diese Freiheit gilt hinsichtlich der mit Haushaltsmitteln finanzierten Mitarbeiter nur innerhalb der verfassungsrechtlichen Grenzen, die einen Einsatz für die Partei eben untersagen. Deshalb wäre eine Klärung, was erlaubt ist und was nicht, und die Installierung entsprechender Kontrollen durch den Bundestag eigentlich unerlässlich und kann nicht an der Freiheit des Abgeordneten scheitern. Das bestätigt auch die rechtliche Behandlung der Fraktionen, der Universitäten, der Rundfunkanstalten und der Gemeinden. Sie alle werden ganz selbstverständlich zum Beispiel von den Rechnungshöfen geprüft,[281] obwohl sie – ebenso wie die Abgeordneten – verfassungsrechtlich garantierte Freiheiten genießen[282] und ihre Mittel in eigener Verantwortung verwenden.

Auch sonst bestehen – angesichts des völligen Fehlens von Kontrollen – gewaltige Missbrauchsgefahren; das gilt auch für die Zeit außerhalb des Wahlkampfs. Häufig sind staatlich bezahlte Abgeordnetenmitarbeiter zugleich Geschäftsführer oder Vorsitzende von Parteiverbänden oder Kommunalfraktionen.[283] Das ist nicht von vornherein unzulässig. Auch Abgeordnetenmitarbeitern ist es nicht untersagt, sich als Privatpersonen parteipolitisch zu engagieren.[284] Voraussetzung aber ist, dass sie dies in ihrer Freizeit tun. Wenn ein Mitarbeiter jedoch in einem Teil seiner staatlich bezahlten Arbeitszeit als Parteigeschäftsführer oder als Partei- oder Fraktionsvorsitzender tätig ist und auf diese Weise Partei- oder Fraktionsarbeit auf Kosten des Steuerzahlers macht, ist das verschleierte staatliche Parteienfinanzierung, und die ist unzulässig. Das Problem ist die völlige Kontrolllosigkeit, die Grenzüberschreitungen ermöglicht, ohne dass die Betroffenen Sanktionen zu befürchten haben.

Die Mitarbeiter können – wegen der Entgrenzung ihrer Verwendung und der mangelnden Kontrolle – also praktisch risikolos parteiergreifend eingesetzt werden. Berücksichtigt man, dass auch die Höhe der Mittel für Mitarbeiter lediglich in einem Haushaltstitel bewilligt wird und dabei ebenfalls Kontrolle und Begrenzung fehlen, obwohl diese auch hier unverzichtbar sind (siehe S. 31 ff. und S. 64 f.), so wird klar, dass hier ein beliebiger Zugriff auf unbegrenzt hohe Ressourcen für den Machterhalt ermöglicht wird und dem Übermaß und dem Missbrauch Tür und Tor eröffnet sind. Die kontrolllose und unbegrenzte Beschaffbarkeit gewaltiger Ressourcen im Kampf um Macht und Mandate und ihre keiner Kontrolle unterliegende Verwendung muss die Abgeordneten geradezu zu Übermaß und Missbrauch verleiten.

Fraktionen, parteinahe Stiftungen und Abgeordnetenmitarbeiter:
massenhafte Umgehungen der Kontrollen und Grenzen
Um die ganze Dimension der verdeckten Parteienfinanzierung zu erfassen, muss man zurück in die Geschichte gehen: Als das Bundesverfassungsgericht auf Antrag der SPD-geführten hessischen Landesregierung[285] Ende der Fünfzigerjahre die Steuerbegünstigung von Spenden stark einschränkte,[286] gleichzeitig aber die Staatsfinanzierung von Parteien erlaubte (siehe S. 134),[287] reagierten die Parteien mit Dreierlei: Einmal gründeten die FDP ihre Friedrich-Naumann-Stiftung und die CDU ihre Konrad-Adenauer-Stiftung.[288] Beide waren berechtigt, steuerbegünstigte Spenden entgegenzunehmen. Zudem wurden die Fraktionszuschüsse gewaltig erhöht.[289] Vor allem aber stockten die Parteien im Bundestag ihre Staatsfinanzierung in großen Sprüngen auf.

Das veranlasste das Bundesverfassungsgericht, wie erwähnt (siehe S. 135), die Notbremse zu ziehen, um zu verhindern, dass die »Selbstbedienung« in den Himmel wuchs. Um die Bürgernähe der Parteien nicht zu gefährden, errichtete das Gericht Obergrenzen.[290] Um die öffentliche Kontrolle zu aktivieren, schrieb es eine gesetzliche Regelung der bewilligten Beträge im Parteiengesetz vor;[291] und im Interesse der Chancengleichheit setzte es eine Beteiligung außerparlamentarischer Parteien an der Staatsfinanzierung durch, wenn diese mindestens ein halbes Prozent bei Bundestagswahlen erlangen.[292]

Doch die Parteien im Parlament, die über alle einschlägigen Regelungen selbst bestimmen, setzten zu einem großen, lang anhaltenden Umgehungsmanöver an: Sie stockten die Mittel für die Fraktionen, die damals neu eingeführten Abgeordnetenmitarbeiter und die ebenfalls neu eingeführten Globalzuschüsse der Parteistiftungen so gewaltig auf, dass diese die staatliche Parteienfinanzierung inzwischen weit hinter sich lassen. Die direkte staatliche Parteienfinanzierung beträgt 2015 maximal 159 Millionen Euro, die Zahlungen an die Bundestags- und Landtagsfraktionen und die Mitarbeiter von Bundestags- und Landtagsabgeordneten sowie die Globalzuschüsse der parteinahen Stiftungen betragen 2015 insgesamt rund 600 Millionen Euro (siehe sogleich, S. 160 ff.). Diese völlige Umkehr der Verhältnisse wurde dadurch ermöglicht, dass die für die Parteienfinanzierung bestehenden Grenzen und Kontrollen für die Finanzierung von Fraktionen, Abgeordnetenmitarbeitern und Parteistiftungen immer noch fehlen.

Weder Gesetzesvorbehalt noch Obergrenzen: Obwohl das Parlament auch über die Finanzierung der Fraktionen und der Abgeordnetenmitarbeiter und »gewissermaßen« auch über die der parteinahen Stiftungen in eigener Sache entscheidet, kann von der erforderlichen spezialgesetzlichen Regelung hier keine Rede sein.[293] Für alle drei, die Bundestagsfraktionen, die Abgeordnetenmitarbeiter und die parteinahen Stiftungen, werden Erhöhungen nur im Haushaltsplan bewilligt. Die Höhe der Mittel für Abgeordnetenmitarbeiter steht ebenso wenig im Abgeordnetengesetz wie die Höhe der Fraktionsmittel im »Fraktionsgesetz«,[294] und hinsichtlich der parteinahen Stiftungen gibt es bisher überhaupt kein Gesetz, sodass in allen drei Bereichen Erhöhungen in den Tausenden von Haushaltstiteln des Budgets untergehen und so die öffentliche Kontrolle unterlaufen wird. Obergrenzen bestehen schon gar nicht. Auch die Kontrolle der Mittelverwendung durch den Rechnungshof wird geschwächt oder ganz beseitigt. Für die Verwendung der Abgeordnetenmitarbeiter fehlt es an jeglicher Kontrolle.

Gewaltige Steigerungen: Das Fehlen von Gesetzesvorbehalt und Obergrenzen bei der Bewilligung der Ressourcen sowie die geschwächte Kontrolle oder gar ihr völliger Ausfall bei der Verwendung der Ressourcen haben es ermöglicht, die Zahlungen in eigener Sache gewaltig zu steigern. Die Folge ist, dass das Geld »wie Manna vom Himmel fällt«, wie ein frischgewählter Volksvertreter beim Eintritt in den Bundestag erstaunt feststellte.[295] Da die Aktivitäten der Stiftungen, Fraktionen und Abgeordnetenmitarbeiter den Mutterparteien vielfach zugutekommen, indem sie ihnen Aufgaben abnehmen und somit Ausgaben ersparen (hinsichtlich der Fraktionen siehe S. 145 ff., hinsichtlich der Stiftungen siehe S. 148 ff., hinsichtlich der Abgeordnetenmitarbeiter siehe S. 155 ff.), steht hinter den Erhöhungen auch ein vitales machtpolitisches Motiv.

Kein Wunder also, dass die Zahlungen, die früher, soweit sie überhaupt bestanden, nur einen Bruchteil der staatlichen Parteienfinanzierung ausmachten, diese inzwischen bei Weitem überflügeln: Die Bundestagsfraktionen, die ihren Mutterparteien auf verschiedenen Wegen unter die Arme greifen – zum Beispiel durch intensive Öffentlichkeitsarbeit –, haben sich für 2015 83,843 Millionen Euro bewilligt; den Stiftungen der Parteien, die ihnen ebenfalls vielfältig Gutes tun (siehe S. 148 ff.),[296] gewährt der Bundestag allein an Globalzuschüssen 116 Millionen Euro (wobei die weiteren rund 340 Millionen Euro, welche die Stiftungen für bestimmte Projekte, teilweise auch im Ausland, erhalten, noch nicht mitgezählt sind).

Die Mittel für Mitarbeiter von Abgeordneten schließlich sind – unter anderem wegen der völligen Kontrolllosigkeit auch bei ihrer Verwendung – besonders hoch: Im Jahr 2015 haben sich die Bundestagsabgeordneten 172,45 Millionen Euro bewilligt. So verfügt jeder Bundestagsabgeordnete inzwischen über rund 21 000 Euro monatlich (einschließlich der Arbeitgeber-Sozialleistungen) für persönliche Mitarbeiter, womit insgesamt rund 4400 Personen, teils in Berlin, überwiegend aber im Wahlkreis, beschäftigt werden. Und für 2016 haben sich die Abgeordneten noch einmal 30 Millionen Euro mehr bewilligt, die Mittel also um 17,4 Prozent erhöht. Die Mitarbeiter werden auf vielfache Weise für Parteizwecke eingesetzt (siehe S. 155 ff.).

In den Bundesländern kommen weitere rund 120 Millionen Euro für die Parlamentsfraktionen und rund 90 Millionen Euro für etwa 3000 persönliche Mitarbeiter der Landtagsabgeordneten hinzu (Zahlen von 2014), zusammen also mehr als 600 Millionen Euro.

Zudem werden die rund 1500 Parlamentarier der Flächenländer vollalimentiert, obwohl sie, wie Landtagsdirektoren einräumen, nur einen Teilzeitjob ausüben.[297] So können sie – mit den Worten eines früheren Bundestagspräsidenten – »tagein, tagaus Parteiarbeit machen«, wenn sie nicht ohnehin noch einem privaten Beruf nachgehen und aus beiden Quellen Einkommen beziehen. In Brandenburg, Sachsen und Thüringen, in denen 2014 Landtagswahlen stattfanden, sind die Diäten rund doppelt so hoch wie in Hamburg, wo 2015 gewählt wurde, obwohl die Mitglieder der Hamburger Bürgerschaft zusätzlich zu den Aufgaben des Landes auch noch kommunale Aufgaben wahrzunehmen haben (zur Vorbildlichkeit der Hamburger Diätenregelung siehe S. 62 f.).

Demgegenüber beträgt die durch Obergrenzen gedeckelte staatliche Parteienfinanzierung für 2015 »nur« 159 Millionen Euro,[298] also kaum mehr als ein Drittel allein der Zahlungen für Fraktionen und Mitarbeiter. Was das Bundesverfassungsgericht hinsichtlich der Staatsfinanzierung der Parteien durch Gesetzesvorbehalt und Obergrenzen verhindern wollte, dass sie nämlich unbegrenzt und unkontrolliert »in den Himmel wächst«,[299] ist hinsichtlich der selbstbewilligten Mittel für Fraktionen, Parteistiftungen und Abgeordnetenmitarbeiter inzwischen eingetreten. Und von alldem sind die außerparlamentarischen Konkurrenten der Parlamentsparteien völlig ausgeschlossen. Das widerspricht den verfassungsrechtlichen Grundsätzen der Staatsfreiheit und der Chancengleichheit.

Bei der Bewertung hilft auch hier die Erkenntnis weiter, dass der Bundestag bei Regelungen über Fraktionen und Abgeordnetenmitarbeiter in eigener Sache und bei der Nichtregelung über Parteistiftungen »gewissermaßen« in eigener Sache entscheidet und die üblichen Kontrollen schwächt oder ganz ausschaltet – die Erkenntnis also, dass es sich um ein einseitiges Willensbildungsverfahren handelt, in welchem alles dafür spricht, dass die Parteien sich in der Vergangenheit übermäßig viel bewilligt haben, also mehr als in einem ausgewogenen Verfahren möglich gewesen wäre. Das wird auch durch die rasanten Wachstumsraten der selbstbewilligten Mittel bestätigt. Genau wie wirtschaftliche Kartelle der Marktgegenseite typischerweise zu hohe Preise abverlangen, so tendieren auch politische Kartelle zu überhöhten öffentlichen Leistungen.

Teil 5
Das Wahlrecht öffnen,
die Politikfinanzierung begrenzen:
Konsequenzen der Rechtsprechung

1. Wahlrecht

Fünfprozentklauseln bei Bundestags- und Landtagswahlen nicht mehr haltbar

Vor dem Hintergrund der neueren Rechtsprechung zu Sperrklauseln bei Kommunal- und Europawahlen sind auch die Fünfprozentklauseln in Bundestags- und Landtagswahlgesetzen zweifelhaft geworden. Bei diesen Gesetzen geht es um das Regelwerk für die Wahlen der Parlamente selbst, die in diesem Fall ganz unmittelbar in eigener Sache entscheiden, sodass die Klauseln erst recht einer intensiven Gerichtskontrolle unterliegen müssen.

Das Bundesverfassungsgericht hat zwar deutlich gemacht, dass die Ausführungen in seinen Sperrklausel-Entscheidungen auf die Kommunal- und Europawahlen bezogen und nicht ohne Weiteres auf Bundestags- und Landtagswahlen übertragbar seien.[1] Nachdem bei der Bundestagswahl von 2013 aber insgesamt 15,7 Prozent der abgegebenen Stimmen der Klausel zum Opfer fielen und die FDP mit 4,8 Prozent und die AfD mit 4,7 Prozent die Sperre nur knapp verfehlten, ist eine neue Situation entstanden. Hätte die Klausel nur 4 Prozent betragen, hätte das Lager der »rechten Mitte« eine absolute Mehrheit der Stimmen und erst recht der Mandate bekommen, und andere Bündnisse wären möglich geworden, es wäre also nicht unbedingt zu einer Großen Koalition gekommen.[2] Die Sperrklausel in Höhe von 5 Prozent hat die Regierungsbildung also nicht erleichtert, sondern eher erschwert und damit ihren Sinn verfehlt.

Hinzu kommt, dass Sperrklauseln übermäßig in die Gleichheit des Wahlrechts eingreifen, weil ein Eingriff in dieser Intensität *nicht erforderlich* ist, um kleinere Parteien aus dem Parlament zu halten.[3] Und das gilt nicht nur für die Bundestagswahl, sondern auch für Landtagswahlen. Denn mit der Einführung einer Alternativstimme stünde eine Regelung zur Verfügung, welche die Ungleichheit des Wahlrechts der Bürger, die eine Partei unter 5 Prozent gewählt haben, weniger stark beeinträchtigt und gleichzeitig das Ziel der Klausel, kleinere Parteien zur Erleichterung der Regierungsbildung draußen zu halten, nicht weniger wirksam erreicht.[4] Eine Alternativstimme würde den Wählern die Möglichkeit geben, zu bestimmen, welcher anderen Partei ihre Stimme zugutekommt, falls die Partei der ersten Wahl an der Sperrklausel scheitert.

Schließlich »verdoppelt« sich auch noch die Ausschlusswirkung der Sperrklausel in unzulässiger Weise,[5] weil die Parlamentsparteien sich mittels verdeckter Parteienfinanzierung über ihre Fraktionen, parteinahen Stiftungen und Abgeordnetenmitarbeiter gegenüber kleineren Parteien zusätzlich privilegieren (siehe S. 145 ff.).

Starre Wahllisten: verfassungswidrig?

Die Bürger können die einzelnen Abgeordneten nicht auswählen, jedenfalls soweit ihre Partei diese auf sichere Listenplätze setzt oder in sicheren Wahlkreisen aufstellt. Zwar erklärte das Bundesverfassungsgericht starre Listen bei Bundestagswahlen früher für verfassungsmäßig; zuerst in einem Urteil des Ersten Senats vom 11. November 1953[6] und dann in einem Urteil des Zweiten Senats vom 3. Juli 1957,[7] also vor mehr als einem halben Jahrhundert. Inzwischen aber erkennt das Bundesverfassungsgericht in ständiger Rechtsprechung an, dass der Gesetzgeber über die Gestaltung des Wahlrechts in eigener

Sache entscheidet und deshalb eine strenge Gerichtskontrolle geboten ist (siehe S. 90 f.). Das gilt auch für die Gestaltung der Wahllisten. Die eigenen Interessen von Politikern und ihren Parteien an Macht, Posten und Geld wirken auch hier; sie treten aber nicht so deutlich in Erscheinung, weil die Betroffenen dies abstreiten und – mangels parlamentarischer Opposition und Wählerkontrolle – ihnen kaum jemand widerspricht.

Eine Beseitigung der starren Listen würde den größten Teil der Abgeordneten in ihren Wiederwahlchancen erheblich beeinträchtigen. Erhielten die Bürger mehr Einfluss auf die Personalauswahl, würden die parteiinternen Verbindungen, die für die große Mehrheit der Abgeordneten eine wichtige Voraussetzung sind, um auf guten Plätzen wiedernominiert zu werden, zumindest teilweise entwertet, und die Wiederwahl würde unsicherer.

Inzwischen wird auch die Parteienstaatsdoktrin von Gerhard Leibholz nicht mehr vertreten. Leibholz hatte die starren Listen noch gerechtfertigt, indem er die Grundsätze der Unmittelbarkeit, der Freiheit und Gleichheit der Wahl und der Freiheit und Gleichheit der Wählbarkeit hinter das aus Artikel 21, Absatz 1 des Grundgesetzes entnommene Prinzip der Parteienstaatlichkeit zurückstellte.[8]

Stattdessen sind nunmehr die Grundsätze der Unmittelbarkeit und der Freiheit der Wahl sowie der Grundsatz der Freiheit der Wählbarkeit stärker herauszustellen; sie sind streng auszulegen und unterliegen einer intensiven Kontrolle durch das Verfassungsgericht.

Zudem ist es an der Zeit, das Demokratieprinzip und das darauf beruhende Wahlrecht als grundlegende Prinzipien zu verstehen. Dann wird offenbar, dass starre Listen massiv in die Grundsätze der Wahl der Abgeordneten durch das Volk, das Demokratieprinzip und die Unmittelbarkeit und Freiheit der Wahl sowie in die Gleichheit der Wählbarkeit eingreifen, ohne dass dies durch entsprechende Gemeinwohlgründe aufgewogen würde.

Durch starre Listen wird den Bürgern das Recht genommen, Abgeordnete zu wählen. Starre Listen verletzen also nicht nur die ge-

nannten Wahlgrundsätze, sondern entziehen den Bürgern das Wahlrecht.

Von der Enquete-Kommission Verfassungsreform 1976 bis hin zu
den letzten drei Bundespräsidenten vor Gauck gab es unzählige
Empfehlungen, die Wahllisten zu flexibilisieren. Nach den Urteilen,
mit denen das Bundesverfassungsgericht Klagen zuließ gegen die
Entleerung des Wahlrechts zum Bundestag durch übermäßige Auf-
gabenverlagerung auf die EU und dabei die zentrale Bedeutung des
Artikels 38 des Grundgesetzes und der darin enthaltenen Wahlgrundsätze hervorhob,[9] ist es an der Zeit, diese Empfehlungen endlich umzusetzen. Das hätte auch Rückwirkungen auf die Rekrutierung von Politikern: Wenn die Bürger mehr Einfluss auf die Personen
gewännen, würde die Bedeutung der parteiinternen sogenannten
Ochsentour, deren negative Auswirkungen vielfach beschrieben worden sind,[10] zurücktreten. Denn dann müssten die Parteien aus eige-
nem Interesse attraktive Kandidatinnen und Kandidaten aufstellen.

Bei seiner Entscheidung von 2011 hatte das Bundesverfassungsgericht noch an den starren Listen bei Europawahlen festgehalten
und dies in wenigen Zeilen damit begründet, der Beschwerdeführer[11]
habe dazu nichts Neues vorgetragen.[12] Dieser neue Vortrag ist nun
aber möglich, seit das Gericht selbst die Beurteilungsgrundsätze sehr
viel schärfer anwendet als früher.

Möglicherweise schreckte das Gericht damals auch davor zurück,
die starren Listen in einem die Europawahl betreffenden Verfahren
zu kippen. Dics hätte zwangsläufig Auswirkungen auf die Bundes-
tags- und Landtagswahlen gehabt, und das Gericht wollte einen solch
schwerwiegenden Eingriff wohl nicht sozusagen im »falschen Verfahren« vornehmen. Ohnehin dürfte es mit der Beseitigung der
Sperrklausel bereits an die Grenze seiner Konfliktbereitschaft gegenüber dem Gesetzgeber gelangt sein, worauf auch die knappe 5:3-
Mehrheit hindeutet.

Vorwahlen zur Durchsetzung von Freiheit, Gleichheit und Unmittelbarkeit der Wahl?

Mit der Erststimme können die Bürger bei der relativen Mehrheits-wahl innerhalb der Wahlkreise regelmäßig nur unter den Kandidaten wählen, welche Union oder SPD ihnen vorsetzen. Die Kandidaten anderer Parteien haben, von wenigen Ausnahmen abgesehen, keine Chance. In sogenannten sicheren Wahlkreisen verengt sich die Wahl zur faktischen Nichtwahl. Sichere Wahlkreise sind solche, die der Di-rektkandidat einer Partei bei früheren Wahlen so hoch gewonnen hat, dass der Kandidat dieser Partei normalerweise auch bei der an-stehenden Wahl wieder gewinnt. Wegen bestimmter sozio-kulturel-ler Bedingtheiten können die meisten Wähler gar nicht anders, als sich für den Kandidaten »ihrer« Partei zu entscheiden. In solchen Wahlkreisen ist der Kampf um das Mandat mit der Nominierung durch die dominierende Partei also bereits entschieden. Spötter nen-nen das »Besenstiel-Theorie«, weil selbst einem Besenstiel das Di-rektmandat nicht zu nehmen wäre, wenn er nur von der richtigen Partei aufgestellt würde.

Umso intensiver ist allerdings oft der parteiinterne Kampf um die Nominierung, besonders wenn der bisherige Positionsinhaber nicht mehr antritt. In sicheren Wahlkreisen kann die dominierende Partei, so hat es das Bundesverfassungsgericht ausgedrückt, deshalb »den Wählern ihren Wahlkreisbewerber faktisch diktieren«.[13] Von einer unmittelbaren und freien Wahl der Abgeordneten durch das Volk kann in solchen Wahlkreisen nicht die Rede sein.[14] Auch an der Frei-heit und Gleichheit der Wählbarkeit durch das Volk fehlt es, wenn faktisch allein die Partei die Mandate zuteilt.

Das Grundgesetz schreibt die Freiheit, Gleichheit und Unmittel-barkeit der Wahl und der Wählbarkeit durch das Volk aber ausdrück-lich vor, und nach neuerer Rechtsprechung sind diese Grundsätze streng zu verstehen. Hier stellt die Nichtintervention des Gesetzge-bers tatsächlich eine Intervention zugunsten des Stärkeren, sprich der Union und der SPD, dar. Er trägt die Verantwortung für die verfassungswidrige Lage und muss Abhilfe schaffen. Diese könnte in der Errichtung von Vorwahlen bestehen. Dann könnten die Bürger auch in sicheren Wahlkreisen unter mehreren Kandidaten der dominierenden Partei wählen. Eine andere Möglichkeit wäre die Einrichtung von Mehrpersonenwahlkreisen, sodass in jedem Wahlkreis nicht nur ein Abgeordneter, sondern mehrere gewählt würden. Der Einwand zusätzlicher Komplizierung dürfte gegenüber den auf dem Spiel stehenden elementaren Wahlgrundsätzen nicht durchschlagen.

2. Politikfinanzierung

Die Schlüsselfunktion der öffentlichen Kontrolle

Entscheidungen des Parlaments in eigener Sache bedürfen, wie bereits dargelegt, in besonderem Maße der Kontrolle. Da aber die Kontrolle durch Opposition und Wähler praktisch ausfällt und auch die Kontrolle durch die Öffentlichkeit gefährdet ist (siehe S. 25 ff.), wächst der Sicherung der Kontrolle durch die Verfassungsrechtsprechung eine gesteigerte Bedeutung zu.

Da zum einen das Gesetz inhaltlich zu kontrollieren und zum zweiten dafür zu sorgen ist, dass gewisse Mindestanforderungen hinsichtlich des gesetzgeberischen Verfahrens eingehalten werden, um das Funktionieren der öffentlichen Kontrolle zu sichern, kommt dem Verfassungsgericht eine Doppelfunktion zu. Ob die Kontrolle des Inhalts oder die des Verfahrens im Vordergrund steht, hängt wesentlich von den vorhandenen Beurteilungsmaßstäben ab. Hier gilt der Grundsatz: Je weniger dicht die inhaltlichen Maßstäbe sind, desto wichtiger wird die Kontrolle des Verfahrens.

Die Sicherung der öffentlichen Kontrolle ist aus drei Gründen unerlässlich:

- weil auch die öffentliche Kontrolle bei Entscheidungen des Parlaments in eigener Sache ausgehebelt zu werden droht, wenn nicht durch besondere Gestaltung des Gesetzgebungsverfahrens gegengesteuert wird,

- weil die öffentliche Kontrolle – neben der Gerichtskontrolle – bei Entscheidungen in eigener Sache »die einzige wirksame Kontrolle« darstellt (Bundesverfassungsgericht) und andere Kontrollen, wie die durch Opposition, Sachverstand und Wahlen, leicht ausfallen (siehe S. 25 ff.),

- weil die öffentliche Kontrolle auch dann greift, wenn für die gerichtliche Inhaltskontrolle kein praktikabler Maßstab vorhanden ist, wie es zum Beispiel bei Bestimmung der Höhe der öffentlichen Mittel für Parteien, Fraktionen, parteinahe Stiftungen, Abgeordnetenmitarbeiter und die Politikfinanzierung insgesamt der Fall ist.

Deshalb muss bei Entscheidungen des Parlaments in eigener Sache auf die Sicherung beziehungsweise Ermöglichung der öffentlichen Kontrolle gesteigerter Wert gelegt werden. Zu der in den Sperrklausel-Urteilen festgestellten Notwendigkeit einer intensiven Kontrolle durch das Verfassungsgericht, die das Gericht auch im Diätenurteil praktiziert hat, gehört genauso die Sicherung der Verfahren, die öffentliche Kontrolle erst ermöglichen.

Das verlangt mehrere, aufeinander aufbauende Vorkehrungen:

- Erstens: durch *Gesetzesvorbehalt*, der, wie empirisch belegt, den Kontrolleffekt der Öffentlichkeit deutlich verstärkt. Bloße Bewilligungen im Haushaltsplan sind dagegen extrem öffentlichkeitsscheu und treiben die Abdunkelung auf die Spitze. Denn sie werden erst in der letzten Sitzung des Haushaltsausschusses unmittelbar vor der abschließenden Lesung im Plenum in den riesigen und unübersichtlichen Haushaltsplan eingefügt. Es erfolgt regelmäßig keine öffentliche Diskussion, keine Rechtfertigung und Begründung der einzelnen Haushaltstitel. Die einzelnen Titel werden auch nicht im Gesetzblatt veröffentlicht. Der Gesetzesvorbehalt allein nützt allerdings wenig, wenn die öffentliche Kontrolle durch Blitzgesetze unterlaufen wird.

- Zweitens: Deshalb sind *Mindestfristen* im Gesetzgebungsverfahren vorzusehen, um ein Aushebeln der öffentlichen Kontrolle zu verhindern. Mindestfristen nützen aber wiederum nichts, wenn – etwa erleichtert durch die Kompliziertheit der Materie – die Probleme im Gesetzgebungsverfahren unterdrückt oder die Öffentlichkeit sogar gezielt getäuscht wird.

- Drittens: Deshalb ist eine nachvollziehbare *Begründung* im Gesetzgebungsverfahren unerlässlich, um es den Initiatoren zu erschweren, die Zweifelhaftigkeit von Vorhaben vor der Öffentlichkeit zu verbergen.

Nachdem das Gericht bei Entscheidungen des Parlaments in eigener Sache die Notwendigkeit verschärfter Prüfungsmaßstäbe und einer strengen gerichtlichen Kontrolle erkannt und festgestellt hat, dass Öffentlichkeit die einzige wirksame Kontrolle darstellt, muss es die Bedingungen für ein Funktionieren der öffentlichen Kontrolle im Gesetzgebungsverfahren auch durchsetzen. Das Gesetzgebungsverfahren ist folglich so auszugestalten, dass eine einigermaßen wirksame Öffentlichkeitskontrolle ermöglicht wird, und das verlangt eben eine Reihe von Vorkehrungen. Da die Sicherung der Öffentlichkeit ein Gebot von Demokratie und Rechtsstaat ist (Bundesverfassungsgericht), verlangt dieses Gebot auch die Schaffung der dafür unerlässlichen verfahrensmäßigen Voraussetzungen.

Begründung im Gesetzgebungsverfahren

Das Gericht ist in seinen Urteilen über die Höhe der Kreditaufnahme, das Niveau der Grundsicherung und die Höhe der Beamtenbesoldung zu einer Kontrolle des gesetzgeberischen Verfahrens übergegangen, weil es bei diesen Fragen keine einleuchtenden inhaltlichen Maßstäbe gibt. Genau dasselbe ist aber auch bei Fraktionen, parteinahen Stiftungen und Abgeordnetenmitarbeitern der Fall,[15] ebenso ganz allgemein bei der Festlegung der Parteienfinanzierung und der

Höhe von Diäten. Auch hier fehlen inhaltliche Maßstäbe für den Bedarf. Zusätzlich entscheidet die Politik auch noch in eigener Sache, sodass zum Fehlen inhaltlicher Maßstäbe noch das Selbstinteresse kommt, das die Entscheider befangen macht, wodurch die Gefahr von Fehlentscheidungen noch einmal erheblich zunimmt.

Angesichts derartiger besonders ausgeprägter Unrichtigkeitstendenzen dürfte es unerheblich sein, ob es um die Verhinderung eines Zuwenig oder eines Zuviel an Leistung geht oder ob Grundrechte (wie zum Beispiel bei der Abgeordnetenentschädigung) im Spiel sind oder nicht (siehe S. 110 f.). Da das Verfahren hier zum entscheidenden Richtigkeitskriterium wird, erscheint seine angemessene Gestaltung von grundlegender Bedeutung.

Selbst Kritiker des ersten Hartz-IV-Urteils nehmen von ihrer Kritik Fälle eines unfairen Gesetzgebungsverfahrens ausdrücklich aus.[16] Genau darin aber besteht das Charakteristische von Entscheidungen des Parlaments in eigener Sache: im systematischen Stören des »politischen Marktes«, wie der amerikanische Rechtswissenschaftler John Hart Ely es formuliert (siehe S. 86 ff.).

Auch die späteren Urteile, in denen der Erste Senat vom Gesetzgeber keine tragfähige Begründung mehr verlangt, sondern Begründbarkeit etwa im Gerichtsprozess ausreichen lässt, betreffen eine Gesetzgebung, deren befriedigendes Funktionieren und deren Fairness nicht grundsätzlich in Abrede gestellt wird, beziehen sich also gerade nicht auf Entscheidungen des Parlaments in eigener Sache, bei denen eine verstärkte öffentliche Kontrolle unerlässlich ist (siehe S. 170 ff.). Auch die jüngere Rechtsprechung des Ersten Senats steht deshalb der Annahme einer öffentlichen Begründungslast des in eigener Sache entscheidenden Gesetzgebers nicht entgegen.

Einhaltung von Mindestfristen

Die Festsetzung der Höhe der Entschädigung von Abgeordneten hatte der Senat im Diätenurteil von 1975[17] – im Vertrauen auf die durch den Gesetzesvorbehalt ermöglichte öffentliche Kontrolle – dem Gesetzgeber überlassen. Gerade in solchen Fällen ist der Gesetzgeber aber leicht versucht, die öffentliche Kontrolle durch sogenannte Blitzgesetze auszuhebeln (siehe S. 17), bei denen das Parlament die von der Geschäftsordnung vorgesehenen Mindestfristen nicht einhält. Mit der neuerdings praktizierten Verfahrenskontrolle beim Fehlen inhaltlicher Maßstäbe sowie mit der verschärften gerichtlichen Kontrolle von Entscheidungen des Parlaments in eigener Sache durch die Sperrklausel-Urteile sind solche Blitzgesetze aber nicht vereinbar. Von seiner Geschäftsordnung, die die Einhaltung von Mindestfristen im Gesetzgebungsverfahren vorsieht, darf der Bundestag zwar ausnahmsweise mit Zweidrittelmehrheit der Anwesenden abweichen,[18] aber nur, wenn das Grundgesetz dem nicht entgegensteht.[19]

Doch genau das ist hier der Fall. Stellt die öffentliche Kontrolle die einzige wirksame Kontrolle dar, wie das Gericht bei Entscheidungen des Parlaments in eigener Sache festgestellt hat, sind die formalen Anforderungen an das Gesetzgebungsverfahren ernst zu nehmen und müssten eigentlich noch verschärft werden.[20] Dies folgt aus dem verfassungsrechtlichen Öffentlichkeitsprinzip, das, wie das Gericht ausgeführt hat, seinerseits auf dem Demokratie- und Rechtsstaatsprinzip beruht.[21] Deshalb darf der Bundestag in solchen Fällen nicht von der Geschäftsordnung abweichen. Darin liegt eine Art Ersatz für die – mangels objektiv rechtlicher Kriterien – kaum mögliche direkte gerichtliche Kontrolle der Höhe der Entschädigung.

Werden die Mindestanforderungen des Gesetzgebungsverfahrens nicht eingehalten, ist wie bei fehlender Begründung die gesamte Regelung verfassungswidrig und ungültig.

Verstöße gegen den Gesetzesvorbehalt

Kosten- und Mitarbeiterpauschalen: Festlegung
der Höhe im Haushaltsplan

Die Höhe der allgemeinen Kostenpauschale und die Höhe der Mitarbeiterpauschale sind nicht aus dem Abgeordnetengesetz ersichtlich, sondern werden in den Haushaltsplan abgeschoben. Erhöhungen erfolgen also, wie die Bewilligung von Mitteln für Fraktionen und parteinahe Stiftungen, ohne öffentlichkeitswirksame Gesetzesänderung.

Dies wird nicht nur faktisch so praktiziert, sondern ist im Abgeordnetengesetz auch noch ausdrücklich so bestimmt, wodurch der Gesetzgeber die verfassungswidrige Praxis scheinbar legitimiert hat.[22] Bezeichnend ist allerdings, dass diese Anordnung einer verfassungswidrigen Verfahrensweise im seinerzeitigen Gesetzgebungsverfahren nicht begründet oder auch nur erwähnt worden ist (siehe sogleich, S. 175 ff.). Beide, Kostenpauschale und Mitarbeiterpauschale, sind außerdem dynamisiert;[23] hinsichtlich der Dynamisierung der Mitarbeiterpauschale findet sich nicht einmal eine gesetzliche Grundlage. Hier herrscht also Verfassungswidrigkeit in Potenz.

Scheinbare Ermächtigung im Abgeordnetengesetz:
verfassungswidrige Täuschung der Öffentlichkeit

Angesichts der im Abgeordnetengesetz ausdrücklich niedergelegten Ausschaltung des verfassungsrechtlich vorgeschriebenen Gesetzesvorbehalts stellt sich umso mehr die Frage, wie es zu solchen Vorschriften kommen konnte, die als Regeln der Macht materielles Verfassungsrecht darstellen, dessen Schaffung eigentlich auf keinen Fall den Spielern selbst überlassen bleiben darf (siehe S. 18 ff.).

Allgemeine Kostenpauschale

Die Nicht-Regelung der Höhe der Kostenpauschale im Gesetz und der Verweis auf den Haushalt sind Überbleibsel des gescheiterten Diätencoups von 1995, mit dem die Entschädigung an die Bezüge von Bundesrichtern angekoppelt und zu diesem Zweck – wegen des entgegenstehenden Diätenurteils (siehe S. 45 ff.) – das Grundgesetz geändert werden sollte.[24] Damals erhielt Paragraph 12, Absatz 2, Satz 3 des Abgeordnetengesetzes seinen heutigen Wortlaut: »Das Nähere über die Höhe der am tatsächlichen Aufwand orientierten pauschalierten Einzelansätze und die Anpassung regeln das Haushaltsgesetz und Ausführungsbestimmungen, die vom Ältestenrat zu erlassen sind.«[25]

Man hatte aber berechtigte Zweifel, ob die Nicht-Festlegung der Höhe der Kostenpauschale im Abgeordnetengesetz verfassungsrechtlich Bestand haben würde. Diese Zweifel waren durch eine kurz vorher ergangene Entscheidung des nordrhein-westfälischen Verfassungsgerichtshofs[26] noch verstärkt worden. Der hatte nämlich ausdrücklich klargestellt, dass »das Recht auf Aufwandsentschädigung kein minderes Recht im Verhältnis zu den eigentlichen Statusrechten« der Abgeordneten darstellt und deshalb ebenfalls »durch Parlamentsgesetz festzusetzen« ist,[27] durch ein eigenes Gesetz also und nicht nur auf Grund eines Gesetzes. Um den verfassungsrechtlichen Bedenken den Boden zu entziehen,[28] wurde die geplante Änderung des Grundgesetzes[29] um die Wörter »oder auf Grund eines Bundesgesetzes« erweitert. Dadurch sollte die Nichtnennung der Höhe der Pauschale im Gesetz verfassungsrechtlich abgesichert werden;[30] die dafür vorgesehene Formulierung im Wortlaut: »Das Nähere, insbesondere über die Abgeordneten- und Altersentschädigung sowie die Amtsausstattung, wird durch Bundesgesetz oder auf Grund eines Bundesgesetzes geregelt.«[31]

Mit dem Scheitern der Grundgesetzänderung ist aber die verfassungsrechtliche Ermächtigung zur Festlegung der Höhe der Diäten bloß im Haushaltsplan und ohne spezielles Sachgesetz entfallen. Dennoch blieb der Betrag im Abgeordnetengesetz ungenannt; die Verfassungswidrigkeit wurde unterdrückt und im Gesetzgebungsprozess nicht erwähnt. Zusätzlich wurde eine Dynamisierung eingeführt.

Deshalb ist die entsprechende Regelung des Abgeordnetengesetzes[32] schon mangels tragfähiger öffentlicher Begründung (siehe S. 172 f.) verfassungswidrig. (Zur zusätzlichen Verfassungswidrigkeit wegen Verstoßes gegen den Gesetzesvorbehalt siehe S. 113 ff. und wegen sonstiger Verfassungswidrigkeit siehe S. 117 ff.).

Abgeordnetenmitarbeiter
Ebenso ist die entsprechende Regelung hinsichtlich der Abgeordnetenmitarbeiter mangels Begründung verfassungswidrig. Im ursprünglichen Gesetzentwurf eines Abgeordnetengesetzes der Fraktionen der SPD, CDU/CSU und FDP vom 29. Juni 1976 war der konkrete Betrag der Mitarbeiterentschädigung zwar noch genannt worden.[33] In der Fassung des Abgeordnetengesetzes, die der 2. Sonderausschuss dann am 30. November 1976 vorlegte, fehlte der Betrag aber.[34] Begründet wurde die Auslassung im Gesetzentwurf und im Bundestagsplenum mit folgenden Worten:»Auf diese Weise ist es möglich, die für die Mitarbeiter notwendigen Anpassungen unabhängig von den für die Abgeordneten vorzunehmenden Leistungsanpassungen durchzuführen, ohne dadurch jedoch das Gesetzgebungsverfahren weniger transparent zu machen.«[35]

Diese Begründung war schon gar nicht schlüssig. Dass die Bewilligung bloß im Haushaltsplan weniger transparent ist und der öffentlichen Kontrolle deutlich weniger unterliegt, ist offensichtlich (siehe S. 64 f.). Zudem hätten notwendige Besoldungsanpassungen für Mitarbeiter – unabhängig von der Bezahlung der Abgeordneten – auch dadurch vorgenommen werden können, dass zwar keine exakte Bezifferung des Erstattungshöchstbetrages im Gesetz genannt worden wäre wie in Nordrhein-Westfalen und anderen Ländern,[36] aber immerhin die Vergütungsgruppe eines Tarifvertrages ins Abgeordnetengesetz geschrieben worden wäre.[37]

Zudem blieb völlig unerwähnt, dass die Erstattung für persönliche Mitarbeiter der Abgeordneten konkret um 50 Prozent angehoben werden sollte. Erst recht unterblieb die unerlässliche Auseinandersetzung mit dem Diätenurteil von 1975,[38] das hinsichtlich »der mit dem Abgeordnetenstatus verbundenen finanziellen Regelungen« eine öffentlichkeitswirksame, sprich: eine gesetzliche Regelung der Höhe der Beträge verlangt (siehe S. 113 ff.).

Der Bundestag beschließt über die Höhe der Kostenpauschale und die Höhe der Mitarbeiterpauschale also bloß im Haushaltsplan und nicht in der verfassungsrechtlich vorgeschriebenen Gesetzesform. Zudem sucht er diese Art der Beschlussfassung dadurch zu legitimieren, dass er sie per Gesetz ausdrücklich anordnet. Beim Zustandekommen dieser Gesetze fehlte aber jede Auseinandersetzung mit dem von Verfassungs wegen erforderlichen Gesetzesvorbehalt, an den auch der Gesetzgeber gebunden ist.[39] Der Widerspruch zum Verfassungsrecht ist nicht begründbar und wird deshalb überhaupt nicht erwähnt.

Der Bundestag hat die Verfassungswidrigkeit der Regelungen in den veröffentlichten Gesetzesmaterialien also schlicht unterschlagen – offenbar aus schlechtem verfassungsrechtlichen Gewissen und in der Hoffnung, dass sich kein antragsbefugter Kläger findet. Darin liegt – zusätzlich zum Verstoß einzelner Erhöhungen des Haushaltstitels gegen den Gesetzesvorbehalt – auch ein Verstoß der betreffenden Regelungen im Abgeordnetengesetz gegen das Begründungsgebot bei Entscheidungen des Parlaments in eigener Sache (siehe S. 172 f.). Die Vorschriften sind mithin klar verfassungswidrig.

Genauso verfassungswidrig ist die ohne Grundlage im Abgeordnetengesetz erfolgende Dynamisierung.

Bewilligung von Fraktionsmitteln

Auch im Gesetzgebungsverfahren zum Fraktionsgesetz unterschlugen die Fraktionen von CDU/CSU, SPD und FDP, die das Gesetz eingebracht hatten, dass durch die lediglich per Haushaltsplan erfolgende Festlegung der Höhe der Mittel die öffentliche Kontrolle ausgeschaltet oder wesentlich geschwächt werden sollte – und das, obwohl eine vom Bundespräsidenten Richard von Weizsäcker berufene

Parteienfinanzierungskommission im Anschluss an das Diätenurteil des Bundesverfassungsgerichts ausdrücklich eine Nennung der Höhe im Gesetz gefordert hatte.[40]

In der ersten Lesung des Gesetzes wurde die Frage nur in einem Zwischenruf des Abgeordneten Wolfgang Ullmann (Bündnis 90/Die Grünen) thematisiert,[41] in der zweiten Lesung nur von der Abgeordneten Andrea Lederer (PDS/Linke Liste)[42] und dem Abgeordneten Werner Schulz (Bündnis 90/Die Grünen),[43] ohne dass die Initiatoren des Gesetzes darauf eingegangen wären. Im Gegenteil: Der Widerspruch zum Bericht der Kommission wurde wahrheitswidrig geleugnet, allen voran vom damaligen Parlamentarischen Geschäftsführer und späteren Vorsitzenden der SPD-Fraktion Peter Struck.[44]

Funktionszulagen, Fraktionen, Stiftungen

In wichtigen weiteren Bereichen wird die Rechtsprechung ebenfalls nicht beachtet. So wird das grundsätzliche Verbot von Funktionszulagen, das vom Bundesverfassungsgericht inzwischen mehrfach bestätigt wurde, im Bund und in den Ländern massenhaft missachtet (siehe S. 119 ff.). Ebenso wenig wird das sogenannte Wüppesahl-Urteil, aus dem sich Grundsätze für verfassungsgemäße Regelungen der Fraktionsfinanzierung ergeben, im Bund und in den Ländern eingehalten (siehe S. 145 ff.). Die parteinahen Stiftungen, für die es bisher keinerlei gesetzliche Regelung gibt, berufen sich immer noch auf ein Urteil von 1986, das eine indirekte Stiftungsfinanzierung der Mutterparteien in Abrede stellte. Legt man die neueren Grundsätze der Rechtsprechung an, ist dieses Urteil inzwischen aber überholt. Im Übrigen hatte es ohnehin andere wichtige Verfassungsfragen offengelassen (siehe S. 148 ff.).

Resümee der Politikfinanzierung

Multiple Verfassungswidrigkeit

Verfassungswidrige Ermächtigungen
Die strenge Gerichtskontrolle von Entscheidungen des Parlaments in eigener Sache bezieht sich nicht nur auf einzelne Sachentscheidungen des Gesetzgebers, sondern muss sich, gerade weil die Höhe der Abgeordnetenentschädigung und der staatlichen Parteienfinanzierung nicht justiziabel ist, auch und erst recht auf die Einhaltung des verfassungsmäßigen Verfahrens erstrecken. Andernfalls würde die vom Gericht besonders hervorgehobene öffentliche Kontrolle praktisch ausgeschaltet. Zudem würden das generelle Erfordernis der äußersten Zurückhaltung bei der Vergabe staatlicher Leistungen und die Pflicht zur sorgfältigen Prüfung eventueller Wettbewerbsbeeinträchtigungen praktisch ausgehebelt, wenn dem in eigener Sache entscheidenden Parlament die Bestimmung des Gesetzgebungsverfahrens überlassen bliebe (siehe S. 138).

Zu den verfassungsmäßig gebotenen Anforderungen an das äußere Gesetzgebungsverfahren gehören die Beachtung des Gesetzesvorbehalts und die Einhaltung von Mindestfristen. Zu den verfassungsrechtlich gebotenen Anforderungen des inneren Gesetzgebungsverfahrens gehört die schlüssige öffentliche Begründung der gesetzgeberischen Entscheidung. Das Fehlen der verfassungsrechtlich vorgeschriebenen Regelung in einem eigenen Gesetz kann auch nicht dadurch geheilt werden, dass das Abgeordnetengesetz zu einem solchen Fehlen ausdrücklich ermächtigt, wie für die Kostenpauschale, die Mitarbeiterpauschale und für die Höhe und Verteilung der Fraktionszuschüsse geschehen. Solche Ermächtigungen sind ihrerseits verfassungswidrig, weil sie den Gesetzgeber zu verfassungswidrigen Aktionen auffordern und weil schon ihr Zustandekommen gegen die Anforderungen des inneren Gesetzgebungsverfahrens verstößt.

Ähnliches gilt für die Zulassung von Öffentlichkeitsarbeit der Fraktionen und für den Umstand, dass die Kontrolle der Fraktionsfinanzen durch den Rechnungshof eingeschränkt worden ist. Auch diese Vorschriften sind bereits deshalb ungültig, weil sie im Widerspruch zu den Anforderungen des inneren Gesetzgebungsverfahrens zustande gekommen sind.

Die – wenn auch verfassungswidrigen und nichtigen – Ermächtigungen und Zulassungen im Abgeordnetengesetz sind auch deshalb fatal, weil sie bei Bürgern und Medien den unzutreffenden Eindruck erwecken, die bloße Haushaltsbewilligung sei in Ordnung, und damit die öffentliche Kontrolle erst recht ausheblen.

Auch die Gerichtskontrolle wird erschwert, soweit man davon ausgeht, die vor Jahren erlassenen gesetzlichen Bestimmungen und damit auch die verfassungswidrigen Bewilligungen und Verwendungen seien nach Ablauf der prozessualen Anfechtungsfristen (bei Organklagen von Parteien: sechs Monate) nicht mehr gerichtlich anfechtbar.[45] Damit gelänge der politischen Klasse die Abschottung vor jeglicher Kontrolle vollends.[46]

Verfassungswidrig: Kostenpauschale, Mitarbeiterpauschale, Fraktionsfinanzierung, Stiftungsfinanzierung
Das bedeutet konkret: *Die allgemeine Kostenpauschale* ist verfassungswidrig

* wegen zu großer Streubreite der tatsächlichen Erscheinungen,
* weil ihre Festlegung auf keiner nachvollziehbaren öffentlichen Begründung beruht (Verstoß gegen Anforderungen des inneren Gesetzgebungsverfahrens),
* weil das Parlament ihre Höhe nicht im Abgeordnetengesetz festlegt, sondern lediglich in einem Haushaltstitel (Verstoß gegen die Anforderungen des äußeren Gesetzgebungsverfahrens).

Das Abgeordnetengesetz, welches den Bundestag zu einem solchen Vorgehen ermächtigt, ist seinerseits verfassungswidrig, weil es insoweit auf keiner nachvollziehbaren öffentlichen Begründung beruht, also selbst gegen Mindestanforderungen des inneren Gesetzgebungsverfahrens verstößt. Zudem fordert es den Gesetzgeber zu verfas-

sungswidrigen Aktionen, nämlich zu Verstößen gegen den Gesetzesvorbehalt auf.

Die Mitarbeiterpauschale ist verfassungswidrig,
- weil ihre jeweiligen Festlegungen nicht auf nachvollziehbaren öffentlichen Begründungen beruhen,
- weil ihre Höhe und ihre Indexierung nicht im Gesetz geregelt sind, also insoweit der Gesetzesvorbehalt nicht eingehalten
ist,
- weil unklar ist, was die gesetzliche Formel »zur Unterstützung der
politischen Arbeit von Bundestagsabgeordneten« bedeutet und
wie diese von unzulässiger Parteiarbeit abzugrenzen ist, weshalb
die Vorschrift gegen das rechtsstaatliche Gebot der Normenbe-
stimmtheit verstößt,
- weil die Verwendung der Mitarbeiter keinerlei Kontrolle unterliegt; zum Beispiel verbietet der Bundestag sogar dem Bundesrechnungshof, die Abgeordnetenmitarbeiter zu prüfen,
- weil sie zu einem großen Teil eine verfassungswidrige verdeckte
Parteienfinanzierung darstellt und deshalb gegen die Grundsätze
der Chancengleichheit und der Staatsfreiheit verstößt.

Die Fraktionsfinanzierung ist auf der Einnahmen- *und* der Ausgabenseite verfassungswidrig geregelt. Die *Fraktionszuschüsse* sind verfassungswidrig,
- weil ihre Höhe nicht nachvollziehbar begründet wird,
- weil sie und die Indexierung gegen den zwingend vorgesehenen
Gesetzesvorbehalt verstoßen,
- weil sie teilweise eine verdeckte staatliche Parteienfinanzierung
darstellen,
- weil das dazu ermächtigende Gesetz seinerzeit mangels öffentlicher Begründung verfassungswidrig zustande gekommen ist.

Die *Verwendung der Fraktionsmittel* ist verfassungswidrig,
- weil Öffentlichkeitsarbeit der Fraktionen unzulässig ist,

• weil die entsprechende Ermächtigung im Abgeordnetengesetz (Fraktionsgesetz) mangels Begründung verfassungswidrig zustande gekommen ist.

Die *Einschränkung der Prüfung der Fraktionsfinanzen* durch den Rechnungshof ist unzulässig,

• weil sie Artikel 114, Absatz 2 des Grundgesetzes widerspricht, wonach der Rechnungshof »die Wirtschaftlichkeit und Ordnungsmäßigkeit der Wirtschafts- und Haushaltsführung« prüft,
• weil die entsprechende Vorschrift im Abgeordnetengesetz (Fraktionsgesetz) mangels Begründung verfassungswidrig zustande gekommen ist.

Die *Stiftungsfinanzierung* ist verfassungswidrig,

• weil es an dem erforderlichen Stiftungsgesetz fehlt, welches vor allem Höhe und Verteilung der Mittel zu regeln hätte,
• weil die Zahlungen ohne öffentlich nachvollziehbare Begründung vorgenommen werden,
• weil sie teilweise eine verdeckte staatliche Parteienfinanzierung darstellt,
• weil die Zugangsbedingungen außerparlamentarische Parteien extrem benachteiligen.

Fazit: Ein missbräuchliches, vielfach verfassungswidriges Gesamtsystem

Obwohl Entscheidungen des Bundestags in eigener Sache besonderer Kontrollen und Grenzen bedürfen, fehlen wirksame Kontrollen und Grenzen völlig. Das ganze Finanzierungssystem ist von einem umfassenden, tiefsitzenden strukturellen Mangel gekennzeichnet. Es handelt sich um ein missbräuchliches Gesamtsystem, das aus vielen ineinandergeschichteten Elementen besteht:

Den Fraktionen wird Öffentlichkeitsarbeit – entgegen der Rechtsprechung des Bundesverfassungsgerichts – durch ein Gesetz erlaubt, bei dessen Erlass die Initiatoren den Widerspruch zur Rechtsprechung gezielt unterdrückten.

Bei Fraktionen und Abgeordnetenmitarbeitern erfolgen Erhöhungen – entgegen der Rechtsprechung – durch bloße Änderung eines Haushaltstitels und ohne jede nachvollziehbare Begründung, also in einem öffentlichkeitsscheuen Verfahren. Die Gesetze, welche das gestatten, wurden ebenfalls in einem Camouflage-Verfahren erlassen, in welchem die Rechtsprechung und die gegenteiligen Empfehlungen einer Sachverständigenkommission übergangen wurden, ohne sich damit auseinanderzusetzen. Für parteinahe Stiftungen existiert – entgegen der Rechtsprechung – überhaupt keine gesetzliche Grundlage.

Die Finanzkontrolle der Fraktionen ist – entgegen der Rechtsprechung – massiv eingeschränkt. Das Gesetz, welches dies scheinbar rechtfertigt, erging wiederum ohne Auseinandersetzung mit der Rechtsprechung. Die Prüfung der Mitarbeiter von Bundestagsabgeordneten wird dem Bundesrechnungshof vom Bundestag verfassungswidrigerweise gänzlich vorenthalten. Auch sonst trifft der Bundestag keinerlei Vorkehrungen zur Kontrolle des Mitarbeitereinsatzes.

Nimmt man den gewaltigen Umfang und die weit überproportionalen Steigerungsraten der Mittel für Fraktionen, Abgeordnetenmitarbeiter und parteinahe Stiftungen mit in den Blick, so wird deutlich, dass hier genau diejenige Struktur vorliegt, die das Bundesverfassungsgericht als verfassungswidrig gebrandmarkt hat, als es dem Bundestag untersagte, Regelungen zu erlassen, die, »sei es durch übermäßige Zuwendungen, sei es durch ungenügende Voraussicht und Kontrolle, einem Missbrauch das Tor« öffnen und »so den Weg [...] für eine verfassungswidrige Parteienfinanzierung« ebnen.[47]

Wir haben es mit einem tiefgestaffelten missbräuchlichen Gesamtsystem zu tun, das die im Bundestag vertretenen Parteien sich selbst geschaffen haben, wobei sie dessen vielfache Verfassungswidrigkeit gezielt verborgen haben. Der geheime Sinn der in eigener Sache beschlossenen (oder verhinderten) Gesetze besteht in der möglichst ungehinderten Beschaffung von öffentlichen Mitteln und in ihrer Verwendung für die eigenen Belange, unter Ausschluss außerparlamentarischer Konkurrenten.

Alle in Teil 5 genannten Regelungen erscheinen auf der Grundlage der rechtlichen Prinzipien, welche die Rechtsprechung entwickelt hat, verfassungswidrig, ohne dass das Verfassungsgericht dies aber bisher festgestellt hätte. Die spannende Frage geht deshalb dahin, warum das Gericht bisher untätig geblieben ist und insoweit keine wirksame Kontrolle jener Missbräuche ausgeübt hat, die die Parteien in eigener Sache vorgenommen haben. Anders gesagt: Wo liegen die Grenzen der Rechtsprechung der Verfassungsgerichte?

Teil 6
Grenzen der Kontrolle

1. Rechtliche Grenzen der Gerichtskontrolle

Die verfassungsgerichtliche Kontrolle lässt erhebliche Lücken. Für viele Probleme gibt es keine verfassungsrechtlichen Maßstäbe. Auf sie sind Verfassungsgerichte aber angewiesen. Politische Kriterien sollten sie ihren Urteilen nicht zugrunde legen. So bleibt zum Beispiel für die Ausgestaltung und die Höhe der Entschädigung von Abgeordneten – im Rahmen des verfassungsrechtlichen Angemessenheitsgrundsatzes – ein großer, nur politisch auszufüllender Spielraum, etwa hinsichtlich der Voll- oder Teilalimentation von Abgeordneten[1] und der Gewährung einer besonderen staatlichen Altersversorgung und ihrer Ausgestaltung.[2] Hier lässt sich immerhin mit dem Ansetzen am Gesetzgebungsverfahren gegensteuern. Einen Anlauf in diese Richtung hat das Gericht bereits unternommen (siehe S. 105 ff.).

Fehlende Klagebefugnis und mangelnde Klagebereitschaft

Aber auch eindeutig verfassungswidrige Regelungen bleiben oft unangetastet. Verfassungsgerichte können, wie alle Gerichte, nur auf Antrag tätig werden. Die Klagebefugnis ist jedoch zeitlich eng begrenzt. So hat der Zweite Senat in einem Beschluss vom 15. Juli 2015 der klagenden ÖDP die Berufung auf die Verfassungswidrigkeit zahlreicher Gesetze verwehrt, weil diese schon seit Langem bestünden und deshalb die Sechsmonatsfrist für die Geltendmachung ihrer Verfassungswidrigkeit verstrichen sei.[3]

Zudem fehlt es Klagebefugten oft an der Bereitschaft zu klagen. Bürger oder außerparlamentarische Parteien können normalerweise nur Verfassungswidrigkeiten vors Gericht bringen, die sie unmittelbar selbst betreffen und ihre Rechte verletzen. Hinsichtlich anderer Regelungen sind Regierungen, Abgeordnete oder Fraktionen zwar klage*befugt*, aber, wenn sie sie selbst begünstigen, regelmäßig nicht klage*bereit*.

Darin liegt ein wesentlicher Unterschied zwischen den oben dargestellten Sperrklausel-Gesetzen (siehe S. 90 f.) und manchen anderen in den Teilen 2 und 3 dargestellten Regelungen. Durch Sperrklauseln waren außerparlamentarische Parteien und ihre möglichen Wähler belastet und deshalb klagebefugt und machten von diesem Recht auch Gebrauch, sodass das Bundesverfassungsgericht eingreifen und die Gesetze kassieren konnte. Verfassungswidrige Diäten- und Ministergesetze aber können weder Bürger noch außerparlamentarische Parteien zur gerichtlichen Entscheidung bringen, weil beide prozessrechtlich nicht als betroffen gelten, und die Begünstigten, die sehr wohl klagen könnten, wollen meist nicht klagen. Ohne Klage aber kein Richter.

Hier herrscht ein fatales Kontrolldefizit, es sei denn, die öffentliche Kontrolle entfaltet eine derartige Wucht, dass Missstände unterbunden werden, wie es im Bund, in Hessen, Hamburg, im Saarland oder in Bayern immer wieder der Fall war (siehe die Beispiele in Teil 2, S. 40 ff., und Teil 6, S. 216 ff.). Da dies aber nur vereinzelt gelingt, bestehen viele Verstöße und Umgehungen, etwa der Diätenrechtsprechung, weiterhin fort (siehe Teil 5).

Beschränkte gerichtliche Prüfung

Aber selbst wenn, etwa wegen Verletzung des Gleichheitsrechts, ein Bürger oder eine außerparlamentarische Partei – zulässigerweise – gegen ein politisches Quasi-Kartell der Etablierten vorgeht, werden vom Gericht regelmäßig nur solche Punkte behandelt, welche den Kläger ganz unmittelbar in seinen eigenen Rechten verletzen. Deshalb ließ der Zweite Senat zum Beispiel im Stiftungsurteil von 1986, bei dem die Grünen geklagt hatten, offen, ob die Parteistiftungen einer gesetzlichen Regelung bedürfen und ob der Bundestag überhaupt die Zuständigkeit zur Finanzierung der Stiftungen besitzt (siehe S. 154 f.). Ebenso ließ er auf die Klage des fraktionslosen Bundestagsabgeordneten Wüppesahl im Urteil von 1989 offen, ob die Gewährung von Fraktionsmitteln gesetzlich geregelt werden muss oder ob eine Bewilligung im Haushaltsplan ausreicht.[4]

Allerdings: In beiden Verfahren war das Gericht noch nicht von der Notwendigkeit einer intensivierten gerichtlichen Kontrolle von Entscheidungen des Parlaments in eigener Sache ausgegangen.[5] Legt man die neuere, strengere Rechtsprechung zu Entscheidungen in eigener Sache zugrunde, so gab es zeitweise Anzeichen, dass das Gericht auch die prozessualen Voraussetzungen senkt. So hat es die Organklage kleinerer Parteien gegen die Dreiländerklausel bei der Parteienfinanzierung zugelassen, obwohl keine der beiden klagenden Parteien von der Klausel betroffen gewesen wäre, da beide bei der Europawahl vom 13. Juni 2004 einen Stimmenanteil von 0,5 Prozent erreicht hatten[6] und deshalb von vornherein an den staatlichen Zuschüssen zu Beiträgen und Kleinspenden beteiligt waren (siehe S. 136) . Alternativ war es für die Beteiligung erforderlich, in einem Land mindestens 1 Prozent der Stimmen zu erlangen. Der Bundestag hatte diese Voraussetzung dadurch verschärft, dass mindestens in drei Ländern 1 Prozent erreicht werden musste. Diese Verschärfung erklärte der Zweite Senat für verfassungswidrig.[7]

Wahlanfechtung: Eine Art Popularklage?

Immerhin ist jeder Wahlberechtigte befugt, eine Wahl mit der Begründung anzufechten, sie beruhe auf rechtswidrigen Grundlagen. Dazu gehören auch verfassungswidrige Wahlgesetze.

Das Verfahren ist zweispurig: Über den Einspruch gegen die Wahl hat zunächst das Parlament zu entscheiden – eine Entscheidung in eigener Sache, da die Gültigkeit seiner eigenen Wahl auf dem Spiel steht. Die Parlamente weisen Einsprüche denn auch regelmäßig zurück. Dagegen kann das Verfassungsgericht des Bundes oder des betreffenden Landes angerufen werden.[8] Der Vorzug ist, dass die Bürger auf diesem Wege auch verfassungswidrige Gesetze angreifen können, die schon lange bestehen, insoweit also die Fristen, die für Verfassungsbeschwerden von Bürgern oder für Organklagen von Parteien gelten, hier keine Rolle spielen. Der Nachteil besteht darin, dass eine Beeinflussung des Wahlergebnisses durch die verfassungswidrige Regelung zumindest möglich sein muss.

Auf diesem prozessualen Weg war die seit 1978 bestehende Fünf-Prozent-Sperrklausel bei deutschen Europawahlen zu Fall gebracht worden – durch Anfechtung der Europawahl 2009.[9] Ein gegen die Bundestagswahl 2013 erhobener Einspruch des Verfassers ist inzwischen vom Bundestag zurückgewiesen worden.[10] Die dagegen eingelegte Beschwerde liegt beim Bundesverfassungsgericht.[11]

Die Wahlanfechtung kann das Kontrolldefizit bei Entscheidungen des Parlaments in eigener Sache allerdings nur unvollständig beheben, denn sie ist auf Fragen des Wahlrechts beschränkt und verlangt zudem eine mögliche Beeinflussung des Wahlergebnisses.

Weiter muss der Bürger den Wahlfehler kennen, um innerhalb einer Frist von zwei Monaten[12] Einspruch beim Parlament gegen die Wahl erheben zu können. So hatte zum Beispiel der Vorstand der AfD in Sachsen einen Kandidaten aus der Wahlliste für die sächsische Landtagswahl 2014 gestrichen, obwohl er von der Partei ordnungsgemäß auf einen Listenplatz gesetzt worden war, der ihm auch ein Mandat verschafft hätte.[13] Der betroffene Kandidat hatte es aber offenbar versäumt, rechtzeitig Einspruch zu erheben, und allgemein bekannt wurde der Vorfall erst später.[14]

Schließlich besteht die Gefahr, dass das Parlament und das Bundesverfassungsgericht die Entscheidung so lange hinauszögern, bis die Wahlprüfungsbeschwerde durch die Wahl eines neuen Parlaments gegenstandslos geworden ist und sich erledigt.[15] Allerdings entscheidet das Gericht ausnahmsweise auch noch später, wenn daran ein öffentliches Interesse besteht.[16]

Die Notwendigkeit einer Erweiterung der Klagebefugnis

Zur Abhilfe liegt es nahe, eine Anleihe bei der EU-Rechtsprechung des Bundesverfassungsgerichts vorzunehmen. Bei Klagen gegen die Übertragung von Hoheitsakten auf die Europäische Union hat das Gericht die Klagen von Bürgern zugelassen. Es stützte sich dabei auf Artikel 38 des Grundgesetzes, der das Wahlrecht von Bürgern garantiert. Das Gericht begründete die Klagebefugnis damit, die Wahl zum Bundestag könne durch die Übertragung von Befugnissen auf die EU fundamental ausgehöhlt werden.[17]

Zu einer ähnlichen Entleerung des Wahlrechts können aber auch parlamentsinterne politische Kartelle führen. Schließlich nehmen solche Kartelle dem Bürger die Möglichkeit, sein Wahl- und Partizipationsrecht in den von den Kartellen kontrollierten Bereichen noch auszuüben. Denn dem Wähler steht hinsichtlich des betreffenden Themas eine Art »Einheitsblock« aus Mehrheits- und Oppositionsparteien gegenüber (siehe S. 35 f.). Deshalb sollten die Bürger auch in den Fällen eine Klagebefugnis erhalten, in denen das Parlament in eigener Sache ein Kartell bildet und so den Bürgern die Wahlmöglichkeit beschneidet.[18]

Dies gilt erst recht, wenn die Bürger sich einem ganzen System von ineinander geschachtelten und aufeinander bezogenen Kartellen gegenübersehen, die sie als Wähler hinsichtlich des gesamten Komplexes entmachten (siehe S. 180 ff.). Da das Parlament eine solche Erweiterung der Klagebefugnis gegen sich selbst kaum vornehmen wird (weil es auch hierbei mittelbar in eigener Sache entscheidet),[19] muss sie vom Bundesverfassungsgericht ausgehen, genauso wie das Gericht ja auch die Klagebefugnis gegen Kompetenzübertragungen auf die EU geschaffen hat.

Werden dagegen die Wettbewerbsbedingungen durch staatliche Eingriffe verzerrt, sind die benachteiligten Bürger und ihre Parteien auch schon bisher unter Berufung auf den Grundsatz der Gleichheit des Wahlrechts und der Chancengleichheit der Parteien klagebefugt. Hinsichtlich der staatlichen Parteienfinanzierung stellt die Erkenntnis, dass durch sie die Chancengleichheit der Parteien und die politische Gleichheit ihrer Wähler und Sympathisanten stets mit berührt wird (siehe S. 136 ff.), ein zusätzliches Argument für eine erweiterte Klagebefugnis bei Schmälerung des Wahlrechts durch politische Kartelle dar.

2. Verflechtung von Rechtsprechung und Politik

Richterliche Unabhängigkeit unter Druck

Angewiesenheit des Gerichts auf die Politik

Bei der Auseinandersetzung mit der Politik besitzen Verfassungsgerichte eine strukturelle Schwäche. Das Bundesverfassungsgericht verfügt nun einmal nicht über »sword and purse«[20] und kann seine Entscheidungen nicht selbst umsetzen und vollstrecken.[21] Der übliche Einwand von Kritikern, das direkt gewählte Parlament[22] habe erhöhte demokratische Legitimation, deshalb müsse das Gericht sich zurückhalten,[23] übersieht, dass dies für Entscheidungen des Parlaments in eigener Sache gerade nicht gilt. Denn dann gehen dem Parlament und seinen Beschlüssen die demokratische und die rechtsstaatliche Legitimation und damit die Voraussetzung für Verfahrensgerechtigkeit ab (siehe S. 277 ff.), deren Sicherung oberstes Ziel der gerichtlichen Kontrolle sein muss.[24] Dennoch schallt dem Gericht, wenn es über Entscheidungen des Parlaments in eigener Sache urteilt und dabei intensiv kontrolliert, regelmäßig vehemente Kritik aus den Reihen der Betroffenen entgegen.[25]

Auch die Medien erkennen den besonderen Kontrollbedarf von Entscheidungen des Parlaments in eigener Sache oft nicht.[26] Und da das Gericht bei Umsetzung seiner Urteile auf die Öffentlichkeit und die Politik angewiesen bleibt, ist es immer wieder versucht, schon im vorhinein zurückzustecken und politische Rücksicht zu nehmen.[27] Beispiele aus neueren Urteilen sind die Geltung seiner Sperrklausel-Entscheidungen nur für die Zukunft,[28] das »Abwürgen« der Frage der Verfassungsmäßigkeit starrer Listen im Sperrklausel-Urteil von 2011[29] sowie das »Abwürgen« der Beteiligung der kommunalen Wählergemeinschaften an der staatlichen Parteienfinanzierung; das Gericht hat sie aus vordergründigen prozessualen Gründen zurückgewiesen,[30] obwohl die seit 1994 eingeführte Teilfinanzierung der Parteien offensichtlich »auch deren kommunalpolitischer Tätigkeit zugutekommt,« wie das Gericht einige Jahre früher selbst festgestellt hatte.[31]

Weitere Beispiele sind – neben der weitgehenden Absegnung des damaligen Parteiengesetzes durch das Urteil von 1986[32] – die Aufrechterhaltung des gewaltig gestiegenen Niveaus an staatlicher Politikfinanzierung, welches der Bundestag mit seinen Gesetzen von 1983 und von 1988 hochgepusht hatte,[33] und die Festlegung der absoluten Obergrenze nur für die Zukunft.[34] Schließlich gehört hierher auch der Beschluss des Zweiten Senats vom 15. Juli 2015, in dem eine Sachentscheidung über die verdeckte Parteienfinanzierung durch Fraktionen, Abgeordnetenmitarbeiter und Parteistiftungen aus prozessualen Gründen abgelehnt wurde.[35]

Richterbestellung durch die »Gegenseite«

Zudem sehen sich außerparlamentarische Kläger einem Gericht gegenüber, dessen sämtliche Mitglieder in der Regel von der »Gegenseite« berufen sind. Das macht Richter gewiss nicht von vornherein befangen, schließlich wird die richterliche Unabhängigkeit durch Verfassungen und Gerichtsgesetze gewährleistet. Dennoch stellt der Umstand, dass die Richter ihr Amt quasi der Gegenpartei der Kläger verdanken, einen Faktor dar, welcher soziologisch nicht völlig übersehen werden sollte.[36]

Die besonders heikle Situation der Verfassungsgerichte bei der Kontrolle von Entscheidungen des Parlaments in eigener Sache wird auch bei einem Vergleich mit Zivil- und Arbeitsgerichten deutlich, die über den Schutz von Konsumenten und Arbeitnehmern zu urteilen haben. Beide Fallgruppen weisen insofern eine ähnliche Struktur auf, als es um den Schutz von Interessen geht, die im freien Spiel der wirtschaftlichen beziehungsweise der politischen Kräfte tendenziell zu kurz kommen (siehe S. 77 ff.). Die Mitglieder der Zivil- und der Arbeitsgerichte werden aber gerade *nicht* einseitig von der Gegenseite der zu schützenden Konsumenten oder Arbeitnehmer bestellt, also von den Unternehmern beziehungsweise der Wirtschaft. Vielmehr verdanken sie ihr Richteramt weder allein der einen noch der anderen Seite.

Der großzügige Umgang des Bundesverfassungsgerichts mit Befangenheitsvermutungen

Trotz aller Hoffnungen auf den »Becket-Effekt« eines allein dem Amt verpflichteten Verhaltens können sich die Zweifel an der Unbefangenheit des Gerichts durchaus noch weiter verschärfen. Das liegt an den überaus großzügigen Befangenheitsvorschriften im Bundesverfassungsgerichtsgesetz, die das Gericht für sich selbst auch noch überaus großzügig auslegt. Deshalb brauchen sich die Parteien im Parlament bei der Richterwahl nicht zurückzuhalten und können reine Parteifunktionäre ins Gericht entsenden, ohne befürchten zu müssen, dass diese in brisanten Fällen wegen Besorgnis der Befangenheit von der Mitwirkung im Senat ausgeschlossen werden.

Ganz im Gegenteil: Sie können sogar erwarten, dass ihre Protegés innerhalb des Gerichts das Dezernat »Parlaments-, Parteien- und

Wahlrecht« erhalten, besonders kritische Verfahren als Berichterstatter betreuen und auf diese Weise entscheidenden Einfluss auf den Ausgang der Verfahren nehmen. So war der Richter und Berichterstatter Gerhard Leibholz zwar von dem Verfahren, welches mit Urteil von 1966 die staatliche Parteienfinanzierung stark einschränkte, wegen Besorgnis der Befangenheit noch ausgeschlossen worden, nachdem er die Gegner der staatlichen Parteienfinanzierung auf einer Tagung als unheiliges Bündnis von Liberalen und Kräften, die die heutige Form der Demokratie ablehnen, bezeichnet hatte.[37] An dem Verfahren, welches zum Urteil von 1968 führte und die Begrenzung der Staatsfinanzierung von Parteien erheblich milderte,[38] nahm er jedoch wieder teil.

Und in dem Verfahren, welches zum Parteienfinanzierungsurteil von 1986 führte,[39] sah das Gericht keinen Anlasse, die Befangenheit des Verfassungsrichters und Berichterstatters Hans Hugo Klein zu besorgen,[40] obwohl dieser 1982, also kurz vor seiner Wahl ins Gericht (1983) und dem Beginn des Gerichtsverfahrens (1984) öffentlich für eine exzessive Ausweitung der Steuerbegünstigung für Spenden eingetreten war,[41] über die in dem Prozess zu entscheiden war.

Ein aktueller Fall ist der Bundesverfassungsrichter Peter Müller. Er begann seine politische Laufbahn als Abgeordneter und Parlamentarischer Geschäftsführer der CDU-Fraktion im saarländischen Landtag. Darauf wurde er Vorsitzender der CDU-Fraktion (1994–1999) und Chef der Saar-CDU (1995–2011). Von 1998 bis 2011 war Müller Mitglied des Präsidiums der Bundes-CDU und von 1999 bis 2011 Ministerpräsident des Saarlandes.

Nach Feststellung des saarländischen Verfassungsgerichtshofs hatte die Regierung Müller vor der Landtagswahl 2009 durch unerlaubte Regierungspropaganda eine verdeckte Parteienfinanzierung begangen.[42] Nach der Landtagswahl hatte seine Regierung eine Erhöhung der Zuschüsse an die Fraktionen des Landtags um 49 Prozent initiiert, welche der Rechnungshof des Saarlandes aufs Schärfste beanstandete.[43] Zudem hatte Müller als CDU-Fraktionsvorsitzender ein Fraktionsgesetz mitzuverantworten,[44] welches dieselben Widersprüche zum Verfassungsrecht aufweist wie das Fraktionsgesetz des Bundes und auf dieselbe Weise durchgeboxt wurde, indem die Widersprüche zur Rechtsprechung des Bundesverfassungsgerichts verheimlicht wurden (siehe S. 43 ff. und 61 f.).

Genau dieses Bundesfraktionsgesetz war Gegenstand einer Organklage, die das Bundesverfassungsgericht als unzulässig zurückgewiesen hat,[45] und es ist auch – zusammen mit anderen Formen verdeckter Parteienfinanzierung – Gegenstand einer vom Verfasser erhobenen Wahlanfechtungsklage, über welche der Senat noch zu entscheiden hat. In beiden Verfahren war beziehungsweise ist der Richter Peter Müller als Inhaber des Dezernats »Wahlen und Parteienrecht« Berichterstatter. Dennoch sah der Senat keinen Anlass, Müller wegen Besorgnis der Befangenheit auszuschließen.

Das Bundesverfassungsgericht: Wegbereiter überzogener Politikfinanzierung?

Betrachtet man die Rechtsprechung und die jeweiligen Reaktionen des in eigener Sache entscheidenden Parlaments in einem größeren Zusammenhang, so kommen Zweifel auf, ob das Bundesverfassungsgericht wirklich eine effektive Kontrolle ausgeübt und nicht vielmehr in Wahrheit auf Dauer der »Selbstbedienung« Vorschub geleistet hat. Tatsächlich hat es – jedenfalls in Bezug auf die Politikfinanzierung – eine durchaus zwiespältige Rolle gespielt.

Asymmetrie des gerichtlichen Gegenhaltens

Bereits der prozessuale Umstand, dass Gerichte nur auf Antrag tätig werden, begründet eine gewisse Asymmetrie des gerichtlichen Gegenhaltens. Benachteiligungen der parlamentarischen oder der außerparlamentarischen Opposition sind – auf deren Antrag – häufig vor den Richter gelangt. Dagegen kamen übermäßige Aufblähungen der staatlichen Mittel zulasten der Allgemeinheit nur selten zur ge-

richtlichen Entscheidung, da die Antragsbefugten regelmäßig selbst
von den Leistungen profitieren und der einzelne Bürger (oder staats-
bürgerliche Verbände) in solchen Fällen bisher kein Antragsrecht besitzt (siehe S. 187 f.).[46]

Die Zeiten, als eine Landesregierung die umfassende verfassungsrechtliche Überprüfung der staatlichen Parteienfinanzierung im
Wege der Normenkontrolle[47] beantragte (wie die von der SPD ge-
stellte hessische Landesregierung beim Parteienfinanzierungsurteil
1966), sind vorbei; die SPD ist regelmäßig in das Kartell der Bundestagsparteien eingebunden.

Als Antragsteller kamen in den Achtzigerjahren allein die Grünen und kommunale Wählergemeinschaften, in den Neunzigerjah-
ren auch die PDS/Die Linke in Betracht, die sich regelmäßig auf eigene Benachteiligungen beriefen. Neuerdings sind auch Grüne und
PDS/Linke weitgehend ins Kartell eingebunden.

Hinzu kommt ein weiterer Grund für die Kontrollschwäche: Das
Bundesverfassungsgericht sieht seine Hauptfunktion in der Verhinderung staatlicher Eingriffe in die Rechte der Bürger; dabei kommt
die Kontrolle staatlicher Leistungen leicht zu kurz, obwohl unangemessene Politikfinanzierung besonders große Verwerfungen in Staat
und Recht bewirken kann.

Selbst wenn das Gericht Grenzen zieht, fallen diese meist überaus
großzügig aus. Die Formulierung der absoluten und der relativen
Obergrenzen der Politikfinanzierung ist nicht neu (tut aber so), und
die Obergrenze setzt erst an dem Niveau an, welches der Bundestag
vorher mit öffentlichen Mitteln aufgestockt hatte, die das Gericht
selbst als verfassungswidrig qualifizierte.[48] Die Obergrenze ist zudem
dynamisiert und enthält auch noch einen Vorbehalt für einschneidende Veränderungen.

Unangetastet geblieben sind bis jetzt eine Reihe von Regelungen:
Übermäßige Kostenpauschale, Dynamisierung der Entschädigung,
umfangreiche Funktionszulagen, Öffentlichkeitsarbeit von Fraktionen, Schwächung ihrer Kontrolle durch Rechnungshöfe und Aussper-
rung des Bundesrechnungshofs von der Kontrolle der Abgeordneten-

mitarbeiter bestehen fort. Zentrale verfassungsrechtliche Fragen sind bisher nicht entschieden worden. Dass die Höhe und Verteilung der staatlichen Mittel für Fraktionen, Stiftungen, Abgeordnetenmitarbeiter und Kostenpauschalen gesetzlich geregelt werden müssen, hat das Gericht bisher noch nicht bestätigt. Im Stiftungsurteil von 1986 und im Fraktionsurteil des Abgeordneten Wüppesahl von 1989 wurde die Frage vielmehr ausdrücklich offengelassen.

Auch das Problem verdeckter Parteienfinanzierung durch Fraktionen und Abgeordnetenmitarbeiter hat das Gericht noch nicht entschieden; hinsichtlich der Globalzuschüsse parteinaher Stiftungen verneinte es – in höchst anfechtbarer Weise – eine verdeckte Parteienfinanzierung.

Will man bei Entscheidungen des Parlaments in eigener Sache keine Popularklage einführen, so bedürfte es wenigstens eines Antragsrechts von Bürgern, denen wegen des Kartells insoweit ihr Wahlrecht genommen wird (siehe S. 191 f.). Dafür und für ein Antragsrecht auch von Parteien spricht zudem, dass ein Zuviel an staatlichen Leistungen immer auch die Chancengleichheit der Parteien und die politische Gleichheit ihrer Wähler und Sympathisanten beeinträchtigt (siehe S. 136 ff.).

Begünstigung durch das Bundesverfassungsgericht

Das Bundesverfassungsgericht hat die Politikfinanzierung nicht nur unvollkommen begrenzt oder erforderliche Kontrollen jahrelang hinausgeschoben, bis sie sich von selbst erledigt hatten, sondern das Gericht hat die staatliche Finanzierung oft geradezu angestoßen und Erhöhungen scheinbar verfassungsrechtlich legitimiert. Diese Effekte wurden dadurch noch verstärkt, dass das Parlament auf Nebenbemerkungen des Gerichts ganz unterschiedlich reagierte, je nachdem, ob diese dem Parlament gefielen oder seinen Gestaltungsraum begrenzten. Im einen Fall hat das Parlament sie sogleich umgesetzt oder als Bestätigung der Verfassungsmäßigkeit interpretiert, im anderen Fall wurden sie ignoriert.

Staatliche Parteienfinanzierung

In einem Urteil von 1958, in dem es allein um die Steuerbegünstigung von Parteispenden ging, erklärte das Gericht in einer für die Entscheidung des Falles überflüssigen Nebenbemerkung die direkte staatliche Parteienfinanzierung für zulässig.[49] Das geschah ohne hinreichende Begründung, obwohl bis dahin die Auffassung vorgeherrscht hatte, eine staatliche Parteienfinanzierung sei verfassungsrechtlich unzulässig (siehe S. 134), und man deshalb vom Gericht zumindest eine Auseinandersetzung mit dieser Auffassung hätte erwarten können (zum allgemeinen Problem der Staatsfinanzierung siehe S. 136 ff.). Zugrunde lag dieser Bemerkung offenbar die Lehre des damaligen Richters Gerhard Leibholz von der Einheit von Parteien und Staat, die inzwischen auch vom Gericht selbst verworfen wird (siehe S. 94 f.). Das Gericht nannte auch keinerlei Grenzen oder verfahrensmäßige Vorkehrungen für die Staatsfinanzierung.

Die Folge war, dass die Regierungsparteien sogleich einen Betrag für die Parteienfinanzierung in den Bundeshaushalt einstellten und diesen in den nächsten Jahren gewaltig steigerten, bevor das Bundesverfassungsgericht 1966 dem Haushaltsgeber in den Arm fiel.[50]

Fraktionsfinanzierung

1966 segnete das Gericht nebenbei und in knapper Form die Finanzierung von Fraktionen ab, auch hier, ohne irgendwelche verfahrensmäßigen Anforderungen zu verlangen. Eine Grenze sah das Gericht zwar in den »Bedürfnissen der Fraktionen«,[51] wobei es die Aufgaben der Fraktionen in der fraktionsinternen Koordination sah.[52] Der Bedarf erscheint aber objektiv kaum bestimmbar und deshalb, jedenfalls inhaltlich, kaum überprüfbar.

Auch hier nutzten die Fraktionen den gerichtlichen »Persilschein« und erhöhten die Staatsfinanzierung allein der Bundestagsfraktionen von 3,4 Millionen DM (1966) auf 84,3 Millionen Euro im Jahr 2016. Eine Korrektur steht noch aus.

Dass die Zuschüsse eigentlich nur für die fraktionsinterne Koordination bestimmt sind, wie das Gericht 1989 noch einmal bestätigte (und diesmal nicht nur als Nebenbemerkung),[53] wurde ignoriert. Deshalb dürfen Fraktionen von Verfassungs wegen eigentlich keine Öffentlichkeitsarbeit finanzieren (siehe S. 145–147).

Der Bundestag jedoch hat die Öffentlichkeitsarbeit der Fraktionen im Abgeordnetengesetz sogar ausdrücklich gestattet.[54] Auch die verfassungsrechtlich gebotene regelmäßige Prüfung der Fraktionen durch den Bundesrechnungshof und ihre Veröffentlichung im jährlichen Prüfungsbericht, die beide »nach den gleichen verfassungsrechtlichen und haushaltsrechtlichen Maßstäben wie bei anderen Etatmitteln auch« vorzunehmen sind,[55] erfolgen nicht.[56] Von der Prüfung wird zum Beispiel die »Erforderlichkeit« der Aktionen der Fraktionen ausgenommen.[57]

Stiftungen
Den parteinahen Stiftungen hatte das Gericht 1966 keine Grenzen gesetzt, ja, es hatte sie in dem damaligen Urteil gar nicht erwähnt, sodass die Parteien sich nicht gehindert sahen, deren staatliche Zuwendungen nach dem Verbot der allgemeinen staatlichen Parteienfinanzierung massiv auszuweiten. Diese Entwicklung segnete das Gericht dann mit seinem Stiftungsurteil von 1986 ausdrücklich ab und »adelte« die Globalzuschüsse, indem es die Auffassung der klagenden Grünen zurückwies, darin verberge sich eine verdeckte staatliche Parteienfinanzierung.[58]

Die Folge war ein umso rasanteres Ansteigen der Globalzuschüsse, die der Bundestag von 1986 bis 1991 verdoppelte: von 103,7 Millionen (1986) auf 207,5 Millionen DM (1991).[59] (Zu den heutigen Zahlungen an die Parteistiftungen siehe S. 161).

Die Grünen wurden nach ihrem erfolglosen Angriff auf die Stiftungsfinanzierung schließlich durch Einbeziehung in die Finanzierung ruhiggestellt. Ähnlich erging es den Linken. Das Gericht ließ sie allerdings viele Jahre lang »schmoren«, ohne über ihre Klagen zu entscheiden, bis diese sich schließlich durch Einbeziehung der Linken in die Stiftungsfinanzierung erledigten.[60]

Mit einem weiteren Urteil, gleichfalls von 1986, hatte das Gericht, zur Überraschung von Wissenschaft und Praxis, die bis dahin von ihm selbst eng gesteckten Grenzen für den steuerlichen Abzug von Spenden massiv gelockert und zusätzlich auch den sogenannten Chancenausgleich abgesegnet. Die unerwartete Großzügigkeit ermutigte den Gesetzgeber 1988, Spenden bis zu 100 000 Euro für steuerbegünstigt zu erklären, den Chancenausgleich noch auszuweiten und zusätzlich einen Sockelbetrag einzuführen.

Zwar hat das Gericht dann 1992 die schlimmsten Auswüchse wieder beseitigt. Das erreichte Niveau der Staatsfinanzierung hat es jedoch verfassungsrechtlich anerkannt, indem es die Obergrenze danach ausrichtete und es ermöglichte, die Obergrenze entsprechend der Preisentwicklung anzuheben.

Diäten

Auch das Diätenurteil von 1975 zeitigte fatale Folgen. Das Gericht hatte darin zwar die bisherigen Privilegien, vor allem die Steuerfreiheit der Entschädigung, für verfassungswidrig erklärt, aber gleichzeitig eine sogenannte Vollalimentierung von Bundestagsabgeordneten vorgesehen und wieder versäumt, klare Grenzen für die in eigener Sache entscheidenden Parlamente zu ziehen. Im Ergebnis hatte es damit gleich eine mehrfache Anstoßwirkung entfaltet.

Der vom Gericht in Abänderung des Grundgesetzes, welches nur einen Anspruch auf eine »Entschädigung« gibt,[61] eingeführte Anspruch von Bundestagsabgeordneten auf eine Vollalimentation wurde sogleich realisiert, auch in den Ländern, für welche das Urteil gar nicht gemeint war. Das führte im Bund zu einer Verdoppelung der Entschädigung im Jahr 1977.[62] Zugleich wurde eine rein staatsfinanzierte Altersversorgung eingeführt, obwohl das Gericht wiederholt festgestellt hatte, die Entschädigung habe die Abgeordneten nur »während der Dauer ihrer Zugehörigkeit zum Parlament« wirtschaftlich zu sichern.[63] Willi Geiger, der Berichterstatter im Diätenverfahren, nannte es denn auch einen »Abusus«, »mit der Abgeordnetentätigkeit eine staatliche Alterssicherung in Gestalt einer Abgeordnetenpension zu verbinden«.[64] Die Regelung verschafft Bundestagsabgeordneten heute immer noch pro Jahr der Parlamentszugehörigkeit mehr als siebenmal so viel

Pension wie der Durchschnittsverdiener pro Arbeitsjahr an Rente erhält. Die Überhöhung wird daran deutlich, dass das Gehalt eines Bundestagsabgeordneten lediglich dreimal so hoch ist wie das des Durchschnittsverdieners.[65]

Das Gericht hatte im Diätenurteil auch eine Pauschalierung der Kostenerstattung gestattet. Der Bundestag hat die allgemeine Kostenpauschale aber aufgebläht – sie beträgt seit dem 1. Januar 2016 monatlich 4305 Euro – und damit für viele Abgeordnete zu einem Zusatzeinkommen gemacht (siehe S. 117 ff.). 1978 hatte das Gericht noch einmal versucht, das 1975 Gemeinte klarzustellen,[66] um der überzogenen Pauschale entgegenzuwirken – vergebens.

In den Flächenländern nutzten die Parlamente das Diätenurteil zur Einführung einer Vollalimentation mit üppiger Altersversorgung, deren sachliche Berechtigung äußerst zweifelhaft und jedenfalls nicht aus dem Urteil zu entnehmen ist.[67] Die Diäten von Landtagsabgeordneten, die früher lediglich einen Bruchteil von Bundestagsdiäten ausgemacht hatten, reichen nun vielfach fast an diese heran. Willi Geiger machte seinem Entsetzen darüber folgendermaßen Luft: »Vollständig unerfindlich ist die Selbstverständlichkeit, mit der die Landtage davon ausgehen, die Tätigkeit ihrer Mitglieder sei als ›Full-time-Job‹ zu qualifizieren. Aus dem Urteil des Bundesverfassungsgerichts lässt sich das nicht herauslesen.«[68]

Ähnlich hatte sich bereits der Landtag Baden-Württemberg im Diätenverfahren vor dem Bundesverfassungsgericht geäußert. Auf die Frage des Gerichts, ob Abgeordnete in den Landesparlamenten ihre volle Arbeitszeit benötigen, wenn sie das Amt gewissenhaft ausfüllen wollen, hatte er erwidert: Für die Tätigkeit des Landtagsabgeordneten könne keinesfalls angenommen werden, sie sei zu einem den vollen Einsatz der Arbeitskraft fordernden Beruf geworden. Die Mehrzahl der Abgeordneten übe neben dem Mandat einen Beruf aus und bezöge hieraus ihren Lebensunterhalt. Der Anteil derer, die neben ihrer Abgeordnetentätigkeit ihren Beruf nicht weiterführen können, liege in allen Landtagen unter 15 Prozent, wobei allerdings die Angehörigen des öffentlichen Dienstes nicht mitgezählt seien, weil sie ihre Berufstätigkeit nicht wegen ihrer Belastung durch das Mandat, sondern kraft der Inkompatibilitätsvorschriften einstellen müssten.

Diesen Ausführungen hatten sich damals die Landtage von Bayern, Hessen, Niedersachsen, Nordrhein-Westfalen, Rheinland-Pfalz sowie das Berliner Abgeordnetenhaus angeschlossen.[69] Auch Bundespräsident Walter Scheel (1974–1979) äußerte sein völliges Unverständnis darüber, was die Landesparlamente aus dem Diätenurteil gemacht hatten.[70]

Da das Verfassungsgericht gleichzeitig den Bezug privater Einkommen unbegrenzt zulässt und Abgeordnete keinerlei konkreten Dienstpflichten unterworfen sind, genießen sie eine einzigartig privilegierte Stellung: Sie werden staatlich voll bezahlt und versorgt, können aber gleichzeitig einen privaten Beruf ausüben und daraus ohne jede Verrechnung ein Zweiteinkommen in unbegrenzter Höhe beziehen. Die Existenz dieses Privilegs und die dadurch bewirkte Gefährdung der eigentlichen Mandatstätigkeit rechtfertigen immerhin gewisse Anforderungen an die privaten Einnahmen, etwa dass sie und ihre Quelle bekannt werden, damit problematische Zahlungen offenbar und – per Vor- oder Nachwirkung der Veröffentlichung – bis zu einem gewissen Grad auch unterbunden werden (siehe S. 102 ff.).

Ignoriert wurde der Hinweis des Gerichts auf die Doppelalimentation von Abgeordneten, die gleichzeitig Regierungsmitglieder, Parlamentarische Staatssekretäre oder Hochschullehrer sind, und das Verbot, sie besser als die einschlägige beamtenrechtliche Regelung zu stellen.[71] Im Verhältnis von Parlament und Exekutive besteht ohnehin die paradoxe Situation, dass für Angehörige des öffentlichen Dienstes Inkompatibilität gilt, nicht aber für ihre obersten Dienstherrn, die Minister, obwohl die Gefahr des Interessenkonflikts bei ihnen noch größer ist als bei ihren Untergebenen.

Das im Diätenurteil von 1975 ebenfalls aufgestellte Verbot von Interessentenzahlungen[72] wurde lange nur scheinbar realisiert,[73] und das grundsätzliche Verbot von Funktionszulagen[74] wird umgangen, indem die Zahlungen aus den vorher in eigener Sache bewilligten öffentlichen Mitteln der Fraktionen geleistet werden (siehe S. 123 f.).

Ausschöpfen und Überschreiten der Grenzen

Insgesamt zeigt sich, dass die Parteien im Parlament nicht nur alle Möglichkeiten voll auszuschöpfen pflegen, welche ihnen das Gericht eröffnet, sondern oft noch darüber hinaus gehen. Sie sind, wie Hans Meyer bestätigt, geneigt, »Spielräume auch dort anzunehmen, wo die Verfassung keine kennt, und ihre Interessen auch dort durchzusetzen, wo die Verfassung [...] es ihnen nicht erlaubt«.[75]

Ein Beispiel ist die absolute Obergrenze, die eigentlich nur das markieren soll, was »äußerstenfalls«[76] von Bund und Ländern an staatlicher Parteienfinanzierung gewährt werden darf, die die Parteien im Parlament aber sogleich als voll auszuschöpfendes Normalmaß umgedeutet haben (siehe S. 141 ff.).

Das Gericht ließ auch die sogenannten Parteisteuern unangetastet und erwähnte sie 1992 im Zusammenhang mit der Beurteilung des Chancenausgleichs,[77] ohne dort ihre Verfassungswidrigkeit festzustellen. Darin sehen die Schatzmeister der Parteien eine Bestätigung ihrer Auffassung, dass Parteisteuern verfassungsmäßig seien. Sie dienen jetzt – genau wie Mitgliedsbeiträge und kleinere Spenden – als Grundlage staatlicher Zuwendungen. Diese sollen aber die Verwurzelung der Parteien in der Gesellschaft zum Ausdruck bringen,[78] wovon bei den Parteisteuern nicht die Rede sein kann.

Der Sperrklinken-Effekt

Das Gericht entscheidet regelmäßig nicht mit Rückwirkung, nicht einmal mit Wirkung ab Anhängigkeit des Verfahrens bei Gericht, sodass die politische Klasse das in der Vergangenheit verfassungswidrig Erlangte behält beziehungsweise das dem Kläger verfassungswidrig Vorenthaltene nicht nachgezahlt wird.[79]

Selbst für die Zukunft wird das einmal erreichte Niveau der Politikfinanzierung vom Gericht nicht zurückgedreht, sondern regelmäßig aufrechterhalten. Dieser Sperrklinken-Effekt war sogar dann zu beobachten, wenn das Gericht die Regelung für verfassungswidrig erklärt hatte.

So erhielt das Gericht 1966 das erreichte Niveau der staatlichen Parteienfinanzierung im Wesentlichen aufrecht, obwohl es die allgemeine Staatsfinanzierung, mittels derer das Niveau erreicht worden war, für verfassungswidrig erklärt hatte.

So verteilte der Bundestag die Vorauszahlungen für die Wahlkampfkostenerstattung über die ganze Wahlperiode und machte sie faktisch zu einer laufenden staatlichen Parteienfinanzierung, obwohl das Gericht eine solche 1966 verboten hatte.[80] »Durch das als Nadelöhr gedachte Schlupfloch, das das Gericht in früherer Rechtsprechung in der Mauer des generellen Verbots staatlicher Finanzierung der politischen Parteien gelassen hatte, [wurden] ganze Kamelherden durchgetrieben und die These von der bloßen Wahlkampffinanzierung ad absurdum geführt.«[81] Dennoch wurde die Neuregelung vom Bundesverfassungsgericht akzeptiert[82] und stattdessen nur eine relative[83] und eine absolute[84] Obergrenze gezogen, auch wenn sie damals noch nicht so bezeichnet wurden.

1992 erhielt das Gericht das Niveau ebenfalls aufrecht, obwohl es den Chancenausgleich und den Finanzierungssockel, mittels deren das Niveau erreicht worden war, für verfassungswidrig erklärt hatte.

Lange Prozessdauer: Verschärfung der Probleme

Die Wirkung des Sperrklinken-Effekts wurde durch die bisweilen sehr lange Dauer der Gerichtsprozesse noch verstärkt:
- Das Verfahren zum Urteil von 1966 war seit gut einem Jahr beim Gericht anhängig.
- Das Verfahren, das zum Urteil von 1992 führte, war seit drei Jahren anhängig.

- Die Verfahren der Linken zu den parteinahen Stiftungen waren seit Anfang der Neunzigerjahre viele Jahre lang in Karlsruhe anhängig, ohne dass es zu einer Entscheidung des Gerichts kam. Sie erledigten sich erst im April 1999 durch Rücknahme der Klagen, nachdem auch der Rosa-Luxemburg-Stiftung der Linken öffentliche Mittel in Aussicht gestellt worden waren.[85]
- Für das Urteil betreffend die Funktionszulagen im Thüringer Landtag vom 21. Juli 2000 (siehe S. 126) benötigte das Gericht neun Jahre. Das Verfahren war 1991 beim Bundesverfassungsgericht anhängig geworden.[86]
- Einer zweiten Klage, die gegen zahlreiche Regelungen des Abgeordnetengesetzes von Rheinland-Pfalz, darunter auch die Funktionszulagen, gerichtet war, hatte der Mainzer Landtag, kurz vor Ende des neun Jahre dauernden Gerichtsverfahrens, die Zulässigkeitsgrundlage entzogen, indem er die Landesverfassung so änderte, dass nunmehr der rheinland-pfälzische Staatsgerichtshof für derartige Verfahren zuständig wurde. Die Verfassungsänderung trat am 18. Mai 2000 in Kraft, am 21. Juli 2000 erklärte das Bundesverfassungsgericht, die Klage sei dadurch unzulässig geworden, und verwarf sie ohne Sachentscheidung (S. 128 ff.).[87]

Autoritätsverlust der Rechtsprechung durch Zickzackkurs

Im Bestreben, alle Möglichkeiten der Staatsfinanzierung voll auszuschöpfen, sind die Parlamente oft bereit, verfassungsrechtliche Risiken in Kauf zu nehmen. Dazu wurden sie auch dadurch ermutigt, dass das Gericht seine Rechtsprechung in Sachen staatliche Politikfinanzierung wiederholt abrupt geändert hatte.

So schränkte das Gericht seine 1958 (mit Leibholz) nebenbei, aber vorbehaltlos geäußerte Auffassung, die direkte staatliche Parteienfinanzierung sei verfassungsrechtlich zulässig, im Jahre 1966 (ohne Leibholz, der wegen Befangenheit ausgeschlossen worden war) massiv ein, indem es nur noch die Kosten eines zeitlich eng begrenzten Wahlkampfs für erstattungsfähig erklärte.

Das Gericht lockerte die Einschränkungen 1968 (mit Leibholz) aber wieder teilweise, indem es auch Abschlagszahlungen auf die Wahlkampfkosten guthieß, welche über die gesamte Wahlperiode verteilt waren, also einer allgemeinen Parteienfinanzierung nahekamen.

1987 erklärte das Gericht, Bundestagsabgeordnete hätten kraft Verfassungsrechts keinen Anspruch auf eine volle Alimentation aus der Staatskasse, nachdem es 1975 einen solchen Anspruch noch bejaht hatte.

In seiner Spendenentscheidung von 1986 beseitigte das Gericht die Grenzen, die es selbst dem Gesetzgeber früher gesteckt hatte. Das geschah kurz nachdem Hans Hugo Klein Mitglied des Gerichts geworden war, der wenig zuvor durch entschiedene Kritik an der bisherigen strengen Rechtsprechung des Gerichts zur Steuerbegünstigung von Spenden an Parteien hervorgetreten war. Immerhin hat die massive Kritik am Urteil von 1986 das Gericht schließlich bewogen, bei der steuerlichen Behandlung von Spenden zu seiner ursprünglichen Auffassung zurückzukehren.

Dadurch wurde allerdings der Eindruck einer Zickzackrechtsprechung eher noch verstärkt, sodass sich diejenigen bestätigt fühlen konnten, die schon immer dafür eingetreten waren, es mit der Einhaltung der vom Gericht gezogenen Grenzen nicht allzu genau zu nehmen und die Belastbarkeit des Verfassungsgerichts stets aufs Neue zu testen. Das ist besonders misslich, weil das Gericht trotz allem in der parlamentarischen Demokratie immer noch als Hauptwiderlager gegen eine überzogene Politikfinanzierung gilt. Erst direktdemokratische Elemente könnten ein weiteres wichtiges Gegengewicht schaffen.

Ergebnis: Zwei zurück, drei vor

Das Bundesverfassungsgericht hat die Staatsfinanzierung also oft geradezu angestoßen und ihr den Weg geebnet. Man wird an die Echternacher Springprozession erinnert: Nach zwei durch das Bundesverfassungsgericht erzwungenen Schritten der Parteien zurück folgten häufig drei (und mehr) Schritte nach vorn. Denn die in eigener Sache entscheidenden Parlamente haben die vom Gericht vorgenommenen Anstöße unverzüglich aufgegriffen und die eröffneten Gestaltungsräume voll zu ihren Gunsten ausgeschöpft. Regelmäßig sind sie an die Grenze des verfassungsrechtlich Erlaubten und – in kalkuliertem Risiko – auch darüber hinaus gegangen. Dagegen wurden zahlreiche vom Gericht vorgesehene Einschränkungen ignoriert. Das gilt sowohl für die Parteien-, Fraktions- und Stiftungsfinanzierung als auch für die Finanzierung von Abgeordneten.

Ein solches einseitiges Verhalten wurde der politischen Klasse auch dadurch erleichtert, dass das Gericht ihr jedes Risiko abgenommen hat, indem es selbst in Fällen eindeutiger Verfassungswidrigkeit bisher regelmäßig keine Rückzahlung verlangt hat, der politischen Klasse also sozusagen die für verfassungswidrig erklärte »Beute« belassen hat.

3. Sonstige Kontrollinstanzen

Der Bundespräsident

Generelle Zurückhaltung des Präsidenten

Der Bundespräsident könnte die Kontrolllücken bis zu einem gewissen Grad schließen: Er darf nur verfassungsmäßig zustande gekommene Gesetze unterschreiben,[88] was eine entsprechende Prüfung der Gesetze auf ihre Verfassungsmäßigkeit voraussetzt. Im Gegensatz zu den Gerichten hat der Bundespräsident von Amts wegen tätig zu werden, ohne dass ein Antrag von irgendeiner Seite erforderlich wäre.

Die Präsidenten pflegen sich allerdings zurückzuhalten.[89] Immerhin verweigerten sie seit Bestehen der Bundesrepublik in zehn Fällen die Ausfertigung des Gesetzes wegen dessen Verfassungswidrigkeit.[90] Das mag man im Allgemeinen akzeptieren.[91]

Zweifelhaft wird die Zurückhaltung aber bei der Verfassungskontrolle von Regeln der Macht, die das Parlament in eigener Sache beschlossen hat und deren Fairness und umfassende Akzeptanz für Demokratie und Rechtsstaat zentral sind. Dies könnte ein Bereich sein, der über die sonst meist nur repräsentativen Aufgaben des Bundespräsidenten hinausweist. Ein gesteigertes Augenmerk gerade auf solche Gesetze käme zugleich den beschränkten personellen Kapazitäten des Präsidialamts entgegen.

Die Begründung für die generelle Zurückhaltung des Bundespräsidenten, die Verfassungsprüfung sei primär Aufgabe des Bundesverfassungsgerichts, trifft bei Entscheidungen des Parlaments in eigener Sache, gegen die sich oft nur schwer ein Kläger findet, gerade nicht zu.[92] Zudem können Bundestag oder Bundesregierung im Wege der Organklage stets eine endgültige Entscheidung des Bundesverfassungsgerichts herbeiführen, wenn der Bundespräsident die Ausfertigung verweigert, sodass dem Bundesverfassungsgericht die Letztentscheidung verbleibt.

Aber auch insoweit tragen die Bundespräsidenten bisher nicht dazu bei, das gerade hier bestehende Prüfungsdefizit zu verringern. Selbst Richard von Weizsäcker unterschrieb Anfang 1994 das neue Parteiengesetz, obwohl dieses gegen die verfassungsrechtlichen Mindestanforderungen verstieß, welche die von ihm berufene Sachverständigenkommission – unter Hinweis auf das Urteil von 1992 – aufgezeigt hatte.[93] Die heftige Reaktion der politischen Klasse auf seine Parteienkritik hatte ihm wohl den Schneid abgekauft.[94] Seine Halbherzigkeit wurde in der Presseerklärung ganz deutlich, mit welcher er die Ausfertigung des Gesetzes begleitete und in der er auf die zahlreichen verfassungsrechtlichen »Zweifelsfragen« ausdrücklich hinwies.

Keine Fristen für Bundespräsident und Bundesregierung

Da – im Unterschied zur Ausfertigung von Gesetzen in mehreren Bundesländern[95] – keine Frist für die Ausfertigung durch den Bundespräsidenten vorgesehen ist, kann die Rechtsverwirklichung sogar empfindlich hinausgezögert werden. So benötigte Bundespräsident Joachim Gauck drei Monate, um das vom Bundestag in kaum mehr als einer Woche durchgezogene Gesetz mit der Dreiprozentklausel für Europawahlen (siehe S. 51 f.) im Herbst 2013 schließlich zu unterschreiben, was die gerichtliche Klärung hinausschob und die Wahlvorbereitungen kleiner Parteien zusätzlich erschwerte: Sie mussten, da es durch diese Verzögerung erst später zum Urteil des Bundesverfassungsgerichts kam, unzumutbar lange unter dem Damoklesschwert der Sperrklausel leiden.

Ebenso wenig gibt es eine konkrete Frist für die Gegenzeichnung durch die Bundesregierung, welche der Ausfertigung und Verkündung des Gesetzes durch den Bundespräsidenten vorausgehen muss. Auch die Regierung hat die Verfassungsmäßigkeit zu prüfen. Da sie der Bundestagsmehrheit parteipolitisch verbunden ist, ist sie aber regelmäßig erst recht nicht geneigt einzuschreiten.

Dass auch der Prozess der Gegenzeichnung das Verfahren erheblich verzögern kann, zeigte die Novelle zum Abgeordnetengesetz, welche der Bundestag im Februar 2014 beschlossen hatte (siehe S. 40 ff.) und die, wie Rückfragen bei Bundesregierung und Präsidialamt ergaben, die Bundesregierung kurz vor der Europawahl am 25. Mai 2014 dem Bundespräsidenten immer noch nicht zugestellt hatte. Ging es dabei wirklich nur um die Behebung einer Unklarheit im Gesetz, wie die Regierung behauptete, oder fürchtete die Berliner Politik, dass die Diskussion um die Erhöhung der Bundestagsdiäten um 830 Euro monatlich, die je zur Hälfte zum 1. Juli 2014 und zum 1. Januar 2015 erfolgen sollte, vor der Europawahl erneut aufbrechen könnte? Von der Erhöhung profitierten nämlich auch diejenigen deutschen EU-Parlamentarier, die bei Einführung der einheitlichen Bezahlung von Europaabgeordneten im Jahr 2009 für die Fortgeltung des deutschen Abgeordnetengesetzes optiert hatten,[96] darunter auch der Spitzenkandidat der SPD, Martin Schulz. Oder sollte die Regierung mit der Gegenzeichnung vielleicht doch wegen der mehrfachen Verfassungswidrigkeit des Gesetzes gezögert haben (siehe wiederum S. 40 ff.)?

Geheimverfahren

Selbst dann, wenn erhebliche verfassungsrechtliche Zweifel bestehen, findet das in der Verantwortung der Regierung und des Bundespräsidenten liegende Verfahren unter Ausschluss der Öffentlichkeit statt. Und das, obwohl es wesentlicher Teil des Gesetzgebungsverfahrens ist und obwohl ansonsten im Gesetzgebungsverfahren der Grundsatz der Öffentlichkeit gilt. Der Bundestag[97] und der Bundesrat[98] müssen öffentlich verhandeln (auch wenn sie dazu neigen, dieses Gebot bei Entscheidungen der Politik in eigener Sache immer wieder zu umgehen).

Der Abschluss des Verfahrens der Gesetzgebung in Regierung und Präsidialamt stellt dagegen eine Art *black box* dar. Was dort vor sich geht, welche Stellungnahmen und Gutachten angefordert werden, warum eine Verzögerung eintritt und warum der Präsident so oder so entscheidet, bleibt grundsätzlich geheim. Selbst das Informationsfreiheitsgesetz gilt, jedenfalls für das Bundespräsidialamt, als nicht anwendbar.[99] Die Nichtausfertigung eines Gesetzes pflegt das Amt zwar in einer Presseerklärung mehr oder weniger ausführlich zu begründen. Eine Verpflichtung dazu wird aber nicht anerkannt.

Auch zur Ausfertigung des Dreiprozentgesetzes bei Europawahlen gab das Amt eine knappe »Begründung«: Nun könnten kleinere Parteien einfacher den Sprung ins Europäische Parlament schaffen als bei der vorher bestehenden Fünfprozentklausel. Dabei ging es gar nicht um die Selbstverständlichkeit, dass die Dreiprozentklausel kleineren Parteien den Einzug ins Parlament erleichtert, sondern darum, ob die Klausel nicht immer noch zu hoch ist und wegen Verfassungswidrigkeit entfallen muss. Das aber – und damit die Verfassungswidrigkeit *jeder* Sperrklausel – hatten tragende Gründe des vorausgegangenen Fünfprozenturteils bereits ergeben.[100]

Die extreme Geheimhaltung erscheint, jedenfalls mit dem gesteigerten Öffentlichkeitsgebot bei Entscheidungen des Bundestags in eigener Sache, schwerlich vereinbar.

Kontrolle durch Öffentlichkeit und Sachverstand

Sachverständige

Das Dilemma

Vor dem Hintergrund der ambivalenten Rolle des Bundesverfassungsgerichts und der Zurückhaltung von Bundespräsidenten erscheint die öffentliche Kontrolle, die schon das Diätenurteil beschworen hatte,[101] besonders wichtig, zumal die Öffentlichkeit – neben den rechtlichen – auch politische Kriterien anlegen kann. Ihre Wirkung könnte durch Einbeziehung objektiven Sachverstandes noch verstärkt werden, was der Zweite Senat dem Gesetzgeber im Parteienfinanzierungsurteil von 1992 auch nahegelegt hatte.[102]

Das Dilemma besteht allerdings darin, dass das Parlament seine Kontrolleure selbst auswählt und dabei wiederum »gewissermaßen in eigener Sache« entscheidet. Dann liegt die Versuchung nahe, genehme Personen als Sachverständige zu bestellen, um ein Gefälligkeitsgutachten zu erhalten. Dafür gibt es viele Beispiele,[103] etwa die schon erwähnte Schmidt-Jortzig-Kommission (siehe S. 40 ff.) über Abgeordnetendiäten, die der Ältestenrat des Bundestags überwiegend mit ehemaligen Ministern, Parlamentarischen Staatssekretären, Abgeordneten und anderen bundestagsnahen Personen besetzt hatte.[104] Ihr Bericht diente dem Bundestag als Vorlage für das Gesetz, mit dem er die Erhöhung der Diäten und der Altersversorgung um 10 Prozent durchzog, für den 1. Juli 2016 eine automatische Erhöhung einführte, Zulagen für Ausschussvorsitzende beschloss und alle bisher schon bestehenden Verfassungswidrigkeiten beibehielt.[105]

Wenn Sachverständige aber wirklich durchgreifende Reformvorschläge machen, wie zum Beispiel die von Richard von Weizsäcker 1992 berufene Parteienfinanzierungskommission unter dem Vorsitz des ehemaligen Präsidenten des Bundesverwaltungsgerichts Horst Sendler (neben den Staatsrechtslehrern Klaus Stern und Hans-Peter Schneider gehörte auch der Verfasser dieser Kommission an),[106]

müssen sie damit rechnen, dass die Parteien sie öffentlich diskreditieren, sie etwa »eine Laienspielschar« schimpfen, um die Realisierung
ihrer Empfehlungen von vornherein ablehnen zu können.
Sachverständige stehen somit vor einem Dilemma: Vorschläge,
die den Eigeninteressen der Mächtigen widersprechen, werden niedergemacht. Deshalb sind sie leicht versucht, den Auftraggebern von
vornherein nach dem Munde zu reden, zumal ja ohnehin mit Vorliebe Experten ausgewählt werden, die sich kaum querstellen.[107]

Kontaminierter Sachverstand
Die Schlagseite zugunsten der etablierten politischen Kräfte setzt
sich fort in Fachaufsätzen von Autoren, die selbst Politiker sind oder
waren, die der Parlaments- oder Fraktionsverwaltung angehören
oder sich sonst die Perspektive der politischen Klasse zu eigen gemacht haben. Einer von ihnen, der Bundestagsabgeordnete und Parlamentarische Staatssekretär Günter Krings, bezeichnet die vielen die
offizielle Sicht propagierenden Parlamentsjuristen sogar als das allein
relevante »verfassungsdogmatische Schrifttum«.[108] In Wahrheit erweist sich die Kontaminierung des Fachdiskurses durch parteiliche
Autoren immer mehr als zentrales Problem.
Ein jüngst erschienener, 815 Seiten umfassender Kommentar
zum Abgeordnetengesetz wird von Autoren herausgegeben, die bereits in der Schmidt-Jortzig-Kommission mitgewirkt haben;[109] fünf
der zwölf Autoren stehen in den Diensten einer Parlamentsverwaltung, einer gehört der Innenverwaltung an. In diesem Buch wird –
unter vielfachem Bezug auf einen früheren Kommentar von Angehörigen der Bundestagsverwaltung[110] und den Bericht der Schmidt-
Jortzig-Kommission – die Sicht der Parlamente und ihrer Verwaltungen verbreitet, und hier gilt vielfach der Erfahrungssatz: Wer die
Macht hinter sich weiß, braucht nicht oder nur vordergründig zu ar-
gumentieren.
So wird, um ein Beispiel zu nennen, behauptet, mit der Bewilligung von Mitteln für Abgeordnetenmitarbeiter bloß in einem Titel
des Haushaltsplans sei »den vom Bundesverfassungsgericht aufge-

stellten Anforderungen an die Transparenz der Entscheidungsfindung hinreichend Genüge getan«.[111] Eine Begründung oder Auseinandersetzung mit anderen Ansichten fehlt. Zum Beleg wird lediglich das Diätenurteil des Bundesverfassungsgerichts angeführt, aus dem sich aber das genaue Gegenteil ergibt (siehe S. 112 ff., 177 f.). In Wahrheit läuft die Bewilligung bloß im Haushaltsplan geradezu auf einen Ausschluss der öffentlichen Kontrolle hinaus, sodass auch gewaltige Erhöhungen ohne viel Aufhebens beschlossen werden. Das zeigt etwa die Erhöhung der Globalzuschüsse für parteinahe Stiftungen um 16 Millionen Euro 2014 und die Erhöhung der Mittel für Mitarbeiter von Bundestagsabgeordneten um 30 Millionen Euro für 2016 (siehe S. 31 ff.). In Herausstellung der formalen Beschlussfassung des Bundestags blendet der Autor die Wirklichkeit des Zustandekommens der Bewilligung völlig aus.

Das ist kein Einzelfall. Für die Wiedergabe der Parlamentssicht ohne tiefere Begründung sei ein weiteres Beispiel genannt. Hier behauptet der Autor, Einkommenszulagen für Fraktionsfunktionäre seien im Bundestag grundsätzlich zulässig.[112] Mit der gefestigten Rechtsprechung des Bundesverfassungsgerichts ist das nicht vereinbar.[113] Die 15-prozentige Zulage für Ausschussvorsitzende, die der Bundestag 2014 ins Abgeordnetengesetz geschrieben hat, ist verfassungswidrig.[114]

Ein anderer Autor des Buches segnet auch Zulagen *aus der Fraktionskasse* verfassungsrechtlich ab. Zum Beleg werden Urteile des Hamburgischen Verfassungsgerichtshofs und des Bremer Staatsgerichtshofs angeführt,[115] obwohl diese auf den vollalimentierten Bundestag gar nicht passen, weil sie sich ausdrücklich nur auf Landesparlamente mit Teilalimentation beziehen und diese vom grundsätzlichen Verbot von Funktionszulagen von vornherein nicht erfasst sind (siehe S. 120).

In dem 2015 erschienenen, 1846 Seiten umfassenden Handbuch *Parlamentsrecht*[116] hat man die Kommentierung der Finanzierung der Abgeordneten dem ehemaligen Bundestagsabgeordneten Dieter Wiefelspütz und die der Fraktionen dem Bundestagsabgeordneten und Parlamentarischen Staatssekretär Günter Krings anvertraut. In beiden Abschnitten propagiert das Buch, das ohne die Abnahmegarantie des Bundestags nicht zustande gekommen wäre,[117] die offizielle Sicht des Bundestags. Wiefelspütz übernimmt die Auffassung von Klein von der angeblichen rechtlichen Irrelevanz von Entscheidungen des Parlaments in eigener Sache.[118] Das Abgeordnetengesetz von 2014 sucht er mit Hinweis auf den Bericht der Schmidt-Jortzig-Kommission zu rechtfertigen.[119] Das problematische Thema Abgeordnetenmitarbeiter übergeht er völlig, und zur angeblichen Verfassungsmäßigkeit der Kostenpauschale verweist er auf die Argumentation des Bundestags; ihre Steuerfreiheit sucht er, wie der Schmidt-Jortzig-Bericht, mit Entscheidungen des Bundesfinanzhofs und des Bundesverfassungsgerichts[120] zu begründen, die das in Wahrheit aber gar nicht hergeben.[121]

Günter Krings vertritt hinsichtlich der Fraktionen ebenfalls ganz uneingeschränkt die Sicht des Bundestages,[122] und das scheint eine genaue Analyse zu erübrigen. Krings behauptet zum Beispiel, bei Bewilligung der Fraktionsmittel, sei »die größtmögliche Transparenz gewährleistet«.[123] In Wahrheit blickt er selbst nicht durch und erbringt so unbeabsichtigt den Beweis für die Intransparenz des ganzen Verfahrens. Krings meint nämlich, der Umfang der Fraktionsmittel ergebe sich aus dem Gesamtplan des Haushalts, und nennt ausdrücklich dessen Fundstelle im Bundesgesetzblatt. Das ist aber falsch: Der im Gesetzblatt als Anlage zum Haushaltsgesetz abgedruckte Gesamtplan enthält die einzelnen Titel und damit auch die Bewilligung für Fraktionen gerade nicht. Der von Krings aus dem Gesamtplan entnommene Betrag von 94,821 Millionen Euro gibt deshalb, anders als Krings meint,[124] nicht die Zuschüsse an Fraktionen im Jahre 2014 wieder, sondern enthält auch eine Reihe von Zuschüssen an ganz andere Adressaten.[125] Krings erwähnt des Weiteren zwar das Wüppesahl-Urteil des Bundesverfassungsgerichts, unterschlägt aber, dass Öffentlichkeitsarbeit der Fraktionen und die Beschränkung der Prüfung durch den Rechnungshof dem Urteil widerspricht.[126]

Aktivierung der öffentlichen Kontrolle

Dass auch durch Aktivierung der Öffentlichkeit einseitige »Selbstbedienung« erfolgreich bekämpft werden kann, hat eine Reihe von
Fällen gezeigt. Beispiele sind das Zufallbringen der Anfang der Achtzigerjahre nach Auffliegen der Flick-Affäre geplanten Amnestie, die
1995 gescheiterte Änderung des Diätenartikels des Grundgesetzes
sowie die Beseitigung aberwitziger Diäten- und Versorgungsrege-
lungen etwa in Hessen, in Hamburg und im Saarland (siehe S. 45 ff.
und 56 ff.).

Die bayerische Verwandtenaffäre
Voraussetzung dafür, dass Sachverstand eine durchschlagende Kon-
trollwirkung entfalten kann, ist, dass er sich mit der Öffentlichkeit,
sprich: den Medien »verbündet«. Das sei am Beispiel der sogenannten bayerischen Verwandtenaffäre vom Jahre 2013 aufgezeigt (siehe
auch schon S. 52 ff.).

Die Vetternwirtschaft bayerischer Landtagsabgeordneter war bereits 2011 in wissenschaftlichen Veröffentlichungen[127] und einem
darauf beruhenden Zeitungsbeitrag[128] kritisiert worden, auch die Beschäftigung von Geschwistern und von Ehegatten und Kindern in
sogenannten Altverträgen. Die Arbeiten hatten dem Bayerischen
Landtag vorgelegen. Eine Reaktion blieb allerdings aus, obwohl die
Landtagspräsidentin Barbara Stamm einen einschlägigen Fachauf-
satz allen Abgeordneten hatte zugehen lassen. Darüber existiert auch
ein Briefwechsel mit Peter Worm, dem Landtagsdirektor, in welchem
dem Landtag vorgehalten worden war, die bayerischen Regelungen
seien »in hohem Maße anfechtbar« und müssten »alsbald korrigiert«
werden. Die Antwort waren Beschwichtigungen.

Der Vorgang bestätigt, dass sich Politiker, wenn sie in eigener Sache entscheiden, durch akademisch zurückhaltende, in Fachzeit-
schriften oder einzelnen Presseartikeln geäußerte Kritik nicht von
missbräuchlichen Zugriffen auf die Staatsfinanzen abbringen lassen.
Eine Chance, Politiker zur Beseitigung von Missständen zu bewegen,

die sie selbst zu verantworten haben, hat offenbar allenfalls eine Kritik, die sich an eine breite Öffentlichkeit wendet und – wenn sie in Form einer Buchveröffentlichung erfolgt – unter einem deftig formulierten Titel Aufmerksamkeit generiert. So geschah es auch hier.[129] Dennoch mussten einige Umstände hinzukommen, um der Kritik die erforderliche Durchschlagskraft zu verleihen. Das Buch war am 15. Mai 2013 vorgestellt worden – in Berlin, weil die Münchner Landespressekonferenz das Thema »verschlafen« hatte und von ihr deshalb keine große Unterstützung zu erwarten war. Eine bayerische Korrespondentin des *Spiegel,* dem das Buch vorab angeboten worden war, meinte, darin nichts Berichtenswertes erkennen zu können.

Doch am 17. April 2013, nur zwei Tage nach der Vorstellung in Berlin, berief die Präsidentin des Bayerischen Landtags, Barbara Stamm, überraschend eine Art Gegenpressekonferenz in München ein und versuchte – zusammen mit dem Politikwissenschaftler Prof. Heinrich Oberreuter, dem Vorsitzenden der bayerischen Diätenkommission – die Aussagen des Buches zu bagatellisieren und seinen Autor ins Abseits zu stellen. Das misslang gründlich, vor allem weil die Präsidentin auf die bohrenden Fragen der Journalistin ausgerechnet einer Münchner Boulevardzeitung schließlich einräumen musste, dass es immer noch siebzehn Abgeordnete gab, die – aufgrund einer als Übergangsregelung gedachten Klausel im Abgeordnetengesetz – seit mindestens dreizehn Jahren ihre Ehegatten oder Kinder auf Steuerzahlerkosten beschäftigten, darunter mehrere Mitglieder der Staatsregierung sowie der Vorsitzende der CSU-Fraktion, Georg Schmid, und der Vorsitzende des Haushaltsausschusses, Georg Winter. Beide mussten zurücktreten, und die Regierungsmitglieder gelobten Zurückzahlung. Die entsprechende Klausel wurde beseitigt und das Verfahren bei Bewilligung von Abgeordnetenmitarbeitern verbessert.

Endlich wurde auch die längst überfällige Transparenz der Nebeneinnahmen für bayerische Landtagsabgeordnete hergestellt. Die besonders hohen Gehaltszulagen, welche die CSU-Fraktion ihren Funktionsträgern zahlt, wurden gekürzt (aber nicht beseitigt).

In unmittelbarer Reaktion auf das Buch und die Aufdeckung des Skandals führte auch der Oberste Bayerische Rechnungshof eine Prüfung der Landtagsverwaltung durch und nahm bestimmte Aspekte des finanziellen Status der Abgeordneten ins Visier, wodurch groteske Missbrauchsfälle ans Licht kamen.

Vetternwirtschaft und Transparenz der Nebeneinnahmen waren allerdings nur zwei Zipfel der in dem Buch behandelten Gesamtproblematik, wenngleich auch die am auffallendsten zutage tretenden. Anderes ist komplexer und erschließt sich wohl erst bei einem zweiten, genaueren Blick als Teil einer systematischen »Selbstbedienung«. Diese Komplexität, in deren Schutz sich vieles Problematische verbergen lässt, hatte die bayerische politische Klasse bisher vor »Entdeckung« bewahrt: Immer wieder haben die Abgeordneten aller Fraktionen nach Art eines politischen Kartells einmütig zahlreiche Auswüchse der bayerischen Politikfinanzierung beschlossen und der Öffentlichkeit dabei die eigentlichen »Dollpunkte« bewusst vorenthalten (siehe S. 52 ff.).

Das bayerische Beispiel zeigt deshalb auch die Schwäche dieser Form der Kontrolle: Sie greift zwar bei spektakulärem Missbrauch. Strukturellen Problemen gegenüber pflegt sie dagegen keine große Wirkung zu entfalten, weil diese weniger leicht »greifbar« sind. Und wenn die »zuständigen« Journalisten sie in der Vergangenheit haben durchgehen lassen, sind sie erst recht kaum noch bereit, sie zu thematisieren. Am konkreten Beispiel: Dass ein Abgeordneter sich aus öffentlichen Mitteln eine weit überteuerte Kamera für 6000 Euro angeschafft hatte, fand in den bayerischen Medien sehr viel größere Resonanz als gesetzgeberische Täuschungen beim Erlass des Abgeordneten- oder des Fraktionsgesetzes. Aus verfassungsrechtlicher und allgemein politischer Sicht sind diese aber von viel größerem negativem Gewicht. Sie erscheinen deshalb eher als ein Thema für die gerichtliche Kontrolle.

Die genannten Gesetzgebungsverfahren weisen zahlreiche Parallelen zum Bund auf, insbesondere zum ganzen Komplex der verdeckten Parteienfinanzierung durch Bundestagsfraktionen, Parteistiftungen sowie der Bewilligung und dem Einsatz von Mitarbeitern der

Bundestagsabgeordneten. In Bayern ist es bisher wohl nur deshalb noch nicht zu einer entsprechenden Verfassungsklage (die dort auch als Popularklage möglich ist) gekommen, weil nach den bisherigen Erfahrungen Zweifel an einer ausreichenden Unabhängigkeit des Bayerischen Verfassungsgerichts bestehen[130] und zunächst die Entscheidung des anhängigen Verfahrens auf Bundesebene abgewartet werden soll.

Cornelia Yzer und das Problem der Doppel- und Dreifachbezahlung und -versorgung
Die heutige Berliner Senatorin für Wirtschaft, Cornelia Yzer, war früher in der Bundespolitik aktiv. 1997 wollte sie als Bundestagsabgeordnete ihr Mandat behalten, obwohl sie gerade Hauptgeschäftsführerin eines Pharma-Lobbyverbands geworden war und somit zwei Herren hätte dienen müssen. Ihr Amt als Parlamentarische Staatssekretärin legte sie zwar nieder, wollte aber auf das üppige Übergangsgeld daraus ebenso wenig verzichten wie auf die spätere Kumulation der Altersversorgungen.

Der Wechsel war zunächst in den Medien mitgeteilt worden, ohne die finanzielle Seite zu problematisieren. Erst ein Artikel im *Stern* machte die drohende Dreifachbezahlung und -versorgung zum öffentlichen Thema.[131] Der Beitrag löste einen Medienwirbel aus und zwang Yzer zur Aufgabe des Mandats.

Nachdem derartige Doppelalimentationen in einem vielbesprochenen Buch einer grundsätzlichen Kritik unterzogen worden waren,[132] beseitigte der Bundestag auf Antrag der SPD/Grünen-Mehrheit[133] derartige Auswüchse.[134] Seitdem werden Übergangsgelder von ehemaligen Ministern und Parlamentarischen Staatssekretären, die Abgeordnete bleiben, voll auf ihre Entschädigung angerechnet.[135] Auch von der Pension bleiben nur 20 Prozent, und wenn die Kürzung den Umfang der Abgeordnetenentschädigung erreicht oder überschreitet, wird die ganze Entschädigung gestrichen.[136]

Kontrolle durch Rechnungshöfe?

Ausgehebelt wird sogar die Prüfung durch den Bundesrechnungshof. Der Bundestag verwehrt ihm in rechtswidriger Weise den Zugang zu den Abgeordnetenmitarbeitern,[137] ohne dass der Rechnungshof sich dagegen gerichtlich zur Wehr setzt.[138] Prüft er die Fraktionsfinanzen, wird ihm – im Widerspruch zu einem Urteil des Bundesverfassungsgerichts[139] – durch ein von den Fraktionen gemachtes Gesetz untersagt, die Erforderlichkeit von Fraktionsausgaben zu kontrollieren.[140] Zusätzlich hält der Rechnungshof seine diesbezüglichen Beanstandungen auch noch unter Verschluss,[141] was ebenfalls dem genannten Urteil des Bundesverfassungsgerichts widerspricht.[142]

Durch eine jüngst vorgenommene Einschränkung des Informationsfreiheitsgesetzes hat der Bundestag die Geheimhaltung nun auch noch gesetzlich abgesichert.[143] Da passt es ins Bild, dass an die Spitze des Bundesrechnungshofs mit Vorliebe ehemalige hohe Fraktionsmitarbeiter gewählt werden. So wurde 2014 der Direktor der CDU/CSU-Bundestagsfraktion, Kay Scheller, zum Nachfolger des ausscheidenden Rechnungshofpräsidenten Dieter Engels bestellt.[144] Engels war früher Verwaltungsleiter der SPD-Bundestagsfraktion gewesen (siehe auch S. 70 f.).

Teil 7
Der Fehler liegt im System:
Das Kartell auf dem Weg in den
exzessiven, bürgerfernen Parteienstaat

1. Systemische Fehlentwicklungen

Wesentliche Elemente

Die strukturellen Regeln des Machterwerbs

Aufgrund von Entscheidungen der Politik in eigener Sache haben sich allmählich systemische Strukturen entwickelt, die weit über einzelne Erscheinungsformen etwa der Politikfinanzierung und Ämterpatronage hinausgehen und eine grundsätzliche Abkoppelung der Politik von den Menschen bewirken. In ihrer Gesamtheit führen sie zu der Feststellung, dass das demokratische »Von-unten-System« im Begriff ist, sich zu einem »Von-oben-System« zu wandeln.

Geht man von der parlamentarischen Demokratie der Bundesrepublik aus, so beruht der Marsch in den Parteienstaat auf mehreren Elementen, welche den Parteien die Durchsetzung ihres Regimes erleichtert haben beziehungsweise Ausdruck dieses Regimes sind:

- Die staatliche Parteienfinanzierung gilt als wesentliches »Einfallstor für den modernen Parteienstaat«.[1] Die Bundesrepublik hatte sie 1959 als erstes europäisches Land eingeführt und sie im Lauf von nur dreißig Jahren, so die Feststellung des damaligen Bundespräsidenten Richard von Weizsäcker, auf schlaraffenländisches Niveau gehoben.[2] Die Einführung der Staatsfinanzierung in der Bundesrepublik wäre sogar eine Weltpremiere gewesen, hätten nicht Argentinien und Puerto Rico damals schon eine staatliche Parteienfinanzierung gehabt.[3] Bei der Kritik an überhöhter staatlicher Parteienfinanzierung geht es keineswegs nur darum, den Steuerzahler vor Überzahlungen zu schützen; wichtiger ist es, »den Gesetzgeber vor dem Verfall seiner Autorität zu bewahren«.[4] In der Beeinträchtigung des Ansehens von Parteien und Politikern und in dem dadurch drohenden Verlust ihrer Fähigkeit, »die ihnen von der Verfassung zugewiesenen Aufgaben zu erfüllen«, sieht auch das Bundesverfassungsgericht die größte Gefahr von »Selbstbedienung«.[5] Letztlich handelt es sich um die Deformation des ganzen Systems hin zum exzessiven, bürgerfernen Parteienstaat.

- Die Ämterpatronage[6] zielt ebenfalls darauf ab, Macht und Einfluss der Parteien zu stärken, und trägt im Ergebnis zur Deformation des Systems bei. Der frühere Präsident des Bundesverfassungsgerichts und spätere Bundespräsident Roman Herzog bezeichnete parteipolitische Ämterpatronage als den »wichtigste(n) und zugleich wundeste(n) Punkt in der Diskussion um den Parteienstaat«.[7]

- Die Professionalisierung der Politik lässt eine immer größere Zahl von Personen von der Politik leben. Damit werden sie einerseits von den Parteien abhängig, andererseits prägen ihre Interessen auch die der Parteien, das heißt innerhalb der Parteien dominiert die sogenannte politische Klasse immer mehr.

- Hinzu kommt, dass die Parteien auch fast alle gesellschaftlichen Bereiche durchdringen und ihrem strategischen Denken unterwerfen.[8]

Dabei bilden die rein repräsentative Ausgestaltung, die Verhältniswahl und der Föderalismus in der Ausprägung, die sie in der Bundesrepublik gefunden haben, eine Art Nährboden für die Entwicklung hin zum exzessiven Parteienstaat.

Die Verhältniswahl hat, wie der frühere Bundesverfassungsrichter Ernst Gottfried Mahrenholz formuliert, »die Parteien als ausschlaggebenden Faktor für das politische Leben in Deutschland etabliert«.[9]

Dabei soll uns hier nicht stören, dass die genannten Faktoren von höchst unterschiedlicher rechtlicher Qualität sind: Der Föderalismus ist sogar in der Ewigkeitsnorm des Grundgesetzes festgeschrieben;[10] der Ausschluss direkter Demokratie wird dem Grundgesetzt entnommen; Verhältniswahl und staatliche Politikfinanzierung sind in unterverfassungsrechtlichen Normen geregelt; Ämterpatronage ist dagegen bloß ein (oft rechtswidriges) Faktum. Entscheidend für unser Argument ist, dass es sich durchgehend um die »Regeln des Machterwerbs«[11] handelt; und die von den Parteien beherrschten Parlamente gestalten diese Regeln in ihrem Sinne und sperren sich gegen Änderungen, die ihre Macht begrenzen.

Im Folgenden werden zunächst die Themen Ämterpatronage, staatliche Parteienfinanzierung und Berufspolitiker wieder aufgegriffen (siehe S. 223 ff.), bevor die Rolle von Verhältniswahl und Föderalismus näher behandelt wird (siehe S. 232 ff. und 236 ff). Fragen direkter Demokratie werden in Teil 9 erörtert (siehe S. 318 ff.).

Zersetzung durch Ämterpatronage

Die Parteien durchdringen Sektoren, in denen sie eigentlich nichts zu suchen haben, und durchsetzen die Verwaltung, die Rechtsprechung, die Rechnungshöfe, die Rundfunkanstalten, selbst die Wissenschaft und andere als parteifrei konzipierte Einrichtungen mit Leuten ihres Vertrauens. Das gelingt ihnen zwar nicht immer, aber doch immer öfter. Darin liegt ein schleichendes Gift, dessen Schädlichkeit für den Rechtsstaat und die Demokratie gar nicht überschätzt werden kann (siehe S. 65 ff.).

Die Folgen der Kolonisierungstendenzen der Parteien sind fatal: Wem es nur auf Mehrheiten, Bündnisse und die Festigung des eigenen Status und der eigenen Macht ankommt, dem droht der Anreiz, nach sachgerechten Problemlösungen zu suchen, allmählich abhandenzukommen.

Staatliche Parteienfinanzierung

Wie aufgedunsen der Parteienstaat ist, wird besonders augenfällig bei der staatlichen Parteienfinanzierung. Sie ist Spiegel der Stärke der Parteien und zugleich Mittel, ihre Macht weiter auszubauen. Geld schafft Verfügung über Personal und Ressourcen aller Art. Die deutschen Parteien finanzieren sich inzwischen (unter Einbeziehung der Steuerbegünstigung von Beiträgen und Spenden) zu 60 bis 70 Prozent aus der Staatskasse. Bei den Parlamentsfraktionen, den Abgeordnetenmitarbeitern und den Parteistiftungen, die ihren Mutterparteien jeweils eng zuarbeiten, erreicht die Staatsfinanzierung fast 100 Prozent. Alle zusammen erhalten derzeit aus Steuermitteln rund 1200 Millionen Euro im Jahr und haben sich damit im Vergleich zu anderen westlichen Demokratien in besonders große Nähe zum Staat begeben – mit steigender Tendenz.

Die Subventionen, die allein den Fraktionen des Bundestags zuteilwerden, haben sich in den letzten 48 Jahren ver35facht, 2016 liegen sie bei 84,3 Millionen Euro. Die öffentlichen Gelder für Mitarbeiter von Bundestagsabgeordneten betragen 202 Millionen Euro. Noch sehr viel höher sind die öffentlichen Zuwendungen an die parteinahen Stiftungen, die 2016 fast eine halbe Milliarde Euro erhalten.

Der Wähler kann gegen diese Eigenmächtigkeit nichts unternehmen und wird entmachtet, denn in Sachen Staatsfinanzierung der Parteien, Fraktionen und Stiftungen sprechen sich die etablierten Parteien regelmäßig ab. Welche Partei der Bürger auch wählt, alle Parlamentsparteien sind in das Kartell eingebunden.

Bezahlung und Versorgung von Amtsträgern

Die Selbstbewilligung von Privilegien zeigt sich auch bei der Bezahlung und Versorgung von Amtsträgern. Ein Trend zum vollbezahlten und überversorgten Berufspolitiker ist unübersehbar, auch bei Landtagsabgeordneten. Selbst in einem kleinen und armen Bundesland wie dem Saarland wurden die Mandate zu Fulltimejobs ausgebaut.

Zugrunde liegt die These, das Landtagsmandat müsse eine Vollzeittätigkeit sein. Doch das ist unrichtig,[12] wie Kenner der Situation bezeugen, zum Beispiel Joachim Linck, der frühere Direktor des Thüringer Landtags.[13] Auch der ehemalige Direktor des Niedersächsischen Landtags, Albert Janssen, fragte, wie lange Landtagsabgeordnete ihren zu groß geschneiderten finanziellen Anzug noch vor dem Steuerzahler verbergen können.[14]

Dagegen hält das Hamburger Parlament nach wie vor an der Praxis eines Feierabendparlaments fest, obwohl die dortige Volksvertretung zusätzlich zu den Landes- auch Kommunalangelegenheiten zu bewältigen hat. Diäten und Altersversorgung von Mitgliedern der Hamburger Bürgerschaft betragen rund ein Drittel etwa der Abgeordneten von Thüringen oder des Saarlandes.

Das fatale Muster für die Fehlentwicklung lieferten die Landtage von Bayern (siehe S. 52 ff.) und Hessen (siehe S. 57 ff.).

In der augenblicklichen Situation sinkt das Niveau der Renten normaler Bürger immer weiter ab, und der Rentenbeginn wird immer weiter hinausgeschoben. Vor diesem Hintergrund wird die ausgesprochen üppige Altersversorgung von Abgeordneten, die oft schon vor dem normalen Rentenalter zu laufen beginnt, immer mehr zum öffentlichen Ärgernis. Das ungerechtfertigte doppelte Privileg betrifft vielfach auch Mitglieder von Landesregierungen.[15]

Lähmung der Gewaltenteilung und Schwächung des Parteienwettbewerbs

In der parlamentarischen Demokratie ist die klassische Gewaltenteilung zwischen Regierung und Parlament geschwächt, weil Regierung und Regierungsfraktionen denselben Parteien angehören und deshalb politisch regelmäßig an einem Strang ziehen (siehe S. 26). Im Interesse der Gewaltenteilung müssen Beamte und öffentliche Angestellte, die ins Parlament gewählt werden, ihr Amt zwar ruhen lassen, aber ausgerechnet die Spitzen der Exekutive, die Minister und Parlamentarischen Staatssekretäre, ja selbst die Regierungschefs, haben in Deutschland fast immer auch Sitz und Stimme im Parlament, müssten sich also quasi selbst kontrollieren. Diese Doppelrolle erhöht zwar ihr Einkommen, schwächt aber die Kontrolle der Regierung, zumal die Regierung die Hoffnung vieler ehrgeiziger Abgeordneter auf höhere Ämter zu deren Disziplinierung benutzt.

Da die Kontrolle durch die Parlamente – trotz aller vollmundigen Betriebsamkeit – erlahmt, werden auch diejenigen Kontrolleinrichtungen geschwächt, deren Wirksamkeit vom Aufgreifen durch das Parlament lebt: die Rechnungshöfe und Untersuchungsausschüsse.

Aber auch diejenigen Institutionen, welche die Parteipolitik kontrollieren sollen und deshalb zur parteipolitischen Neutralität verpflichtet sind, sind in ihrer Wirksamkeit gebremst. Denn ihre Mitglieder werden de facto vielfach von den Parteien berufen.[16] Auf die öffentlich-rechtlichen Hörfunk- und Fernsehanstalten ist, wie der frühere Bundesverfassungsrichter Mahrenholz sagte, der flapsige Spruch gemünzt: »cuius regio, eius radio« – »wessen Fürst, dessen Radio«.[17]

Die Gewaltenteilung zwischen Politik und öffentlichem Dienst[18] droht wegen des Einflusses der Parteien auf Bestellung und Beförderungen von öffentlichen Bediensteten ebenfalls zu erodieren, sodass es in kritisch-prekären Bereichen leicht zu einer Symbiose von öffentlichem Dienst, Parteien und Parlamenten kommt. Parteien besitzen eben nicht nur das Quasi-Monopol für die Beschaffung bezahlter Parlamentsmandate, sondern können im Wege der Patronage auch Beamtenkarrieren fördern. Das macht sie für Beamte besonders attraktiv, vor allem für Karrieristen, zumal öffentliche Bedienstete besonders gute Chancen haben, in den Parteien vorwärtszukommen.[19] Das erklärt die »Verbeamtung« von Parlamenten und Parteien[20] und leistet ihrerseits wiederum parteilicher Ämterpatronage Vorschub.

Angesichts der Lähmung der Gewaltenteilung richtet sich der Blick auf den Wettbewerb zwischen den politischen Parteien. Er gilt als wichtigstes Ordnungsprinzip, um den Hunger der Parteien nach Macht und Posten zu zähmen, ihr Wirken auf die Wünsche und Belange der Bürger auszurichten und damit ein zentrales Postulat der

Demokratie zu sichern.[21] Diese wichtigen Funktionen des Wettbewerbs hat auch das Bundesverfassungsgericht herausgestellt (siehe S. 84 und S. 90).

Doch auch der Wettbewerb ist geschwächt. Das hat mehrere Gründe. Einer besteht darin, dass Regierungen auf Grund der Verhältniswahl regelmäßig nur durch Koalitionen zustande kommen und die Parteien im Parlament deshalb aufeinander angewiesen sind, um Mehrheitsregierungen bilden zu können. Der Wunsch, möglichst allseitig »koalitionsfähig« zu bleiben, steht einem betont wettbewerblichen Konfrontationskurs entgegen (siehe S. 232 f.). In die gleiche Richtung wirkt der Bundesrat, der oft in der Hand von Oppositionsparteien ist. Das verstärkt die Angewiesenheit der etablierten Parteien aufeinander, etwa um wichtige Gesetze im Bundesrat durchzubekommen (siehe S. 236 ff.). Zudem werden sich die etablierten Parteien im Kampf um den sogenannten Medianwähler in der politischen Mitte immer ähnlicher, sodass die Wahl zwischen der einen oder anderen Partei ihre Funktion verliert (siehe S. 233 f.).

Exemplarisch wird der Drang in die Mitte am Kurs von Bundeskanzlerin Angela Merkel deutlich. Sie hat mit der Eurorettung, der Energiewende, der Abschaffung der Wehrpflicht, der Gender- und der Flüchtlingspolitik ihre CDU praktisch zur besseren SPD und zu besseren Grünen gemacht. Das bewirkt, dass ihr bei Entscheidungen in den genannten Themenbereichen im Bundestag kaum jemand noch ernsthaft widerspricht. Wem sollen diejenigen Bürger, die sich darin nicht wiedererkennen, dann noch ihre Stimme geben? Die einheitliche politische Linie nimmt ihnen bei Wahlen die Alternative, jedenfalls unter den etablierten Parteien,[22] und die außerparlamentarische Konkurrenz gilt vielen als unseriös (siehe S. 234 f.).

Die offizielle Flüchtlingspolitik hat das Bewusstsein der Alternativlosigkeit und das lange schon schwelende Gefühl vieler Bürger, dass sie keinen Einfluss besitzen und auch Wahlen nichts bewirken, auf die Spitze getrieben. Nach einer Umfrage von Mitte März 2016 haben 57 Prozent der Menschen den Eindruck, Politik werde über ihre Köpfe hinweg gemacht.[23] Einer Emnid-Umfrage vom Mai 2016 zufolge werfen drei Viertel der deutschen Bevölkerung den etablierten Parteien vor, sich von der Lebensrealität der Bevölkerung entfernt zu haben.[24] Nach einer weiteren Untersuchung glauben nur 27 Prozent der Befragten, selbst Einfluss auf Regierungshandeln zu haben. 60 Prozent sehen keinen Sinn darin, sich politisch zu engagieren.[25]

In dieser Sicht kann einem das Mantra der Bundeskanzlerin, ihre Politik sei alternativlos, fast zynisch vorkommen, denn die Beantwortung der Sachfragen erscheint in den Augen vieler Bürger alles andere als alternativlos (siehe S. 234 f.).[26] Die fraktionsübergreifende Einigkeit, die sich in Sachen Statussicherung und in Bezug auf die Regeln der Macht zeigt, erstreckt sich nun also auch auf die großen politischen Sachfragen.

Durch ihr programmatisches Rücken in die Mitte hat die CDU die SPD in Umfragen zeitweise fast auf die Zwanzigprozentmarke und damit auf die schlechtesten Werte seit Jahrzehnten gedrückt, gleichzeitig aber am rechten Flügel Raum für die Entwicklung einer neuen Partei, der AfD, geschaffen (siehe S. 312 ff.).

Obwohl auch die CDU Wähler an die AfD verliert, hat sie aufgrund ihrer programmatischen Angleichung an die Grünen auch auf Bundesebene eine weitere Koalitionsoption gewonnen; in Hessen und Baden-Württemberg gehen beide bereits zusammen. Zudem dürfte eine Regierungsmehrheit ohne die Union, also Rot-Rot-Grün, wie sie, jedenfalls rechnerisch, seit der Bundestagswahl 2013 besteht, in Zukunft – gerade auch wegen des Erstarkens der AfD – unwahrscheinlicher geworden sein. Als Koalitionspartner der SPD, der Grünen oder der Linken kommt die AfD ohnehin nicht infrage. Hinter der Politik Merkels könnte also durchaus ein machtpolitisches Kalkül stehen, auch wenn die Funktion des politischen Wettbewerbs als Instrument der Kontrolle politischer Entscheidungen dadurch noch weiter geschwächt wird.

Erst recht wird der Wettbewerb gemindert, wenn es um gemeinsame Belange der Berufspolitiker im Parlament geht, über deren Sicherung sie sich einig sind. Sie bilden die sogenannte politische

Klasse,[27] die an den Schalthebeln der Macht sitzt und dort ihre Status-interessen direkt durchsetzen kann. Regierungs- und Oppositions-fraktionen machen – über die Partei- und Föderalismusgrenzen hin-weg – gemeinsame Sache miteinander, zum Beispiel

- wenn es um die für sie günstige Ausgestaltung des Status von Ab-geordneten, Fraktionen, Parteien und parteinahen Stiftungen geht,
- wenn sie neue Parteien durch Sperrklauseln im Wahlrecht aus-schließen,
- wenn es um Ämterpatronage und die Verhinderung ihrer wirksa-men Bekämpfung geht.

Die politische Klasse handelt mit den Worten des Heidelberger Poli-tikwissenschaftlers Klaus von Beyme als »Interessengruppe für sich selbst«.[28] Ihr kollektives Interesse gilt, wie der Chemnitzer Politikwis-senschaftler Klaus Stolz formuliert, ihrer Selbsterhaltung und der Absicherung ihrer Privilegien sowie ihrer Autonomie gegenüber Bürgern und Gesellschaft.[29]

Hinzu kommt die Verlagerung der finanziellen und personellen Ressourcen der Parteien auf die »parties in public office«, also auf die Regierungen, Fraktionen und Abgeordneten. Das hat eine Verlage-rung der parteiinternen Gewichte und politischen Aktivitäten hin zu den üppigeren Ressourcen zur Folge und entfernt die etablierten Par-teien immer weiter von den Bürgern. Das ist auch die Kernaussage derjenigen Politikwissenschaftler, die sich mit dem Wandel der Par-teien befassen.[30] Deutlich wird das etwa an der Entwicklung von Fraktionen, Abgeordnetenmitarbeitern und parteinahen Stiftungen: Ihre Staatsfinanzierung stieg – mangels Grenzen und Kontrollen des in eigener Sache entscheidenden Parlaments – um ein Vielfaches schneller als die Staatsfinanzierung nach dem Parteiengesetz und be-trägt deshalb heute auch ein Vielfaches der eigentlichen Parteienfi-nanzierung.[31] Diese war anfangs ähnlich rasch hochgeschnellt, bis sie in den Sechzigerjahren begrenzt und öffentlich kontrolliert worden war.[32]

Die Abschwächung des Wettbewerbs geht – nach den Parteien-forschern Richard Katz und Peter Mair[33] – Hand in Hand mit einer Entwicklung westlicher Demokratien hin zu einem System von Kartellparteien. Die Unbedingtheit des Strebens nach dem Wahlsieg schwindet; stattdessen wird es für die Parteien zunehmend wichtiger, ihren Status möglichst auch im Falle einer Wahlniederlage zu halten.[34] Beispiele sind bei uns die Vollalimentation auch von Landtags-abgeordneten[35] und finanzielle Zulagen für Fraktions- und Parlamentsfunktionäre.[36]

Die Minderung oder der Ausschluss des Wettbewerbs erleichtern die gemeinsame Aneignung staatlicher Ressourcen durch die Parteien, vernebeln die Zurechenbarkeit der Politik und entfernen die Politiker immer weiter von den Bürgern.[37]

Katz und Mair haben aber selbst darauf hingewiesen, dass die Entwicklung hin zu Kartellparteien dem Erstarken populistischer Parteien, die gegen »das System« Front machen, Vorschub leisten kann.[38] Diese Feststellung trifft in geradezu paradigmatischer Weise auch für die 2013 gegründete AfD zu, die die Entfernung der Parlamentsparteien von den Bürgern anprangert und in ihrem Programm zahlreiche Reformen aufführt, mit denen diese Entfernung der Parlamentsparteien verringert werden soll (siehe S. 312 ff.). Solange die AfD als Koalitionspartner nicht in Betracht kommt, möglicherweise aber mit der AfD und der wiedererstarkten FDP aus den bisherigen fünf Bundestagsparteien sieben werden,[39] erhöht sich die Notwendigkeit von sogenannten Großen Koalitionen oder von Dreierkoalitionen, auf deren Bildung nach der Wahl die Bürger allerdings erst recht keinen Einfluss besitzen; die Parteienverdrossenheit dürfte dadurch eher noch zunehmen.[40]

Die Verflüchtigung der politischen Verantwortung

Formales Staatsrecht und politische Praxis

Zwischen den staatsrechtlichen Bestimmungen und der gelebten Praxis besteht eine Spannung, auch wenn Artikel 21 des Grundgesetzes den Parteien eine verfassungsrechtliche Aufgabe zuweist. Im Vordergrund stehen Regierungen und Parlamente, Kanzler, Minister und Abgeordnete. Sie besitzen ein freies Mandat.[41] Tatsächlich aber stehen hinter allen Staatsorganen die Parteien. Die Willensbildung beruht nicht auf der Diskussion ungebundener Parlamentarier und Regierungsmitglieder mit dem Ziel, zu ermitteln, was für das Gemeinwohl das Richtige ist. Den Parteien geht es vielmehr vor allem um die Erringung der Macht im Staat. Aus freiem Mandat wird Fraktionsdisziplin, aus Gewaltenteilung zwischen Regierung und Parlament wird Gewaltenverbindung von Regierung und Mehrheitsfraktionen. Schon der Rechtsphilosoph Gustav Radbruch hatte 1930 festgestellt: »Der Kampf zwischen den Parteien ist kein Meinungskampf, sondern ein Machtkampf. Das gilt für den Wahlkampf wie für die Parlamentsverhandlungen.«[42] (Zur daraus folgenden Diskrepanz von Form und Inhalt und von Reden und Tun [»talk« und »action«] siehe S. 243 ff.)

Dennoch darf der demokratische Anspruch nicht aufgegeben werden. Deshalb geht es letztlich darum, einen Mechanismus zu finden, der bewirkt, dass die Parteien sich an den Belangen der Bürger ausrichten. Gerhard Leibholz wollte einen solchen Mechanismus in der demokratischen Willensbildung *innerhalb* der Parteien gefunden haben. Das setzt aber voraus, dass alle Bürger oder jedenfalls ein großer Teil den Parteien angehören und dass parteiintern wirklich Demokratie herrscht. Beides ist jedoch nicht der Fall: Die Parteien organisieren in der Bundesrepublik nicht einmal 2 Prozent der Wahlberechtigten – und das mit abnehmender Tendenz. Auch von parteiinterner Demokratie kann nicht wirklich die Rede sein.[43]

Ein anderer Ansatz beruht auf pluralistischen Vorstellungen. Er verschließt keineswegs die Augen vor dem Kampf der Interessenten um Macht und Einfluss. Vielmehr unterstellt er auf der Basis dieser Vorstellung einen Mechanismus, der zum angemessenen Ausgleich und zu einer Ausrichtung der Politik auf die Belange der Bürger führe.[44] Diese Ausgleichsvorstellung wird von der Wirtschaft auf die Politik und den politischen Wettbewerb übertragen, der im Allgemeinen ganz im Vordergrund der öffentlichen Wahrnehmung steht. Doch auch der politische Wettbewerbsprozess ist zu einem erheblichen Teil verfälscht, wodurch der Einfluss der Bürger sich weiter verflüchtigt (siehe S. 225 ff., und im Folgenden).

Verantwortliche Parteien?

Die parlamentarische Demokratie lässt sich vor allem auf zwei Weisen legitimieren: durch die Regierung verantwortlicher Parteien (»responsible parties government«) oder durch die Regierung verantwortlicher Personen (»responsible persons government«). Im ersten Modell wählen die Bürger zwischen alternativen Parteien. Wer die Mehrheit im Parlament erhält, stellt die Regierung. Sind die Bürger mit den Leistungen der Regierungsmehrheit unzufrieden, wählen sie sie bei den nächsten Wahlen ab und bringen die Opposition an die Macht. So hat das Volk die Möglichkeit, schlechte Regierungen ohne Blutvergießen wieder loszuwerden, was Karl Raimund Popper, der große Denker der Freiheit, als Kern der Demokratie erkannt hatte. Doch ein solches System fehlt in Deutschland. Das hat Popper selbst in einer Festschrift für Helmut Schmidt eindrucksvoll dargelegt.[45]

Verhältniswahl und Koalitionen
Wir haben ein Wahlrecht, das die politische Zurechenbarkeit erschwert, ja oft unmöglich macht. In Deutschland kommen Regierungen aufgrund des vorherrschenden Verhältniswahlrechts fast immer nur durch Koalition von zwei oder mehr Parteien zustande. Regierungswechsel erfolgen meist nicht durch Wahlen, sondern durch neue Koalitionen. Diese werden aber oft erst nach der Wahl gebildet, gewissermaßen hinter dem Rücken der Wähler. Wer die Regierungs-

mehrheit erlangt, entscheiden dann Parteieliten und nicht die Wähler. Den Ausschlag geben da nicht unbedingt die Programmatik, sondern manchmal auch persönliche Sympathien oder Antipathien. So kam ein Zusammengehen von SPD und Linken lange schon deshalb nicht infrage, weil die SPD Oskar Lafontaine den Aufbau der Linken im Westen übelnahm und als Verrat empfand. Gelegentlich helfen auch finanzielle Leistungen nach. So wurde die überraschende schwarz-grün-gelbe Regierung, die Peter Müller nach der saarländischen Landtagswahl 2009 zusammenbrachte, die erste derartige Koalition in Deutschland überhaupt, sicher durch eine gewaltige Finanzspritze erleichtert: Die Landesregierung initiierte unmittelbar nach der Wahl eine fast 50-prozentige Erhöhung der Fraktionszuschüsse, wovon besonders die Grünen und die FDP profitierten. Mit dem Wählerwillen hat das dann nicht mehr viel zu tun.

Während die Bürger bei den Bundestagswahlen 1998 und 2002 noch zwischen zwei Lagern wählen, die Wirkung ihrer Stimmabgabe für Rot-Grün oder Schwarz-Gelb also voraussehen konnten, ist diese Sicherheit inzwischen dahin. Deutlich wird dies am Beispiel der Grünen. Sie sind derzeit (Mitte 2016) in zehn Ländern an der Regierung beteiligt, und zwar in ganz unterschiedlichen Koalitionen: In Thüringen besteht eine rot-rot-grüne Regierung, in Sachsen-Anhalt regieren die Grünen gemeinsam mit CDU und SPD, in Rheinland-Pfalz mit SPD und FDP und in Baden-Württemberg und Hessen mit der CDU. Konsequenterweise wollen die Grünen sich auch bei der Bundestagswahl 2017 für alle möglichen Koalitionen offenhalten.[46] Angesichts der allseitigen Koalitionsmöglichkeiten kann der Wähler nicht mehr im Voraus erkennen, wem seine Stimme zur Regierung verhilft. Damit werden Wahlen zu Lotterieveranstaltungen und die Wahlzettel zu Lotteriescheinen denaturiert.

Angleichung der etablierten Parteien
Die Entscheidung wird den Wählern dadurch erschwert, dass die Parteien sich immer ähnlicher werden, sodass alles zu verschwimmen droht. Ohnehin hat jede Partei ein ganzes Paket von Vorschlägen, die

der einzelne Wähler teils befürwortet, teils ablehnt. Da er die Partei aber nur als Ganze wählen kann, treten andere als Sachargumente häufig in den Vordergrund. Im Medienzeitalter sind das vor allem Personen, deren Inszenierung alles überlagert. Um diese Personen richtig zur Geltung zu bringen, werden Festlegungen möglichst vermieden.

Vor den Bundestagswahlen 2009 und 2013 vertraute Kanzlerin Angela Merkel beispielsweise ganz auf ihre Popularität und war sichtlich bemüht, jede konkrete Aussage zu umgehen. Ihre SPD-Herausforderer Frank-Walter Steinmeier und Peer Steinbrück, die sie in der Sache stellen wollten, brachte das förmlich zur Verzweiflung.

Zudem fährt Merkel im Kampf um den sogenannten Medianwähler (die vielzitierte »politische Mitte«) einen Kurs, der die CDU der SPD und den Grünen immer mehr angleicht. Beispiele sind die Eurorettung, die Energiewende und jüngst die Flüchtlingspolitik, mit der sie programmatisch der SPD und den Grünen auf den Leib rückt.

Funktionsstörung des politischen Wettbewerbs
Die Angleichung der etablierten Parteien nimmt dem Bürger die Möglichkeit, unter ihnen wirklich zu wählen. Damit wird der Wettbewerb selbst in seiner Funktion beeinträchtigt.

Im Bestreben, die politische Mitte zu besetzen und so die meisten Wähler zu gewinnen[47] und zugleich ihre Koalitionsoptionen zu maximieren, ist die SPD mit der Übernahme neoliberaler Ideen bis hin zur Entfesselung der Finanzmärkte und mit Gerhard Schröders Agenda 2010 nach rechts gerückt und die Union durch Angela Merkels politischen Kurs nach links. Da beide Parteien ein einigermaßen stimmiges Gesamtkonzept anbieten müssen, werden rechte und linke Positionen leicht vernachlässigt. Das hat solche Parteien gestärkt oder erst entstehen lassen, welche die von den Volksparteien geräumten politischen Positionen übernommen haben: links von der SPD die Linke (die sich inzwischen aber weitgehend etabliert hat) und rechts von der Union neuerdings die AfD.

Die Ränder wurden dadurch weiter gestärkt, dass in jüngerer Zeit grundlegende politische Weichenstellungen anstanden, die innerhalb der Parlamentsparteien weitgehend im Konsens vorgenommen wurden. Gerade diese Einigkeit aber hat die Bevölkerung gespalten. Denn die Eurorettung, die Behandlung der Flüchtlingsfrage und andere Weichenstellungen waren in den Augen vieler Bürger keineswegs so alternativlos, wie es die Regierung – unter Zustimmung auch der parlamentarischen Opposition – darstellte.

Der Wettbewerb zwischen den etablierten Parteien ist also aus zwei Gründen in seinem Funktionieren beeinträchtigt: durch die Bildung von Kartellen der politischen Klasse zur Gestaltung der Regeln der Macht in ihrem Sinne und zusätzlich durch das Drängen der Elite in die politische Mitte. Dieser auch in der Bundesrepublik bestehende Trend überlagert die Entwicklung der Berufspolitiker zur politischen Klasse, die die Regeln der Macht nach ihren Belangen ausrichtet.

Das Erstarken einer neuen rechten Partei liegt in der heutigen Situation zwar durchaus in der Logik des politischen Wettbewerbs. Diese Partei aber wird bislang – auch auf Grund schrecklicher deutscher Erfahrungen mit rechten Parteien – stigmatisiert und politisch geschnitten und hat, zumindest auf Bundes- und EU-Ebene, nicht viel oder gar nichts zu sagen. Für Regierungskoalitionen kommt sie bisher ohnehin nicht in Betracht.

Trotz neuer Parteien und trotz der indirekten Wirkungen des Wettbewerbs droht damit eine Schwäche des Systems fortzubestehen: dass nämlich wichtige Belange – mangels als »wählbar« geltender Alternative – kein ausreichendes politisches Gehör finden, selbst wenn sie die Mehrheit der Bürger teilen sollte. Nicht wenige Bürger dürften selbst dann davor zurückschrecken, eine vielfach als unseriös geltende neue Partei zu wählen, wenn sie ihrem Programm in Teilen zustimmen. Das kommt auch darin zum Ausdruck, dass der Anteil der Bürger, die die Erfolge der AfD begrüßen, sehr viel höher ist als der ihrer Wähler.[48] Wichtige Anliegen werden in den Augen großer Teile der Bevölkerung also weiterhin nicht ausreichend berücksichtigt.

Das verstimmt und schürt die Unzufriedenheit mit den Etablierten und dem von ihnen geschaffenen »System«.

Der bundesdeutsche Föderalismus und die Rolle des Bundesrats
Die Undurchsichtigkeit, welche unser System charakterisiert, wird
durch den bundesdeutschen Föderalismus noch erhöht. Einige der
sechzehn Bundesländer, wie das Saarland und Bremen, sind finanziell gar nicht lebensfähig und hängen am Tropf der anderen Länder
und des Bundes. Ein sogenannter Finanzausgleich[49] tötet jeden finanziellen Anreiz, das Steueraufkommen durch intensivere Kontrollen zu verbessern, weil der Löwenanteil des Mehraufkommens den
jeweils anderen Ländern zugutekäme. Dennoch sind alle Versuche,
zu einer Ländergebietsreform zu kommen, gescheitert.[50] Die nötige
Koordination, etwa in Sachen Polizei und Schule, wird behelfsmäßig durch Innenminister- und Kultusministerkonferenzen versucht,
welche die Landesparlamente und die Bürger aber erst recht entmachten, weil den Volksvertretungen regelmäßig gar nichts anderes
übrigbleibt, als die von diesen Gremien getroffenen Vereinbarungen
abzusegnen.

Der Bundesrat muss wichtigen Bundesgesetzen zustimmen, sonst
können sie nicht in Kraft treten. Das sind auch nach den Föderalismusreformen fast 40 Prozent aller Gesetze. In den 67 Jahren Bundesrepublik war der Bundesrat aber meist in der Hand der Opposition,
und die neigt dazu, der Regierung – schon aus rein machtpolitischen
Gründen – Erfolge zu missgönnen und im Bundesrat Nein zu sagen.
Dieser Effekt wird dadurch noch verschärft, dass Koalitionsvereinbarungen in den Ländern regelmäßig jedem Partner das Recht geben,
bei unterschiedlichen Auffassungen eine Enthaltung des Landes bei
Abstimmungen im Bundesrat zu verlangen; Enthaltungen werden
aber in der Länderkammer wie ein Nein des betreffenden Landes ge-
wertet. Das liegt an Artikel 52, Absatz 3, Satz 1 des Grundgesetzes.
Nach dieser Vorschrift fasst der Bundesrat seine Beschlüsse mit der
»Mehrheit seiner Stimmen«, also mit mindestens 35 der 69 Stimmen.

Das Blockadeproblem hat sich dadurch verschärft, dass aus dem
früheren Dreiparteiensystem mit den Grünen und der Linken ein
Fünfparteiensystem und mit dem Einzug der AfD in inzwischen
zehn Landesparlamente[51] ein Sechsparteiensystem entstanden ist.

Das geht vor allem auf Kosten der sogenannten Volksparteien, sodass gelegentlich selbst frühere Große Koalitionen aus Union und SPD keine Mehrheit mehr haben und nur noch Dreierkoalitionen möglich sind.

Da derzeit die Grünen in zehn Ländern an Regierungskoalitionen beteiligt sind, verfügt paradoxerweise die kleinste Bundestagspartei, wenn sie in den Ländern gemeinsam vorgeht, gegenüber der Großen Koalition aus Union und SPD über eine Vetomacht im Bundesrat.[52] Das zeigte sich zum Beispiel am Versuch der Regierungsmehrheit, die Maghreb-Staaten Algerien, Marokko und Tunesien zu sogenannten sicheren Herkunftsländern zu erklären, der im Juni 2016 an den Grünen scheiterte.[53] Das Problem stellt sich auch bei der Erbschaftsteuer, die nach einem Urteil des Bundesverfassungsgerichts vom Dezember 2016 verfassungswidrig ist und nachgebessert werden muss.[54] Dafür setzte das Gericht dem Bundestag und dem Bundesrat eine Frist bis zum 30. Juni 2016, während derer die bisherige Regelung in Kraft blieb.[55] Auch hier waren die Grünen mit dem Kompromiss, zu dem die Koalition sich mühsam durchgerungen hatte, nicht einverstanden.[56] Nach erfolglosem Verstreichen der Frist drohte das Gericht am 14. Juli 2016 an, es werde sich Ende September erneut mit der Erbschaftsteuer befassen.[57] Sozusagen in letzter Minute haben sich Bundestag und Bundesrat schließlich auf eine Reform geeinigt, bei der allerdings fraglich ist, ob sie diesen Namen verdient. Sie privilegiert nämlich erneut Familienbetriebe, sodass zweifelhaft ist, ob sie vor dem Gericht standhalten wird.[58]

Auch den »Landesfürsten« kommt die Macht des Bundesrats entgegen, denn sie können sich auf Bundesebene profilieren, und dort wird nun mal die politische Musik gespielt. Alles das geht aber wieder auf Kosten der Landesparlamente, die dadurch an Einfluss verlieren, und besonders auf Kosten der Bürger, die nicht mehr durchblicken, und damit zulasten der Demokratie.

Diese Formen der »Politikverflechtung« bewirken, »dass am Ende niemand mehr weiß, wer für welche Entscheidung überhaupt verantwortlich zu machen ist«, wie der Politologe und Publizist Warnfried

Dettling schrieb. Der Wähler kann gute Politik nicht mehr mit dem Stimmzettel belohnen und schlechte nicht bestrafen, wie es die Demokratie verlangt. Es herrscht ein Zustand »institutioneller Verantwortungslosigkeit« – ein Ausdruck, der nicht etwa von Revoluzzern stammt, sondern sich in der Abschiedsrede des früheren Bundespräsidenten Johannes Rau fand[59] und in ähnlicher Form in einem Reformpapier der beiden früheren Ministerpräsidenten Roland Koch und Jürgen Rüttgers.

Erfolge rechnet sich jeder zu, für Misserfolge sind dagegen immer die anderen verantwortlich. Weil alle beteiligt sind, trägt in Wahrheit niemand die Verantwortung. Das ist für die politische Klasse zwar angenehm, denn ihr Berufsrisiko wird gemindert, und deshalb hat sie die Verantwortungsscheu auch zum System gemacht. Umgekehrt werden aber Bürger und Wähler in der Sache vollends orientierungslos.

Die Ministerpräsidenten haben ihre Starrolle im Bundesrat vor 68 Jahren übrigens selbst im Grundgesetz verankert und über die Jahrzehnte immer weiter ausgebaut. Dass die zweite Bundeskammer aus Landesregierungen besteht, ist eigentlich eine verrückte Regelung, die es nirgendwo sonst in der westlichen Welt gibt. Doch freiwillig darauf verzichten werden die Ministerpräsidenten kaum. Genau das wäre aber erforderlich, denn der Bundesrat müsste einer entsprechenden Grundgesetzänderung zustimmen.

Verantwortliche Personen

Wird es für die Wähler aber zunehmend unmöglich, zwischen den einzelnen Parteien zu unterscheiden, ihnen eine bestimmte Politik zuzurechnen und sie dafür verantwortlich zu machen, sollten sie zumindest die Personen bestimmen können, die politische Ämter innehaben. Damit sind wir beim zweiten Modell der Wettbewerbsdemokratie: der Regierung verantwortlicher Personen. Hier kommt es weniger darauf an, für welches Programm die Partei steht, als darauf, welche Personen zur Wahl stehen. Doch in Wahrheit können Wähler in Deutschland nicht einmal über die Personen entscheiden.

Wer Bundeskanzler wurde, stand schon lange vor der Bundestagswahl 2009 definitiv fest, nämlich Angela Merkel. Hätte es mit Westerwelles FDP nicht gereicht, hätte sie mit Steinmeiers SPD die Große Koalition fortsetzen können. In beiden Fällen würde sie als Bundeskanzlerin weiterhin die Richtlinien der deutschen Politik bestimmen. Und den Ausgang der Bundestagswahl 2013 mit dem Absturz der FDP und die anschließende Große Koalition unter Angela Merkel konnten die Wähler erst recht nicht voraussehen.

Wer Abgeordneter wird, entscheidet der Wähler schon gar nicht. Die meisten Abgeordneten stehen in Deutschland auf Grund parteiinterner Nominierungen schon lange vor der Wahl definitiv fest. Viele Wahlkreise gelten als »sicher«, weil eine Partei dort aus soziologischen Gründen dominiert. In diesen Wahlkreisen kann die herrschende Partei den Bürgern auch höchst mittelmäßige Abgeordnete aufzwingen.[60]

In anderen Fällen ist der Ausgang im Wahlkreis zwar ungewiss. Doch die Kandidaten sind zusätzlich über die starren, vom Wähler nicht zu verändernden Parteilisten abgesichert, sodass jedenfalls die auf die vorderen Plätze der Parteilisten gesetzten Kandidaten sicher sein können, auch dann ins Parlament zu kommen, wenn sie im Wahlkreis keinen Erfolg haben.[61]

Können die Bürger die Abgeordneten auch dann als ihre Repräsentanten anerkennen, wenn sie sie in Wahrheit gar nicht gewählt haben, frei und unmittelbar, wie es das Grundgesetz in Artikel 38 ausdrücklich vorschreibt? Dass nicht die Bürger, sondern ganz überwiegend die Parteien bestimmen, wer ins Parlament kommt, erschüttert die ganze Konzeption von der repräsentativen Demokratie, von der das Grundgesetz ausgeht. Das Parteienmonopol ließe sich nur aufbrechen, wenn man die starren Parteilisten beseitigen würde.[62] Zugleich müsste man Vorwahlen einführen, damit die Wähler auch in sicheren Wahlkreisen eine Auswahl vornehmen können.[63]

Der größte Hemmschuh für grundlegende Reformen unserer demokratischen Infrastruktur besteht in den Eigeninteressen der politischen Klasse, die unser Wahlsystem samt Ochsentour und Absicherung der Wahlkreiskandidaten auf starren Listen hervorgebracht hat.

Dieses Wahlsystem beruht, wie auch andere Regeln der Macht, auf Entscheidungen des Bundestags in eigener Sache, die der Bundestag im Sinne der politischen Klasse gestaltet und dabei notwendige Verbesserungen blockiert.

Da wir nicht an der Klagemauer verharren wollen, stellt sich die Gretchenfrage mit aller Macht: Wie lassen sich Systemreformen dennoch durchsetzen? Dafür kommt vor allem der »Common Sense« des Volkes, der gesunde Menschenverstand der Bürger selbst in Betracht (siehe S. 318 ff.).

Mehrheitswahl von Abgeordneten und Exekutivspitzen

Bei Systemreformen könnte man zunächst an die Einführung der Mehrheitswahl von Parlamenten denken (zu weiteren Reformvorschlägen siehe S. 251 ff.). Eine Mehrheitswahl würde immerhin – jedenfalls in der Tendenz – klare Verhältnisse und eindeutige Verantwortlichkeit schaffen,[64] deren weitgehendes Fehlen soeben festgestellt wurde (siehe S. 232 ff. und S. 238 ff.). Doch anders als die erste Große Koalition (1966–1969) haben die zweite (2005–2009) und die dritte Große Koalition (2013-2017) über deren Einführung nicht einmal nachgedacht.

Gewiss, die Mehrheitswahl hat auch erhebliche Nachteile und würde einen gewaltigen Umbruch für die Bundesrepublik bedeuten; kleinere Parlamentsparteien und ihre Wähler hätten dann praktisch keine Chance mehr auf Parlamentsmandate.

Alternativ käme aber – neben der Herstellung der Direktwahl der Abgeordneten durch Flexibilisierung der Listen und Vorwahlen – die Direktwahl der Ministerpräsidenten infrage,[65] mit der sich die Vorteile der Mehrheitswahl mit denen der Verhältniswahl fruchtbar kombinieren und gleichzeitig die Nachteile beider Systeme vermeiden ließen. In einem solchen (mit dem Grundgesetz durchaus vereinbaren)[66] Präsidialsystem könnten die Bürger die Regierungschefs in den Ländern direkt bestimmen, ohne dass kleinere Parteien und ihre Wähler aus den Parlamenten gedrängt würden. Zugleich würden auch die Landesparlamente aufgewertet. Sie bräuchten den Regierungschef nicht mehr im Amt zu halten, sondern könnten ihn wirklich kontrollieren. Die im parlamentarischen System stark geschwächte Gewaltenteilung würde wiederhergestellt. Auch das freie Mandat der Abgeordneten käme eher zu seinem Recht. Zugleich würde die Bundespolitik gewinnen, weil Direktgewählte sich einer parteipolitisch motivierten Blockade im Bundesrat eher verschließen würden. Mangels Koalitionsregierung würde auch die absurde Blockademacht kleiner Koalitionsparteien im Bundesrat (siehe S. 236) entfallen.

Ein ähnliches System besteht bereits in den Kommunen: Die Bürgermeister, also die Spitzen der Exekutive, werden inzwischen in allen Bundesländern direkt von den Bürgern gewählt; ihnen stehen Gemeinderäte gegenüber, welche nach den Regeln der Verhältniswahl bestimmt werden, und zwar nach flexiblen, von den Bürgern beeinflussbaren Wahllisten. Dann kommen auch Sperrklauseln nicht mehr in Betracht, weil der Gemeinderat von der Bestimmung des Bürgermeisters entlastet ist und zudem jedes einzelne Gemeinderatsmitglied wegen seiner Direktwahl volle demokratische Legitimation genießt.

Bezeichnend ist, dass die Direktwahl der Bürgermeister, die es früher nur in Baden-Württemberg und Bayern gegeben hatte, und die Möglichkeit des Kumulierens und Panaschierens bei der Ratswahl wesentlich im Wege direkter Demokratie (oder ihrer glaubwürdigen Androhung) eingeführt worden sind.[67] In Hessen stellte der damalige Ministerpräsident Walter Wallmann 1991 die Direktwahl der Bürgermeister zur Volksabstimmung, in der (freilich vergeblichen) Hoffnung, mittels des populären Themas bei der gleichzeitig stattfindenden Landtagswahl zu punkten. Mit der überwältigenden Zustimmung der Bürger – über 80 Prozent votierten dafür – wurde der Startschuss für die Direktwahl der Bürgermeister auch in anderen Ländern gesetzt. So erzwang etwa in Niedersachsen der damalige Ministerpräsident Gerhard Schröder die Direktwahl, um dem seinerzeitigen Oppositionsführer Christian Wulff das politische Pfund zu nehmen. Wulff hatte nämlich – ermutigt durch die gewaltige Mehrheit in Hessen – dazu angesetzt, die Direktwahl mittels Volksbegehren und Volksentscheid zu erreichen.

Beide Initiativen erfolgten gegen den massiven Widerstand der politischen Klasse in den eigenen Reihen. Abgelehnt hatten die Reform vor allem diejenigen Abgeordneten, die gleichzeitig Ratsvorsitzende in Großstädten waren und so eine Schlüsselstellung innehatten, welche sie nach Einführung der Direktwahl der Bürgermeister, die kraft Amtes auch Ratsvorsitzende wurden, verloren. Auch der Durchbruch für Bürgerbegehren und Bürgerentscheid in den Kommunen erfolgte mit einem landesweiten Volksentscheid in Bayern, welchen die ÖDP initiiert hatte.

Nach dem Vorbild der Direktwahl von Bürgermeistern ließe sich auch die Direktwahl von Ministerpräsidenten gegen den Widerstand der politischen Klasse direktdemokratisch durchsetzen. Dahingehende Versuche sind bisher allerdings gescheitert – auch an den hohen Quoren für Volksbegehren. Dem Thema direkte Demokratie werden wir weiter unten näher nachgehen (siehe S. 318 ff.).

Auf Bundesebene kommt Vergleichbares nicht in Betracht. Gegen eine Direktwahl des Regierungschefs wie in den USA, bei uns also des Kanzlers, bestehen in Deutschland berechtigte Vorbehalte. Anders ist die Direktwahl des Bundespräsidenten zu beurteilen (siehe S. 252 und S. 257). Die sogenannte Bundesversammlung, die den Bundespräsidenten formal zu wählen hat und die aus allen Bundestagsabgeordneten und einer gleichen Anzahl von durch die Landesparlamente gewählten Personen besteht,[68] besitzt derzeit kein eigenes Gewicht. Sie vollzieht nur, was wenige Parteiführer vorher ausgekungelt haben. Denen verdankt der Präsident dann sein Amt, was auch seine parteikonforme Amtsführung zu prägen pflegt.

Als der Parlamentarische Rat das Konstrukt Bundesversammlung 1949 ins Grundgesetz schrieb, war er nach der Hitler-Diktatur von abgrundtiefem Misstrauen gegenüber dem Volk erfüllt. Theodor Heuss warnte damals vor dem Volk wie vor einem bissigen Hund (»cave canem«). Heute, nach langer Demokratieerfahrung im Westen und fast drei Jahrzehnte nach der demokratischen Revolution im Osten, ist aber die Basis für die damalige, einer Demokratie zutiefst unwürdige Angst vor dem Volk entfallen.

Die missverstandenen Weimarer Erfahrungen waren lange auch gegen die Direktwahl der Bürgermeister und Oberbürgermeister vorgebracht worden. Seit diese jedoch in allen deutschen Flächenländern vom Volk gewählt werden, hat sich gezeigt, wie unberechtigt die Besorgnis war.

Der Bundespräsident kann als ein gewisses Gegengewicht gegen die immer einheitlicher erscheinenden Parteien Ämterpatronage und verfassungswidrige Gesetze verhindern. Er kann den britischen »Royal Commissions« vergleichbare, wirklich unabhängige Sachverständigenkommissionen berufen und mit seiner Redegewalt wegweisende Debatten anstoßen. Alles das würde ihm durch die hohe demokratische Legitimation erleichtert, die die Direktwahl vermittelt.

Das System hinter dem System

Überall sind die Parteien an die Stelle des Volkes getreten. Sie haben den Staat und große Teile der Gesellschaft ihrem Kräftespiel, ihren Interessen und Bestrebungen unterworfen und ihn auf diese Weise innerlich gewandelt und von einer Demokratie zum Parteienstaat gemacht. Den umfassenden Zugriff der Parteien und den weitgehenden Ausschluss der Bürger erkennt man in voller Schärfe aber nur, wenn man hinter das formale staatsrechtliche Gebäude von Regierung und Parlament blickt und die dort wirkenden realen Kräfte voll einbezieht.

Die Divergenz von vordergründiger Darstellung und tatsächlichem Funktionieren betrifft zunächst einmal die Motivation der Handelnden. Hinter der formalen Fassade geht es nicht ums Gemeinwohl, dem die Staatsorgane verfassungsrechtlich verpflichtet sind, sondern um die eigenen Interessen der parteilichen Akteure an Macht, Posten, Geld und Einfluss. Will man also nicht an den eigentlichen Problemen vorbeireden, muss man das Sonntagsgesicht des Staates und seiner Amtsträger entschleiern, hinter dem sich der eigentliche Charakter der verschiedenen staatlichen Erscheinungs- und Handlungsformen in ihrer Abhängigkeit von den Parteien verbirgt.

Das führt zu zwei für den Parteienstaat charakteristischen Erscheinungen: Da ist einmal die Divergenz von Form und Inhalt, denn die realen Kräfte sind gerade dadurch gekennzeichnet, dass sie sich im Informalen vollziehen, aber gleichwohl die bestehenden Formen, Formalien und Formeln in ihrem Sinne nutzen und die formalen Grenzen hinausschieben oder ignorieren (siehe sogleich S. 246 ff.). Das wurde auch schon deutlich bei der Bildung politischer Kartelle und allen ihren Auswirkungen (siehe S. 26 ff.). Zum Zweiten wird die mangelnde Gemeinwohlorientierung verborgen und so getan, als ob. Das führt zur Divergenz von »talk« und »action«, Reden und Tun (siehe S. 249 f.). Diese ist – mangels stringenter inhaltlicher Maßstäbe für die Bestimmung des Gemeinwohls – nicht immer leicht aufzudecken. Es käme deshalb umso mehr auf die Ausgewogenheit des *Verfahrens* der politischen Willensbildung an. Aber daran fehlt es, wenn die Parteien selbst ihr Wirken, ihre Aufgaben und Grenzen festlegen, sie also letztlich in eigener Sache entscheiden und die grundgesetzlich vorgesehene Gewaltenteilung sowie den grundgesetzlich vorausgesetzten politischen Wettbewerb gezielt aushebeln.

Das Auseinanderklaffen von Form und Inhalt als Folge des hintergründigen Parteienwirkens

Das durch eigennützige Aktivitäten der Parteien hervorgerufene Auseinanderklaffen von Form und Inhalt und das Instrumentalisieren politischer Formeln durch die Parteien zeigen sich an einigen, hier exemplarisch genannten Schlüsselstellen:

- am stillschweigenden Sprengen der Rolle, die das Grundgesetz den Parteien[69] zugedacht hat;

- an einem Parteiengesetz, welches den Blick der Öffentlichkeit auf einen formalen Parteibegriff verengt und die inzwischen gewaltig ins Kraut geschossenen staatsfinanzierten Ersatzorganisationen verbirgt;

- an Sperrklauseln, mit denen die Etablierten bei Bundestags- und Landtagswahlen unliebsame Konkurrenten draußen halten und sich deren Stimmen einverleiben;

- an Wahlgesetzen, die unter Berufung auf weltfremde Formalien dem Volk das Fundamentalrecht entziehen, seine Vertreter zu wählen, und es auf die Parteien übertragen, aber dennoch an der Formel vom Parlament als direktgewählter Volksvertretung festhalten;

- an der faktischen Unterwerfung des Abgeordneten unter die Partei, die der formalrechtlich garantierten Freiheit des Mandats Hohn spricht;

- an der Vertiefung der Abhängigkeit dadurch, dass das Mandat weder Ausbildung noch berufliche Erfahrung verlangt, sondern lediglich lange und linienfromme Aktivitäten innerhalb der Partei;

- an der wirklichkeitsfremden Aufwertung des Mandats, auch in den Ländern, zu einem hochbezahlten und überversorgten Fulltimejob, der es Abgeordneten – zusammen mit ihren vielen staatsfinanzierten Mitarbeitern und ihren üppig subventionierten Fraktionen – erlaubt, ihren Parteien ständig zur Verfügung zu stehen, auf Staatskosten zentrale Funktionen innerhalb der Parteien wahrzunehmen und gewichtige Brückenköpfe der Parteien in den Parlamenten zu errichten;

- an Ämterpatronage, mit der die Parteien – unter Missachtung des verfassungsrechtlichen Verbots – den öffentlichen Dienst und die Justiz für ihre Zwecke einspannen und mögliche Kontrollen zu entschärfen suchen;

- an der gezielten Ausnutzung der Formel von der formalen Legitimationskette, die es den Parteien erlaubt, den von ihnen ausgewählten Amtsträgern den Anschein demokratischer Legitimation zu geben;

- an der Behauptung, das Volk habe sich das Grundgesetz gegeben und an der Formel von der Volkssouveränität, die das Volk durch Wahlen und Abstimmungen ausübe, obwohl von Volksabstimmungen, jedenfalls im Bund, keine Rede sein kann und die Wahlen in der Hand der Parteien sind, auf die die Souveränität längst übergegangen ist.

Was sich hinter den demokratischen Formeln tatsächlich verbirgt

Artikel 21 des Grundgesetzes: rührend weltfremd

Nach Artikel 21, Absatz 1, Satz 1 des Grundgesetzes sind die Parteien nur an der Willensbildung des *Volkes*, nicht auch an der des Staates beteiligt, und auch an der Willensbildung des Volkes wirken sie nur *mit*, ohne sie zu beherrschen. Tatsächlich aber überschreiten die Parteien beide Grenzen, und zwar nicht nur da und dort, sondern auf weitester Front, sodass Artikel 21 rührend weltfremd anmutet. Der frühere Bundespräsident Richard von Weizsäcker sah in der Grundgesetzvorschrift »ein geradezu gigantisch eindrucksvolles Beispiel von Understatement«. Vergleiche man Artikel 21 »mit der tatsächlich eingetretenen Wirklichkeit unseres Verfassungslebens [...], dann kommen dem einen die Tränen der Rührung, und bei anderen schwellen die Zornesadern«. (Siehe S. 255 ff.)

Auch das Parteiengesetz erfasst nur einen Teil des parteilichen Machtgefüges, markiert also sozusagen nur die Spitze des Eisbergs. Das wird zum Beispiel deutlich an der Staatsfinanzierung der Parteien.

Staatliche Parteienfinanzierung: kleingerechnet

Das Parteiengesetz rechnet zur Staatsfinanzierung nur die unmittelbar an die formale Parteiorganisation gezahlten öffentlichen Mittel und begrenzt diese auf 160,5 Millionen Euro jährlich (sogenannte absolute Obergrenze). Die doppelte Begrenzung auf unmittelbare Zahlungen und auf den engen Parteibegriff zeichnet ein Bild, welches das staatliche Subventionsvolumen grotesk untertreibt. Rechnet man die steuerliche Subventionierung von Beiträgen und Spenden an Parteien hinzu, ferner auch die sogenannten Parteisteuern, die faktisch vorab auf die Diäten aufgeschlagen werden, die öffentlichen Mittel für Fraktionen, die Bezahlung von Abgeordneten und ihren Mitarbeitern und Teile der Subventionierung von Parteistiftungen, so gelangt man zu einer Gesamtsumme von weit über 1 Milliarde Euro jährlich, und diese wächst ständig. Auch der Anteil der Staatsfinanzierung an den Einnahmen der Parteien, also ihre sogenannte Staatsquote, die offiziell mit rund 40 Prozent angegeben wird, beläuft sich tatsächlich auf rund 90 Prozent. Darin wird die Entwicklung zu Staatsparteien besonders deutlich.

Sperrklauseln: Abschottung des Kartells gegen Konkurrenz
Die Etablierten haben mithilfe der Gesetzgebung, über die sie verfügen, einen unsichtbaren Kordon um sich gelegt, der ihnen unliebsame Konkurrenz vom Leibe hält: Durch Sperrklauseln werden Parteien, die bei Bundestags- und Landtagswahlen nicht mindestens 5 Prozent der Stimmen erlangen, aus den Parlamenten ausgesperrt – und damit auch von der öffentlichen Aufmerksamkeit im Parlament und den reichlich fließenden Abgeordnetendiäten sowie der Fraktions- und Stiftungsfinanzierung. Da viele Bürger, um ihre Stimme nicht zu verschenken, keine »Wackelkandidaten« wählen, kann die Sperrklausel faktisch zu einer Sechs- oder Siebenprozenthürde werden. Bei der Bundestagswahl 2013 entwertete die Sperrklausel rund 15 Prozent der Stimmen. Das waren nicht weniger als 7 Millionen Stimmen. Diese kommen auch noch den Parlamentsparteien zugute, indem sie deren Mandate und deren Finanzierung erhöhen, obwohl die Wähler sich ausdrücklich gegen sie entschieden haben.

Dabei ließe sich dieses Problem leicht entschärfen. Man bräuchte dem Wähler bloß zusätzlich eine Eventualstimme für die in zweiter Linie gewünschte Partei zu geben, die nur dann gezählt würde, wenn sein Favorit die Fünfprozenthürde nicht überwindet.

Wahl ohne Auswahl

Die Bürger wählen die Abgeordneten frei und unmittelbar. So heißt es in den Artikeln 28 und 38 des Grundgesetzes. Tatsächlich aber entscheiden die Parteien, wer in die Parlamente kommt und wer darin bleibt (siehe S. 238 ff.), denn wem sie einen sicheren Listenplatz oder einen sicheren Wahlkreis verschaffen, der ist faktisch bereits gewählt.[70] Der Übergang der Personalentscheidung vom Wähler auf die Partei wird vertuscht, indem nur auf das Formale abgehoben und die Zustimmung zum Parteiangebot als Wahl deklariert wird, auch wenn dieses zu einem festen Paket verschnürt ist, dessen Inhalt der Bürger gar nicht kennt.[71]

Ihre Herrschaft über die Parlamentsmandate demonstrieren die Parteien auch ganz ungeniert, indem sie den Abgeordneten hohe monatliche Sonderzahlungen, die sogenannten Parteisteuern, abknöpfen.

Abgeordnete: Parteivertreter statt Volksvertreter

Die Parteien sind der eigentliche Bezugspunkt der Abgeordneten. Vor allem ihnen und nicht den Bürgern gehört die Loyalität der Abgeordneten. Kriterium ihrer »Leistung« ist vor allem die Bewährung in der Partei.[72] Partei- und fraktionskonformes Verhalten wird vorausgesetzt. Die vom Grundgesetz garantierte Freiheit des Mandats[73] steht nur auf dem Papier. Der faktische Zwang zur Blockabstimmung beseitigt die Verantwortlichkeit des einzelnen Abgeordneten gegenüber dem Bürger vollends. Tatsächlich sind Abgeordnete also, ungeschminkt formuliert, »gebundene Parteibeauftragte«,[74] von der Partei abhängige und ihrer Linie ergebene »Parteisoldaten«,[75] die im Wesentlichen Parteiarbeit machen.

Die darin zum Ausdruck kommende »Verzwergung« von Abgeordneten (so Peter Gauweiler)[76] müsste eigentlich auch Einfluss auf ihre Bezahlung haben. In die Partei- und Fraktionsdisziplin eingebundene Funktionäre, die ihr Mandat der Partei verdanken und keine zurechenbare Verantwortung gegenüber den Bürgern tragen, sind hinsichtlich ihrer »Bedeutung« und »Verantwortung« (die das Bundesverfassungsgericht zu den Kriterien für die Bezahlung von Abgeordneten rechnet)[77] ganz anders einzuschätzen als die vom Grundgesetz postulierten unabhängigen Volksrepräsentanten.

Die Fiktion von der demokratischen Legitimationskette
Ist bereits die demokratische Legitimation des Parlaments – mangels wirklicher Volkswahl der Abgeordneten – erschüttert, so steht die Legitimation der vom Parlament gewählten Amtsträger, die in Wahrheit vorher von den Parteien bestimmt werden, erst recht bloß auf dem Papier. Das Zaubermittel, dennoch demokratische Legitimation vorzugeben, ist die sogenannte ununterbrochene Legitimationskette, die vom Volk bis zu den Amtsträgern reichen soll.[78] Angesichts der völligen Einflusslosigkeit des Volkes und der alleinigen Bestimmung durch die Parteien erweist sie sich aber vollends als wirklichkeitsfremde Fiktion.[79]

Zweierlei Sprachen: Die Diskrepanz von Reden und Tun

Von der Verfügung über das Wahlrecht und die anderen Regeln der Macht einschließlich der unerschöpflich erscheinenden staatlichen Ressourcen an Geld und Posten geht – angesichts der vitalen Stärke des Eigeninteresses der Parteien – eine große Verführungskraft aus, diese Macht auch für Parteizwecke einzusetzen. Da Ämterpatronage illegal ist, werden einschlägige Bestrebungen und Aktionen aber nur parteiintern thematisiert und offiziell stattdessen das Gemeinwohl beschworen. Es geht aber nicht nur um Illegales. Die Orientierung parteilichen Handelns an Macht, Einfluss und Geld wird auch sonst unter der Decke gehalten und das Gemeinwohl vorgeschützt. Dass Sperrklauseln bei Wahlen beibehalten werden, weil sie die Etablierten vor Konkurrenten schützen, wird öffentlich ebenso wenig zugegeben wie die Ausrichtung der Politikfinanzierung am Eigeninteresse der Parteien und ihrer Politiker. Dass die Energiewende und die Flüchtlingspolitik Merkels zumindest auch deshalb erfolgte, um der SPD Wähler abspenstig und die Grünen künftig zur Koalition mit der Union bereit zu machen, wird öffentlich ebenso verschwiegen wie Kohl seinerzeit die Existenz der Ämterpatronage geleugnet hatte oder die Namen seiner heimlichen Spender nicht hatte preisgeben wollen.

Dieses doppelte Spiel der Politik – einerseits auf der vordergründigen Schaubühne, andererseits in den hintergründigen Zimmern der Macht – und ihre Bedeutung für den Zusammenhalt der Organisation hat schon der Soziologe Niklas Luhmann anschaulich beschrieben: Da »die intern und die extern benutzten Sprachen divergieren«,[80] ergebe sich ein »ständiger Widerspruch zwischen ›talk‹ und ›action‹«.[81] Die Notwendigkeit, die dominanten Verhaltensweisen und Motive vor der Öffentlichkeit zu verbergen, bilde den Kitt, der die parteiinternen Netzwerke am Funktionieren halte.[82] Schließlich könne man Wohlwollen und Macht kaum besser beweisen »als durch Eröffnung eines Zugangs zum Geld« und zu lukrativen Posten.[83] Deshalb müsse, »wer etwas erreichen will, [...] mitmachen. [...] Die erkennbaren Konsequenzen einer Exklusion dienen zugleich als Motiv für weitere Beteiligung.«[84]

Die Bürger lassen sich aber nicht auf Dauer hinters Licht führen: »Natürlich durchschauen viele (wenn auch nicht alle) das Spiel.«[85] Denn auf längere Sicht können die wahren Intentionen nicht verborgen bleiben, mag die Politik sie auch noch so professionell camouflieren. Es entwickele sich deshalb eine »Kultur des Verdachts«.[86] Das Vertrauen als wichtiges Element der demokratischen Herrschaft[87] wird untergraben.

Hier hat die grassierende Politik(er)verdrossenheit der Bürger eine ihrer stärksten Wurzeln.[88] Dennoch sei das System, so meint Luhmann, »gegen das Durchschautwerden immun«, weil es innerhalb des Systems »keine Alternativen« gebe. Deshalb bleibe nur Resignation oder Revolution.[89] Dabei übersieht Luhmann allerdings, dass es noch eine weitere Möglichkeit zur Herbeiführung durchgreifender Änderungen gibt – an der politischen Klasse vorbei: direkte Demokratie, die man ja durchaus auch als eine Form »legaler Revolution« verstehen kann (siehe S. 318 ff.).

Zurück zum Bürgerstaat: Das Parteienregime eindämmen, den Bürgereinfluss stärken

Wenden wir uns also den Elementen zu, welche das Parteienregime eingrenzen und das Gemeinwesen dem Ideal des Bürgerstaats[90] näherbringen könnten. Da die Macht von Parteien und Volk sich oft wie kommunizierende Röhren verhalten, geht es hauptsächlich darum, das Volk zu aktivieren. Je mächtiger die eine Seite, desto ohnmächtiger die andere.

Fundamentale Reformen?

Zunächst seien Beispiele für eher fundamentale Reformvorschläge genannt. Da ist einmal die Einführung der (relativen) Mehrheitswahl, welche die Bestimmung der Abgeordneten und, da die Mehrheitswahl meist Koalitionen erübrigt, die Bestimmung der Regierung den Wählern in die Hand gibt.[91] (Siehe S. 240 ff.) In eine ähnliche Richtung geht der Vorschlag, die Verhältniswahl zwar beizubehalten, der stärksten Fraktion aber nach italienischem Vorbild[92] einen Bonus in Form zusätzlicher Mandate zu geben.[93] Vorgeschlagen wurde auch, entsprechend der Weimarer Reichstagswahl die Größe des Parlaments je nach Wahlbeteiligung variieren zu lassen,[94] Wiederwahlbegrenzungen (»term limits«) für Amtsträger einzuführen[95] oder Parlamentsabgeordnete nicht mehr alle gleich hoch zu besolden, sondern sie für den Einkommensverlust zu entschädigen, den sie durch Übernahme des Mandats erleiden,[96] womit – genau wie mit den »term limits« – die Abhängigkeit der Abgeordneten von den Parteien gemindert werden soll.

Ein anderes Modell könnte die halb-direkte Demokratie der Schweiz sein, in welcher die Bürger auch politische Sachentscheidungen an sich ziehen können.[97]

Ferner zu nennen ist die Präsidialdemokratie, in der die Bürger den Regierungschef direkt wählen und die Gewaltenteilung zwischen Regierung und Parlament wiederhergestellt wird. Die Diskussion über diese Regierungsform ist – trotz der Unwahrscheinlichkeit einer entsprechenden Änderung des Grundgesetzes – auch in der Bundesrepublik von Interesse: Zum einen werden Bürgermeister und Landräte schon jetzt direkt gewählt. Zum anderen könnten auch die Ministerpräsidenten unmittelbar gewählt werden, durchzusetzen im Wege direkter Demokratie, welche auf Landesebene ja jetzt schon eröffnet ist.[98] In vielen Ländern wurde immerhin die Direktwahl der Bürgermeister mit Volksentscheiden – oder ihrer glaubwürdigen Androhung – durchgesetzt.[99] Zum Dritten ist auch auf Bundesebene – ganz ohne verfassungsrechtliche Änderungen – faktisch ein Trend zur Präsidialisierung zu beobachten, wie Staatsrechtslehrer und Politikwissenschaftler übereinstimmend diagnostizieren.[100]

Zu nennen sind auch Europäisierung und Internationalisierung, welche die innerstaatlichen Gewichte zu den Regierungen hin verschieben, die Bindung an ihre Parteien schwächen, zugleich aber auch den Einfluss der Bürger weiter schwinden lassen.[101] Das findet seine Entsprechung im Ausbau des Kanzleramts.

Auch die Direktwahl des Bundespräsidenten wird immer wieder diskutiert,[102] erst recht nach der Direktwahl des österreichischen Bundespräsidenten im Frühjahr 2016, bei der Norbert Hofer, der Kandidat der FPÖ, im ersten Wahlgang siegte und im zweiten Wahlgang nur knapp unterlag.[103] Die Wahl musste allerdings wegen formaler Fehler wiederholt werden,[104] und am 4. Dezember 2016 schließlich wurde Alexander Van der Bellen von den Grünen mit 53,8 Prozent der Stimmen zum Bundespräsidenten gewählt.

Ein weiterer Vorschlag geht dahin, das Parlament über Diäten und Parteienfinanzierung immer nur mit Wirkung für die nächste Wahlperiode entscheiden zu lassen, um die Abgeordneten der Kontrolle durch Öffentlichkeit und Wähler zu unterwerfen und eine unangemessene Selbstbedienung so von vornherein zu verhindern.[105]

Zur Bekämpfung von Ämterpatronage werden unter anderem drei Maßnahmen vorgeschlagen: Erstens durch Verfassungsänderung das Institut des politischen Beamten (siehe S. 73 f.) zu untersagen; zweitens für das erste Jahr nach einem Regierungswechsel und

für das letzte Jahr vor dem Regelwahltermin die Bewilligung zusätzlicher Beamtenstellen zu untersagen; und drittens eine Quote vorzusehen, »nach der in öffentlichen Ämtern – jeweils in Bund, Ländern
und Gemeinden oder in einem Staatsorgan – nur so viele Parteimitglieder Inhaber eines öffentlichen Amtes in der Verwaltung sein dürfen als die Parteien volljährige Mitglieder im Verhältnis zu den (voll-
jährigen) Wahlberechtigten haben«.[106]

Die Diskussion über diese Vorschläge erscheint allerdings akademisch, solange es keine direkte Demokratie auf Bundesebene gibt. Es
ist ganz unwahrscheinlich, dass die Angehörigen der etablierten Parteien Grundgesetzänderungen zustimmen, die ihnen ihre Schlüsselstellung bei der Bestimmung des Bundespräsidenten, bei der Festlegung der Politikfinanzierung und bei der Ämterpatronage beschneiden.

Weniger weitgehende Änderungen?

Weniger tiefgreifende Reformen betreffen zum Beispiel die Verhältniswahl, so etwa die Einführung von Vorwahlen[107] und flexiblen Listen (siehe S. 239), die Beseitigung von Sperrklauseln (wie sie die Landesverfassungsgerichte und das Bundesverfassungsgericht[108] bei
Kommunal- und Europawahlen inzwischen durchgesetzt haben)
oder die Einführung einer Alternativstimme.[109] Hierher gehört auch
die – vom Bundesverfassungsgericht angemahnte[110] und von Bundestagspräsident Norbert Lammert immer wieder geforderte[111] – als-
baldige Reform des völlig undurchsichtigen derzeitigen Bundestags-
wahlrechts mit der drohenden Explosion der Zahl der Mandate.

Hinsichtlich der Diäten geht es beispielsweise um die Beseitigung
der Vollalimentation von Landtagsabgeordneten (siehe S. 54, 224 f.),
hinsichtlich der staatlichen Parteienfinanzierung etwa um die Einführung eines Bürgerbonus, der die Wähler direkt darüber entscheiden lässt, welche Partei wie viel Staatsgeld erhält,[112] des Weiteren um
die Abschaffung der sogenannten Parteisteuern und die Begrenzung
der ins Kraut geschossenen Staatsfinanzierung der »Parteien in Parlament und Regierung« sowie um ihre Unterwerfung unter verfas-

sungsgerichtliche und öffentliche Kontrolle und überhaupt die Verbesserung von Transparenz.

Zur Stärkung der Gewaltenteilung wird angeregt, Regierungsmitglieder und Parlamentarische Staatssekretäre sollten nicht mehr gleichzeitig dem Parlament angehören; und ferner vorgeschlagen, »eine bestimmte Anzahl von Ministerien Parteilosen vorzubehalten, die auch während des Amtes ihre Parteilosigkeit beibehalten«.[113]

Auch eine Stärkung des Bundespräsidenten durch Einsetzung von Präsidialkommissionen (»presidential commissions«) und die Weigerung, parteilich patronierte Beamte zu ernennen, wird diskutiert, ebenso die Aktivierung der Kontrolle der Verfassungsgerichte, etwa durch eine aktivere Rechtsprechung (»judicial activism«) und durch Ausweitung der Klagemöglichkeiten. Das hat allerdings schon deshalb seine Grenzen, weil die Gerichte nur auf Antrag tätig werden können und auch sonst vielfach von den Parteien abhängig bleiben. Das zeigt sich zum Beispiel bei der staatlichen Politikfinanzierung, deren Anwachsen das Bundesverfassungsgericht im Ergebnis eher gefördert als gebremst hat.[114] (Siehe S. 196 ff.)

Insgesamt liegt die Umsetzung der Vorschläge, welche die Parteinähe (»partyness«) des Staates und der Gesellschaft eindämmen sollen, so oder so in der Hand – der Parteien. Es handelt sich durchweg um Entscheidungen in eigener Sache. Bereits die Elemente, welche die Macht der Parteien immer weiter ausgedehnt hatten, wurden von ihnen selbst bewirkt oder jedenfalls aufrechterhalten: die Verhältniswahl, die Parteienfinanzierung und Ämterpatronage sowie die Durchdringung aller gesellschaftlichen Bereiche (wie sie im selbstgeschaffenen Paragraphen 1 des Parteiengesetzes scheinbar legitimiert wird). Deshalb sind die Chancen für ein Zurück normalerweise eher gering. Es überrascht deshalb nicht, dass die genannten Vorschläge seit Jahrzehnten diskutiert werden, ihre Umsetzung aber meist gescheitert ist.

Liegt das Problem vielleicht noch tiefer? Besteht hinsichtlich der Regeln der Macht in Wahrheit gar kein halbwegs ausgewogener demokratisch-rechtsstaatlicher Prozess mehr, weil die Parteien darüber in eigener Sache entscheiden?[115] Existiert die angebliche Ausgewogenheit also nur noch kraft allgemeiner politischer Übereinkunft? Der italienische Soziologe Gaetano Mosca sprach insoweit von bloßen »politischen Formeln«, die man, bei Strafe der Ächtung, nicht infrage stellen darf.[116]

So gesehen, dürfte die direkte Demokratie letztlich das einzige wirksame Gegenmittel darstellen. Besonders das Wahlrecht und die Politikfinanzierung und überhaupt die Regeln des Machterwerbs sollten für direkte Demokratie zugänglich gemacht werden (siehe S. 318 ff.). Allerdings dürfte die Einführung direkter Demokratie auf Bundesebene und ihre Stärkung auf Landes- und Kommunalebene – gerade weil sie die Regeln des Machterwerbs dem alleinigen Zugriff der Parteien entzöge – wiederum nicht unbedingt auf Gegenliebe aller Parteien, insbesondere ihrer politischen Klasse, stoßen.

2. Frühe Kritiker der Fehlentwicklungen

Richard von Weizsäcker

Schon Anfang der Neunzigerjahre äußerte Richard von Weizsäcker, damals amtierender Bundespräsident, grundlegende Kritik an den Parteien.[117] Sie hätten ihr tatsächliches Wirken weit über die vom Grundgesetz vorgesehene Mitwirkung an der politischen Willensbildung des Volkes hinaus ausgedehnt; vergleiche man die »Wirklichkeit unseres Verfassungslebens« mit Artikel 21 des Grundgesetzes, »dann kommen dem einen die Tränen der Rührung, und bei anderen schwellen die Zornesadern«.[118] Das bekomme »auf die Dauer unserer Demokratie gerade deshalb nicht gut, weil wir die Parteien brauchen«.[119] Mit dem Parteiengesetz verfügten »die Parteien auf dem Umweg über den Gesetzgeber über sich selbst«[120] – eine andere Formulierung für Entscheidungen des Parlaments in eigener Sache. Auf diese Weise hätten sie sich einen viel zu weiten Gestaltungsauftrag erteilt: Die Parteien wirkten »an der Bildung des gesamten gesellschaftlichen Lebens aktiv mit. Sie durchziehen die ganze Struktur unserer Gesellschaft, bis tief hinein in das seiner Idee nach doch ganz unpolitische Vereinsleben«, und gingen damit »über den politischen Willen, von dem allein die Verfassung redet, weit hinaus«.[121]

Ihr Einfluss reiche »direkt oder indirekt in die Medien und bei der Richterwahl in die Justiz, aber auch in die Kultur und den Sport, in kirchliche Gremien und Universitäten«; sie drängen »in alle Ritzen der Gesellschaft ein«,[122] von dem »Missstand« der unaufhörlichen und ungenierten »Tätigkeit von Parteien in den öffentlich-rechtlichen elektronischen Medien« ganz zu schweigen.[123]

Der politische Nachwuchs sei »ausschließlich Sache der Parteien«,[124] was »die Anziehungskraft des politischen Berufs nachhaltig« gemindert habe.[125] Politiker würden »immer mehr von Jugend an zu parteiabhängigen Berufspolitikern, Selbstständigkeit und Qualität« der »politischen Klasse«[126] nähmen ab.[127] »Der Hauptaspekt des ›erlernten‹ Berufs unserer Politiker« bestehe »in der Unterstützung dessen, was die Partei will, damit sie einen nominiert, möglichst weit oben in den Listen, und in der behutsamen Sicherung ihrer Gefolgschaft, wenn man oben ist. Man [lerne], wie man die Konkurrenz der anderen Parteien abwehrt und sich gegen die Wettbewerber im eigenen Lager durchsetzt.«[128] Der Berufspolitiker sei im Allgemeinen »ein Generalist mit dem Fachwissen, wie man politische Gegner bekämpft«.[129]

Die Parteien lebten »bei uns im Vergleich zu anderen westlichen Demokratien in ihrer materiellen Ausstattung immer noch im Schlaraffenland«, obwohl die heftige Diskussion über das Thema Politikfinanzierung »nicht die Ursache, sondern nur eine Folge des Unbehagens« sei.[130]

Weizsäcker kritisierte die erodierende Gewaltenteilung,[131] das Interesse der Medien vornehmlich an Vordergründigem, was einen »unheilvollen Umkehrprozess der Wichtigkeiten« bewirke: Die Medien fänden oft »das Schicksal der Parteien interessanter […] als die Lösung der Probleme«.[132] Er mokierte sich über die »Demoskopiedemokratie«.[133] Seine Kritik kulminierte in dem berühmt-berüchtigten

Diktum: Die Parteien im Parteienstaat seien »machtversessen auf den Wahlsieg und machtvergessen bei der Wahrnehmung der inhaltlichen und konzeptionellen politischen Führungsaufgabe«.[134] Anträge würden abgelehnt, nur weil sie »von der jeweils anderen Partei« kommen.[135] Statt dass »Parteien die Instrumente zur besseren Lösung der Probleme bleiben, […] geschieht allzuoft das Umgekehrte, nämlich die Probleme zu instrumentalisieren, um die Ziele einer Partei gegen eine andere besser erreichen zu können«.[136]

Zur Abhilfe bringt von Weizsäcker Vorwahlen ins Gespräch;[137] erforderlich seien jedenfalls eine »größere Beteiligung bei der Aufstellung der Wahlkreiskandidaten und bessere Auswahlmöglichkeiten in den von den Parteien vorfabrizierten Listen«.[138] Das könne dem Mangel an »Magnetismus für guten Nachwuchs in der politischen Klasse« entgegenwirken.[139] Weizsäcker trat für die (inzwischen durchgesetzte) Direktwahl von Bürgermeistern und Landräten ein;[140] er brachte die Direktwahl des Bundespräsidenten ins Gespräch und »presidential commissions« (Präsidialkommissionen), deren Einsetzung beim »überparteilichen Präsidentenamt […] gut aufgehoben« wäre.[141]

Insgesamt geht es von Weizsäcker bei der Weiterentwicklung der Demokratie[142] vor allem darum, »die Distanz zwischen Parteien und Bevölkerung nicht immer weiter wachsen« zu lassen.[143]

Erwin K. Scheuch

Der Kölner Soziologe Erwin K. Scheuch hat seine Thesen in dem zusammen mit seiner Frau Ute Scheuch, ebenfalls Soziologin, veröffentlichten Buch *Cliquen, Klüngel und Karrieren* (1992) zusammengefasst. Beim Versuch, »die allgemeinen Strukturen herauszuarbeiten«, hebt er auch auf die Verhältnisse in den Ländern und in Großstädten ab, besonders auf Köln,[144] denn man müsse »Name, Ort, Zeit und Beträge nennen, um vielleicht Änderungen zu bewirken«.[145] Auch Scheuch diagnostiziert die Tendenz zum Berufspolitiker,[146] spricht von der »politischen Klasse«,[147] kritisiert die Auswahl von Kandidaten durch die Parteien und stellt »ein parteiübergreifendes Kartell zur Postenvergabe« fest.[148] Da die politische Verantwortung und Mitgestaltung der Parlamentarier angesichts der Dominanz der Regierung und der Fraktionsführungen gering sei, verlagere sich der Schwerpunkt der Arbeit von Abgeordneten zunehmend in die Wahlkreise. Dort agierten sie quasi als Ombudsmann oder Sekretär der Bürger, was eine »endlose Kleinarbeit an Telefonaten, Behördengängen und Schriftwechsel« mit sich bringe[149] und die Attraktivität des Mandats für gestaltungsbewusste Kandidaten mindere.

Entstanden sei ein Feudalsystem, das vom Prinzip »Tausch von Privilegien gegen Treue gekennzeichnet« sei.[150] Scheuch nennt zahlreiche Beispiele parteipolitischer Ämterpatronage und von Seilschaften, ohne die ein Aufstieg kaum möglich sei.[151] Unter den davon profitierenden Personen, die von Jugend an die Berufspolitik ansteuerten, tauchen zum Beispiel auch die Namen von Matthias Wissmann und Ronald Pofalla auf,[152] welche später wieder aufgefallen sind, weil sie – unter Ausschlachtung ihres politischen Netzwerks – in die Wirtschaft übergewechselt sind und ihre parteipolitische Karriere mit lukrativen Posten »gekrönt« haben.

Hinter dem »Kartell der Vorteilsnahme«[153] durch alle Parlamentsparteien stehe eine »für Politiker bequeme Proporzdemokratie«, deren »Disziplinierung durch Wettbewerb« entfalle, was die Möglichkeit des Amts- oder Mandatsverlustes stark mindere.[154] Für die politische Klasse sei es »nicht sehr erheblich, ob die eigene Partei fünf oder sieben Prozentpunkte bei einer Wahl einbüßt«, da ihre Mitglieder so oder so ihre Position behielten.[155] Scheuch spricht unter Hinweis auf die Diäten- und Versorgungsfälle in Hessen und Hamburg von der Entwicklung eines »Privilegiensystems«.[156]

Doch das alles habe »einen sehr hohen Preis«.[157] Das System werde »selbstreferentiell« und hebe von den Bürgern ab.[158] Neben legitimen habe das System illegitime und auch illegale Bestandteile; diese dürfe die Analyse nicht ausklammern, wolle man das Forschungsinteresse nicht quasi auf eine »Dame ohne Unterleib« beschränken.[159]

Anders ausgedrückt: Man dürfe den Blick nicht nur auf die öffentlich präsentierte Spitze des Eisbergs richten.

Zur Abhilfe schlägt Scheuch vor, parteiinterne Vorwahlen einzurichten, die Wählbarkeit auf drei Legislaturperioden und auf Personen mit mindestens zehnjähriger Berufspraxis zu beschränken, Oberbürgermeister von Großstädten direkt zu wählen, Abgeordnete bis zu einer Obergrenze für das entgangene Einkommen aus ihrer Berufstätigkeit zu entschädigen, die Parlamente drastisch zu verkleinern[160] und die Bereiche Politik, Verwaltung und Journalismus voneinander zu trennen, indem Beamte und Journalisten keine Partei- und Wahlämter mehr bekleiden dürften.[161]

Hans Herbert von Arnim

Der Verfasser wirkt auf vier Ebenen: Einmal analysiert er in seinen wissenschaftlichen Fachveröffentlichungen Auswüchse von Abgeordnetendiäten,[162] Ministerbezügen,[163] staatlicher Parteien-[164] und Fraktionsfinanzierung[165] und parteipolitischer Ämterpatronage[166] sowie die Entmündigung der Bürger durch unser Wahlsystem.[167]

Zum Zweiten deckte er auf dieser Basis mit sorgfältig ausgearbeiteten Einzelanalysen kollusive Machenschaften der Parlamente und Regierungen auf, etwa in Hessen, Hamburg, dem Saarland und in Bayern, die bundesweit diskutiert wurden und die Landesparlamente zwangen, die missbräuchlichen Regelungen zurückzunehmen. In Hessen wurden der Landtagspräsident und sein Stellvertreter zum Rücktritt genötigt; in Bayern mussten der CSU-Fraktionsvorsitzende und der Vorsitzende des Haushaltausschusses demissionieren. Auf Initiative des Verfassers scheiterte auch der Versuch des Bundestags von 1995, mit einer Grundgesetzänderung die Diätenrechtsprechung des Bundesverfassungsgerichts auszuhebeln.

Drittens fasste er seine Erfahrungen in zahlreichen Sachbüchern zusammen, wie zum Beispiel *Staat ohne Diener, Der Staat als Beute, Fetter Bauch regiert nicht gern, Die Partei, der Abgeordnete und das*

Geld, Diener vieler Herren, Das System, Das Europakomplott, Die Deutschlandakte und *Die Selbstbediener.* Darin beschreibt er, wie Entscheidungen des Parlaments in eigener Sache die Bildung politischer Kartelle begünstigen, sodass die demokratische Gesetzgebung die normale Vermutung der inhaltlichen Richtigkeit verliert und an ihre Stelle die Unrichtigkeitsvermutung tritt; dies betrifft nicht nur die öffentlichen Finanzen, sondern die für die Entwicklung des politischen Systems zentralen Regeln des Machterwerbs.[168] Diese Fehlentwicklungen sind langfristig für den Wandel der Parteiendemokratie zum exzessiven Parteienstaat verantwortlich und bewirken einen massiven Legitimations- und Vertrauensverlust der Parteien und des real existierenden politischen Systems.[169]

Schließlich wirkt der Verfasser durch Gutachten und Klagen auf die Rechtsprechung des Bundesverfassungsgerichts ein. Ein Beispiel war das Diätenurteil von 1975,[170] welches Arnims Konzept von der Entscheidung des Parlaments in eigener Sache übernahm. Auch das Urteil zur staatlichen Parteienfinanzierung von 1992,[171] das ebenfalls grundlegend war und in dem das Gericht erkannte, dass auch in diesem Bereich regelmäßig das korrigierende Element gegenläufiger politischer Interessen fehlt, ging auf seine Arbeit zurück.[172] Zu nennen sind ferner ein von ihm für die ÖDP erstrittenes Urteil von 2004,[173] das die Unerlässlichkeit kleiner Parteien für das Funktionieren des politischen Wettbewerbssystems hervorhebt. Hierher gehören ferner die Urteile zur Fünf-Prozent-Sperrklausel[174] und zur Drei-Prozent-Sperrklausel[175] bei deutschen Europawahlen. In Abweichung von einer früheren Entscheidung[176] erklären sie die Sperrklauseln für verfassungswidrig und begründen dies nunmehr ausdrücklich mit der Notwendigkeit einer strengen gerichtlichen Kontrolle von Entscheidungen des Bundestags in eigener Sache.

Gescheitert ist allerdings vorerst der Versuch des Verfassers, das Bundesverfassungsgericht zu einer Einschränkung der bisher völlig unkontrollierten – und deshalb zulasten der Allgemeinheit und kleinerer Parteien ins Kraut geschossenen – verdeckten Parteienfinanzierung durch Fraktionen, Abgeordnetenmitarbeiter und Parteistiftungen zu bewegen. Das Gericht entzog sich in dieser brisanten Frage einer Sachentscheidung, indem es die Klage, die der Verfasser für die ÖDP geführt hatte, in einem Beschluss vom 15. Juli 2015 für unzulässig erklärte.[177] In einer vom Verfasser angestrengten Wahlanfechtungssache[178] harren die gleichen verfassungsrechtlichen Fragen aber noch einer gerichtlichen Entscheidung. Allerdings ist federführender Berichterstatter ausgerechnet Peter Müller, der frühere CDU-Ministerpräsident des Saarlandes, und dieser erschien aus mehreren Gründen als befangen. Das Gericht lässt aber, wenn es um die Befangenheit seiner eigenen Mitglieder geht, diesen vieles durchgehen, was bei anderen Richtern den Ausschluss zur Folge hätte, und hat den Befangenheitsantrag zurückgewiesen (siehe S. 194 ff.).

3. Die etablierte Politikwissenschaft

Diskreditieren der Kritiker durch Klaus von Beyme und Michael Greven

Die dreifache Kritik stieß auf große öffentliche Resonanz, ließ die Politikwissenschaft als eigentlich »zuständige« wissenschaftliche Disziplin aber ziemlich inkompetent aussehen, denn sie hatte die Probleme verschlafen. Keiner der vorgenannten Autoren war Politikwissenschaftler. Jüngere Forscher räumten das Versagen ihrer Disziplin denn auch offen ein. Stefan Immerfall etwa schrieb, »Patronage und Parteienfilz« seien das bevorzugtes Gebiet ihres Faches nicht. Es sei »denn leider auch kein Zufall, dass es sich bei Hans Herbert von Arnim […] um einen Volkswirt und Juristen« handele. Der politikwissenschaftlichen Parteienforschung sei es mangels kritischer Ansätze nicht gelungen, »die Parteien vor der drohenden Verschärfung ihrer Defizite zu bewahren«. Die früher oft kritische Haltung der Politikwissenschaft sei »in Opportunismus« umgeschlagen; gesellschaftliche Entwicklungen würden »nur noch konstatiert oder gar legitimiert.«[179]

Auch Göttrik Wewer, ein anderer jüngerer Politikwissenschaftler, bemängelte angesichts offensichtlicher Fehlentwicklungen das Schweigen der etablierten Parteienforschung: »Wo früher Ernst Fraenkel getreu seiner Maxime, Politologie sei ›kein Geschäft für Leisetreter und Opportunisten‹[180] gegen ›Strukturdefekte der Demokratie‹ anschrieb, da blieben seine Apologeten und Gralshüter und eine inzwischen etablierte Disziplin merkwürdig still, als in den letzten Jahren der Verfassungs- und Gesetzesbruch von Parteien und Politikern bei Beschaffung ihrer Mittel und ähnliche ›Pathologien in der Politik‹ ans Licht kamen.«[181]

Ältere Platzhirsche der Disziplin hätten ihr Versagen dagegen am liebsten wegretuschiert. Die Ereignisse liegen zwar Jahre zurück. Aber sie zeigen ein Verhaltensmuster, das auch heute noch für große Teile der Disziplin typisch ist und das die Bekämpfung von Mängeln der realexistierenden Demokratie erschwert, weil es der politischen Klasse Argumente liefert, die Menschen zu beschwichtigen und die Notwendigkeit von Reformen zu bestreiten.

Einerseits musste die etablierte Politikwissenschaft auf die Kritik reagieren. Das brachte eine ganz neue politikwissenschaftliche Richtung hervor: die »Politische Klasse«-Forschung.[182] Andererseits lehnt die dominierende politikwissenschaftliche Forschung Wertungen ab und neigt in affirmativer Weise dazu, Demokratiedefizite in Abrede zu stellen. Sie tat sich deshalb schwer mit den (soeben unter B) genannten Autoren, die ihrerseits keine Scheu vor grundlegender Kritik hatten.

In dieser Situation ging es den Wortführern der etablierten Politikwissenschaft darum, die neue Thematik zu vereinnahmen, die Entwicklung aber gleichzeitig von ihrem negativen Touch zu befreien und, zumindest implizit, die normativen Anforderungen zu senken[183] oder eine automatische Selbstheilung zu behaupten.[184] Das aber erschien offenbar leichter hinzubekommen, wenn man Kritiker erst einmal verbal niedermachte, ihre Glaubwürdigkeit erschütterte oder sie ganz überging.

Genau dieses Muster verfolgte Klaus von Beyme. Als ehemaliger Präsident der International Political Science Association einer der

Großen der Disziplin und sozusagen ihr Sprecher, war er sich nicht zu schade, an von Weizsäcker, Scheuch und von Arnim persönlich herumzukritteln und ihnen öffentlich unlautere Motive zu unterstellen;[185] Arnim verfolge – im Verein mit dem Bund der Steuerzahler – »Verbandsinteressen unter dem Deckmantel des Gemeinwohls« und sei »als Anwalt von Grundbesitzerinteressen« aufgefallen, als er die Enteignung früherer Güter vor Gericht anfocht.[186] Richard von Weizsäcker und Erwin Scheuch hätten nur aus eigener persönlicher Enttäuschung über die Parteien zur Feder gegriffen, Weizsäcker, weil er nicht Kanzler geworden sei, Scheuch, weil er kein Bundestagsmandat bekommen habe. Alle drei wurden des »Neopopulismus« bezichtigt, was immer Schlimmes dies sein mochte.[187] Dahinter steht Beymes Auffassung, es könne für den Wissenschaftler keinen Standpunkt jenseits der Gruppen- und Parteiinteressen geben (von Beyme: »Auch wir vertreten Gruppeninteressen«),[188] das heißt, Beyme weist eine den pluralistischen Gruppen- und Parteienkampf bewertende und notfalls kritisierende wissenschaftliche Gemeinwohlkonzeption zurück.

Fast im selben Atemzug unternahm von Beyme dann aber selbst eine Analyse der politischen Klasse, um so die Meinungsführerschaft wieder an sich zu reißen und der Politikwissenschaft die Richtung vorzugeben.[189] Sein Buch verharmlost die Entwicklung allerdings gezielt und gibt sozusagen Entwarnung: Die Probleme würden sich quasi von selbst lösen.[190]

Hinsichtlich der aufgedeckten Diäten- und Versorgungsskandale mochte das plausibel erscheinen; sie bewirkten ja in der Tat eine Revision der Gesetze. Die spektakulären »Aufreger«-Fälle waren aber nur die Spitze des Eisbergs. Das machtvolle Geflecht der politischen Klasse, das sich unter der Oberfläche ausbreitet und fundamentale Probleme der Republik markiert, ist sehr viel weniger sichtbar und deshalb ungleich schwerer durch öffentliche Kritik zu bekämpfen. Dazu gehören die »Verstaatlichung« der Parteien, zum Beispiel durch die Aufblähung von Fraktionen, Parteistiftungen und die Zahl der Abgeordnetenmitarbeiter, ebenso wie die Parteipolitisierung des

Staates, zum Beispiel durch exzessive Personalpatronage, das den Bürger entmündigende Wahlrecht und den deformierten bundesdeutschen Föderalismus, kurz: das auf ganz anderen Grundsätzen, Motiven und Vorstellungen beruhende durch von Arnim so bezeichnete »System hinter dem System«.[191] (Näheres siehe S. 243 ff.) Dieses wuchert weiter – trotz gelegentlicher akademischer und teils auch öffentlicher Kritik.[192]

Ganz ähnlich wie von Beyme ging der (spätere) Vorsitzende der Deutschen Vereinigung für Politische Wissenschaft Michael Greven vor. Statt die für die Skandale Verantwortlichen zu kritisieren, kritisierte er diejenigen, die sie aufgedeckt hatten: Die »teils demagogischen [...] Kampagnen wegen der angeblichen ›Selbstversorgungsmentalität‹ der Politiker« hätten »Ressentiments gegen die Demokratie« mobilisiert. So drohe von Arnim, »seine ehemals geradezu zur Institution gewordene Rolle als ›Bürgeranwalt‹ gegen parlamentarischen Amtsmissbrauch gegen eine höchst zweifelhafte Rolle des populistischen Demagogen einzutauschen«[193] – ein Satz, den Politiker, die Arnim abqualifizieren wollten, begierig aufgriffen.[194]

In der Sache genierte Greven sich nicht, Fragen der Politikfinanzierung in vordergründiger Weise auf ein rein fiskalisches Problem zu reduzieren: »Ein paar Millionen Mark im hunderte Milliarden umfassenden Bundeshaushalt« seien doch leicht zu verschmerzen und könnten »am Ende nicht das entscheidende Argument sein«.[195] Diese von Greven selbst als »sachlich und rational« ausgegebene Argumentation verkennt das Wesentliche der Versorgungsskandale völlig, das selbst manche Politiker schließlich durchaus erkannt hatten.

Grevens Beschwichtigung müsste als Ausdruck professioneller Verblendung interpretiert werden – wenn er selbst es nicht besser wüsste. Fast gleichzeitig hatte er nämlich an anderer Stelle hervorgehoben, die Parteien entschieden, obwohl selbst Spieler, »über die Spielregeln im Kampf um die Macht«; sie verfügten in der Gemeinsamkeit ihrer Interessenlage insoweit über etwas der Souveränität Ähnliches,[196] womit die in der Demokratie eigentlich dem Volk gebührende Souveränität insoweit praktisch auf die politische Klasse übergegangen sei. Damit übernahm Greven die Kernthesen der Kritiker, ohne die Übernahme kenntlich zu machen.[197]

Politische Klasse und politische Elite

Berufspolitiker als politische Klasse

Angeregt durch die oben genannten Autoren (siehe S. 255 ff.), hat auch die Politikwissenschaft eingeräumt, dass sich eine Klasse von Berufspolitikern gebildet hat, die – über Partei- und Föderalismusgrenzen hinweg – gemeinsame Sache miteinander machen, wenn es darum geht, eigene Berufsinteressen zu fördern.[198] Da diese politische Klasse aufgrund ihrer privilegierten Stellung an den Schalthebeln der Macht und wegen ihrer Möglichkeit, die normalen Kontrollen im Gesetzgebungsprozess auszuschalten, ihren Status weitgehend selbst bestimmen kann, ist sie auch der Hauptnutznießer. In der Terminologie Klaus von Beymes, der als prominentester Autor die Thematik in die Politikwissenschaft hereingeholt hat: Die politische Klasse hat an der Privilegienstruktur des politischen Systems teil und kann die strukturellen Bedingungen ihrer Existenz weitgehend selbst gestalten. Sie handelt als »Interessengruppe für sich selbst«,[199] wobei ihr kollektives Interesse ihrer Selbsterhaltung und der Absicherung ihrer Privilegien sowie ihrer Autonomie gegenüber Bürgern und Gesellschaft gilt.[200]

Die Bedeutung dieses Ansatzes liegt vor allem darin, dass er den Blick auf eine relativ kleine, aber sehr wichtige Gruppe innerhalb der Parteien richtet: Die eigentlichen Akteure sind weniger die Parteien als Ganze, sondern ihre Berufspolitiker. Sie sind von den Hunderttausenden bloß zahlenden Mitgliedern und ehrenamtlich in den Kommunen Tätigen zu unterscheiden, die meist kein berufliches Interesse an der Politik haben und über parteipolitische Fehlentwicklungen oft am meisten enttäuscht sind (siehe S. 34), worin auch ein

Grund für den Mitgliederschwund der etablierten Parteien liegen dürfte.

Berufspolitiker neigen dazu, den Wettbewerb etwa um Mandate massiv einzuschränken, auch innerhalb der eigenen Partei, etwa durch bestimmte Regelungen zu ihren Gunsten und zulasten innerparteilicher Herausforderer. Zur politischen Klasse, die von der Politik lebt und über ihren Status selbst entscheidet, gehören 622 Bundestags-, rund 2000 Landtags- und 96 Europaabgeordnete sowie rund 230 Regierungsmitglieder und Parlamentarische Staatssekretäre in Bund und Ländern. Auch Tausende staatsfinanzierte Mitarbeiter von Abgeordneten sowie in Parteien, Fraktionen und Stiftungen leben von der Politik, ebenso die große Zahl von Bürgermeistern, Landräten und Beigeordneten in den Kommunen.

Führungsgruppen als politische Elite

Innerhalb der Berufspolitiker sind allerdings zwei Gruppen zu unterscheiden: die Führungsgruppen der Parteien, die sogenannte politische Elite, und die übrige politische Klasse.[201] Die Führungen sind durchaus auf Wettbewerb eingestellt, denn Regierungsmacht und Regierungsämter kann nur die eine *oder* die andere Partei (oder Parteienkoalition) erlangen, nicht aber beide zusammen (wenn man einmal vom Sonderfall einer sehr großen Koalition absieht). Für die Führungsgruppe macht es deshalb immer noch einen Unterschied, ob ihre Partei die Wahl gewinnt und erfolgreiche Koalitionsverhandlungen führt. Der Wettbewerb kann sich allerdings nur innerhalb der von der politischen Klasse selbst gesetzten Spielregeln entfalten, was ihn dann doch wieder stark einschränkt.

Immerhin gibt es zahlreiche Beispiele dafür, dass die Regierung oder die Oppositionsführer der politischen Klasse aus Gründen der Macht in den Arm gefallen sind. So zwang der hessische Ministerpräsident Walter Wallmann den Landtag zur Rücknahme der skandalösen hessischen Diätennovelle von 1988. Wallmann hatte dabei die Opposition von SPD und Grünen ebenso überfahren wie seine eigene Koalition aus CDU und FDP (siehe S. 58). Der Hamburger Erste Bürgermeister Henning Voscherau legte das Senatsveto gegen das von der Hamburger Bürgerschaft bereits beschlossene ebenfalls skandalöse Diäten- und Versorgungsgesetz von 1991 ein (siehe S. 63). Auch die Direktwahl von Bürgermeistern wurde, etwa in Hessen und Niedersachsen, durch Regierungschefs gegen den Widerstand der politischen Klasse durchgesetzt (siehe S. 241 f.).

Im Gegensatz zur politischen Elite ist es für das Gros der politischen Klasse, ihre »Hinterbänkler«, nicht so wichtig, welche Partei die Wahl gewinnt, da sie für Regierungsämter oder andere hohe Ämter, die die Regierungsparteien vergeben, ohnehin nicht in Betracht kommen. Ihnen geht es primär um die Wiedererlangung ihres Mandats, das heißt konkret: die Platzierung in einem sicheren Wahlkreis oder auf einem sicheren Listenplatz ihrer Partei. Insofern besteht weitgehender Interessengleichklang zwischen allen Abgeordneten. Das ist der Humus für Kartelle, doch die werden gern verhüllt. Um die informale Praxis der Kartellierung öffentlich möglichst nicht in Erscheinung treten zu lassen, wird meist der Wettbewerb zwischen den politischen Führungen in den Vordergrund der öffentlichen Wahrnehmung geschoben.

Die fatale Folge der Entwicklung, der Konsolidierung und des Wirkens der politischen Klasse liegt in der Entmachtung der Bürger und im Schüren politischen Verdrusses. Es ergibt sich geradezu ein Teufelskreis der Entfremdung, der ein zentrales Problem des Parteienstaats darstellt: Die Existenz und das Wuchern der politischen Klasse sowie ihre Abschottung beschneiden den Bürgern ihre politische Mitwirkung; das frustriert und entfremdet, worauf die politische Klasse mit umso größerer Abschottung reagiert und damit die Politikerverdrossenheit der Bürger erst recht vertieft.[202]

Politische Vermachtung: Kartellparteien

Auch die Politikwissenschaftler Richard Katz und Peter Mair erkennen, dass Politiker im Parlament über die Fraktions- und Föderalismusgrenzen hinweg – ausdrücklich oder unausgesprochen – politische Kartelle bilden und dass auf diese Weise die drinnen sich gegenüber denen draußen abschotten und ihre Eigeninteressen durch Ausweitung von Politikfinanzierung und Ämterpatronage sowie durch Gestaltung des Wahlrechts fördern. Parteienfinanzierung und Ämterpatronage haben sich – begünstigt auch durch die Verhältniswahl – aufgeschaukelt, die Bürger zu Zuschauern degradiert und nicht nur die Parteien selbst, sondern das ganze politische System deformiert.

Diese Entwicklung hat den Charakter der politischen Parteien gewandelt. Katz und Mair schlagen dafür den Begriff »Kartellparteien« vor.[203] Ihr Kennzeichen sei, dass fast alle politischen Aktionen von dem gemeinsamen Interesse der professionellen politischen Klasse überwölbt werden, die eigene Existenz zu sichern und zu verbessern. Das veranlasst sie, politische Kartelle zu bilden, von denen alle Beteiligten profitieren – auf Kosten der Bürger und des Gemeinwesens insgesamt. Wer mit wem koaliert und die Regierung bildet, kungeln Parteiführer nach der Wahl miteinander aus (siehe S. 232 f.). Um daran beteiligt und in alle denkbaren Richtungen koalitionsfähig zu sein, darf möglichst keine Partei es sich mit anderen verderben. Auch das begünstige das Entstehen einer Kultur der Kollusion zwischen Regierung und Opposition.

Die Verhältniswahl, die ins Kraut geschossene Staatsfinanzierung und die Parteibuchwirtschaft bei der Postenbesetzung lassen auch Parlamentsparteien, die die Wahl verloren haben, nicht unberücksichtigt. Auch sie erhalten Mandate und staatliche Subventionen und bleiben an der Proporzpatronage beteiligt. Wenn aber die Teilhabe an staatlichen Mitteln und Posten nicht mehr vom Sieg bei Wahlen abhängt, entschwindet der Anreiz für Politiker, sich nach den Wünschen der Bürger zu richten – ein Anreiz, den eigentlich der politische Wettbewerb sichern soll. Können aber die Wähler die Politik nicht mehr kontrollieren, kehrt sich die Willensbildung von unten nach oben, die den Kern der Demokratie ausmacht, in ihr Gegenteil um.

Wirtschaftliche Kartelle sind in allen westlichen Ländern verboten, weil sie die Marktgegenseite, zum Beispiel die Konsumenten, schädigen, die höhere Preise zahlen müssen als bei funktionierendem Wettbewerb. Die Presse berichtet täglich von Unternehmen, deren Kartellabsprachen aufgedeckt werden, und von Millionenbußen, die ihnen auferlegt werden. Der Schaden, den *politische* Kartelle anrichten, ist aber noch sehr viel größer.[204] Diese Erkenntnis müsste eigentlich sofort zu der Frage veranlassen, was die Gemeinschaft gegen solche Kartelle unternehmen kann. Doch die Staatsrechtslehre ignoriert die Thematik und leistet so der Wirklichkeitsverweigerung der politischen Klasse Vorschub. Dabei hätte die Vereinigung der Deutschen Staatsrechtslehrer eine gute Gelegenheit gehabt, Stellung zu beziehen, als sie im Herbst 2009 auf ihrer Grazer Jahrestagung über »Demokratie als Wettbewerbsordnung« debattierte.[205] Doch die grundlegenden Beiträge von Katz und Mair wurden nicht einmal erwähnt. Stattdessen wurde die Kooperation gemeinwohlorientierter Politiker als für das Gemeinwesen förderlich herausgestellt – dabei aber schlicht übersehen, dass Parteien und Politiker nicht nur gemeinnützig, sondern auch eigennützig agieren und politische Kartelle bilden, um ihre Interessen auf Kosten des Gemeinwesens durchsetzen zu können.

Hinzu kommen zwei deutsche Besonderheiten: der öffentliche Dienst und der Föderalismus. Die für Deutschland typische Symbiose von politischer Klasse und öffentlichem Dienst zeigt sich etwa in der Verbeamtung der Parteien und Parlamente. In dieselbe Richtung wirkt der bundesdeutsche Föderalismus. Das Zustimmungsrecht des Bundesrats bei fast allen wichtigen Vorhaben zwingt zu Verhandlungen und Absprachen zwischen Regierung und Opposition. Zudem pflegen Landesregierungen ganz unterschiedlicher Couleur ihre Politik in rund tausend zwischenstaatlichen Gremien abzustimmen, beispielsweise der Kultusminister- und der Innenministerkonferenz, die meist einstimmig entscheiden. Schließlich trägt die Vielzahl der Posten in den Ländern dazu bei, dass eine Partei, die bei der Bundestags- oder einer Landtagswahl verliert, immer noch die Wahl in anderen Bundesländern gewinnen und dort die Regierung stellen kann, was den Anreiz, sich nach den Wünschen der Bürger zu richten, weiter mindert.

Parteien: Täter oder Opfer?

Die tiefere Ursache für die Entwicklung einer politischen Klasse und das Entstehen von Kartellparteien sehen von Beyme sowie Katz und Mair nicht darin, dass die Parteien über Umfang und Ausgestaltung ihrer Staatsfinanzierung und andere Regeln der Macht selbst entscheiden und dass die zunehmenden Kollusionstendenzen Hemmungen gegen die eigene Begehrlichkeit abgebaut haben, sondern in der Reaktion der Parteien auf äußere Gegebenheiten. Klaus von Beyme macht »den sozialen Wandel«, der zum Beispiel im »Mitgliederschwund« seinen Ausdruck finde, verantwortlich.[206] Auch Katz und Mair führen im Wesentlichen einen massiven Rückgang der Mitglieder und damit der eigenen finanziellen Ressourcen der Parteien als Ursache für die Entwicklung an.[207] Um Einnahmeausfälle zu kompensieren, seien die Parteien gezwungen worden, sich an den Staat zu wenden.

Die Parteien seien also Opfer gesellschaftlicher Entwicklungen, die sie zu bestimmten Reaktionen zwangen, und nicht Täter in eigener Sache. Doch dieser Versuch, den unwuchtigen politischen Prozess auszublenden, der zu dieser Entwicklung geführt hat, und den Parteien die Verantwortung für die gemeinhin als missbräuchlich verstandenen Kollusionstendenzen abzunehmen, lässt sich, jedenfalls in Deutschland, nicht mit der tatsächlichen Mitgliederentwicklung in Einklang bringen, wie der Politikwissenschaftler Elmar Wiesendahl nachgewiesen hat.[208] Die These träfe nur dann zu, wenn die massiven Mitgliederverluste der Bildung der politischen Klasse und von Kartellen vorausgegangen wären. Doch das ist nicht der Fall. Vielmehr stiegen die selbstbewilligten Mittel gerade in den Jahren besonders stark, in denen auch die Zahl der Mitglieder in die Höhe schoss.[209]

So stieg die Mitgliederzahl etwa der CDU in den eineinhalb Jahrzehnten von 1968–1983 von 286 500 auf 735 000, also auf mehr als das Zweieinhalbfache.[210] In derselben Zeitspanne stiegen die als »Wahlkampfkosten« etikettierten Staatszuwendungen an die Bundestagsparteien von 47 Millionen DM (1968) auf 317 Millionen DM (1983). Die staatlichen Zuwendungen an die Fraktionen des Bundestags und der Landesparlamente stiegen in diesen fünfzehn Jahren von 12 Millionen auf 106 Millionen DM, die Globalzuschüsse an die Parteistiftungen von 9 auf 87 Millionen, und die Zahlungen für Abgeordnetenmitarbeiter, die 1969 begründet worden waren und 1970 gut 8 Millionen betragen hatten, waren 1983 auf 42 Millionen DM angewachsen. Damit wird die von innen heraus kommende Wucherungstendenz der Parteien ganz deutlich, die eben dadurch ermöglicht wird, dass sie sich diese Zahlungen selbst bewilligen, also in eigener Sache entscheiden.

Gewiss gehen aus Entwicklungen wie der Globalisierung, der Aufblähung des weltweiten Finanzkapitalismus und der digitalen Revolution Gewinner und Verlierer und eine wachsende ökonomische Ungleichheit hervor. Das bewirkt Unsicherheiten bei den Menschen, gerade auch hinsichtlich ihrer aktuellen und künftigen wirtschaftlichen und gesellschaftlichen Situation, und schafft ein zunehmendes Unzufriedenheitspotenzial mit erheblichen Auswirkungen auf die Parteien.[211] Es bedeutet aber keineswegs, dass die Parteien nicht auch Akteure der Entwicklung seien, gerade auch ihrer eigenen, und, da sie selbst über die Regeln der Macht beschließen, haben sie diese fest im Griff.[212]

Der Wandel der Parteien

Ein an die Forschungen von Katz/Mair, von Beyme und Borchert angelehnter Zweig der Politikwissenschaft sieht die Parteien mit dem enormen Wachstum ihrer staatsfinanzierten Einnahmen und zunehmender Ämterpatronage unter der Hand immer mehr zu wettbewerbsbeschränkenden, selbstreferenziellen und bürgerfernen Staatsparteien werden. Sie entwickeln sich von »bottom-up parties«, in denen die Basis etwas zu sagen hat, zu »top-down parties«, die von oben her bestimmt werden.[213] Kennzeichnend für den Ansatz ist, dass er einen weiten Begriff der Parteien verwendet, in welchen auch die »Parteien im Parlament« (einschließlich der Parteistiftungen) einbezogen werden. Die Trennung zwischen Parteien, Fraktionen, parteinahen Stiftungen sowie Abgeordneten und ihren Mitarbeitern wird aufgegeben.

Ein untauglicher Versuch, den Parteienstaat zu rechtfertigen

In einem von der Bundeszentrale für politische Bildung verlegten Buch *Der Parteienstaat in Deutschland* (2012) versucht der Politikwissenschaftler Everhard Holtmann das Unmögliche: Einerseits will er auch die »Schattenseiten des Parteienstaats« behandeln; das habe die Wissenschaft bisher vorzugsweise den Massenmedien und publizistischen Streitschriften überlassen.[214] Andererseits will er das Bild des Parteienstaats nicht wirklich beschädigen und verdrängt deshalb die tieferen Ursachen der Fehlentwicklung. Entgegen seiner erklärten Absicht, auch »strukturbedingte Schwächen des Parteienstaats mit in den Blick zu nehmen«,[215] blendet er diese aus und bleibt damit an der Oberfläche. So bestreitet er die Existenz einer politischen Klasse und das Wirken von Parteikartellen; damit fällt er sachlich und analytisch hinter seine oben genannten Kollegen zurück (siehe S. 261–270). Schon die Begriffe »politische Klasse« und »Kartellparteien« seien zu meiden, weil sie eine negative Tönung hätten[216] und ein parteienkritischer Grundton mitschwinge.[217] Zudem entbehrten sie der empirischen Grundlage.[218] Dabei ignoriert Holtmann die in diesem Buch aufgelisteten zahlreichen Beispiele, die das fatale Wirken von Kartellen der politischen Klasse belegen, sowohl bei Entscheidungen über Regeln der Macht als auch beim Ausschalten von Kontrollen.

Statt von »politischer Klasse« zu sprechen, will Holtmann »zum Terminus Elite zurückkehren«, der auch die »Parteieliten« mitumfasse.[219] Damit beraubt er sich der für die Analyse höchst fruchtbaren Unterscheidung zwischen politischer Klasse und politischer Elite. Fälle, in denen Regierung oder Oppositionsführung der politischen Klasse aus Gründen der Macht in den Arm fallen, wie etwa die Durchsetzung der Direktwahl von Bürgermeistern (siehe S. 266 f.), kann Holtmann deshalb nicht schlüssig erklären.

Es trifft auch nicht zu, dass dem Typus der Kartellpartei (den er dann doch nicht ganz auslassen kann) durch rechtliche Vorkehrungen wirksame Grenzen gezogen seien, wie Holtmann bei Behandlung der staatlichen Parteienfinanzierung behauptet.[220] Denn Katz und Mair, die Begründer der Kartellparteienlehre, meinen auch und vor allem die Parteien *im Parlament*, während Holtmann lediglich das Parteiengesetz ins Auge fasst, das Fraktionen, Abgeordnete und ihre Mitarbeiter sowie parteinahe Stiftungen aber gerade nicht erfasst. Und ihre selbstbewilligte Subventionierung ist mangels Kontrolle so gewaltig ins Kraut geschossen, dass sie die offizielle Staatsfinanzierung weit hinter sich lässt (siehe S. 246 f.). Alles das kommt bei Holtmann nicht vor. Er spricht hinsichtlich der Parteienfinanzierung zwar von der Gefahr der »Selbstbedienung«,[221] übersieht aber das übergreifende Thema, das nicht nur die engere Parteienfinanzierung, sondern alle Regeln der Macht betrifft.

Bei Behandlung der parteipolitischen Ämterpatronage werden deren fatale Rück- und Fernwirkungen ausgeblendet und im Übrigen das Ausmaß und der Umfang der Rechtswidrigkeit kleingeredet und so das Grundproblem bagatellisiert. Das Institut des politischen Beamten wird nicht problematisiert, schon gar nicht werden die notwendige Begrenzung und die Geltung der Bestenauslese auch bei politischen Beamten (siehe S. 73 f.) erwähnt.

Dass die Parteien selbst über ihren Status entscheiden und deshalb die Souveränität vom Volk praktisch auf die Parteien übergegangen ist, wie Holtmann beiläufig einräumt,[222] wird nicht als das alles überwölbende Grundproblem erkannt. Vielmehr soll Artikel 21 des Grundgesetzes, den er dauernd anführt, den Parteienstaat rechtlich absichern. In Wahrheit rechtfertigt Artikel 21 aber lediglich die Parteien*demokratie*. Das ergibt bereits der Wortlaut der Vorschrift (»Die Parteien wirken bei der politischen Willensbildung des Volkes mit«), den Holtmann wohlweislich nicht Wort für Wort zitiert. Bei seiner überzogenen Interpretation der Vorschrift beruft Holtmann sich auf Gerhard Leibholz, obwohl er an anderer Stelle selbst einräumt, dass dessen Parteienstaatslehre längst überholt ist (siehe S. 94 f.). Da überrascht es auch nicht mehr, dass Holtmann »Parteienstaat« und »Parteiendemokratie« als Synonyme in eins setzt[223] und damit den zentralen Unterschied verwischt.[224]

Bei Behandlung der direkten Demokratie fragt Holtmann zwar mit Recht, ob mit ihrer Hilfe »die gewachsene Kluft zwischen dem Parteienstaat und Teilen der Zivilgesellschaft« geschlossen werden kann.[225] Er erkennt sie aber gerade nicht als Mittel, um dem Parteienstaat wirksame Grenzen zu setzen und ihn auszubalancieren (siehe S. 318 ff.). Dass die Direktwahl von Bürgermeistern und die Einführung von Bürgerbegehren und Bürgerentscheid in den Kommunen wesentlich durch Volksentscheid (oder glaubwürdiges Drohen damit) durchgesetzt wurden (siehe S. 241 f.), passt da nicht ins Bild und wird verschwiegen.[226] Ebenso wenig erkennt Holtmann, dass das Dilemma, dass das »Elitenkartell« »sich selbst bedienen« muss, nur in der rein parlamentarischen Demokratie als unvermeidlich hingenommen werden muss. Ist dagegen neben dem parlamentarischen Gesetzgeber auch ein Volksgesetzgeber vorhanden, wie es in den Ländern der Fall ist, besteht durchaus die von Holtmann vermisste »Ausstiegsmöglichkeit«[227] (siehe S. 332 ff.).

Fazit: Systematisches Ausblenden des unausgewogenen politischen Prozesses

Bemerkenswerterweise thematisieren die politikwissenschaftlichen Ansätze nicht den Prozess, also die Frage, wie und auf welche Weise sich die politische Klasse und die Kartellierung, die staatliche Politikfinanzierung, die Usurpation vieler Ämter und vieles andere entwickelt haben. Sie behandeln allenfalls die Resultate und vermeiden auf diese Weise, die dargestellten Entwicklungen auf Entscheidungen der Parlamente und ihrer Parteien in eigener Sache und die Ausschaltung der üblichen Kontrollen zurückzuführen. So suchen von Beyme sowie Katz und Mair die enorme Ausweitung der staatlichen Politikfinanzierung mit der Reaktion der Parteien auf äußere Gegebenheiten zu erklären (siehe S. 270 f.). Wird ausnahmsweise doch auf den Prozess eingegangen, so wird behauptet, er funktioniere durchaus und verhindere Fehlentwicklungen, was aber eben nicht zutrifft.[228] Das dürfte damit zusammenhängen, dass der Mainstream der Politikwissenschaft die Erkenntnis scheut, dass die politische Willensbildung bei Entscheidungen in eigener Sache strukturell gestört ist. Das passt nicht ins ideologische Bild.

4. Beurteilung: Verlust der Richtung im Kern des Staates

Vorläufige Wertungen

Wer eine schnelle Beurteilung der Entwicklung sucht, wird wiederum bei Katz und Mair fündig; sie nennen den Prozess der Kartellierung neuerdings, ganz ungeschminkt, »undemokratisch«.[229]

Hierher gehört auch Jens Borcherts schon erwähnter Teufelskreis: Die Existenz und das Wuchern der politischen Klasse und ihre Abschottung beschnitten den Bürgern ihre politische Mitwirkung; das frustriere und entfremde, worauf die politische Klasse mit umso größerer Abschottung reagiere und damit die Politikerverdrossenheit der Bürger erst recht vertiefe.[230]

Michael Greven bemerkt, die Parteien verfügten über einen zentralen Aspekt der Souveränität, indem sie nicht nur die entscheidenden Spieler seien, sondern im Kampf um die Macht auch beherrschenden Einfluss auf die Festlegung der Spielregeln besäßen.[231]

Leibholz selbst hatte, falls die Verankerung der Parteien im Volk nicht gelinge, vor einer Entartung des Parteienstaats gewarnt.

Nicht weniger deutlich waren die Warnungen etwa des Politikwissenschaftlers Dolf Sternberger[232] und von SPD-Politikern wie Herbert Wehner,[233] die Ende der Fünfzigerjahre die fatalen Folgen einer staatlichen Parteienfinanzierung an die Wand gemalt hatten. Der Bundestagsabgeordnete Schmidt-Vockenhausen (SPD) bezeichnete die Finanzierung aus der Staatskasse gar als »Krebskrankheit, die früher auf mittel- und südamerikanische Staaten beschränkt war«.[234] Selbst das Bundesverfassungsgericht fürchtet, der Eindruck von »Selbstbedienung« der politischen Klasse könne das Ansehen der Parteien schwächen und damit auch deren Fähigkeit beeinträchtigen, noch ihre Aufgaben zu erfüllen.[235] Auch Martin Morloks Forderung nach einer »zweiten Generation des Parteienrechts« geht von einer Kritik an Auswüchsen des Parteienstaats aus und empfiehlt der Wissenschaft, über Gegenmaßnahmen nachzudenken.[236]

Verfassungstheoretische Grundannahmen: Ausgewogenheit und Richtigkeit demokratischer Entscheidungen

Eine fundierte Beurteilung sollte von der Erwartung ausgehen, auf der das Grundgesetz beruht, und diese der Ist-Situation gegenüberstellen, in der die Parteien die fundamentalen Regeln der Macht selbst bestimmen. Die normale Erwartung geht dahin, dass das politische Kräftespiel in der pluralistischen Demokratie zu ausgewogenen Ergebnissen tendiert. Im Gegen- und Miteinander der Interessen ergibt sich, so wird angenommen, ein Ausgleich, der regelmäßig einen einigermaßen sachgerechten Kompromiss darstellt.

Auch das Bundesverfassungsgericht unterstellt einen solchen demokratischen Idealismus: Der Willensbildungsprozess im demokratischen Gemeinwesen sei ein Prozess von »trial and error«, der »durch ständige gegenseitige Kontrolle und Kritik die beste Gewähr für eine (relativ) richtige politische Linie als Resultante und Ausgleich zwischen den im Staat wirksamen politischen Kräften« gebe.[237] Dafür sei die freie Auseinandersetzung der Ideen und Interessen »lebensnotwendig«.[238] Denn »im Kräfteparallelogramm der politischen Willensbildung [könne sich] im Allgemeinen erst dann eine relativ richtige Resultante herausbilden [...], wenn alle Vektoren einigermaßen kräftig entwickelt sind.«[239]

Die wichtigste Gewähr für einen solchen Ausgleich liegt, mit den Worten des Bundesverfassungsgerichts, in einem »System rechtlich gesetzter und vorausgesetzter Spielregeln«.[240] Dazu gehört auch, dass die staatlichen Aufgaben jeweils von demjenigen Organ wahrgenommen werden, welches dafür am besten geeignet ist. Damit staatliche Entscheidungen – im Interesse »der Verteilung von politischer Macht und Verantwortung sowie der Kontrolle der Machtträger« – »möglichst richtig« ausfallen, sollen sie »von den Organen getroffen werden, die dafür nach ihrer Organisation, Zusammensetzung, Funktion und Verfahrensweise über die besten Voraussetzungen verfügen, und [auf diese Weise] auf eine Mäßigung der Staatsgewalt insgesamt hinwirken«.[241]

Erschütterung der Grundannahmen: Gefährdung der demokratischen und rechtsstaatlichen Legitimation

Entscheiden das Parlament und die dahinterstehende politische Klasse in eigener Sache, also zum Beispiel über den Status von Abgeordneten, Parteien und Fraktionen sowie über das Wahlrecht und die Bestellung von Amtsträgern, und schalten sie auch noch die gerade dann unerlässlichen politischen Kontrollen aus und schwächen die rechtlichen Kontrollen, kann von der Machtmäßigung, auf die das Grundgesetz zielt, keine Rede sein. Dann fehlt es an der Ausgewogenheit des Einflusses verschiedener Interessen, die den Kerngedanken der pluralistischen Demokratie darstellt: Die Entscheidung der Betroffenen verspricht keinen ausgewogenen Kompromiss, der Willensbildungsprozess ist vielmehr grob einseitig. Statt Ausgewogenheit und Richtigkeit drohen Unausgewogenheit und Unrichtigkeit, und dies gerade bei den für das Funktionieren der Demokratie zentral wichtigen Regeln der Macht.

Es ist anerkannt, dass die Demokratie Minderheiten die Entscheidungen der Mehrheit nur zumuten kann, wenn, weil und solange sie die Chance behalten, in offenem und fairen Wettbewerb die Mehrheit von ihren Belangen zu überzeugen. Das verbürgt der Grundsatz der politischen Chancengleichheit. Wie aber, wenn Offenheit und Fairness beseitigt sind – und das nicht nur zulasten einer Minderheit, sondern zulasten der gesamten Bürgerschaft?

Dann verschiebt sich der übliche Interessengegensatz: Es geht nicht mehr um Regierung contra parlamentarische Opposition, sondern um »Oben« contra »Unten«, und »Oben« hat das Sagen. Die Parteien und ihre politische Klasse dominieren den politischen Prozess und können dort ihre eigenen Interessen an Macht, Einfluss, Posten, Geld und Status zulasten aller anderen durchsetzen, indem sie sich von Gewaltenteilung, Wettbewerb, Öffentlichkeit und allen anderen Formen der Kontrolle befreien und dem Bürger die Zügel aus der Hand nehmen.

Um Chancenungleichheit geht es hier nur insofern, als der Allmacht der politischen Klasse die Machtlosigkeit der Bürger entspricht. Es geht – neben der Enttäuschung des Richtigkeitsversprechens der pluralistischen Demokratie – um den Verlust der inhaltlichen Richtigkeitschance und den schleichenden Einflussentzug der Bürger, die selbst mit ihrem angeblichen Königsrecht, dem Wahlrecht, kaum noch etwas bewirken können. Dem Wahlrecht[242] wird die Substanz genommen,[243] und damit wird die objektive Problematik auch zu einer Verletzung eines subjektiven Bürgerrechts.

Entscheidungen, die aus derart einseitigen Verfahren hervorgehen, sind in ihrer demokratischen Legitimation erschüttert: Die mangelnde Partizipation der Bürger (außer der in eigener Sache entscheidenden politischen Klasse) nimmt dem Wahlrecht sein Substrat, steht im Gegensatz zur freiheitlichen Selbstbestimmung aller und beeinträchtigt die input-orientierte Legitimation[244] und damit das Demokratieprinzip.[245]

Die mangelnde Berücksichtigung der Belange der Masse der Menschen führt statt zur Richtigkeit eher zur Unrichtigkeit der Ergebnisse;[246] sie steht damit der output-orientierten Legitimation entgegen[247] und auch im Widerspruch zum Rechtsstaatsprinzip.[248] Beide Legitimationskomponenten wurzeln im Eigenwert der menschlichen Person (Artikel 1 des Grundgesetzes) und sind verfassungsrechtlich unverzichtbar.[249] Insoweit droht statt Selbstbestimmung des Volkes Fremdbestimmung durch die politische Klasse, statt zur Richtigkeit tendieren die getroffenen Entscheidungen zur Unrichtigkeit.

Kurz gesagt: Sie erfolgen weder *durch* noch *für* das Volk[250] und verstoßen damit gegen die anthropozentrische Basis des Grundgesetzes. In dessen Eingangsartikel heißt es sinngemäß, der Staat sei um der Menschen willen da – und nicht etwa die Menschen um des Staates willen,[251] wobei »Staat« auch die meint, die ihn lenken, also die Regierungen und die politische Klasse insgesamt.

Was im Privatrecht inzwischen selbstverständlich ist, dass nämlich die Rechtsordnung die Ergebnisse von Verträgen nur akzeptieren kann, wenn kein Machtungleichgewicht den Vertragsinhalt verzerrt, gilt auch für die öffentliche Freiheit. Auch hier müssen Vorkehrungen gegen die Dominanz einseitiger Machtpositionen getroffen werden (siehe S. 77 ff.).

Das Entscheiden über Regeln der Macht ist umso gravierender, wenn kein oder nur ein sehr vager Maßstab für die Beurteilung der Ergebnisse zur Verfügung steht und man sich deshalb nur an die Organisation und das Verfahren halten kann, diese aber – wegen der Entscheidungen der Betroffenen selbst – offensichtlich ein strukturelles Ungleichgewicht aufweisen. Das ist nicht nur bei den verschiedenen Formen der Politikfinanzierung der Fall, sondern auch bei der Gestaltung der Rolle der Parteien insgesamt. Beim Fehlen inhaltlicher Maßstäbe darf die Festlegung der Spielregeln erst recht nicht bestimmten Spielern alleine überlassen bleiben.

Teil 8
Wohin treibt Europa?

1. Verlust der Selbstbestimmung?

Das (durchaus zutreffende) Empfinden großer Teile der Bevölkerung, dass Politik über ihre Köpfe und ihre Interessen hinweg gemacht wird, beschränkt sich nicht auf die nationale Ebene, sondern vermengt sich mit der Skepsis über die Entwicklung in Europa, wo tatsächlich nicht nur Kartelle der Etablierten bestehen, die diese noch weiter von den Bürgern entfernen und noch krassere Regeln hervorbringen als in der Bundesrepublik. Auch hinsichtlich der Grundfragen besteht ein ausgesprochen unausgewogener Willensbildungsprozess.

Die Menschen in der Europäischen Union stehen vor einem Dilemma: Einerseits befürwortet die große Mehrheit nach wie vor den europäischen Gedanken. Andererseits findet man sich in Europa kaum zurecht. Die Bürger blicken nicht durch. Die Undurchschaubarkeit der europäischen Willensbildung und die mangelnde Zurechenbarkeit europäischer Politik scheinen geradezu die Unverantwortlichkeit zu organisieren. Gleichzeitig werden den Bürgern gewaltige Umwälzungen zugemutet, die sie aufgrund ihrer mentalen Entfernung von der EU kaum begreifen und an denen sie auch nicht mitwirken können. Das gilt für die EU-Verträge und die auf ihrer Grundlage ergangenen Verordnungen, Richtlinien und sonstigen Akte. Es gilt aber auch für die überfallartige Erweiterung, zum Beispiel im Jahr 2004 um gleich zehn neue Mitglieder, für die Aufnahme von Bulgarien und Rumänien kurz darauf und später die von Kroatien – mit der Aussicht auf immer noch mehr Mitglieder bis hin zur Türkei.

In einer völlig unübersichtlichen Lage werden also laufend Entscheidungen von existenziellem Gewicht über die Köpfe der Bürger hinweg getroffen. Das würden die Menschen vielleicht noch hinnehmen, wenn sie denn Vertrauen in die Mechanismen der politischen Entscheidung der EU hätten. Genau an diesem Vertrauen aber fehlt es, und das hat seine Gründe.

Die EU wirft mindestens drei zentrale Fragen auf: nach dem Nutzen der EU, nach den Nachteilen und Gefahren sowie nach der kontrollierten Abwägung zwischen beiden. Dabei muss es richtigerweise um die Bilanz aus der Sicht der Menschen gehen, nicht aus jener der Regierungen und ihrer politischen Klasse. Doch die Gemeinschaft war von Anfang an eine Veranstaltung der politischen Eliten. Die Regierungen entscheiden auf Konferenzen über die Verträge, also die Grundlagen der EU, und sie haben – auf der Basis der Verträge – im Rat, der nach wie vor das zentrale Organ der Union darstellt, die Macht in der Hand. Es gibt aber kein Verfahren, mit dem die Mitglieder des Rats für ihre Entscheidungen verantwortlich gemacht werden könnten. Das stößt umso mehr auf Kritik, als die Menschen inzwischen mündiger geworden sind im Vergleich zur Gründungszeit der EU.

Hier ist nicht der Platz, die Maßnahmen der EU im Einzelnen abzuklopfen. Wir wollen uns deshalb auf die beiden zentralen Richtungen konzentrieren, in die die EU tendiert: die Zentralisierung und die Erweiterung (zu Fragen der Politikfinanzierung siehe S. 286–295, zur Europäischen Währungsunion siehe S. 295 ff.).

Ein Problem ist das schleichende Ausgreifen der EU auf immer weitere Bereiche. Entscheidungen auf nationaler Ebene erscheinen – trotz aller Mängel – immer noch grundsätzlich bürgernäher und inhaltlich richtiger.

Andererseits gibt es Bereiche, die auf nationaler Ebene nicht befriedigend bewältigt werden können und deshalb supranational angegangen werden müssen, wie zum Beispiel der Umweltschutz und die Flüchtlingspolitik. (Umso unverständlicher erscheint es, dass die Bundesregierung unter Angela Merkel die zweite Energiewende mit dem Abbau der Kernenergie in Deutschland allein durchgesetzt hat, während die EU weiterhin den Ausbau von Kernkraftwerken fördert. Umso unverständlicher ist auch die von Merkel zunächst auf eigene Faust betriebene Flüchtlingspolitik.) Solche Aufgaben, bei deren Bewältigung die EU eindeutige komparative Vorteile besitzt, sind ihre Sache. Das meint der unscheinbare Begriff »Subsidiarität«, der eigentlich etwas Selbstverständliches ausdrückt: dass grundsätzlich die untere politische Ebene zuständig ist und die höhere Ebene nur solche Aufgaben übernehmen darf, mit denen die nationale Politik überfordert wäre.

Die Abgrenzung von Staatsaufgaben und EU-Aufgaben kann im Einzelnen schwierig sein. Das liegt auch daran, dass die Aufgaben der EU in den Verträgen meist nicht bereichsmäßig, sondern in Form von Zielen benannt werden. Zudem mögen die EU-Organe sich durch das im EU-Vertrag niedergelegte Generalziel der »Verwirklichung einer immer engeren Union der Völker Europas« zu immer mehr Europa ermutigt sehen, ohne aber ausreichend zu berücksichtigen, dass an derselben Stelle auch die Offenheit und Bürgernähe der Europäischen Union beschworen wird (Artikel 1 des EU-Vertrages).

Gerade wegen dieser offenen Formeln wäre ein ausgewogener, vertrauenerweckender Entscheidungsmechanismus umso wichtiger. Doch daran fehlt es. Die EU-Organe sind nicht neutral, wenn es um die eigenen Kompetenzen geht. Die Kommission, die das alleinige Initiativrecht besitzt, und das Parlament greifen unausgesprochen in immer weitere Bereiche aus. Jeder der 28 Kommissare möchte sich durch immer neue Initiativen auf seinem Gebiet profilieren, und der Rest der Kommission lässt sie häufig gewähren, um die Mehrheit für jeweils eigene Projekte nicht zu gefährden.

Auch der Europäische Gerichtshof (EuGH) taugt nicht als Kontrolleur. Mit ihm hat man vielmehr den Bock zum Gärtner gemacht, weil er selbst zur Ausweitung der EU-Kompetenzen neigt. Er hat 1963 die unmittelbare Geltung des Europarechts in den Mitgliedstaaten und 1964 seinen Vorrang vor nationalem Recht durchgesetzt und damit Leitentscheidungen getroffen, die die eigentlich zuständigen

EU-Organe nicht gewagt hatten.[1] Ein weiteres Beispiel ist ein Urteil von 2015, mit dem der EuGH einen Beschluss der Europäischen Zentralbank (EZB) von 2012 grundsätzlich für rechtmäßig erklärte.[2] Das Bundesverfassungsgericht hatte den EZB-Beschluss, der ein Programm für den Ankauf von Anleihen von EU-Mitgliedstaaten vorsah, noch für unvereinbar mit EU-Vorschriften gehalten; er verstoße gegen das Verbot, mittels der Geldpolitik die Haushalte von Mitgliedstaaten zu finanzieren.[3] Eine Fülle weiterer Entscheidungen des Gerichts belegt den gerichtlichen Trend.

Auf den Ministerrat ist ebenfalls kein Verlass. Oft wird er vielmehr dazu missbraucht, Dinge zu regeln, die der eine oder andere Mitgliedstaat zu Hause nicht durchsetzen kann (Spiel über Bande). Ein aktuelles Beispiel ist der von deutschen Parlamentariern angestrengte Versuch, auf Europaebene eine obligatorische Sperrklausel bei Europawahlen einzuführen, nachdem das Bundesverfassungsgericht Sperrklauseln bei deutschen Europawahlen für verfassungswidrig erklärt hat.

Alles zusammen begünstigt geradezu eine Art EU-Imperialismus, der dazu geführt hat, dass der Löwenanteil der Gesetze bereits aus Brüssel kommt und nur ein kleiner Teil originär aus Berlin. Usurpiert die EU aber Themen, die die Mitgliedstaaten bürgernäher und den nationalen Besonderheiten entsprechend richtiger regeln können, bedeutet das einen Verlust an Demokratie und Wohlfahrt. Deshalb haben die EU und ihre Akteure vielfach die Vermutung der Richtigkeit ihrer Entscheidungen verloren. Darin dürfte ein tieferer Grund für die in jüngerer Zeit zunehmende Kritik an der EU liegen.

Um gegen die Zentralisierung unter Verletzung des Subsidiaritätsprinzips wirksam Front zu machen, reichen Appelle nicht aus, ebenso wenig die Niederlegung eines mehr oder weniger entschiedenen Grundsatzes der Subsidiarität in den Verträgen. Es bedarf vielmehr institutioneller Vorkehrungen, die sicherstellen, dass der Grundsatz auch strikt ausgelegt und umgesetzt wird. Das haben der ehemalige Bundespräsident Roman Herzog und der Präsident des ordnungspolitischen Think Tanks »Centrum für europäische Politik«, Lüder Gerken,[4] schlüssig aufgezeigt. Erforderlich wäre ein Katalog mit klaren Kompetenzen der EU und die Schaffung einer Institution, zum Beispiel eines eigens einzurichtenden Subsidiaritätsgerichtshofs, die den schleichenden EU-Imperialismus unter Kontrolle hielte.

Das Thema steht auch im Zusammenhang mit der Erweiterung der EU: Je mehr Mitglieder die EU hat, je größere geschichtliche, wirtschaftliche und kulturelle Unterschiede diese aufweisen, desto größer ist die Heterogenität und desto stärker müsste eigentlich die Dezentralisation sein. Umso mehr Gewicht müsste folglich das Prinzip der Subsidiarität erhalten. Die Heterogenität ist besonders groß, nachdem Staaten aufgenommen wurden, die sechzig Jahre lang kommunistisch waren und zudem sehr viel geringere Einkommen und einen sehr viel niedrigeren Lebensstandard aufweisen als die bisherigen Staaten. In noch stärkerem Maße hätte die Aufnahme islamisch geprägter Länder Konsequenzen für die Heterogenität.

Dass es an einem Entscheidungsmechanismus fehlt, der die Vorteile und Nachteile geplanter Maßnahmen aus der Sicht der Bürger sorgfältig und unbefangen abwägt und zu nachvollziehbaren Resultaten kommt, und dass stattdessen politische Opportunität vorherrscht, hat der Luxemburger Jean-Claude Juncker in einem Interview mit dem *Spiegel* treffend zum Ausdruck gebracht: »Wir beschließen etwas, stellen das dann in den Raum und warten einige Zeit ab, was passiert. Wenn es dann kein großes Geschrei gibt und keine Aufstände, weil die meisten gar nicht begreifen, was da beschlossen wurde, dann machen wir weiter – Schritt für Schritt, bis es kein Zurück mehr gibt.«[5] Das illustriert das Vorgehen bei der Vertiefung und bei der Erweiterung treffend. Juncker war immerhin Ministerpräsident eines der Gründungsstaaten der Europäischen Gemeinschaften und Ratspräsident und ist derzeit Präsident der Europäischen Kommission.

Solange die Entwicklung in die richtige Richtung ging, zum Beispiel den Abbau von Handelshindernissen innerhalb der EU zum Ziel hatte, erschien ein solches Vorgehen hinnehmbar. Die Richtung steht heute aber gerade infrage, da die EU immer mehr Kompetenzen an sich reißt, immer mehr Mitglieder aufnimmt, höchst unterschiedlichen Staaten eine umstrittene Einheitswährung übergestülpt hat, die Arbeitslosigkeit in vielen Mitgliedstaaten Rekordniveau erreicht und eine rechtsstaatliche Erosion Platz greift, sodass das Recht vielfach nur auf dem Papier steht. Bisweilen entsteht der Eindruck, der Kompass sei verlorengegangen und die Bewegung zum Selbstzweck geworden. Man fühlt sich an Mark Twains Wort über eine Gruppe von Menschen erinnert, denen ihr Ziel entschwunden ist: »Als sie die Richtung verloren hatten, verdoppelten sie ihre Geschwindigkeit.«

Das Streben der EU-Organe geht in Richtung auf »immer mehr«, und jetzt können sich mangelnde Kontrolle und politische Unverantwortlichkeit höchst schädlich auswirken, weil es an Gegengewichten zum institutionell bedingten Ausdehnungsstreben der EU-Organe fehlt. Insofern hat die zunehmende Skepsis der Menschen gegenüber der EU durchaus einen berechtigten Kern.

In der Politikfinanzierung der Europäischen Union werden die Missachtung der Subsidiarität, die unkontrollierte Entscheidung politischer Kartelle in eigener Sache und die Bürgerferne der Politik besonders deutlich. Das englische Sprichwort »Follow the money trail and you will find the truth« – »Folge der Spur des Geldes und du findest die Wahrheit« – findet hier seine Bestätigung.

2. Die Finanzierung der Parteien: Symbol für politische Kartellierung und Bürgerferne der EU

Die Bundesrepublik war, sieht man von gewissen mittel- und südamerikanischen Staaten ab, das erste Land, das 1959 eine Staatsfinanzierung der Parteien einführte; und Deutschland lieferte dann auch das zweifelhafte »Muster« für das europäische Parteienstatut von 2003, das 2007 und 2014 novelliert wurde.[6] Allerdings wurde noch gewaltig draufgesattelt: Sämtliche Grundsätze, mit denen das Bundesverfassungsgericht dem Bundestag immerhin Einschränkungen abgetrotzt hat, um Bürgernähe und Chancengleichheit einigermaßen zu sichern, wurden gesprengt. Der Europäische Gerichtshof hält nicht wirksam dagegen, nicht einmal bei offensichtlichen Verstößen gegen den EU-Vertrag. Mitglied der bestehenden Europaparteien sind nicht etwa Bürger, sondern nationale Parteien. Diese Parteienbünde stellen auch keine Kandidaten fürs Europäische Parlament auf, die sie bei Wahlen den Bürgern präsentieren – von Bürgernähe also keine Spur. Beides gehört in Deutschland zu den verfassungsrechtlichen Voraussetzungen für Parteien und Staatsgeld. Erst recht wird die Bürgerferne dadurch auf die Spitze getrieben, dass die staatliche Finanzierung 85 Prozent der Einnahmen der Europaparteien betragen darf. Die verbleibenden 15 Prozent können mit Beiträgen der Mitglieder, also der nationalen Parteien, gefüllt werden. Das erhöht die Staatsquote noch weiter, da die nationalen Parteien ebenfalls subventioniert werden. Auch diese Regeln stehen im krassen Gegensatz zum (vom Bundesverfassungsgericht erzwungenen) deutschen Parteiengesetz. Dort müssen die Eigenmittel der Parteien mindestens 50 Prozent ihrer Einnahmen betragen (sogenannte relative Obergrenze).

Mit dem Parteienstatut bedienen sich die etablierten Kräfte im Europaparlament praktisch selbst.[7] Sie haben sich nicht nur den Löwenanteil der öffentlichen Gelder gesichert, sondern auch dafür gesorgt, dass die Hürden, um an die finanzielle Futterkrippe zu gelangen, für kleinere Parteien abschreckend hoch sind.[8] EU-Geld erhalten die Parteibünde (und die ebenfalls nach deutschem Vorbild eingeführten europäischen Parteistiftungen) nur, wenn sie mindestens in einem Viertel der Mitgliedstaaten, also derzeit in sieben Staaten, parlamentarisch oder durch EU-Abgeordnete vertreten sind oder in mindestens sieben Staaten mindestens 3 Prozent der Wählerstimmen bei den Europawahlen erlangen; zusätzlich müssen sie in beiden Fällen einen Vertreter im Europaparlament haben.[9] Diese »Siebener-Voraussetzung« ist nicht nachvollziehbar. Es ist nicht ersichtlich, warum der Erfolg in *einem* Mitgliedstaat[10] (oder auch nur in weniger als sieben Mitgliedstaaten) nicht ausreichen soll, den Parteienbund an der Finanzierung zu beteiligen.[11] Die Regelung steht im krassen Gegensatz zu den 0,5 Prozent der Stimmen bei Bundestags- oder Europawahlen oder dem 1 Prozent bei einer Landtagswahl, die in Deutschland erforderlich sind, um an der staatlichen Parteienfinanzierung teilzuhaben.[12] Der Versuch der etablierten Parteien, die Voraussetzungen zu verschärfen und 1 Prozent in mindestens drei Bundesländern für die Teilnahme an der Staatsfinanzierung zu verlangen, ist am Bundesverfassungsgericht gescheitert. Dabei hat das Gericht die Bedeutung der Offenheit und Chancengleichheit des politischen Prozesses nachdrücklich hervorgehoben.[13]

Insgesamt sind die Europaparteien abgehobene Kunstprodukte, weit weg vom Bürger, von dem die totale öffentliche Alimentation sie erst recht unabhängig macht.[14] Die von den Etablierten gemachten Regelungen haben der Entwicklung zu »Kartellparteien«, die sich selbst Wettbewerbsvorteile verschaffen und von den Bürgern abheben, von Europa her einen erheblichen Schub versetzt. Wie derart finanzierte Parteibünde »zum Ausdruck des Willens der Bürgerinnen und Bürger der Union« beitragen sollen, wozu die europäische Parteienfinanzierung nach den europäischen Verträgen eigentlich dienen soll,[15] bleibt völlig unergründlich.

3. Europäische Diäten

Ausholen zum großen Coup: Vom Scheitern und schamlosen Lügen

Ein ähnlicher Fall wie 1995 in Berlin, als der Bundestag sogar das Grundgesetz ändern wollte, um die Abgeordnetendiäten an die Gehälter von Bundesrichtern anzupassen (siehe S. 45 ff.), ereignete sich Jahre später auf europäischer Ebene: Um die Jahreswende 2003/04 beschloss das Europaparlament, die Diäten seiner Mitglieder zu vereinheitlichen und die Höhe mittels eines Schlüssels (50 Prozent) an das Gehalt der Richter am Europäischen Gerichtshof zu knüpfen beziehungsweise, was dasselbe bedeutet, an das ebenso hohe Gehalt von Kommissaren. Dabei schien der Widerspruch zur Wertung des

Bundesverfassungsgerichts, welches das Ankoppeln der Diäten an die Besoldung öffentlicher Bediensteter untersagt (siehe S. 112), nicht zu stören.[16] Die Regelung hätte allen Mitgliedern des Europäischen Parlaments schon damals eine Entschädigung von über 9000 Euro monatlich gebracht[17] – zusätzlich zu den maßlosen steuerfreien Spesen, die Europaabgeordnete sich schon früher, an der Kommission und am Rat vorbei, in eigener Sache bewilligt hatten.[18] Auch deutsche Abgeordnete in Brüssel hätten – anders als ihre Vertreter behaupteten – eine beträchtliche Erhöhung zu erwarten gehabt, und zwar, je nach Familienstand, netto um bis zu 2000 Euro monatlich. Zusätzlich wäre ihre ohnehin schon üppige Altersversorgung gewaltig aufgestockt worden: um, sage und schreibe, bis zu 68 Prozent.[19]

Als die Zustimmung des Rats der Europäischen Union, der aus sämtlichen Regierungen der Mitgliedstaaten besteht, unmittelbar bevorzustehen schien, enttarnten *Spiegel* und *Bild*-Zeitung den wahren Inhalt des geplanten Abgeordnetenstatuts. Ein öffentlicher Aufschrei war die Folge. Das veranlasste den damaligen Bundeskanzler Gerhard Schröder zu der Erklärung, er werde dem Statut im Rat nicht zustimmen. Österreich, Schweden und Frankreich schlossen sich an, sodass die erforderliche qualifizierte Mehrheit nicht mehr zustande kommen konnte. Damit war der geplante Coup des Europäischen Parlaments gescheitert.

Auch diesmal blieb die übliche Begleitbeschimpfung allerdings nicht aus, mit der die Kritiker eingedeckt wurden und mit der die sachliche Unhaltbarkeit des Plans und die Täuschung der Öffentlichkeit überspielt werden sollten. Zwei prominente Europaabgeordnete taten sich besonders hervor: der damalige Vorsitzende der SPD-Abgeordneten im Europäischen Parlament und heutige Präsident Martin Schulz und Klaus-Heiner Lehne (CDU), der Berichterstatter der Europäischen Volkspartei für das Abgeordnetenstatut. Sie hatten – im Vertrauen auf ihre europarechtlich verbürgte parlamentarische Unverantwortlichkeit für ihre öffentlichen Äußerungen (die sogenannte Indemnität) – die *Bild*-Zeitung (und von Arnim, der das Material geliefert hatte) verbal niedergemacht und deren Zahlenangaben für frei erfunden erklärt. (Dass der *Spiegel*, der als seriöser gilt als die *Bild*-Zeitung, dieselben Angaben veröffentlicht hatte, wurde von den Abgeordneten verschwiegen.) Doch diesmal wehrten sich die zu Unrecht Diffamierten. Der Springer-Verlag strengte eine Unterlassungsklage gegen beide Abgeordnete an und hatte damit vollen Erfolg. Sie hatten derart überzogen, dass ihnen selbst ihre Indemnität nicht mehr dagegen half, für ihre unzutreffenden Behauptungen gerichtlich zur Verantwortung gezogen zu werden. Das Urteil des Landgerichts Hamburg, welches das historisch überholte Privileg der Indemnität angesichts der offensichtlichen Unrichtigkeit der Äußerungen der Abgeordneten einschränkend auslegt, ist ein parlamentsrechtlicher Meilenstein.[20]

Die derzeitigen Regelungen

2009 trat ein deutlich abgespecktes Statut in Kraft. Die Entschädigung beträgt nicht mehr 50 Prozent des Gehalts von Richtern des Europäischen Gerichtshofs, sondern 38,5 Prozent. Seit dem 1. Juli 2015 sind das 8213 Euro monatlich. Das Europäische Parlament hatte dies einige Jahre vorher im publizistischen Windschatten zweier europäischer Großereignisse, die die Öffentlichkeit in Atem hielten, beschlossen: Die Absage der Franzosen und Niederländer an die Europäische Verfassung und das Scheitern der Verhandlungen über den mittelfristigen Finanzrahmen der EU für die Jahre 2007 bis 2013 drängten alles andere in den Hintergrund, zumal das Statut erst zu Beginn der nächsten Wahlperiode, also 2009, in Kraft treten sollte.[21]

Tatsächlich enthält das Statut immer noch Unhaltbares. So bekommen alle Abgeordnete nicht nur dieselben Zahlungen für ihren Aufenthalt in Brüssel und Straßburg, insbesondere das großzügige Tagegeld von 306 Euro, das, jedenfalls dem Grunde nach, durchaus sinnvoll ist, sondern auch dasselbe Heimatgehalt von 8213 Euro, eine gleich hohe monatliche Kostenpauschale von 4320 Euro und Mittel für Mitarbeiter von bis zu 23 392 Euro monatlich (zur Abwegigkeit dieser Gleichmacherei siehe S. 291 ff.).

Überzogene Pauschalen

Die Überzogenheit der Pauschalen zeigt bereits der Vergleich mit Bundestagsabgeordneten, die neben ihrer allgemeinen Kostenpauschale von 4305 Euro kein zusätzliches Tagegeld erhalten, obwohl sie nicht wesentlich geringere mandatsbedingte Aufwendungen haben als deutsche Europaabgeordnete. Die üppigen Pauschalen hatte man früher auch als Ausgleich für Abgeordnete mit geringer Entschädigung zu rechtfertigen versucht. Seitdem alle aber dasselbe erhalten, hat dieses (ohnehin immer zweifelhafte) Argument seine Grundlage verloren.

Überzogene Pauschalen stellen ein »verschleiertes Entgelt« dar, und ein solches ist unzulässig, wie der Europäische Gerichtshof schon früh festgestellt hat.[22]

Abwegige Gleichmacherei

Die Gleichmacherei hinsichtlich der Entschädigung, der Kosten- und der Mitarbeiterpauschalen ist erst recht nicht nachvollziehbar. Bis zum Jahr 2009 erhielten EU-Abgeordnete eine Entschädigung in derselben Höhe wie die Mitglieder ihres jeweiligen nationalen Parlaments. Entsprechend den krassen wirtschaftlichen Unterschieden zwischen den Mitgliedstaaten war auch die Entschädigung ganz unterschiedlich hoch:[23]

Bulgarien	1100 Euro
Malta	1515 Euro (13-mal)
Lettland	1726 Euro
Rumänien	1875 Euro
Litauen	2348 Euro
Polen	2500 Euro

Spanien	3127 Euro (14-mal)
Tschechien	3244 Euro (13-mal)
Estland	3353 Euro
Zypern	3513 Euro
Portugal	3818 Euro (14-mal)
Slowakei	4970 Euro
Ungarn	4975 Euro
Schweden	5142 Euro
Griechenland	5681 Euro (14-mal)
Vereinigtes Königreich	5874 Euro
Finnland	5860 Euro
Luxemburg	5974 Euro (13-mal)
Dänemark	6400 Euro
Belgien	6626 Euro
Niederlande	6935 Euro
Frankreich	7009 Euro
Deutschland	7668 Euro
Österreich	8160 Euro (14-mal)
Irland	8349 Euro (13-mal)
Italien	11 704 Euro

Seit der Europawahl von 2009 erhalten grundsätzlich alle Europaabgeordneten, gleichgültig aus welchem Mitgliedstaat sie kommen, eine Entschädigung in derselben Höhe, derzeit von 8213 Euro.

Die Gleichmacherei führt dazu, dass Abgeordnete etwa aus osteuropäischen Beitrittsländern, wo das Preis- und Einkommensniveau auch heute noch sehr viel niedriger ist als im westlichen Europa, ein deutlich höheres Einkommen beziehen als ihre Staats- und Ministerpräsidenten. Hinzu kommt noch das verschleierte Einkommen aus den überzogenen Pauschalen, welches bei niedrigem Preis- und Einkommensniveau ebenfalls besonders viel Kaufkraft verschafft.

Die Mitarbeiterpauschale gibt Abgeordneten aus Niedriglohnländern zudem die Möglichkeit, eine übergroße Zahl von Mitarbeitern, etwa aus ihrer Partei, mit Posten zu versorgen und so ihre parteiinterne Position praktisch unangreifbar zu machen. Um nur einige Beispiele[24] zu nennen: Der polnische Europaabgeordnete Andrzej Grzyb beschäftigt 15 Assistenten, 4 in Brüssel akkreditierte und 11 örtliche. Die lettische Abgeordnete Tatjana Zdanoka hat 3 Brüsseler und 7 örtliche Mitarbeiter. Der frühere rumänische Europaabgeordnete George Sabin Cutaş hatte – neben seinen beiden in Brüssel akkreditierten Assistenten – sogar 19 örtliche Mitarbeiter angestellt. Die frühere bulgarische Abgeordnete Monika Panayotova beschäftigte 13 Assistenten, 3 in Brüssel und 10 zu Hause. Dagegen können sich deutsche EU-Abgeordnete wegen des hierzulande sehr viel höheren Einkommensniveaus in der Regel lediglich 6 Mitarbeiter leisten, 2 oder 3 akkreditierte in Brüssel und 4 oder 3 örtliche.

Genau wie bei der Überstülpung des Euro auf Länder völlig unterschiedlicher Geschichte, Kultur und wirtschaftlicher Produktivität zeigt sich auch hier, zu welchen Auswüchsen und Ungerechtigkeiten es führen kann, wenn man Sachverhalte ungeachtet ihrer krassen Verschiedenheit über einen Kamm schert. Die willkürliche Gleichmacherei führt zur Verschwendung öffentlicher Gelder und verstößt gegen den Gleichheitssatz.[25]

Nach dem Prinzip der Subsidiarität sollte europarechtlich eigentlich nur geregelt werden, was die Mitgliedstaaten weniger gut können – und hier könnten sie es sogar sehr viel besser. Kaum irgendwo sonst zeigt sich die generelle Geringschätzung des Subsidiaritätsprinzips so deutlich wie hier. Die Gleichmacherei ist umso weniger nachzuvollziehen, als Deutschland (und manch anderes Land) bei der Besteuerung den nationalen Besonderheiten durchaus Rechnung trägt und das Gehalt seiner EU-Abgeordneten nicht dem günstigen europäischen Steuerstatut unterwirft, sondern dem deutschen Steuerrecht.[26]

Die aberwitzige Gleichbehandlung völlig unterschiedlicher Verhältnisse, die vielen Europaabgeordneten eine Art Lottogewinn beschert, bildet einen gewaltigen Anreiz für Politiker und Parteien von Beitrittsländern, ebenfalls Zutritt zu diesem Paradies der politischen Klasse zu gewinnen. Es handelt sich de facto um eine Art Bestechung der politischen Führungen von Beitrittsländern: Wer ein Mandat im

Europäischen Parlament ergattert oder gar Kommissar, Richter, Rechnungsprüfer oder auch nur Beamter in der EU wird, hat finanziell ausgesorgt. Die aberwitzigen Regelungen dürften allerdings auch einen Grund für die Zweifel mancher Mitgliedstaaten an der Vernunft der Europapolitik darstellen.

4. Beamte, Kommissare und Richter im Schlaraffenland

Die Bezüge von EU-Beamten sind durchweg etwa doppelt so hoch wie die vergleichbarer deutscher Staatsdiener. Ein verheirateter Abteilungsleiter in einem Bundesministerium ohne Kinder (Ministerialdirektor der Besoldungsgruppe B 9) bezieht 10 983 Euro im Monat.[27] Dem entspricht in der EU ein Generaldirektor (Besoldungsgruppe 16, Dienstaltersstufe 3),[28] der ein Grundgehalt von monatlich 18 962 Euro bezieht.[29] Dabei sind die hohen steuerfreien Zulagen und die sonstigen Steuerprivilegien noch nicht berücksichtigt, die auf einem für Europabeamte geltenden besonderen Steuersystem beruhen. Damit stellt der Generaldirektor sogar den deutschen Bundespräsidenten als höchstbesoldeten deutschen Amtsträger finanziell in den Schatten. Das überhöhte Niveau schlägt auch auf die Altersversorgung durch. Da ehemalige Beamte ihren Ruhestand meist in ihrem Heimatland verbringen, ist nicht einzusehen, warum sie eine in der Regel sehr viel höhere Versorgung genießen als vergleichbare nationale Beamte.

Das eigens für die europäischen Beamten geschaffene Sonderbeamten- und Sondersteuerrecht gilt auch für hohe Amtsträger: Von den Kommissaren über die Richter am Europäischen Gerichtshof bis hin zu den Mitgliedern des Europäischen Rechnungshofs – alle profitieren von den Privilegien. Mitglieder der Kommission, Richter am Europäischen Gerichtshof und Generalanwälte erhalten 112,5 Prozent des Grundgehalts eines Generaldirektors (21 332 Euro), die Präsidenten beider Organe 138 Prozent (26 168 Euro), die Vizepräsidenten 125 Prozent (23 703 Euro) und der Kanzler des Gerichts 101 Prozent (19 152 Euro); der Präsident des Europäischen Rechnungshofs erhält 115 Prozent (21 806 Euro) und die Mitglieder 108 Prozent (20 479 Euro). Hinzu kommen für alle ähnlich hohe steuerfreie Zulagen wie bei den Beamten.

Die Koppelung der Gehälter bewirkt, dass alle im selben Boot sitzen, wenn es um die Gestaltung ihrer Bezüge und Versorgungen geht. Kommissare und Richter sind deshalb dem bösen Schein der Befangenheit ausgesetzt, wenn sie über Erhöhungen der Besoldung von Beamten zu befinden haben. Dass alle finanziell miteinander verbandelt sind, erschwert eine Reform und den Abbau der Privilegien erst recht.

5. Die Wahlen zum Europäischen Parlament und das Demokratiedefizit

Ungleiches Wahlrecht

Das Europäische Parlament besitzt keine volle demokratische Legitimation; das liegt am derzeitigen Wahlsystem. Deshalb würde auch eine Ausweitung der Kompetenzen des Parlaments daran nichts ändern. Die Unionsbürger haben völlig ungleiche Stimmgewichte: Luxemburger etwa haben das zehnfache Stimmgewicht von Deutschen. Zu Zeiten der Europäischen Wirtschaftsgemeinschaft, die auf die Herstellung wettbewerblicher Marktwirtschaft beschränkt war, schien dies hinnehmbar zu sein; es bedeutet heute aber – angesichts des gewaltig gewachsenen politischen Gewichts der Europäischen Union – einen krassen Verstoß gegen das elementare Grundprinzip »one man, one vote«.

Kein vollwertiges Parlament

Und schlimmer noch: Gewählt wird bei Europawahlen nach 28 verschiedenen Wahlsystemen. Die Wahl liegt in der Hand nationaler Parteien, und diese machen regelmäßig ganz ungeniert mit nationalen Themen Wahlkampf. Europäische Themen werden ausgespart, sonst müssten die Parteien eingestehen, dass das Europäische Parlament von ganz anderen Akteurinnen beherrscht wird: europäischen politischen Parteien und ihren Fraktionen. Diese aber stehen als solche gar nicht zur Wahl und sind auch in der Bevölkerung nicht verwurzelt. Das führt dazu, dass niemand für Beschlüsse des Europäischen Parlaments verantwortlich gemacht werden kann, weder die nationalen noch die europäischen Parteien. Der Staatsrechtslehrer Dieter Grimm formuliert das so: »Die nationalen Parteien, die man wählen kann, bestimmen nicht den Parlamentsbetrieb. Die europäischen Parteien, die den Parlamentsbetrieb bestimmen, kann man nicht wählen.«[30]

Reine Parteienwahl

Weiß der Wähler aber nicht, was seine Stimme für die Partei bewirkt, wäre es umso wichtiger, dass er wenigstens seinen Abgeordneten wählen kann. Auch das ist ihm aber verwehrt, denn die deutsche Europawahl ist eine Verhältniswahl mit starren Parteilisten, und der Bürger hat keinen Einfluss auf die personelle Zusammensetzung der Liste, der er seine Stimme gegeben hat. Deshalb können bis zu drei Viertel der Abgeordneten schon lange vor der Wahl ihres Einzugs ins Europäische Parlament sicher sein, weil ihre Parteien sie auf sichere Listenplätze gesetzt haben. So verhindern Berufspolitiker ihre Abwahl durch die Bürger. Von Unmittelbarkeit der Wahl der Abgeordneten durch das Volk, die das europäische Primärrecht in Artikel 14, Absatz 3 des Maastrichter Vertrags über die Europäische Union (EUV) ausdrücklich verbrieft, kann keine Rede sein.

Da die politischen Karrieren von der jeweiligen Partei abhängen, begünstigen starre Listen eine primäre Binnenorientierung der Abgeordneten. Wenn das Votum der Wähler für den Einstieg in die wohldotierte berufspolitische Laufbahn und für ihre Fortsetzung ohne Belang ist, ist die Bürgerferne der Abgeordneten geradezu vorprogrammiert. Warum sollten die Menschen ihnen von den Parteien aufgezwungene Personen als ihre Vertreter betrachten? Die krasse Diskrepanz zwischen Bürgerferne und üppiger Selbstversorgung ist ein Grund für das geringe Ansehen von Europaabgeordneten.

Dass solche starren Listen gegen demokratische Grundprinzipien wie die Unmittelbarkeit, die Gleichheit und die Freiheit der Wahl verstoßen, hat der italienische Verfassungsgerichtshof klargestellt und in seinem Urteil vom 13. Januar 2014 ausgeführt: »Eine derartige Regelung entzieht dem Wähler jede Möglichkeit einer Wahl der eigenen Vertreter und überlässt diese Wahl vollständig den Parteien. […] Sie zwingt den Bürger dazu, durch die Wahl einer Liste gleichzeitig auch alle die zahlreichen Kandidaten auf dieser Liste zu wählen, die er weder kennenlernen noch einschätzen konnte und die, je nach ihrer Position auf der Liste, automatisch zu Abgeordneten bzw. Senatoren werden. […] Diese Bedingungen entstellen die repräsentative Beziehung zwischen Wählern und Gewählten. Indem man nämlich verhindert, dass das Parlament sich auf korrekte und direkte Weise zusammensetzt, wird die Freiheit der Wähler bei der Wahl der eigenen Vertreter im Parlament eingeschränkt, die eines der wichtigsten Mittel zum Ausdruck der Volkssouveränität darstellt, und dadurch stehen starre Listen auch im Widerspruch zum demokratischen Grundsatz der Wahlfreiheit.«[31]

Sperrklausel durch die Hintertür

Jetzt versuchen deutsche Abgeordnete auch noch, die Sperrklausel, die das Bundesverfassungsgericht bei deutschen Europawahlen beseitigt hat, auf europäischem Wege wieder einzuführen. Im November

2015 beschloss das Europäische Parlament, den sogenannten europäischen Direktwahlakt zu ändern und eine obligatorische Sperrklausel von mindestens 3 Prozent einzuführen.[32] Die Regelung muss aber noch vom Europäischen Rat verabschiedet werden, und auch alle 28 Mitgliedstaaten müssen zustimmen. Es erscheint aber bezeichnend, dass, statt die bürgerfernen starren Wahllisten europarechtlich zu untersagen, die Bürgerferne durch Einführung einer Sperrklausel noch weiter vertieft werden soll.

6. Die Währungsunion: Mutter vieler Übel

Die Europäische Union hat die Regeln der ökonomischen Vernunft verlassen, indem sie ganz unterschiedlichen Ländern die Einheitswährung des Euro übergestülpt und sie dadurch der Möglichkeit beraubt hat, unterschiedliche wirtschaftliche Entwicklungen durch Auf- und Abwertungen der nationalen Währungen auszugleichen.[33] Die Bundesrepublik hatte in die Europäisierung der Währungspolitik eingewilligt, um die Zustimmung Frankreichs zur deutschen Wiedervereinigung zu erleichtern. Frankreich war die Dominanz der D-Mark und der Deutschen Bundesbank stets ein Dorn im Auge gewesen.

Den Verstoß gegen die ökonomische Vernunft suchte man durch rechtliche Regeln zu entschärfen. Diese erfüllen die ihnen zugedachte Garantiefunktion in der Europäischen Union allerdings nicht. Die gesetzten Bedingungen für eine gleichgerichtete wirtschaftliche Entwicklung, insbesondere die errichteten Grenzen für die Staatsverschuldung, sind massenhaft und immer wieder verletzt worden,[34] allein von Deutschland selbst siebenmal,[35] obwohl die Bundesrepublik dem Vertrag über die Währungsunion nur im Vertrauen auf die rechtlichen Garantien zugestimmt hatte. Ersatzweise versucht die EU, notleidende Mitgliedstaaten gesundzuschrumpfen, was zu Massenarbeitslosigkeit etwa in Spanien und Griechenland geführt hat. Ein solches Gesundschrumpfungskonzept hatte die Brüning-Regierung der Weimarer Republik Anfang der Dreißigerjahre verfolgt und war damit total gescheitert; die Millionen Arbeitslosen hatten Hitler den Weg an die Macht geebnet.

Die Europäische Zentralbank bemüht sich zwar, das Schlimmste zu verhindern, indem sie die Wirtschaft mit billigen Euros in Billionenhöhe überschwemmt und die Zinsen in negative Bereiche treibt, doch die alte ökonomische Wahrheit gilt noch immer: Man kann die Pferde zwar zur Tränke führen, zum Trinken zwingen aber kann man sie nicht. Die Möglichkeiten der Geldpolitik, die Wirtschaft anzukurbeln, sind nun mal äußerst begrenzt.

In Wahrheit finanziert die Europäische Zentralbank vor allem Staaten, entwertet in unvorstellbarem Ausmaß Geldvermögen, gefährdet die Existenz von Versicherungen, Banken sowie Stiftungen und verletzt dabei die Grundsätze, die herkömmlich für Zentralbanken gelten und deren Einhaltung bei Einführung des Euro und der Schaffung der Europäischen Zentralbank ebenfalls versprochen worden war.[36]

Und nun auch noch der Brexit! Er hat die Kernthese der Eurokraten desavouiert, man dürfe keinen Schritt zurückgehen. Selbst Staaten wie Griechenland, die ihren Zugang erschwindelt haben, gelte es deshalb in der Währungsunion zu halten, koste es, was es wolle.

7. Flüchtlingspolitik und Brexit

Die als Öffnung der deutschen Grenzen verstandenen Äußerungen des Bundesamts für Migration und Flüchtlinge und der Bundeskanzlerin und der entsprechende Flüchtlingsstrom ab August 2015[37] haben die EU entzweit. Andere Mitgliedstaaten der EU fühlten sich durch Merkels Vorpreschen in der Flüchtlingsfrage ohne EU-weite Absprache vorgeführt und wehrten sich dagegen, dass ihnen – so der vorherrschende Eindruck – die deutsche »Willkommenskultur« aufgepfropft werden sollte. Die Flüchtlingsfrage ist, wie vorher schon die sogenannte Euro-Rettungspolitik, zum Zankapfel, ja geradezu zum Spaltpilz in der EU geworden.

Österreich, die Visegrád-Staaten (Polen, die Slowakei, Tschechien sowie Ungarn) und andere haben beschlossen, sich gegenüber Flüchtlingen abzuschotten. Die sogenannten Balkanrouten wurden geschlossen. Manche Staaten weigern sich, überhaupt Flüchtlinge aufzunehmen. Ungarn hat am 2. Oktober 2016 ein Referendum abgehalten, um seine restriktive Flüchtlingspolitik zu legitimieren. Dabei haben zwar die, die teilnahmen, mit großer Mehrheit zugestimmt. Das Quorum aber, wonach das Referendum nur gültig ist, wenn die Hälfte der Abstimmungsberechtigten teilnimmt, wurde deutlich verfehlt.

Die Flüchtlingskrise hat eine Vorgeschichte. Ursprünglich hatte man Italien, Spanien und Griechenland mit dem Flüchtlingsproblem alleingelassen und sich auf die Dublin-Verordnung berufen, derzufolge in jenem Staat Asylanträge gestellt und Flüchtlinge registriert werden müssen, in dem die Flüchtlinge in der EU ankommen. Schon damals mangelte es an Solidarität innerhalb der EU-Staaten.

Nichts zeigt die Handlungsschwäche der EU, das Dominieren nationaler Interessen und die Erosion des Rechts deutlicher als die Flüchtlingskrise. Das Schengen-Abkommen, das Grenzkontrollen zwischen den Staaten beseitigt, wurde zeitweise ebenso Makulatur wie die Dublin-Verordnung. Beides würde eine wirksame Sicherung der Außengrenzen der EU voraussetzen, die immer noch nicht voll besteht.

Die Rechtslage ist nach wie vor unklar. Der ehemalige Bundesverfassungsrichter Udo Di Fabio befürwortete Anfang 2016 in einem Rechtsgutachten für die bayerische Staatsregierung verfassungsrechtliche Handlungspflichten des Bundes zur Eingrenzung des Flüchtlingsproblems.[38] Die von Bayern angekündigte Klage zum Bundesverfassungsgericht erfolgte jedoch nicht. Mit Recht beklagt der Staatsrechtslehrer Jürgen Schwabe die völlige Undurchsichtigkeit der Rechtssituation.[39]

Anfang 2016 schloss die EU, auch auf Betreiben Deutschlands, ein Abkommen mit der Türkei, wonach diese illegal nach Griechenland eingereiste Flüchtlinge zurücknimmt, um so die Flucht und die Inanspruchnahme von »Schleppern« von vornherein als sinnlos erscheinen zu lassen.[40] Dies und die Schließung der Balkanrouten haben den Flüchtlingsstrom eingedämmt, allerdings die EU in politische Abhängigkeit vom türkischen Ministerpräsidenten Erdogan gebracht.

Nach der Brexit-Entscheidung Großbritanniens vom Juni 2016 stellt sich erst recht die Frage »Wie geht es weiter in der EU?« Die EU hat die Abstimmung gegen sie aber offenbar nicht als Schuss vor den Bug erkannt. Zu einer Überprüfung ihrer Mängel scheint sie sich nicht aufraffen zu können.

Stattdessen handelt man offenbar nach der Losung »weiter so wie bisher«. Auch eine gemeinsame Erklärung der Außenminister Deutschlands und Frankreichs zielt – unberührt von der allenthalben zu vernehmenden Kritik an der Selbstbezogenheit und Bürgerferne der EU – auf »eine immer engere Union unserer Völker« und auf »Schritte in Richtung einer Politischen Union in Europa«[41] und handelt damit genau auf die Weise, die das Unbehagen mit der EU begründet (siehe S. 281 ff.).

Teil 9
Das System korrigieren: Direkte Demokratie und ihre Ersatzformen

Um Reformen zum Besseren zu erreichen, erscheint eine Aktivierung des Volkes unerlässlich. Nur so können die heutigen Fesseln gesprengt werden. Dafür werden mehrere Formen und Wege diskutiert.

1. Schein- und Vorformen direkter Demokratie

Meinungsumfragen sind keine Beteiligung

Demoskopische Umfragen können – entgegen gängigen Behauptungen von Politikern[1] und ihren Apologeten – Entscheidungsrechte des Volkes keineswegs ersetzen, auch wenn sie »repräsentativ« sind, wenn also ein bestimmter Mindestquerschnitt von Personen befragt wurde. Derartige Befragungen erfolgen regelmäßig »auf die Schnelle« – oft wird eine große Zahl unterschiedlicher Fragen in kürzester Zeit abgefragt –, ohne öffentliche Diskussion und ohne ausführliche vorherige Information der Befragten. Dies erscheint auch deshalb entbehrlich, weil von den Antworten letztlich nichts abhängt und die Befragten damit keine Verantwortung übernehmen. Entsprechend schnell und unverbindlich können die Antworten ausfallen.

Demoskopische Befragungen schaffen damit all das gerade nicht, um dessentwillen Direktentscheidungen des Volkes befürwortet werden: Sie beteiligen den Bürger nicht wirklich, nehmen ihn nicht in die politische Verantwortung, wecken kein politisches Interesse und schaffen keine öffentliche Diskussion.

Gleichwohl bestimmen derartige Umfragen das Handeln der Politiker wesentlich mit – und scheinen gleichzeitig das Vorurteil vom unmündigen Bürger zu bestätigen. Nicht bedacht wird dabei, dass die Ergebnisse derartiger Befragungen in einem völlig anderen Verfahren und in einer anderen Situation zustande kommen als direktdemokratische Entscheidungen und dass ihnen deren staatsbürgerlich integrierende, politisch erziehende und mündig machende Komponenten sämtlich fehlen.

Erhält der Bürger dagegen Entscheidungsrechte, wird er zum politischen Subjekt – mit allen aus der Verantwortung resultierenden Konsequenzen.

Das Demonstrationsrecht: Ventil für Unzufriedenheit und Protest

Ein Grundrecht

Das Recht, sich friedlich und ohne Waffen zu versammeln (Artikel 8 des Grundgesetzes)[2] und um öffentliche Aufmerksamkeit für ein Problem zu werben, hat unmittelbar demokratischen Einschlag. Als klassisches Grundrecht der Unzufriedenen und Unbequemen richtet es sich unmittelbar an die Öffentlichkeit und indirekt an die politischen Machthaber und soll so einen gewissen Einfluss auf politische Entscheidungen verschaffen. Die mediale Wahrnehmung dient dabei als Transmissionsriemen; als Aktionen mit Spruchbändern und -schildern kommen Demonstrationen auch dem Bedürfnis des Fernsehens nach bewegten Bildern und Personen entgegen. Tatsächlich haben die Massendemonstrationen der Wendezeit den Untergang der DDR, wenn auch nicht herbeigeführt, so doch beschleunigt. Auch in der Bundesrepublik spielen Demonstrationen seit der zwei-

ten Hälfte der Sechzigerjahre eine gewisse Rolle, und mit den Demonstrationen gegen Stuttgart 21 und der Pegida haben sie durchaus
auch aktuelle politische Bedeutung (siehe S. 306 f.).

Große Worte des Bundesverfassungsgerichts

Das Bundesverfassungsgericht streicht die Bedeutung der Versamm-
lungsfreiheit als eines Instruments zur kollektiven Teilhabe an der
politischen Willensbildung besonders hervor, wohl auch, um die
sonstige Entmachtung der Bürger etwas zu überspielen: In Anbe-
tracht des gewaltigen Einflusses von Großunternehmen, machtvollen
Verbänden, potenten Geldgebern und Massenmedien helfe das De-
monstrationsrecht, den geringen Einfluss der Bürger, die ohnehin
nur alle vier oder fünf Jahre wählen dürfen, bis zu einem gewissen
Grad zu kompensieren und dem Bewusstsein politischer Ohnmacht
entgegenzuwirken. »Im Kräfteparallelogramm der politischen Willensbildung« könne sich »im Allgemeinen erst dann eine relativ
richtige Resultante herausbilden [...], wenn alle Vektoren einigermaßen kräftig entwickelt« seien.[3] Als »ein Stück ursprünglich-ungebän-
digter unmittelbarer Demokratie, das geeignet ist, den politischen
Betrieb vor Erstarrung in geschäftiger Routine zu bewahren«,[4]
ermöglichten Versammlungen Kritik und Protest und stabilisierten die repräsentative Demokratie, indem sie »gestatten, Unzufriedenheit, und Kritik öffentlich vorzubringen und abzuarbeiten«;
sie fungierten »als notwendige Bedingung eines politischen Früh-
warnsystems, das Störpotenziale [anzeige], Integrationsdefizite sichtbar und damit auch Korrekturen der öffentlichen Politik möglich«
mache.[5]
   Die deutliche Hervorhebung der Ohnmacht der Bürger und der
Einseitigkeit der pluralistischen Willensbildung durch das Gericht ist
bemerkenswert. Doch die demokratischen Defizite stehen in einem
gewissen Missverhältnis zur Bedeutung der Demonstrationsfreiheit,
die in Wahrheit kaum ein ausreichendes Kompensat darstellt, sodass
die Defizite erst recht ins Auge stechen.

Versammlungen und Demonstrationen erinnern fast ein wenig an Kollektivpetitionen, Bürgerinitiativen und Bürgerversammlungen, die man in den Siebzigerjahren Gemeindebürgern angedient hatte, um ein Ventil für Unzufriedenheit zu schaffen und die Forderung nach einem wirklichen Wahlrecht und nach echten Bürgerentscheiden abzuwehren, die schließlich auf Gemeindeebene aber doch flächendeckend eingeführt wurden. Mit ihnen kann die Bürgerschaft ihre Anliegen nun tatsächlich durchsetzen.

Dagegen können die Bürger durch Demonstrationen nichts verbindlich entscheiden, sondern nur versuchen, über die öffentliche Meinung auf die Entscheidungsbefugten einzuwirken und mit spektakulären Aktionen Aufmerksamkeit für ihr Anliegen zu gewinnen. Das ermöglicht es vor allem den besonders Engagierten, ihre Anliegen in den Vordergrund zu schieben. Auch eine allgemeine Verdrossenheit, dass Politik über die Köpfe der Menschen hinweg gemacht werde, kann darin zum Ausdruck kommen. Um konkrete Strukturmängel der Demokratie zu thematisieren, eigenen sie sich aber weniger.

Pegida

Nachdem die Diskussion um Stuttgart 21 zurückgetreten ist, haben in jüngerer Zeit besonders die Montagsdemonstrationen von Pegida in Dresden für öffentliche Aufmerksamkeit gesorgt und eine Fülle fachlicher Untersuchungen hervorgebracht.[6] Pegida steht für »Patriotische Europäer gegen die Islamisierung des Abendlandes« und schürt Ängste gegen ungezügelte Einwanderung. Generell wendet Pegida sich dagegen, dass Politik über die Köpfe der Menschen hinweg gemacht werde, was allerdings keine Rechtfertigung für immer wieder vorkommende Entgleisungen sein kann. Vom Bildungs- und Einkommensniveau her stehen die Teilnehmer sogar etwas über der Gesamtbevölkerung[7] und stufen ihre politische Zugehörigkeit auf der Links-Rechts-Skala selbst in der Mitte ein.[8] Begonnen im Oktober 2014, kamen im Januar 2015 an die 25 000 Teilnehmer zusammen. Nach dem zwischenzeitlichen Abflauen des Interesses erhöhte sich die Teilnehmerzahl nach dem Ausrufen der Willkommenskultur durch Angela Merkel Anfang September 2015 wieder und erreichte im Oktober 2015, ein Jahr nach Beginn der Proteste, mit 15 000 bis 20 000 Teilnehmern fast wieder den früheren Höchststand. Inzwischen bewegen sich die Teilnehmerzahlen zwischen 2000 und 3000.[9]

Damit weisen die inzwischen über 60 Kundgebungen in Dresden eine gewisse zeitliche und wohl auch inhaltliche Parallele zur Entwicklung der AfD auf. Vier Fünftel der Pegida-Anhänger bekennen sich denn auch als künftige AfD-Wähler.[10] Pegida dürfte die öffentliche Aufmerksamkeit für diese Partei erhöht haben, zugleich aber – wegen verschiedener politisch höchst unkorrekter Äußerungen auf den Versammlungen – auch die Polarisierung gegenüber dieser Partei verstärkt haben. Jedenfalls lehnt die AfD eine Zusammenarbeit mit Pegida offiziell ab.

Der Bürgerbonus – ein charmanter Vorschlag

Nach einem Vorschlag des Tübinger Politikwissenschaftlers Theodor Eschenburg, den die Parteienfinanzierungskommission von 1983 aufgriff, sollten die Bürger bei Bundestags- und Landtagswahlen die Möglichkeit erhalten, im Wege einer zusätzlichen Finanzstimme zu entscheiden, welcher Partei jeweils ein bestimmter Betrag aus der Staatskasse zugewendet werden solle (damals 5 D-Mark). Der Bürgerbonus sollte eine sinnvolle, wenn auch nur partielle direktdemokratische Einwirkung auf die staatliche Parteienfinanzierung begründen. Durch den verstärkten Einfluss der Bürger auf die Höhe und die Verteilung der Staatsmittel sollten die Parteien nach der Vorstellung der Kommission »wieder an die Bürger« herangeführt werden, denn auf diese Weise blieben »die Parteien auf das Vertrauen der Bürger bei der Erfüllung ihrer staatspolitischen Aufgaben angewiesen«.[11]

Bei einer Anhörung des Innenausschusses des Bundestags am 21. November 1988 sprachen sich fünf der sechs angehörten Sachverständigen nachdrücklich für die Einführung des Bürgerbonus aus, ohne dass die Empfehlung aber (außer bei den Grünen) im Bundestag Resonanz gefunden hätte. Zu sehr standen die finanziellen Absicherungsbedürfnisse der Parteischatzmeister im Vordergrund.

Das Konzept des Bundesverfassungsgerichts zur Verteilung der Staatsmittel auf die Parteien verfolgt in gewisser Weise eine ähnliche Intention: Die Bemessung der Mittel richtet sich nach den erlangten Wählerstimmen, den von den Parteien erhaltenen Mitgliedsbeiträgen und den eingeworbenen Spenden. Ein solches System verstärke die Anstrengungen der Parteien, sich um Zustimmung und aktive – auch finanzielle – Unterstützung in der Bevölkerung zu bemühen, befand das Gericht.[12] Der Gesetzgeber hat das Konzept aber zu einem Teil dadurch entwertet, dass er die einzelnen Beträge pro Wählerliste und Zuwendung zu hoch festlegte, sodass die Gesamtsumme immer die absolute Obergrenze erreicht – mit dem Ergebnis, dass die Wahlbeteiligung, im Widerspruch zur Intention des Gerichts, keinen Einfluss auf die Höhe der Gesamtmittel besitzt.

Planungszellen und »Citizens' Jury«

Einen interessanten Versuch, direkte Demokratie sozusagen zu ersetzen, hat der frühere Wuppertaler Soziologieprofessor Peter C. Dienel unter dem Begriff *Planungszellen* entwickelt.[13] Parallel dazu entstand ein ähnliches, als *Citizens' Jury* bezeichnetes Verfahren in Großbritannien.[14]

Die Idee besteht darin, dass ein zufällig ausgewählter Teil der Bevölkerung sich zu einem Problem schlaumacht und sinnvolle Vorschläge zu dessen Lösung erarbeitet, unbeeinflusst von Lobbyisten und anderen Eigeninteressen. Zu diesem Zweck werden Bürger für eine gewisse Zeit (zum Beispiel eine oder zwei Wochen) auf Kosten der öffentlichen Hand von ihrer normalen Arbeit freigestellt, um sich mit spezifischen Problemen der Allgemeinheit zu befassen und dafür unter fachlicher Anleitung Handlungsvorschläge zu entwickeln. Die

Mitglieder der Planungszelle werden durch Zufallsauswahl bestimmt. Die Ergebnisse sind ermutigend.[15] Sie werfen ein positives Licht auf die Fähigkeit normaler Menschen, gemeinwohlorientierte Analysen und Handlungsvorschläge auch in Bezug auf komplizierte politische Fragen zu erarbeiten, wenn sie sich nur ausführlich mit den jeweiligen Problemen befassen können.

Dass in Irland eine noch weitergehende Form praktiziert wird, berichtet ein Beitrag im *Spiegel*:[16] 2013 und 2014 wurden irische Bürger auf ähnliche Weise gebeten, Empfehlungen für die Politik zu erarbeiten, die dann auf Grund eines Referendums auch vollzogen wurden. Im Herbst 2016 wurden wiederum per Los hundert Bürger in eine sogenannte Bürgerversammlung gewählt. Sie sollen im Laufe des Jahres 2017 über Themen wie Abtreibung, Volksabstimmungen und Klimawandel diskutieren und Berichte erarbeiten und dazu alle möglichen Experten einladen können. Derartige Planungszellen sind durchaus eine Möglichkeit, hochstrittige Fragen zu klären, die sonst in »Hinterzimmern der Politik« entschieden werden – über die Köpfe der Betroffenen hinweg.

2. Frischer Wind durch neue Parteien?

Um – an der alle Schlüsselstellungen beherrschenden politischen Klasse vorbei – wirklich etwas zu bewirken, sind zwei Wege von besonderem Interesse:

- die Gründung und Verstärkung von neuen Parteien, die den bestehenden Parteien Beine machen und eine Phase von Reformen einleiten,
- die Einführung und Durchführung von direkter Demokratie.

Natürlich ist auch eine Kombination beider Alternativen möglich.

Die Bedeutung eines offenen politischen Prozesses für die Demokratie

Eine neue Partei könnte die nötigen institutionellen Reformen zu ihrem Programm machen, und das durchaus mit Erfolgsaussichten, denn das Potenzial an Bürgern, die sich bei den etablierten Parteien nicht mehr aufgehoben fühlen, ist inzwischen recht groß. Die Bedeutung eines offenen politischen Wettbewerbs mit reellen Chancen für neue Parteien, die Belange thematisieren, welche von den etablierten Parteien vernachlässigt werden, hat das Bundesverfassungsgericht in seinem Urteil von 2004 nachdrücklich beschrieben: Die Offenheit beuge einer »Erstarrung des Parteiwesens« vor und stärke die »Lernfähigkeit des politischen Systems«. Es gelte deshalb, »einer Einschränkung des Parteienwettbewerbs« entgegenzuwirken (siehe S. 83 f.).

Doch von dem gerichtlich beschworenen fairen politischen Wettbewerb kann in der Praxis keine Rede sein. Für neue und kleinere Parteien bleiben gewaltige Wettbewerbsnachteile gegenüber den etablierten Parteien. Die Sperrklauseln bei Kommunal- und Europawahlen sind zwar gefallen (siehe S. 90 f.); bei Bundestags- und Landtagswahlen bestehen sie aber einstweilen fort (siehe S. 165 f.). Den Etablierten kommt ihr Übergewicht an hauptberuflich finanzierten Personen, an organisatorischen Ressourcen und dem vielfältigen politischen Sachverstand zugute. Ihnen stehen nicht nur die Parteiorganisation selbst mit ihren staatlichen Mitteln zur Verfügung, von denen jede neue Partei *vor* den Wahlen völlig ausgeschlossen ist, sondern auch die staatlicherseits hoch finanzierten Fraktionen, außerdem die vielen vollalimentierten Abgeordneten mit ihrer Heerschar von Mitarbeitern, die Parteistiftungen (siehe S. 148 ff.), die politischen und politisierten Beamten, die Regierungsmitglieder und nicht zuletzt auch die von den etablierten Parteien durchsetzten öffentlich-rechtlichen Medien und sonstigen Kontrollinstanzen (siehe S. 66). Mit allen diesen personellen und sächlichen Mitteln versuchen die Etablierten, neue Parteien zu diskreditieren und auszugrenzen. Sie bestätigen damit das offene Wort Richard von Weizsäckers, Politiker seien Spezialisten im Bekämpfen politischer Gegner. Neue Parteien müssen damit rechnen, dass die, die »drin« sind, sie gezielt in eine extreme politische Ecke stellen, nur um die lästigen Konkurrenten, die ihnen Mandate und damit Teile der Macht wegzunehmen drohen, in den Augen der Wähler zu schwächen.

Die Hürden sind also hoch, der Wettbewerb alles andere als offen und chancengleich. Und doch, ganz aussichtslos erscheint das Unterfangen nicht, und fruchtbar (im Sinne eines möglichst offenen Wettbewerbs) könnte es für die politische Landschaft allemal sein, falls es neuen Parteien gelingt, das organisatorische Problem einigermaßen in den Griff zu bekommen. Das ist bei ihnen besonders groß. Denn abgesehen von der Unerfahrenheit der Führungsgruppen pflegen in neue Parteien auch Leute zu drängen, die schwer unter einen Hut zu bringen sind: »Gescheiterte, Glücksritter, Querulanten, Radikale«, wie Helmut Markwort, der Herausgeber des *Focus,* es einmal auf den Punkt brachte.

In dem Maße, in dem neue Parteien aber politisch ernst zu nehmen sind, zwingen sie schon durch ihre bloße Existenz die bisherigen Parteien – bei Strafe der Minderung ihrer Macht –, die in den Augen der Bürger vernachlässigten Anliegen aufzugreifen (siehe S. 84 f.). Diese indirekte Wirkung des politischen Wettbewerbs, welche die alten Parteien veranlasst, wählerattraktive Programmpunkte einer neuen Partei zu übernehmen, ist vielleicht einer der wichtigsten Effekte solcher Parteigründungen. So hat auch die erfolgreiche Neugründung der Siebzigerjahre, die Grünen, inzwischen alle anderen Parteien dazu gebracht, dem Umweltschutz verstärktes Gewicht zu geben. Und allein die Furcht der Etablierten vor dem Aufkommen der Partei Die Republikaner, die Anfang der Neunzigerjahre in mehrere Landtage und 1989 ins Europaparlament eingezogen war, hat dazu beigetragen, dass 1992/93 das vielfach missbrauchte Grundrecht auf Asyl reformiert wurde.

Wie sehr die grassierende politische Unzufriedenheit der Menschen nach Alternativen lechzt, hat der Erfolg der Piraten gezeigt. Sie haben im Sturmangriff in gleich mehreren Ländern die Sperrklausel überwunden, darunter auch im größten Bundesland Nordrhein-Westfalen. Doch dann haben sie sich intern völlig zerstritten, sodass – trotz teilweise sinnvoller Projekte (Reform des Urheber- und Parteienrechts sowie der Netzpolitik) – ihre Wahl- und Umfragewerte nun bei kaum mehr 1 Prozent liegen.[17]

Die AfD: Von der Protest- zur Reformpartei?

Bisherige Entwicklung

Noch dynamischer erfolgte der Aufstieg der Alternative für Deutschland (AfD), die, erst 2013 gegründet, bei der Bundestagswahl im Herbst 2013 mit 4,6 Prozent der Stimmen nur knapp an der Sperrklausel scheiterte, dann aber im Mai 2014 mit 7,1 Prozent in das Europäische Parlament einzog. Noch bessere Ergebnisse erzielte die AfD im Spätsommer 2014 in drei ostdeutschen Landesparlamenten.[18] Auch in Hamburg und Bremen überwand sie die Sperrklausel.[19]

Ihr ursprünglicher Hauptprogrammpunkt lag in der kontrollierten Auflösung der Währungsunion und der Absage an eine weitere Vertiefung der europäischen Integration. Auch direkte Demokratie nach dem Vorbild der Schweiz gehört zu ihren Anliegen. Bei den Wahlen in den neuen Bundesländern 2014 hatte sie auch mit den Themen innere Sicherheit und bereits mit der Regulierung von Einwanderung geworben.

Ein Richtungsstreit hat allerdings dazu geführt, dass der bisherige Kopf der Partei und einer ihrer Gründer, Bernd Lucke, auf einem Parteitag im Juli 2015 seiner parteiinternen Konkurrentin um die Führung, Frauke Petry, unterlag, die Partei verließ und eine Alternative zur AfD gründete, die Allianz für Fortschritt und Aufbruch (ALFA), die bisher allerdings keine große politische Bedeutung besitzt, auch wenn die Spaltung die Umfragewerte der AfD zunächst auf 3 Prozent abgesenkt hatte. Die ALFA nennt sich nach ei-

nem verlorenen Prozess um ihren Namen nun Liberal-Konservative
Reformer.[20]

Doch dann schwappte die Flüchtlingswelle in die Bundesrepublik. Sie war durch die sogenannte Willkommenskultur ausgelöst worden, die Bundeskanzlerin Angela Merkel Anfang September 2015 –
ohne Parlamentsbeschluss und ohne Absprache mit anderen Ländern
der Europäischen Union – ausgerufen hatte; jedenfalls waren ihre
Äußerungen in der deutschen und internationalen Öffentlichkeit so
verstanden worden. Als sich herausstellte, dass die meisten anderen
Mitgliedstaaten der EU nur wenig bereit waren, auf die Linie der
deutschen Regierung einzuschwenken, glaubte Merkel, sich der
Flüchtlingsproblematik nur dadurch erwehren zu können, dass sie
sich in die Hände der Türkei unter ihrem Präsidenten Erdoğan begab
und die EU ihm – neben Geld – Visafreiheit von Türken und eine
Beschleunigung der Beitrittsverhandlungen in Aussicht stellte. Die
Folge waren hohe Stimmengewinne der AfD auch bei fünf weiteren
Landtagswahlen,[21] so zunächst bei der dreifachen Landtagswahl am
13. März 2016: In Baden-Württemberg erlangte die AfD 15,1 Prozent, in Rheinland-Pfalz 12,6 Prozent und in Sachsen-Anhalt
24,2 Prozent der Stimmen bei insgesamt deutlichen Verlusten der sogenannten Volksparteien CDU und SPD. Die AfD wurde drittstärks-
te Partei in Baden-Württemberg und Rheinland-Pfalz und zweitstärkste in Sachsen-Anhalt. Da sie bisher als nicht koalitionsfähig
gilt, hätten in Baden-Württemberg und Sachsen-Anhalt nicht einmal
sogenannte Große Koalitionen von CDU und SPD die erforderliche
Mehrheit. In Sachsen-Anhalt und Rheinland-Pfalz wurden Dreierkoalitionen gebildet und in Baden-Württemberg eine Grüne/CDU-
Regierung.

Bei der Wahl in Mecklenburg-Vorpommern am 4. September
2016 wurde die AfD mit 20,8 Prozent der Stimmen zweitstärkste
Partei im Landtag. Bei der Wahl zum Berliner Abgeordnetenhaus am
18. September erlangte sie 14,2 Prozent; der damalige rot-schwarze
Senat erlitt schwere Verluste, sodass eine Fortsetzung der bisherigen
Koalition nicht möglich war.

Zum Programm

Die AfD macht gezielt Front gegen das Parteien-Establishment.[22] Angesichts ihrer öffentlich im Vordergrund stehenden und – auch zwischen CDU und CSU – hochkontroversen Asyl- und Flüchtlingspolitik und der mit schrillen Äußerungen aus der Partei garnierten Islampolitik wird oft übersehen, welche Vorschläge die AfD im Bereich der institutionellen Verfassungsstruktur macht. Diese Vorschläge, die in der medialen Berichterstattung bisher zu kurz kommen, dürften, wenn sie breiter bekannt werden, auf weite Zustimmung in der Bevölkerung stoßen, weniger natürlich auf Zustimmung der politischen Klasse, gegen deren Wuchern sie gerichtet sind.

In ihrem Ende April 2016 beschlossenen Grundsatzprogramm[23] beklagt die AfD, dass eine Klasse von Berufspolitikern entstanden sei, die ein politisches Kartell bilden; dieses könne nur vom Volk aufgebrochen werden.[24] Die Einführung von Volksabstimmungen nach Schweizer Modell sei für die AfD deshalb »nicht verhandelbarer Inhalt jeglicher Koalitionsvereinbarungen«.[25] Mit direkter Demokratie sollen auch Beschlüsse des Parlaments in eigener Sache für die Bürger überprüfbar werden.[26]

Aufschlussreich ist, was ein linksliberaler Journalist wie Heribert Prantl von der *Süddeutschen Zeitung* zur grundlegenden Forderung nach direkter Demokratie auf Bundesebene (siehe S. 318 ff.) schreibt, ohne die andere institutionelle Reformen kaum durchsetzbar sind: Wer bei der Forderung nach direkter Demokratie »aufschreit, weil er AfD und Co. fürchtet, verwechselt Ursache und Wirkung. Das grassierende Gefühl, dass ›die da oben eh machen, was sie wollen‹, ein Gefühl, das zu Politikverdrossenheit und Politikverachtung geführt hat, hätte sich nicht so gefährlich ausgebreitet, wenn es Plebiszite gäbe.«[27]

Weiter fordert die AfD, Regierungsmitglieder dürften im Interesse der Gewaltenteilung nicht mehr dem Parlament angehören. Parlamentarische Staatssekretäre und politische Beamte seien abzuschaffen. Ämterpatronage müsse unter Strafe gestellt werden. Ehemalige

Politiker auf Richterstühlen seien mit der Gewaltenteilung nicht vereinbar.[28]

Die Finanzierung der Parteien einschließlich der Abgeordnetenmitarbeiter, der Fraktionen und der Parteistiftungen sei transparent zu machen, zu begrenzen und gesetzlich zu regeln[29] sowie die Altersversorgung von Bundestagsabgeordneten zu reformieren.[30] Starre Wahllisten seien abzuschaffen, Bundestag und Landesparlamente zu verkleinern. Die Zahl der Mandate habe sich nach der Höhe der Wahlbeteiligung zu richten.[31] Die Tätigkeit von Abgeordneten neben dem Mandat sei zu beschränken;[32] die Amtszeiten seien zu begrenzen.[33] Der Einfluss der Parteien auf die Ernennung von Richtern und Staatsanwälten solle zur Sicherung ihrer Unabhängigkeit ausgeschlossen werden und die Staatsanwaltschaft Weisungen der Politik nicht mehr unterliegen, auch die Rechnungshöfe seien zu stärken[34] und der öffentlich-rechtliche Rundfunk zu reformieren.[35] Ferner tritt die AfD für die Direktwahl des Bundespräsidenten ein.[36] Sie übernimmt damit im politisch-institutionellen Bereich einige Vorschläge des Verfassers dieses Buches. Landesverbände wie die AfD des Saarlandes fordern darüber hinaus die Direktwahl des Ministerpräsidenten und die Umwandlung des Saar-Landtages in ein »Freizeitparlament«.[37] Diese beiden Forderungen tauchen im Programm der AfD allerdings nicht auf.

Die überzogene Bezahlung und Versorgung von Landtagsabgeordneten, die ihnen die Möglichkeit gibt, tagein tagaus für die Partei zu arbeiten (so der frühere Bundestagspräsident Kai-Uwe von Hassel), wird im offiziellen Programm nicht genannt. Hängt das vielleicht damit zusammen, dass die Fraktionen in den Landtagen inzwischen wichtige Bastionen der AfD sind und ihre Sprecher dort Fraktionsvorsitzende sind: Frauke Petry in Sachsen, Alexander Gauland in Brandenburg, Björn Höcke in Thüringen, Jörg Meuthen in Baden-Württemberg?

Auch die üppige Bewilligung von Abgeordnetenmitarbeitern und Fraktionsmitteln und ihre Verwendung für die Mutterpartei werden nicht kritisiert, ebenso wenig die Zahlung von Funktionszulagen durch die Fraktionen.

Dass Landtagsmandate gewaltige ökonomische Faktoren für die Abgeordneten und ihre Partei darstellen, klang auf dem Landesparteitag der AfD Nordrhein-Westfalens Anfang Juli 2016 an; dort erklärte eine Delegierte: »Wir entscheiden hier über Mandate, die in fünf Jahren 1 Million Euro einbringen. Da müssen wir uns die Leute schon vorher genauer anschauen.«[38]

Ohne dass hier auf die gesamte Programmatik der AfD eingegangen werden kann, sei noch der Hinweis gestattet, dass sie auch finanz- und steuerpolitische Vorschläge des Bundes der Steuerzahler übernimmt, so zum Beispiel den Einbau der Gewerbesteuer in die Einkommensteuer; den Abbau von Bürokratie und Subventionen, jedenfalls ihre zeitliche Begrenzung; die Beseitigung der sogenannten kalten Progression und die Einführung einer Steuer- und Abgabenbremse.

Nicht nachvollziehbar sind dagegen eine Reihe anderer Programmpunkte, etwa die Abschaffung der Erbschaftsteuer, die Wiederherstellung des Bankgeheimnisses, das Verbot, Steuerdaten mit anderen Staaten auszutauschen oder die grundsätzliche Beseitigung der Geschwindigkeitsbeschränkung auf den Straßen. Sollte die AfD hier gewissen wirtschaftlichen Interessen nachgeben?

Hellhörig macht auch der Umstand, dass bei der dreifachen Landtagswahl am 13. März 2016 eine millionenschwere Kampagne mit gratis zugestellten Wahlzeitungen und Plakaten zugunsten der AfD gefahren wurde, bei der sich die anonym bleibenden Geldgeber hinter einem vorgeschobenen Strohmann versteckten.[39] Da die AfD verlauten ließ, sie wisse nicht, wer dahinterstecke, und die Kampagne auch nicht mit ihr abgestimmt sei, konnten ihr die Aufwendungen für die Aktion nicht als zu veröffentlichende Spende zugerechnet werden. Hier besteht eine Lücke im Parteiengesetz,[40] die sich die hinter der Aktion stehenden wirtschaftlichen Kräfte zunutze machten.[41]

Insgesamt dürfte die AfD der von dem bedeutenden Verfassungstheoretiker Otto Kirchheimer beschriebenen »Opposition aus Prinzip« nahekommen, ohne aber den Boden der demokratisch-rechtsstaatlichen Grundordnung zu verlassen. Parteien dieses Typs stehen dem etablierten politischen System kritisch gegenüber und wollen die Spielregeln ändern.[42] Das ist auch ein wesentliches Anliegen der AfD, wie ihr Grundsatzprogramm und sein Kernsatz zeigen, dass die Einführung von Volksabstimmungen nach Schweizer Modell für die AfD »nicht verhandelbarer Inhalt jeglicher Koalitionsvereinbarungen« sei.

Erfolge des Außenseiters gefährden die Privilegien der Etablierten und ihren Zugriff auf staatliche Mandate, Posten und Geld. Deshalb erliegen diese leicht der Versuchung, die unwillkommenen Konkurrenten rechtlich zu diskriminieren, um ihre politische Wirksamkeit zu mindern und ihre Mitglieder »von gewissen Positionen fernzuhalten«.[43] Ein aktuelles Beispiel ist die Änderung der Geschäftsordnung des Landtags von Rheinland-Pfalz nach der Wahl vom 18. März 2016, mit der alle anderen Parteien im Landtag die Sitze der AfD-Fraktion in den Ausschüssen halbierten.[44] Ganz ähnlich waren in den Achtzigerjahren die Grünen durch von allen anderen beschlossene Geschäftsordnungsänderungen aus bestimmten parlamentarischen Ausschüssen ausgeschlossen worden.[45]

In jedem Fall bleiben die gewaltigen Organisationsprobleme einer neuen Partei bestehen. Sie hat politisch »ungeübte« Mitglieder und zusammengewürfelte Abgeordnete zu »bändigen«, zu denen, wie immer bei neuen Parteien, auch »Gescheiterte, Glücksritter, Querulanten, Radikale« gehören (siehe S. 311). Ihnen fehlt oft die Bereitschaft, um der Partei willen der Mehrheitslinie zu folgen, die in etablierten Parteien durch die sogenannte Ochsentour eingeübt wird. Hinzu kommen Führungskämpfe, und wer immer daraus als »Sieger« hervorgeht, zahlt – mangels politischer Erfahrung – manches Lehrgeld. Man wird abwarten müssen, wie die AfD sich, möglicherweise auch nach einem Abflauen des Flüchtlingsproblems, in Richtung Bundestagswahl 2017 entwickelt.

3. Der Bedarf an direkter Demokratie

Ergänzung der gerichtlichen und sonstigen Kontrolle durch direkte Demokratie

Die Mängel und Defizite der Kontrolle von Entscheidungen des Parlaments in eigener Sache durch die bisher behandelten Kontrollinstanzen und die sonstigen Repräsentationsdefizite der parlamentarischen Demokratie (siehe S. 25 ff., 187 ff., 225 ff.) lenken den Blick fast zwangsläufig auf die direkte Demokratie, also auf Volksbegehren, Volksentscheide und Referenden. Dass man sie den Bürgern auf Bundesebene vorenthält – entgegen dem Wunsch der ganz überwiegenden Mehrheit – und sie auf Landes- und Kommunalebene vielfach ungebührlich beschneidet, ist ein zentraler Grund für das grassierende Empfinden der Menschen, in Fragen der Politik nichts zu sagen zu haben.

Zunächst zu den Begriffen:[46] Der *Volksentscheid* ist eine rechtlich verbindliche Abstimmung des Volkes über einen Gesetzentwurf oder eine andere Sachfrage. Mittels des *Volksbegehrens* bringt eine Mindestanzahl von Bürgern, zum Beispiel 5 Prozent der Wahlberechtigten, wie in Hamburg, eine eigene Gesetzesvorlage ein. Mit diesem sogenannten Quorum soll einer Inflationierung vorgebeugt und die Relevanz des Anliegens belegt werden. Meist hat das Parlament die Möglichkeit, die volksbegehrte Vorlage zu übernehmen und so eine Volksabstimmung darüber zu erübrigen. Zudem kann es einen Alternativvorschlag aufstellen und diesen mit zum Volksentscheid stellen. Schon das zeigt, dass es bei der Volksgesetzgebung keineswegs nur um eine Entscheidung ja oder nein geht, wie immer wieder behauptet wird.[47] Der Bürger hat vielmehr die Wahl zwischen beiden Gesetzentwürfen.

Dem Volksbegehren ist regelmäßig noch ein Antragsverfahren vorgeschaltet, damit die rechtliche Zulässigkeit der Initiative vorab überprüft werden kann. Dafür gelten sehr viel niedrigere Quoren, in Hamburg zum Beispiel die Unterschriften von 10 000 Wahlberechtigten.

Mit dem *Referendum* wird über ein vom Parlament bereits beschlossenes Gesetz oder eine entsprechende Verfassungsbestimmung abgestimmt. Beim *obligatorischen* Referendum kann das Gesetz oder die Verfassungsbestimmung nicht ohne Zustimmung des Volkes wirksam werden. Ein Beispiel sind Verfassungsänderungen in Bayern: Sie bedürfen einer Zweidrittelmehrheit im Landtag und zusätzlich der Bestätigung durch eine Volksabstimmung.

Das *fakultative* Referendum findet auf Antrag statt. Dieser kann »von unten« kommen, das heißt, wenn eine Mindestzahl von Bürgern das verlangt, oder »von oben«, also auf Antrag der Regierung oder des Parlaments.

Kommt es zur Abstimmung, kann ihre Gültigkeit – über die bloße Mehrheit der Abstimmenden hinaus – an zusätzliche Voraussetzungen gebunden sein, etwa eine qualifizierte Mehrheit der Abstimmenden *(Abstimmungsquorum)* oder die Teilnahme *(Teilnahmequorum)* oder Zustimmung einer bestimmten Quote der Abstimmungsberechtigten *(Zustimmungsquorum)*. Sie sollen verhindern, dass engagierte Minderheiten sich bei geringer Wahlbeteiligung durchsetzen. Von verbindlichen Abstimmungen sind rechtlich unverbindliche Volksbefragungen zu unterscheiden.

Der Charme der direkten Demokratie liegt – neben dem Umstand, dass sie den Souverän selbst zu Wort kommen lässt – zum guten Teil im Gang des Verfahrens (obwohl sich auch die Ergebnisse durchaus sehen lassen können)[48] und in ihren mittelbaren Auswirkungen: Direkte Demokratie beteiligt die Bürger unmittelbar, nimmt sie mit in die politische Verantwortung, weckt politisches Interesse, zwingt auch die Medien, im eigenen Interesse sachhaltig zu informieren, und begünstigt im Vorfeld eine umfassende öffentliche Diskussion des Pro und Contra.

Der Kerngedanke direkter Demokratie liegt in der Verhinderung problematischer Beschlüsse und Entwicklungen der rein repräsentativen Demokratie. So ist das Parlament bei Entscheidungen in eigener Sache befangen und neigt dazu, die speziellen Verfahrensvorkehrungen, welche normalerweise ein ausgewogenes Ergebnis versprechen, auszuschalten (siehe S. 25 ff.). Deshalb unterliegen derartige Entscheidungen des Parlaments in eigener Sache einer besonders intensiven Gerichtskontrolle (siehe Teil 3 und 4, S. 83 ff. und S. 105 ff.) oder sollten ihr jedenfalls unterliegen (siehe Teil 5, S. 165 ff.). Aus demselben Grund – Befangenheit des Parlaments und Ausschaltung der Kontrolle – müssen solche Entscheidungen aber auch in besonderem Maße der direkten Demokratie zugänglich sein,[49] erst recht dort, wo die Kontrolle durch die Gerichte Lücken aufweist.

Mit Recht geht der Schweizer Politikökonom Bruno S. Frey davon aus, dass das Verständnis der Demokratie als Wettbewerb der Parteien um Wählerstimmen nicht mehr genügt, um die Verhältnisse realistisch abzubilden.[50] Wenn den Wählern »eine Koalition aller (etablierten) Politiker und Parteien« gegenüberstehe, müsse der Wettbewerbsansatz durch ein Modell der politischen Klasse ergänzt werden.[51] Dabei geht Frey über Beschwichtiger wie von Beyme und Katz/Mair (siehe S. 261 ff.) hinaus und plädiert für direkte Demokratie als probate Therapie; das demonstriert er am Beispiel der staatlichen Politikfinanzierung. Direkte Demokratie sei letztlich das einzige wirksame Mittel, um Kartelle der politischen Klasse aufzubrechen und Politiker und Parteien an die Vorstellungen und Wünsche der Wähler zurückzubinden. Warum aber sollte direkte Demokratie auf Politikfinanzierung beschränkt und nicht auch auf andere Regeln der Macht bezogen werden? Die Gefahr, dass die politische Klasse ihre Gestaltungsmacht missbraucht und die Regeln im eigenen Interesse, aber zulasten der Gemeinschaft verkehrt, besteht hier schließlich in gleicher Weise.[52]

Ebendarum befürworten, nachdem Christian Pestalozza in seinem bahnbrechenden Vortrag vor der Berliner Juristischen Gesellschaft am 21. Januar 1981 bereits für einen »Popularvorbehalt« plädiert hatte,[53] nunmehr selbst solche Staatsrechtslehrer, die der Einführung direktdemokratischer Elemente im Allgemeinen skeptisch gegenüberstehen, wie Ernst-Wolfgang Böckenförde,[54] Peter Lerche,[55] Klaus Vogel[56] und Paul Kirchhof,[57] solche Elemente zur »Balancierung der repräsentativen Demokratie« (Böckenförde) und als Mittel gegen missbräuchliche

Entscheidungen der Parlamente in eigener Sache über Regeln der Macht.

Die Sozialdemokraten hatten die Volksgesetzgebung schon im Bismarckschen Kaiserreich als Antwort auf ihre damalige Ausgrenzung aus der Staatsmacht konzipiert. Die »direkte Gesetzgebung durch das Volk«, hieß es in den Erläuterungen zum »Erfurter Programm« der SPD von 1891, sei ein »Mittel der Aufsicht, der Prüfung und der Berichtigung« der parlamentarischen Arbeit.[58] Und in der Weimarer Zeit sah man im Einsatz plebiszitärer Elemente ein »Korrektiv gegen einseitige Parlamentsherrschaft und Parteienherrschaft«.[59] Ein solches Korrektiv ist heute noch viel dringender erforderlich.

Bereits die bloße Möglichkeit direkter Demokratie entfaltet eine faktische Vorwirkung, indem die Drohung mit einer entsprechenden Initiative das Parlament zu einer ausgewogenen Regelung veranlassen kann.[60] Ein Beispiel ist die Durchsetzung der Direktwahl von Bürgermeistern (siehe S. 241 f.).

Zudem können die Regeln der Macht relativ einfach gestaltet sein, sodass gewisse Vorbehalte, über komplexe Gesetze ließe sich nur schwer direktdemokratisch entscheiden, von vornherein entfallen. So könnten zum Beispiel die Flexibilisierung der Wahllisten oder die Direktwahl von Ministerpräsidenten oder des Bundespräsidenten knapp und für die Menschen leicht verständlich formuliert werden.

Angesichts des besonderen Kontrollbedarfs von Entscheidungen der Politik in eigener Sache, der ambivalenten Rolle der Gerichte und der beschränkten Kontrollkraft anderer Instanzen erscheint direkte Demokratie in der Tat unverzichtbar. Sie kann auch dort eingreifen, wo die Gerichte als wichtige Kontrollorgane nicht aktiv werden können oder wollen, und besitzt auch dort offensichtlich die nötige demokratische und rechtsstaatliche Legitimation, wo diese den Gerichten bestritten wird.

Deshalb werden hier vornehmlich Fragen angesprochen, die Entscheidungen der Politik in eigener Sache betreffen, zumal dieser zentrale Gesichtspunkt in der Fachdiskussion um direkte Demokratie bisher häufig unterschlagen wird. Hier verschiebt sich die Bilanz der Argumente Pro und Contra signifikant zugunsten der direkten Demokratie: Für verstärktes Pro spricht die Befangenheit der in eigener Sache entscheidenden Politik, für ein abgeschwächtes Contra spricht die relative Einfachheit und Übersichtlichkeit der Regeln der Macht. Aus Sicht der Inhaber der politischen Macht und der Posten mag die Bilanz allerdings ganz anders ausfallen: Sie möchten die Regeln der Macht partout nicht aus der Hand geben. Aber darf es in der Demokratie, in der der Staat und die Parteien um der Bürger willen da sind, auf ihre Sicht ankommen?

Dass direktdemokratische Elemente in der Tat als wirksame Bremse gegen überzogene »Selbstbedienung« der politischen Klasse in Betracht kommen, zeigt die Schweiz. Dort gelten sie durchaus als präventiver Domestizierungsmechanismus. Der Schweizer Staatsrechtslehrer Gerhard Schmid betont, die Wirkung der Volksrechte liege gerade darin, dass sie »den Übergang der Macht an ein ›Kartell‹ der unter sich geeinten Parteien« verhindere. Selbst bei geschlossenem Auftreten der Parteien könne das Volk das Referendum als »Vetorecht« der Bürger gegen die Parteien einsetzen.[61]

Es ist ja auch kein Zufall, dass in der Schweiz in den Kantonen und auch im Bund nach wie vor wirklich von den Bürgern, also ohne starre Parteilisten, gewählte »Milizparlamente« – sogenannte Halbberufsparlamente, in denen die Abgeordneten nur nebenberuflich tätig sind – mit entsprechend begrenzter Entschädigung der Abgeordneten und ohne besondere staatliche Altersversorgung bestehen. Auch gibt es in der Schweiz weder eine staatliche Parteienfinanzierung noch staatlich finanzierte Parteistiftungen.[62]

Die Befürchtung, direkte Demokratie würde die Politikfinanzierung zu rigoros einschränken, erscheint jedenfalls bei den in Deutschland auf Bundesebene zu erwartenden Regelungen nicht begründet. In den Ländern und Kommunen sind die Zugangshürden für Volksbegehren sehr viel höher als in der Schweiz,[63] wo es auch keine Abstimmungs-, Zustimmungs- oder Teilnahmequoren für Volksentscheide gibt und schon gar keine sogenannten Finanztabus;

auf Bundesebene besteht dort auch keine verfassungsgerichtliche Kontrolle.

Dennoch spricht vieles dafür, dass manche etablierte Partei sich nicht zuletzt deshalb gegen die Einfügung direktdemokratischer Elemente ins Grundgesetz zur Wehr setzt, weil sie befürchtet, dann würden der parlamentarischen »Selbstbedienung« Grenzen gezogen.

Vielleicht um solchen Befürchtungen Tribut zu zollen, plädiert der Berliner Jurist, Politologe und Historiker Otmar Jung für ein obligatorisches Referendum bei Entscheidungen des Parlaments in eigener Sache. Bei anderen Entscheidungen des Parlaments tritt er für ein fakultatives Referendum ein.[64] Mit dem obligatorischen Referendum würden immerhin weitere Wachstumsraten der Politikfinanzierung einer wirksamen Kontrolle unterworfen. Eine Durchsetzung bürgernaher Wahlen von Abgeordneten und Exekutivspitzen und die wirksame Bekämpfung von Ämterpatronage könnten damit allerdings nicht erreicht werden. Dazu wären Volksbegehren unerlässlich.

Noch sehr viel weiter geht der Bonner Politologe Frank Decker, der fakultative Referenden von oben favorisiert.[65] Von unten ausgelöste direktdemokratische Verfahren oder ein fakultatives, von Bürgern angestrengtes Referendum kommen für ihn nur in Betracht, wenn das parlamentarische Regierungssystem in seiner Funktionsweise dadurch beeinträchtigt wäre, dass die parlamentarische Opposition zahlenmäßig schwach ist, etwa im Falle einer Großen Koalition.[66] Funktionsstörungen des parlamentarischen Systems treten bei Entscheidungen des Parlaments in eigener Sache aber erst recht auf. Dann ist die parlamentarische Opposition nicht nur klein, sondern sie fällt regelmäßig völlig aus (siehe S. 26 ff.). Decker lässt diese Fallgruppe gänzlich unerwähnt, obwohl sie die primäre Ursache für die fatale Entwicklung der Demokratie zum exzessiven Parteienstaat darstellt.[67]

Deckers Vorschläge zielen offenbar darauf ab, den eigeninteressierten Widerstand der politischen Klasse gegen direkte Demokratie zu verringern und dem Bundestag goldene Brücken zu ihrer Einführung zu bauen, wenn auch in einer völlig entkernten Form.[68] Dann aber auch noch zu behaupten, Volksbegehren, wie sie in allen Bundesländern bestehen, oder ein fakultatives Gesetzesreferendum von unten seien in einem parlamentarischen Regierungssystem »fehl am Platze«,[69] scheint mir eine Verbeugung vor der Macht zu viel.

Mangels direkter Demokratie auf Bundesebene bleiben dafür bislang solche Materien außer Betracht, für die der Bund zuständig ist, also die Finanzierung der Abgeordneten und Fraktionen des Bundes und das Parteienrecht, welches durch Bundesgesetz zu regeln ist.[70] Dasselbe gilt für die Wahlgesetze zum Bundestag und zum Europäischen Parlament. Hinsichtlich der Parteistiftungen, jedenfalls ihrer Globalzuschüsse, die für politische Bildung bestimmt sind, ist die Frage der Gesetzgebungskompetenz umstritten (siehe S. 154 f.).

Direkte Demokratie für Verfassungsgebung und Verfassungsänderung

Hinsichtlich der Verfassung ist direkte Demokratie eigentlich unerlässlich. Die Verfassung sollte – schon wegen des Prinzips der Volkssouveränität – vom Volk erlassen werden, das heißt, die verfassunggebende Versammlung sollte vom Volk gewählt und deren Entwurf vom Volk angenommen werden.[71]

Zur Verfassung gehören alle Bestimmungen, die in der Verfassungsurkunde stehen, aber auch die sonstigen grundlegenden Vorschriften, also vor allem die Regeln der Macht, die man wegen ihrer fundamentalen Bedeutung auch als materielles Verfassungsrecht bezeichnet – unabhängig davon, ob sie in der Verfassung oder lediglich in einfachen Gesetzen niedergelegt sind (siehe S. 18).

Verfassungen, denen diese demokratische Legitimation fehlt, wie das Grundgesetz,[72] stehen, wenn nicht eine neue Verfassung durch das Volk (im Sinne des Artikels 146 des Grundgesetzes) ergeht, unter einem starken Legitimationsdruck, wenigstens Volksbegehren und Volksentscheid einzuführen, mit welchen die Verfassung geändert werden kann. Die Möglichkeit des Volkes, jederzeit eine Verfassungsänderung zu bewirken, wie auch das Nichtgebrauchmachen von dieser Möglichkeit würden dem direkten Einverständnis des Volkes mit der Verfassung nahekommen, die ursprünglich fehlende Volkssouveränität also sozusagen nachholen und damit der Verfassung die erforderliche demokratische Legitimation verschaffen.[73]

Das Postulat, über Verfassungen direkt das Volk entscheiden zu lassen, gilt besonders für die Regeln der Macht, weil diese nicht nur von grundlegender Bedeutung sind, sondern weil deren angemessene Gestaltung besonders gefährdet ist, wenn das Parlament sie in eigener Sache festlegt. Aus demselben Grund sollten auch Änderungen der Verfassung, insbesondere der Regeln der Macht, nicht ohne Zustimmung des Volkes möglich sein.[74]

Im Gegensatz zur politischen Klasse sind Bürger bei solchen Entscheidungen nicht befangen. Ähnlich wie die Entscheidungen von Berufspolitikern über allgemeine Gesetze nicht durch ihre Eigeninteressen verzerrt werden (siehe S. 20 ff.), haben auch Bürger bei Entscheidungen über Regeln der Macht – anders als Berufspolitiker – keine verzerrte Perspektive: Sie sind typischerweise sehr viel eher bereit, gemeinwohlorientiert zu handeln. Das beruht nicht etwa darauf, dass Bürger die besseren Menschen wären, sondern darauf, dass für sie meist sehr viel weniger auf dem Spiel steht und sie es sich deshalb leisten können, von ihren individuellen Sonderinteressen abzusehen. Anders als Berufspolitiker hängen die Bürger normalerweise nicht mit ihrer ganzen wirtschaftlich-gesellschaftlichen Existenz von ihren Wahl- und Abstimmungsentscheidungen ab. Anders ausgedrückt: Bürgern verursacht gemeinwohlorientiertes Verhalten im Allgemeinen nur sehr geringe »Kosten«. Und wir wissen, insbesondere aus der Umweltschutzdiskussion, dass gemeinwohlorientiertes Verhalten im sogenannten Niedrigkostenbereich besonders wahrscheinlich ist.[75]

Direkte Demokratie über die Regeln der Macht entscheiden zu lassen entspricht auch dem Postulat des einflussreichen politischen Philosophen John Rawls, dass Verfassungsgebung in möglichster Unbefangenheit zu erfolgen hat.[76] Hinzu kommt, dass der von direktdemokratischen Verfahren ausgelöste umfassende Diskussionsprozess große Ähnlichkeit mit dem Habermas'schen Ideal des herrschaftsfreien Diskurses besitzt.[77]

Wird die Verfassung dagegen allein von denen gemacht oder geändert, gegen die sie die Bürger schützen soll, wird der Bock zum Gärtner. Dann kommen leicht Regelungen dabei heraus, die – ohne Rücksicht auf die Bedürfnisse des Gemeinwesens – allein den Interessen der politischen Akteure dienen. Ein Beispiel ist die Schaffung des aus Landesregierungen bestehenden Bundesrats, die auf die Initiative von Landesregierungen zurückgeht (siehe S. 238).

Umgekehrt könnte mit direkter Demokratie auf Bundesebene zum Beispiel die Direktwahl des Bundespräsidenten eingeführt und seine Wahl dem kleinen Kreis von Parteiführern entzogen werden, die darüber faktisch entscheiden und die Bundesversammlung zu einem reinen Akklamationsorgan degenerieren lassen.

Bisher allerdings blockiert die politische Klasse die Herstellung von mehr Demokratie auf Bundesebene, auch wenn SPD, Grüne, Linke und CSU sich offener gerieren: Erforderlich wären dafür nach herrschender Meinung qualifizierte Mehrheiten im Bundestag und im Bundesrat. Das führt zu der paradoxen Feststellung: Die Einführung von mehr Demokratie wäre wohl nur mit vermehrter Demokratie durchzusetzen. Das gilt auch für die Direktwahl von Exekutivspitzen.

Einführung direkter Demokratie durchs Parlament

Eine Entscheidung in eigener Sache

Wie wir gesehen haben, beruht der mangelnde politische Einfluss der Bürger auch auf institutionellen Regelungen, wie etwa den starren Wahllisten, aber keineswegs nur darauf (siehe S. 221 ff.). Direkte Demokratie kann den Bürgern deutlich mehr Einfluss geben. Zudem sind auch andere Bürgernähe schaffende Reformen der politisch-institutionellen Infrastruktur wohl nur mit direkter Demokratie durchsetzbar.

Doch das Dilemma besteht darin, dass die Einführung direkt-demokratischer Elemente auf Bundesebene eine Entscheidung des Parlaments »gewissermaßen in eigener Sache«[78] darstellt, denn die Schaffung eines parallelen Gesetzgebers nähme den etablierten Parteien das bisherige Monopol der parlamentarischen Normsetzung. Zugleich würde die demokratische Legitimation des Parlaments relativiert, weil die der direkten Demokratie vielen höher erscheint. Schließlich unterwirft direkte Demokratie die Gesetzgebung des Parlaments der Kontrolle durch das Volk. Das gilt besonders für die Regeln der Macht, also vor allem für das Wahl- und Parteienrecht sowie für die Ämterbesetzung und die Politikfinanzierung. Diese vier Faktoren, die die Allmacht der Parteien einschränken würden, illustrieren, warum die politische Klasse eine wirksame direkte Demokratie im Bund möglichst zu verhindern und in den Ländern den Zugang der Bürger durch möglichst hohe Hürden zu erschweren sucht.

Besonders wichtig wäre es, dass die Bürger Volksentscheide initiieren können, also von unten durch Volksbegehren.[79] Referenden von oben werden dagegen leicht zur Abwälzung der Verantwortung auf die Bürger missbraucht. Oder sie werden zu cäsaristischen Herrschaftsinstrumenten der Regierung,[80] die in Wahrheit nicht zur Klärung einer Sachfrage, sondern zur Stabilisierung der eigenen Herrschaft angesetzt werden.[81] Vielfach wird mit dem positiven Resultat auch der Verbleib im Amt verknüpft.

Ein Beispiel ist der Brexit-Entscheid Großbritanniens vom 23. Juni 2016. Der britische Premier David Cameron hatte ihn seinerzeit in Aussicht gestellt, um seine parteiinternen Widersacher ruhigzustellen und seine Position zu stärken. Wie sich gezeigt hat, kann man sich hinsichtlich des Ergebnisses der Abstimmung aber auch gewaltig täuschen. Dasselbe ist auch bei der Abstimmung über die Verfassungsreform in Italien vom 4. Dezember 2016 geschehen, mit der Matteo Renzi seine Stellung als Ministerpräsident verknüpft hatte.

Thema, Zeitpunkt und Reichweite der Referenden von oben werden durch taktische Erwägungen von Spitzenpolitikern bestimmt, die auch vor manipulativen Formulierungen nicht zurückschrecken, wie das vom ungarischen Ministerpräsidenten Viktor Orbán initiierte Flüchtlingsreferendum vom 3. Oktober 2016 gezeigt hat: In der Abstimmungsfrage war von einer »Ansiedlung« von Flüchtlingen in Ungarn die Rede, dabei ging es nur um deren zum großen Teil lediglich vorübergehende Aufnahme.[82]

Ein aktuelles deutsches Beispiel für einen solchen Fehlansatz bietet auch ein bayerisches Gesetz von 2015,[83] das die Staatsregierung im April 2014 in den Landtag eingebracht hatte.[84] Danach war auf gemeinsamen Antrag der Landesregierung und des Landtags eine Volksbefragung über »Vorhaben des Staates mit landesweiter Bedeutung« durchzuführen.[85] Bei der politischen Dominanz der Regierung und erst recht, wenn die CSU, wie in der Wahlperiode 2013–2018, die absolute Mehrheit im Landtag besitzt, läuft das praktisch auf eine Initiative »von oben« hinaus und entpuppt sich damit als bloßes Herrschaftsinstrument. Dies gilt erst recht, wenn nur eine unverbindliche Volksbefragung vorgesehen ist, die Regierung also rechtlich noch die Möglichkeit besitzt, vom Ergebnis der Befragung abzuweichen, wie dies beim bayerischen Gesetz der Fall war. Dieses hat der Bayerische Verfassungsgerichtshof im November 2016 für verfassungswidrig erklärt – aber nur, weil es dazu einer Verfassungsänderung bedurft hätte.[86]

Vor diesem Hintergrund macht der durch eine parteiinterne Befragung abgesicherte Beschluss der CSU, auf Bundesebene direkte Demokratie einzuführen, argwöhnisch, zumal er ausdrücklich noch offenlässt, wie die Regelung ausgestaltet sein soll.[87]

Dass die etablierte Politik allein über die Einführung direkter Demokratie auf Bundesebene entscheidet, zeigt, wie das Volk von der politischen Klasse sozusagen eingekreist ist. Die etablierten Kräfte stehen am Eingang zu dem Institut, das wirklich Demokratie bewirken würde, und verlegen den Bürgern den Weg zu dem, was ihnen aufgrund der Volkssouveränität eigentlich zusteht (siehe S. 324 ff.). Und wenn direkte Demokratie, in mehr oder weniger eingeschränktem Umfang, eingeführt ist, sind da, wie in den Ländern, auch noch die allein von den Etablierten eingesetzten Richter der

Verfassungsgerichte, die dazu neigen, direkte Demokratie zurechtzu-
stutzen, oft noch unter das vom Verfassungsgeber beabsichtigte Niveau (siehe S. 335 f.).

Widerstand gegen den Absolutismus der politischen Klasse?

Angesichts der systematischen Entmachtung des Volkes, der Entwer-
tung des Wahlrechts und der Vorenthaltung direkter Demokratie,
angesichts der politischen Parteien, die sich an die Stelle des Volkes
setzen und die Souveränität usurpieren, und nicht zuletzt vor dem
Hintergrund der Verheißung der Volkssouveränität im ersten und im
letzten Artikel des Grundgesetzes und angesichts des Versprechens
von Volksabstimmungen in Artikel 20, Absatz 2 des Grundgesetzes
kommt als Ultima Ratio das Widerstandsrecht in den Blick.

Einst richtete sich der Widerstand gegen absolute Herrscher. Die
hatten sich mit Ludwig XIV. gebrüstet: »L'état c'est moi« (»Der Staat
bin ich«). Wäre es heute aber ganz falsch, wenn die etablierten politischen Parteien und ihre politische Klasse in Regierungen und Parlamenten offen bekennen würden »Der Staat sind wir«?

Hat sich mit dem exzessiven Parteienstaat nicht eine neue Form
des Absolutismus gebildet, ein parteienstaatlicher Absolutismus? Die
politische Klasse hat sich auf vielfältige Weise »legibus absolutus« gestellt, sich von den Bindungen an die für alle geltenden Normen be-
freit. Formal unterliegt sie zwar der Verfassung. Doch die kann sie
ändern. Und die Richter, die die Verfassung auslegen und damit verbindlich erklären, was sie besagt, bestimmt die politische Klasse nach
ihren Vorstellungen.

Reitet die politische Klasse also den Staat nicht ganz ähnlich wie
jene alte Frau, die sich im Märchen von »Tausendundeine Nacht«
von Sindbad, dem Seefahrer, auf den Schultern durch den Fluss tragen lässt, ihm dann aber mit dem Druck ihrer Schenkel den Hals
zuzudrücken droht und ihm so ihren Willen aufzwingt – bis er sie
schließlich betrunken macht und abwerfen kann? Auch das ein Akt
des Widerstandes.

Widerstand ist nach Artikel 20, Absatz 4 des Grundgesetzes nur zulässig, »wenn andere Abhilfe nicht möglich ist«. Damit sind vor allem Klagen zu den Gerichten gemeint. Wie aber, wenn den Bürgern, die Verfassungswidriges vor Gericht bringen wollen, die Klagebefugnis vorenthalten wird – nach einer Prozessordnung, über die wiederum die politische Klasse disponiert? Wie, wenn die von den Parteien bestellten Instanzen selbst die Souveränität okkupieren wie jüngst das Hamburgische Verfassungsgericht?

Das Grundgesetz kann auch das vor-verfassungsrechtliche Widerstandsrecht der Menschen nicht beseitigen.[88] Artikel 20, Absatz 4 des Grundgesetzes ist also nicht das letzte Wort. Der Absolutismus der politischen Klasse stellt die Wissenschaft vor ein neues Problem. Historisch entwickelte sich das Institut »Widerstand« im Kampf gegen Gewaltherrschaft. Davor schützt heute der ausgebaute Rechtsstaat. Zum Mangel an Demokratie und zur Usurpation des Staates durch die politische Klasse muss dagegen das passende Widerstandsrecht erst noch konzipiert werden. Ansätze dafür hat der Verfasser an anderer Stelle erarbeitet.[89]

Direkte Demokratie in den Ländern

Auf Landesebene immerhin, wo auch in Deutschland direkte Demokratie zugelassen ist,[90] und zwar generell in Form von Volksbegehren und Volksentscheid, ist einiges möglich: Die Wahlgesetze zu den Landesparlamenten, die Finanzierung der Landtagsfraktionen und Landtagsabgeordneten sowie das Kommunalrecht einschließlich der Kommunalwahlen sind Landessache. So wurden die Wahl der Bürgermeister unmittelbar durch das (Gemeinde-)Volk und die Wahl der Ratsmitglieder im Wege von Kumulieren und Panaschieren wesentlich durch Volksentscheide auf Landesebene (oder glaubwürdiges Drohen damit) erreicht. Beide Reformen haben ein Mehr an Demokratie bewirkt. Genauso könnte zum Beispiel die Direktwahl von Ministerpräsidenten durch Volksbegehren und Volksentscheid durchgesetzt werden.

Allerdings sind die Hürden für Volksbegehren bisweilen derart hoch, dass sie direkte Demokratie von vornherein praktisch unmöglich machen. Hier zeigt sich die enorme »Verfahrenssensibilität« direkter Demokratie.[91] In Hessen müssen Volksbegehren von 20 Prozent der Wahlberechtigten unterschrieben werden, in Sachsen von bis zu 15 Prozent,[92] in Baden-Württemberg, Bayern und Niedersachsen von 10 Prozent. In Hamburg reichen dagegen 5 Prozent, in Brandenburg[93] und in Schleswig-Holstein genügen ca. 4 Prozent.

In den meisten Ländern besteht zudem für den Volksentscheid ein Zustimmungsquorum von 25 Prozent und bei Verfassungsänderungen sogar von 50 Prozent der Wahlberechtigten, meist noch kombiniert mit einer Zweidrittelmehrheit der Abstimmenden.[94]

Weiter hängt die Praktikabilität davon ab, ob die Unterschriften an Amtsstelle geleistet werden müssen, wie zum Beispiel in Bayern, Hessen und Rheinland-Pfalz. Dann sind sie im Allgemeinen schwerer zusammenzubekommen als wenn sie, wie etwa in Bremen, Hamburg, Niedersachsen und Sachsen-Anhalt, frei gesammelt werden können, also auch an der Haustür und in der Fußgängerzone. Auch die Fristen für das Sammeln der Unterschriften sind ganz unterschiedlich und reichen von zwei Wochen (Bayern) bis acht Monate (Sachsen).

Die in mehreren Ländern direktdemokratisch durchgesetzten Wahlgesetze streben vor allem größere Bürgernähe an, indem sie das Personalbestimmungsmonopol der Parteien aufbrechen. Dieses faktische Monopol hatten die Parteien sich durch starre Wahllisten und den Ausschluss von Vorwahlen gesichert. Auch hier ist direkte Demokratie an die Stelle der Rechtsprechung getreten, die insoweit eine Lücke aufweist, denn das Bundesverfassungsgericht ist bisher davor zurückgeschreckt, starre Wahllisten für verfassungswidrig zu erklären,[95] obwohl alles für ihre Unvereinbarkeit mit den Grundsätzen der Unmittelbarkeit und der Freiheit der Wahl sowie der Wählbarkeit spricht und eigentlich zu erwarten wäre, dass starre Listen der neuerdings intensivierten Gerichtskontrolle nicht mehr standhalten (siehe S. 166 ff.).

Obwohl die Direktwahl der Bürgermeister, die inzwischen in allen deutschen Flächenländern besteht, im Westen durch direkte Demokratie durchgesetzt wurde, scheiterten Versuche, auf demselben Wege auch die Direktwahl von Ministerpräsidenten einzuführen, bisher an den hohen Hürden und der Halbherzigkeit der Initiatoren (siehe S. 242).

Umgekehrt bestünden Sperrklauseln, auch bei Kommunalwahlen, wohl immer noch, hätten die Verfassungsgerichte sie nicht »gekippt«.[96] Das zeigt, dass die Interessen von Minderheiten bei den Gerichten wohl am besten aufgehoben sind, und wie wichtig es ist, dass selbstverständlich auch direkte Demokratie an die Grundrechte gebunden bleibt.

Restriktive Auslegung der Tabubereiche

Bei der Finanzierung von Landtagsabgeordneten und Landtagsfraktionen stellt sich die Frage, ob diese Themen zu den Bereichen gehören, die in Deutschland regelmäßig von der direkten Demokratie ausgeschlossen sind. Dazu rechnen die Landesverfassungen Besoldungsordnungen, den Haushalt und Finanzfragen.[97]

Die Reichweite dieser Tabubereiche ist umstritten. Um eine tragfähige Antwort zu gewinnen, ist auf die Besonderheit von Entscheidungen des Parlaments in eigener Sache und den Sinn der Vorbehalte zurückzukommen. Das Bundesverfassungsgericht hatte 1975 bedauernd festgestellt, bei Abgeordnetendiäten lasse es sich nun einmal »nicht vermeiden, dass das Parlament in eigener Sache entscheidet«.[98] Diese Aussage gilt aber nur für die rein parlamentarische Demokratie, wie sie derzeit im Bund besteht. Für die Bundesländer gilt sie nicht; in ihnen steht neben dem parlamentarischen Gesetzgebungsverfahren auch das Volksgesetzgebungsverfahren zur Verfügung. Hier hat, wie etwa der Sächsische Verfassungsgerichtshof feststellt, »der Verfassungsgeber sich dafür entschieden, dem Landtag den Volksgesetzgeber unmittelbar und gleichberechtigt an die Seite zu stellen«.[99]

Es ist deshalb unrichtig, wenn immer wieder behauptet wird, die Rechtsprechung des Bundesverfassungsgerichts zwinge auch die Landtage dazu, über ihren finanziellen Status selbst zu entscheiden;[100] vielmehr können in den Ländern auch aus dem Volk heraus Gesetze initiiert werden, über die das Volk dann zu entscheiden hat. Solche Initiativen anzustoßen steht auch den Parteien und ihren Abgeordneten, die mit den bestehenden Regelungen nicht zufrieden sind, frei.

Das Bundesverfassungsgericht hat bei Konkurrenz zweier Staatsorgane im Zweifel die Zuständigkeit desjenigen Organs angenommen, welches für die Wahrnehmung der jeweiligen Aufgabe strukturell besser geeignet ist. Staatliche Entscheidungen sollen – im Interesse »der Verteilung von politischer Macht und Verantwortung sowie der Kontrolle der Machtträger« und damit die Entscheidungen »möglichst richtig« ausfallen – »von den Organen getroffen werden, die dafür nach ihrer Organisation, Zusammensetzung, Funktion und Verfahrensweise über die besten Voraussetzungen verfügen, und [auf diese Weise] auf eine Mäßigung der Staatsgewalt insgesamt hinwirken«.[101]

Entscheidet ein Parlament über seinen eigenen finanziellen Status oder den seiner Abgeordneten, Parteien und Fraktionen, ist das geradezu das Gegenteil von Machtmäßigung, auf die das Grundgesetz zielt. Das Parlament ist bei solchen Entscheidungen befangen und dafür von vornherein ungeeignet. Das klingt ja auch bereits in dem erwähnten Bedauern des Bundesverfassungsgerichts an, dass in der rein parlamentarischen Demokratie des Bundes keine andere Instanz existiert als das Parlament, sodass auch Entscheidungen in eigener Sache in Kauf zu nehmen seien. Deshalb stellt sich in den Ländern umgekehrt die Frage, ob für die Regelung des finanziellen Status von Abgeordneten und Fraktionen nicht *nur* das Volksgesetzgebungsverfahren infrage kommt.

Zwar werden in der Schweiz auch Bedenken gegen die Auswirkungen direkter Demokratie auf Diäten und sonstige staatliche Politikfinanzierung geäußert. Die leichte Handhabbarkeit von Volksinitiativen könne es erschweren, Abgeordnete und Parteien angemessen auszustatten. Abgesehen davon, dass dieser Einwand dem demokratischen Grundsatz widerspricht, dass das Volk über die inhaltliche Angemessenheit der Bezahlung seiner Vertreter entscheiden sollte,[102] dürfte der Einwand für die Diskussion in Deutschland – schon wegen der hier regelmäßig sehr viel höheren Hürden für Volksbegehren und der oft bestehenden Abstimmungs- und Zustimmungsquoren – nicht durchschlagen.[103] Zudem bleiben auch direktdemokratische Entscheidungen ans Verfassungsrecht gebunden, das Abgeordneten eine angemessene Entschädigung garantiert. Ebenso wie das Bundesverfassungsgericht gegen unangemessene Beamtenbesoldung vorgeht (siehe S. 108 ff.), wäre dies auch gegen eine unangemessene direktdemokratische Absenkung der Diäten möglich.

Selbst wenn man für die Regelung des Status von Abgeordneten und Fraktionen das Volk nicht ohnehin für allein zuständig hält, sind die Vorbehaltsbereiche doch so restriktiv zu interpretieren, dass sie direktdemokratischen Entscheidungen über den finanziellen Status von Abgeordneten und Fraktionen nicht von vornherein im Wege stehen.

Deshalb ist der Ausschlusstatbestand »Besoldung« dahin zu verstehen, dass Entscheidungen über Diäten nicht darunterfallen. Dafür spricht bereits der Wortlaut (»Entschädigung«). Dasselbe ergibt der Sinn: Der Ausschlusstatbestand bezieht sich auf den finanziellen Status von öffentlichen Bediensteten, bei deren Festlegung das Parlament – anders als bei Diäten – nicht in eigener Sache entscheidet.[104] Zudem besteht ein kategorialer Unterschied zwischen dem Status von Beamten und dem von Abgeordneten.[105] Gerichte sowie viele Autoren und Kommentatoren der Landesverfassungen[106] lassen denn auch direktdemokratische Entscheidungen über Diäten zu. Demgegenüber gehen diejenigen, die den Besoldungsvorbehalt auch auf Diäten erstrecken wollen, mit keinem Wort auf die besondere Kontrollbedürftigkeit von Entscheidungen des Parlaments in eigener Sache ein,[107] verfehlen also die eigentliche Problematik.

Ähnliches gilt für den Haushalts- und Finanzierungsvorbehalt. Auch er muss restriktiv ausgelegt werden, wenn es um den finanziellen Status von Abgeordneten und Fraktionen geht.[108] Hinzu kommt, dass direktdemokratische Entscheidungen über die Finanzierung von Abgeordneten und Fraktionen regelmäßig auf Ausgaben*senkungen* zielen und deshalb den Haushalts- und Finanzierungsvorbehalt von vornherein gar nicht tangieren.[109] Das bestätigt sein Sinn: Der Haushaltsplan ist ein hochkomplexer, in Einnahmen und Ausgaben ausgeglichener Gesamtakt, der durch umfangreiche zusätzliche Ausgaben, welche durch Kürzung anderer Ausgaben oder problematische Kreditaufnahme finanziert werden müssten, aus dem Gleichgewicht gebracht werden kann; das soll verhindert werden. Dieser Sinn des Vorbehalts wird durch Volksentscheide, die zu *geringeren* Ausgaben führen, gar nicht berührt; geringere Ausgaben können das Gleichgewicht schon deshalb nicht stören, weil sie das Gesamtpaket unberührt lassen; die freiwerdenden Mittel können zum Beispiel zur Tilgung von Krediten verwendet werden.

In jedem Fall sollten aber gewisse Vorkehrungen zur Information der Bürger getroffen werden. Vor allem sollte eine neutral zusammengestellte Übersicht über das Für und Wider der jeweils zur Abstimmung stehenden Frage selbstverständlich werden, wie es in der Schweiz praktiziert wird. Auch sollten Initiatoren verpflichtet werden, die Herkunft ihrer finanziellen Mittel zu publizieren, wie es auch in der Schweiz gefordert wird, bisher allerdings vergeblich.[110]

Einseitige Bestellung der Verfassungsgerichte

Die Landesverfassungsgerichte, die über die Ausgestaltung der direkten Demokratie in den Ländern und die davon ausgeschlossenen Bereiche (Haushalt, Abgaben- und Besoldungsgesetze) sowie die formalen Voraussetzungen (wie Quoren) urteilen, werden ausschließlich von einer Seite bestellt. Obwohl zwischen direkter und repräsentativer Demokratie ein Konkurrenzverhältnis besteht, bestimmt nur eine Seite, wer Richter wird. Das ist so, als wenn Bayern München gegen Borussia Dortmund spielt, aber München bringt seinen Schiedsrichter mit, und dieser entscheidet dann nicht nur über

Tatsachen, sondern legt auch die Regeln nach seinen Vorstellungen aus. Hier besteht die Gefahr, dass der Souverän durch Richter, die von anderer Seite berufen werden, ungebührlich eingeschränkt wird.

In der Tat erscheinen viele Urteile übermäßig parlamentsfreundlich. So hat der Bayerische Verfassungsgerichtshof 1999 seine eigene frühere Rechtsprechung um 180 Grad gedreht und – entgegen dem Wortlaut der Bayerischen Verfassung und ihrer Entstehungsgeschichte – eine massive Erschwerung von bürgerbegehrten Volksentscheiden über Verfassungsänderungen dekretiert.[111] Auch suchen er und andere Verfassungsgerichte, zuletzt das Hamburgische Verfassungsgericht in einem Urteil vom Oktober 2016,[112] Vorkehrungen dagegen zu errichten, dass gesellschaftliche Gruppen direkte Demokratie angeblich zur Selbstbedienung missbrauchen könnten, erkennen aber nicht, dass angemessene Quoren Derartiges verhindern und Volksbegehren und Volksentscheide umgekehrt gerade ein wirksames Instrument sein können, der Selbstbedienung der politischen Klasse Schranken zu setzen.

Beeinträchtigung der parlamentarischen Demokratie?

Andererseits könnte direkte Demokratie, wenn sie zu einfach anwendbar wäre, auch eine gegenläufige Tendenz auslösen, indem Bürger sie dafür einsetzen, die Möglichkeiten direkter Demokratie immer weiter auszudehnen. Direkte Demokratie könnte so den Keim ihrer Ausdehnung in sich tragen, und darüber entscheiden dann allein die Bürger, nun ihrerseits sozusagen »in eigener Sache«. Dagegen wäre an sich nichts einzuwenden, schließlich sind die Bürger in ihrer Gesamtheit der Souverän, es sei denn, man sieht in der Form der parlamentarischen Demokratie, wie sie in der Bundesrepublik besteht, einen Selbstzweck, wie dies offenbar der Politologe Frank Decker tut.[113] Er fürchtet bei direkter Demokratie »von unten« eine Entwicklung in Richtung des schweizerischen Konkordanzsystems, dessen Kern darin besteht, dass alle Parteien in der Regierung vertreten sind, um die Wahrscheinlichkeit direktdemokratischer Initiativen gering zu halten.

In Wahrheit muss direkte Demokratie keineswegs zum Konkordanzsystem führen. Es kommt, wie Decker schon von Otmar Jung entgegengehalten wurde, auf die Dosierung an.[114] In Deutschland besteht – auch angesichts der parlamentsfreundlichen Haltung der meisten deutschen Verfassungsgerichte, die es in der Schweiz in dieser Form nicht gibt – nicht die geringste Wahrscheinlichkeit, dass das überkommene parlamentarische System durch direkte Demokratie grundlegend verändert würde, es sei denn zum Besseren.

Direkte Demokratie in der Europäischen Union

Der Brexit-Abstimmung in Großbritannien vom 23. Juni 2016 folgte eine allgemeine Diffamierung der britischen Mehrheitsentscheidung durch europäische Politik und Medien – dasselbe Schauspiel übrigens wie nach dem Nein der Iren zum Vertrag von Nizza und dem Nein der Franzosen und Niederländer zur europäischen Verfassung. Das offizielle Europa reagiert regelmäßig mit einer Art Mobbingkampagne gegen die Bürger, denen Beschränktheit und Fehleinschätzung vorgeworfen werden, ohne selbst ausreichende Konsequenzen aus der eigenen Selbstbezüglichkeit und Bürgerferne zu ziehen.

Gewiss mag man über die Bewertung solcher direktdemokratischen Entscheidungen streiten, zumal der Brexit-Entscheid von oben initiiert war (siehe S. 327 f.). Dennoch macht es nachdenklich, dass Änderungen der Europaverträge oder sogar ihre Totalrevision in den allermeisten Staaten der direktdemokratischen Zustimmung bedürfen oder jedenfalls eine Volksabstimmung darüber möglich ist. Teilweise können die Bürger auch über den Beitritt neuer Staaten und sonstige EU-Themen abstimmen. Demgegenüber müssen sich Deutsche, die keinerlei Mitwirkungsrecht besitzen, als Bürger zweiter Klasse fühlen.

Innerhalb der EU existiert seit dem Vertrag von Lissabon nur die sogenannte Europäische Bürgerinitiative.[115] Hierfür müssen in zwölf Monaten eine Million gültige Unterschriften in einem Viertel aller Mitgliedstaaten, also derzeit in sieben, gesammelt werden. Damit kann die Kommission aber lediglich gezwungen werden, sich mit dem Thema der Initiative zu befassen, das heißt, sie muss eine öffentliche Stellungnahme abgeben, wie mit der Forderung der Bürger weiter verfahren wird. Diese kann aber auch dahin gehen, dass die Kommission nichts unternimmt.

Angesichts der enormen Bürgerferne der EU, des Fehlens einer europaweiten Öffentlichkeit, der Aufsplitterung der Wahlen zum Europäischen Parlament in 28 verschiedene Wahlsysteme und 28 Wahlen, bei denen regelmäßig nationale Themen im Vordergrund stehen, wäre es geboten, über Änderungen nachzudenken, die einen europaweiten politischen Willensbildungsprozess anstoßen, wie beispielsweise die Direktwahl der politischen Repräsentanten und die Einführung direktdemokratischer Sachentscheidungen. In Deutschland können die Bürger nicht einmal ihre Abgeordneten im Europäischen Parlament auswählen. Wenn schon nicht ersichtlich ist, welche Partei was in der EU entscheidet (siehe S. 296 f.), sollten die Bürger wenigstens Repräsentanten auswählen und verantwortlich machen können, denen sie vertrauen, von den fehlenden verantwortlichen Parteien also auf verantwortliche Personen übergehen (siehe S. 238 ff.).

An Änderungen zum Abbau der Bürgerferne und zur Verstärkung der erforderlichen Kontrollen kommen folgende Instrumente in Betracht:[116]

- die Einführung europaweiter Wahlen zum Europäischen Parlament;
- die Direktwahl des Präsidenten der Kommission;[117]
- die Einrichtung von Referendum sowie Volksbegehren und Volksentscheid auf europäischer Ebene[118] sowie
- die Demokratisierung des Klagerechts der Bürger.[119]

Teil 10
Die fatale Rolle der Wissenschaft

1. Die Politikwissenschaft: teilweise blind

Unkritische Haltung

Weite Teile der Politikwissenschaft, insbesondere die heute dominierende empirische Ausrichtung, tendieren dazu, die aus den bestehenden politischen Machtverhältnissen resultierenden Gegebenheiten unkritisch hinzunehmen.[1] Das dürfte damit zusammenhängen, dass die Politikwissenschaft in Deutschland nach dem Zweiten Weltkrieg als eine Art demokratische Erziehungswissenschaft entstanden ist und sich der Etablierung der Demokratie und ihrer Verteidigung gegen Kritik verschrieben hat.

Die Politikwissenschaft – zumindest ihre Hauptrichtungen – sieht nach ihrem eigenen Selbstverständnis als empirische Wissenschaft ihre methodische Kompetenz darin, die Lage zu beschreiben, zu analysieren und künftige Entwicklungen zu prognostizieren. Die Entwicklung zu bewerten und womöglich zu kritisieren versteht sie nicht als ihre wissenschaftliche Aufgabe.[2] Es kann aber auch nicht ihre Aufgabe sein, aus dem *So-Sein* auf das *Sollen* zurückzuschließen und damit dem berüchtigten naturalistischen Fehlschluss[3] zu erliegen.[4]

In Wahrheit liegt im erklärten Ausklammern von Wertungen[5] oft eine insgeheime »krypto-normative« Anpassung der Maßstäbe an die Realität.[6] Das ist gewiss bequem, und es stimmt die Politik auch gnädig für eine Disziplin, die sich auf Unterstützung durch die Politik angewiesen glaubt;[7] sie macht große Teile der Politikwissenschaft in

Wahrheit aber blind für die Probleme, die unsere Demokratie heute bedrohen.[8]

Das gilt gerade auch hinsichtlich der systemischen Veränderungen, welche die Entscheidungen der Parlamente in eigener Sache schleichend bewirken. Wie dargelegt, stellt die Politikwissenschaft, die sich mit der politischen Klasse, dem Wandel der Parteien und den politischen Kartellen befasst, zwar fest, dass die »Ins« sich gegenüber den »Outs« abschotten und sich »bereichern«. Andererseits klammert sie den politischen Prozess aus, der die Entwicklung aufgrund seines strukturellen Ungleichgewichts bewirkt, oder versucht darzulegen, dass gar kein Ungleichgewichts vorliegt. So meint Klaus von Beyme, der die Thematik als Erster in die Politikwissenschaft hereingeholt und ein Werk über *Die politische Klasse im Parteienstaat* vorgelegt hat (1993), die Auswüchse des Parteienstaats seien leicht unter Kontrolle zu bekommen.[9] Um dem Eindruck entgegenzutreten, er sei zu seinem Buch von nicht-politikwissenschaftlichen Akteuren inspiriert worden und zugleich deren kritischem Impuls die Spitze zu nehmen, meinte er, diejenigen, welche die Thematik in die deutsche Öffentlichkeit gebracht hatten (Richard von Weizsäcker, Erwin K. Scheuch und Hans Herbert von Arnim) diskreditieren zu müssen: Ihre Kritik beruhe ihrerseits durchweg auf der Verfolgung von Eigeninteressen (siehe S. 261 ff.).

Richard Katz und Peter Mair wenden sich ebenfalls nicht gegen die von ihnen diagnostizierte Entstehung von Kartellparteien, sondern plädieren für eine entsprechende Anpassung der Demokratietheorie, um die Wirklichkeit zutreffend zu erfassen.[10] Kritik anhand normativer Maßstäbe – etwa Verstoß gegen die Chancengleichheit außerparlamentarischer Parteien oder gegen den Grundsatz der Bürgernähe (beziehungsweise der Staatsfreiheit) – fand, jedenfalls ursprünglich, nicht statt (siehe S. 268 ff.).

Die Frage, ob Verfassungsgerichte ein Gegengewicht gegen Fehlentwicklungen bilden können, wird von Katz und Mair nicht thematisiert und von dem Frankfurter Politikwissenschaftler Jens Borchert ausdrücklich in Abrede gestellt. Er meint, es gebe – abgesehen von der Öffentlichkeit bei Diätenerhöhungen – keine Veto-Spieler; die

Verfassungsgerichte spielten letztlich keine Rolle, weil der Gesetzgeber einen weiten Spielraum besitze.[11] Das trifft aber nicht zu. Das Bundesverfassungsgericht prüft, wie dargelegt (siehe Teil 3 und 4), gerade bestimmte Entscheidungen, welche die politische Klasse in eigener Sache trifft, besonders streng und verengt dadurch den gesetzgeberischen Spielraum ganz erheblich.

Die Wertblindheit kommt am deutlichsten zum Ausdruck, wenn Politikwissenschaftler selbst sie kritisieren. So bemängelt Heidrun Abromeit, der Mainstream nehme »zunehmend affirmative Züge an. [...] Der zeitweise einmal kritische Impuls der Politikwissenschaft« werde »umgebogen zur affirmativen Suche nach dem wahren Leben im falschen«.[12]

Politiknähe

Hinzu kommt das Problem der Politiknähe, welche die Unabhängigkeit gerade von solchen Wissenschaftlern gefährdet, die in der Öffentlichkeit hervortreten. Auch hier lassen wir am besten Politikwissenschaftler selbst zu Wort kommen.

So bemerkte etwa der Hamburger Politologe Michael Th. Greven, ein Teil der Politikwissenschaft trete »in den mit mancherlei *incentives* versehenen politisch-wissenschaftlichen Machtkomplex ein, [werde] Teil jenes Reputation und Zusatzeinkommen versprechenden Betriebes von Wissenschaftlichen Beiräten, Expertenkommissionen und ausstattungsmäßig privilegierten Beratungs- und Forschungsanstalten«. »Kolleginnen und Kollegen, die bei der Rekrutierung in hochkarätige Kommissionen und Räte ihre Einordnung in den Parteienproporz wahrnehmen, sollten gewarnt sein, denn sie können sicher sein, dass die jeweils sie rekrutierende Partei von ihnen bereits nicht mehr vordringlich wissenschaftliche Kompetenz und Expertise, sondern das berechenbar unterstützende Verhalten als Parteigänger erwartet. Jedes abweichende unabhängige Votum produziert hier unmittelbar Enttäuschung und mittelfristig Exklusion.«[13]

Der britische Parteienforscher Michael Pinto-Duschinsky bemerkt am Beispiel der parteinahen Stiftungen, er sei bei seinen Forschungen »überrascht« gewesen »über den großen Anteil deutscher politikwissenschaftlicher Kollegen, der immer mal wieder aktiv in die Arbeit politischer Stiftungen eingebunden ist, als Angestellter oder als Übersee-Repräsentant, als Referent bei Kursen über politische Bildung, als Auftragsforscher für eine Stiftung, als Mitglied von Vorständen oder Komitees der Stiftungen, als Autor ihrer Veröffentlichungen oder als Betreuer von Studenten mit Stipendien von Stiftungen.«[14]

Die die wissenschaftliche Unabhängigkeit gefährdende Nähe zur Politik bestätigte auch der Soziologe Erwin K. Scheuch; er wies darauf hin, ein großer Teil der Politologen identifiziere sich mit ihrem Objekt und werde zu »Apologeten der Politiker«.[15]

Die Ablehnung von Wertungen und die Nähe von Politikwissenschaftlern zur Politik schlagen auch auf die Wahl ihrer Forschungsthemen durch. Man will Politikern nicht zu nahe treten und bloß kein moralisches Urteil über ihre Aktionen abgeben müssen. Gegenstände, deren Behandlung bereits als negatives Urteil über die Handlungsweise von Politikern verstanden werden könnte, sucht die Politikwissenschaft zu meiden, erst recht, wenn das Wesentliche mit rein empirisch ausgerichteten Methoden ohnehin nicht zu erfassen ist.[16] Beispiele sind die Nichtbehandlung der unkontrolliert hochgeschossenen und unkontrolliert eingesetzten Abgeordnetenmitarbeiter (siehe S. 155 ff.); das übliche Ausblenden, Rechtfertigen oder Verharmlosen der parteilichen Ämterpatronage (siehe S. 263 f., 273 f.); das Auslassen des Reformprozesses der Kommunalverfassung im Wege direkter Demokratie (siehe S. 241 f.) und die Verniedlichung der Parteienstaatsproblematik generell (siehe S. 272 ff.).

2. Die Staatsrechtslehre: teilweise Bremser

Die Kritik an der teilweisen Wertblindheit der Politikwissenschaft muss ergänzt werden um die Kritik an Teilen der Staatsrechtslehre, die sozusagen auf dem anderen Auge blind sind.[17] Die Staatsrechtslehre kommt zwar nicht ohne Wertung aus, fragt dabei aber häufig nur, ob ein Widerspruch zum geltenden Recht, insbesondere zur Verfassung, vorliegt. Die Fixierung des Mainstreams der Staatsrechtslehre auf das durch die Rechtsprechung mitgeschaffene sogenannte positive Recht kann leicht dazu führen, dass faktische Entwicklungen übersehen werden. Die Beschränkung aufs Verfassungsrecht läuft in der Praxis meist auf die Interpretation verfassungsgerichtlicher Urteile hinaus, sodass die Staatsrechtslehre sich leicht zur »Hofberichterstattung des Bundesverfassungsgerichts entwickelt, indem sie überwiegend nur noch nacherzählt, was dort entschieden worden ist«.[18] Insbesondere spart sie die sogenannten treibenden Kräfte aus, die das politische Wirken bewegen.[19] Die Wirklichkeit wird dann lediglich durch die Brille des Verfassungsgerichts wahrgenommen, erkennt also nur, was das Gericht entschieden hat, nicht auch das, was es – mangels zulässiger Klagen – nicht entschieden hat, was es – mangels Verfassungswidrigkeit – nicht entscheiden konnte (was aber trotzdem hochproblematisch sein kann) oder was das Gericht nur punktuell behandelt hat, sodass Wesentliches ungeklärt bleibt.[20]

In Sachen Parteienfinanzierung ist die Rechtsprechung – angesichts des Zickzackkurses des Bundesverfassungsgerichts in diesem Bereich (siehe S. 196 ff.) – ohnehin kein Ruhmesblatt. Und schlimmer noch: Gericht und Lehre verwenden vielfach Fiktionen und politische Formeln und leugnen so die Relevanz faktischer Gegebenheiten und Entwicklungen. Beispiele sind die sogenannte demokratische Legitimationskette, die Behauptung, das Volk habe sich das Grundgesetz gegeben, die formale Betrachtung des Wahlrechts, die den mangelnden Einfluss der Bürger ignoriert, das Ausblenden der Macht- und Interessenorientierung der politischen Klasse und letztlich der ganzen »Verfassung hinter der Verfassung« (siehe S. 244 ff.).

Insgesamt tendieren Teile der Staatsrechtslehre dazu, Staat und Gesellschaft von oben, das heißt aus der Sicht der Herrschenden, der Regierungen, der Parlamente und der etablierten Parteien zu sehen, für die Gutachten geschrieben, Kommissionen besetzt und Verwaltungs- und Verfassungsprozesse geführt werden, statt von unten, aus der Sicht der Bürger. Das wird ganz deutlich bei der Diskussion um Entscheidungen des Parlaments in eigener Sache und bei der Diskussion um direkte Demokratie.[21]

3. Mangelnde Zusammenarbeit

Der Wissenschaftsrat weist mit Recht darauf hin, dass wissenschaftlicher Fortschritt sich vor allem in interdisziplinärem Arbeiten abspiele.[22] Gutes interdisziplinäres Arbeiten ist allerdings besonders aufwendig, aufwendiger als monodisziplinäre Forschung. Paradoxerweise steht interdisziplinäres Arbeiten der akademischen Karriere aber eher im Weg, weil das Gros der Staatsrechtslehrer beim wissenschaftlichen Nachwuchs vor allem monodisziplinäres Arbeiten honoriert. Angesichts dieses Missverhältnisses von wissenschaftlicher Produktivität und Karriereerfolg hat die Staatsrechtslehre als Profession, in deren Hand die Karrieren liegen, ein fundamentales Problem.

Ein Beleg für primär monodisziplinäres Arbeiten findet sich ausgerechnet in den Staatsrechtslehrer-Referaten »Verfassungsrecht zwischen normativem Anspruch und politischer Wirklichkeit« von Christian Hillgruber und Uwe Volkmann,[23] die schon von der Thematik eine Kombination von rechtlichen und sozialwissenschaftlichen Ansätzen geradezu herausgefordert hätten. Dabei wurde die Politikwissenschaft, die ja die Wirklichkeit zu beschreiben beansprucht, völlig außen vor gelassen.[24] Muss aber nicht die politische Wirklichkeit erst einmal ermittelt werden, um sie mit dem normativen Anspruch konfrontieren zu können? Das aber geht nicht ohne Darstellung der politischen Kräfte (der »treibenden Kräfte« [Georg Jelinek] beziehungsweise der »realen politischen Kräfte«), welche die

Wirklichkeit bestimmen. Sie darf man bei einem solchen Thema nicht ignorieren.

Umgekehrt lehnt es auch die Politikwissenschaft meist ab, sich mit juristischen Überlegungen auseinanderzusetzen. Häufig bezieht sie nicht einmal das positive Recht mit ein und blendet rechtliche Erwägungen aus. Der Politikwissenschaft sei »seit ihren Gründungstagen das Recht in erstaunlichem Maße abhandengekommen«, stellen Michael Becker und Ruth Zimmerling fest.[25]

Ingeborg Maus, profilierte Vordenkerin in Sachen Demokratietheorie, bemerkt zum uneingelösten Desiderat der Zusammenarbeit von Rechts- und Politikwissenschaft: »Die Politikwissenschaft ist aufgrund ihrer rechtswissenschaftlichen Abstinenz, die jede Sicht auf die rechtlichen Grundlagen ihrer Gegenstände behindert, fast durchgängig zur Erkenntnis aktueller Demokratiedefizite außerstande. Andererseits sind heutige Rechtswissenschaftler zur Beobachtung des Problems zwar qualifiziert, aber überwiegend nicht mit dem entsprechenden Erkenntnisinteresse ausgestattet. So fällt einstweilen die Analyse der gegenwärtigen Deformation von Systemen, die sich noch als Demokratien bezeichnen, zwischen den Grenzen der wissenschaftlichen Disziplinen hindurch. – Eine Politikwissenschaft, die diesen Zustand beheben will, kann deshalb in der dringend gebotenen interdisziplinären Kooperation die Aufarbeitung der rechtlichen Bedingungen von Demokratie nicht einfach an die Rechtswissenschaft delegieren, sondern muss in der Aufhebung ihrer Isolation zugleich ihre Autonomie durch eigene rechtswissenschaftliche Anstrengungen wahren.«[26]

4. Ein neuer Ansatz tut not

Die unterschiedlichen Sichtweisen der beiden Disziplinen und die Zweispurigkeit der Ansätze werden am Beispiel der verdeckten Parteienfinanzierung besonders deutlich. Sie ist geradezu ein Musterbeispiel einerseits für die unfruchtbare Abschottung der wis-

senschaftlichen Disziplinen, andererseits aber auch für die Unerlässlichkeit ihrer Zusammenarbeit im Wege interdisziplinären Arbeitens.

Juristen konzentrieren sich herkömmlicherweise auf die Analyse
des formalen Parteiengesetzes. So sind in den letzten Jahren gleich
vier neue, umfangreiche Kommentare zum Parteiengesetz, welches
vor allem ein Parteienfinanzierungsgesetz ist, herausgekommen.[27]
Das hat auch ganz praktische Gründe: Das Parteiengesetz ist relativ
leicht zugänglich, weil es als Bundesrecht[28] die Materie zusammenfassend regelt.

Dem Problem der verdeckten Parteienfinanzierung, das inzwischen einen immer größeren politischen und rechtlichen Stellenwert
bekommen hat, schenkt die Staatsrechtslehre fast keine Aufmerksamkeit. Der Zugang ist auch schwerer: Das Recht der Fraktionen
und der Abgeordnetenmitarbeiter ist föderalistisch zersplittert. Um
einen Überblick zu gewinnen, muss man zahlreiche Gesetze, Durch-
führungsvorschriften und Parlamentsberichte sowie Hunderte von
Haushaltsplänen durchforsten und auswerten. Und für die Parteistiftungen gibt es nicht einmal ein Gesetz.

Das hat vermutlich dazu beigetragen, dass Rechtswissenschaft
und öffentliche Diskussion sich vornehmlich mit den Parteien im engeren Sinne beschäftigen, die aus den Nähten platzenden Fraktionen,
Mitarbeiter und Stiftungen, die den Parteien immer mehr Aufgaben
abnehmen, aber oft außen vor lassen.[29] Weitere Gründe dürften die
Heimlichkeit der Bewilligung, die mangelnde Kontrolle und die Bür-
ger- und Mitgliederferne der Parteien im Parlament sein, die gerade
das eigentliche Problem darstellen. Mit seiner Konzentration auf die
Parteien im formalen Sinn droht der rechtswissenschaftliche Diskurs
aber wichtige und einschneidende Entwicklungen auf diesem Gebiet
zu übersehen.[30] So ist ein quasi rechtswissenschaftsfreier Raum entstanden.

Die Politikwissenschaft hat dagegen ihren Blick auf die faktischen
Gegebenheiten ausgeweitet und betrachtet neben den finanziell eng
begrenzten Parteien im Sinne des Parteiengesetzes auch ihre gewaltig

ins Kraut geschossenen faktischen Ersatzparteien, wie Fraktionen, Stiftungen und Abgeordnete mit ihren Mitarbeitern.

Die Politikwissenschaft beschreibt die Entwicklung hin zu bürgerfernen Kartellparteien.[31] Sie konstatiert, dass die Vermittlung der Gesellschaft in den Staat erstirbt und damit eine Kernfunktion der Parteien schwindet, diese aber gleichzeitig sprunghaft zunehmende staatliche Ressourcen an staatlichen Finanzen und Personalstellen in Anspruch nehmen, von denen Kartell-Außenseiter ausgeschlossen sind.

Die Feststellung der Höhe und der Entwicklung von Zahlungsströmen, das Abkoppeln von der Basis und der Ausschluss von Konkurrenten außerhalb des politischen Kartells – das ist die Domäne sozialwissenschaftlichen Arbeitens. Zu kurz kommen aber der Zusammenhang zwischen Inhalt und Verfahren und die Ausschaltung der Kontrollen durch in eigener Sache entscheidende Parlamente.

Immerhin hat die Politikwissenschaft, um die stark wachsenden Bereiche außerhalb der formalen Parteien auch terminologisch einzubeziehen, einen materiellen Parteibegriff entwickelt, auch wenn sie in Deutschland auf das rasante Wachstum der von ihr dann später *Parteien im Parlament* genannten Komponenten gelegentlich von wissenschaftlichen Grenzgängern hingewiesen werden musste.[32]

Die unterschiedlichen methodischen Ansätze haben dazu geführt, dass die Problematik der Parteien im Parlament bisher vom Mainstream der Wissenschaften noch nicht erfasst wird. Die Politikwissenschaft hat deren gewaltige Ausdehnung zwar umfassend – und auch international vergleichend – dargestellt, wenn auch ihre eigenen empirischen Erhebungen vor zwei Jahrzehnten abbrachen.[33] Sie verharrt jedoch in der affirmativen Darstellung.

Es mag ja sein, dass die Parteien trotz des allmählichen Verlusts ihrer Verankerung in der Gesellschaft ihren Einfluss aufrechterhalten, ja, ihre Macht im Staat noch gewaltig steigern, indem sie ihn sich immer mehr zur Beute machen,[34] und dass sie dadurch die bisherigen Verhältnisse stabilisieren, womit viele Politikwissenschaftler sich beruhigen. Doch soll Stabilität – abgesehen davon, dass selbst diese

neuerdings nicht mehr gewiss erscheint – wirklich den folgenden sie-
benfachen Mangel heilen können?

1. Das Schwinden der Kernfunktion der Parteien, zwischen Bürgern
   und Staat zu vermitteln,
2. die grassierende Staatsfinanzierung der Parteien,
3. die Ämterpatronage,
4. den wettbewerbsbeschränkenden Ausschluss kleinerer Konkurrenten,
5. das Umkrempeln des ganzen Systems,
6. die Usurpation der eigentlich dem Volk zustehenden Souveränität durch die Parteien und ihre politische Klasse (siehe S. 324 ff.)
   und
7. die Entstehung eines parteienstaatlichen Absolutismus (siehe
   S. 329 f.)?

Die Parteien halten sich zwar sozusagen von oben am Leben, weil
sie ihre Monopolstellung an den Schalthebeln der staatlichen Macht
für ihre Zwecke instrumentalisieren; das Missverhältnis zwischen
schwindenden öffentlichen Funktionen und wachsenden selbstver-
schafften Privilegien bietet aber eine immer größere Ansatzfläche für
öffentliche Kritik und droht das Ansehen der Parteien und ihrer politischen Klasse und politischen Eliten umso mehr zu belasten und
damit auch ihre Funktionsfähigkeit zu beeinträchtigen.

Der »Mainstream« der Staatsrechtslehre hat das unerhörte Anwachsen der staatlichen Zweige der Parteien noch kaum zur Kenntnis genommen und deshalb keinen Anlass gesehen, die Elle des Verfassungsrechts an diese Entwicklung anzulegen.[35] So geraten zentrale
Probleme aus dem Blick der Wissenschaft und der Öffentlichkeit,
sodass ihre praktische Behandlung zwischen alle Stühle fällt und die
Parteien in den Parlamenten auch auf diese Weise der Kontrolle entzogen sind.

Die vorliegende Analyse versucht demgegenüber, beides zusam-
menzuführen: die empirisch-analytische und die verfassungsrechtli-

che Perspektive, und auf diese Weise die schleichende Entwicklung hin zu einem exzessiven Parteienstaat nicht nur darzustellen, sondern auch einer Wertung zu unterziehen, gerade auch einer verfassungsrechtlichen, und darüber hinaus Abhilfemöglichkeiten zu entwickeln.

Teil 11
Zusammenfassung

In **Teil 1** wird das Konzept politischer »Selbstbedienung« dargestellt. Sein Kern besteht darin, dass im Machtspiel der Politik bestimmte dominante Spieler selbst die Spielregeln festlegen. Diese Regeln der Macht, die das Wahlrecht, die Politikfinanzierung, die Ämterbesetzung und die sonstige Ausgestaltung der Demokratie betreffen, sind einerseits besonders wichtig, andererseits aber ist ihre angemessene Gestaltung und damit die Legitimität des Verfassungsstaats besonders gefährdet. Denn über die Regeln entscheidet die Politik selbst, und wer in eigener Sache beschließt, ist befangen. Umso notwendiger wären wirksame Kontrollen, etwa durch Öffentlichkeit, durch Wahlen und durch die eigene Parteibasis. Diese Kontrollen aber pflegt die Politik, hier ebenfalls in eigener Sache handelnd, weitgehend zu beseitigen. Die dabei angewandten trickreichen Praktiken, die das Licht der Öffentlichkeit scheuen, sind Thema dieses Buches. Es ist an der Zeit, dass sie in Wissenschaft und Rechtsprechung die nötige Beachtung finden.

Teil 2 skizziert anhand zahlreicher Fälle aus der Praxis, wie die Parlamente und die hinter ihnen stehende politische Klasse die öffentliche Kontrolle von Entscheidungen in eigener Sache unterlaufen. Durch Verfälschen von Tatsachen und Unterdrücken von rechtlichen Maßstäben versuchen sie immer wieder, die Allgemeinheit zu täuschen.

Solche Camouflage-Praktiken betreffen im Bund zum Beispiel Abgeordnetengesetze (einschließlich des jüngsten Diätengesetzes von 2014), den Versuch des Bundestags, die Drei-Prozent-Sperrklausel bei Europawahlen einzuführen, sowie die Finanzierung von Fraktionen.

Von gleicher Fehlerhaftigkeit und Öffentlichkeitsscheu ist auch die Gesetzgebung in den Ländern gekennzeichnet. So weisen die Diäten- und Fraktionsgesetze in Bayern, Hessen und im Saarland krasse »Geburtsmängel« auf, die auch heute noch den Inhalt der Gesetze de-legitimieren. Dies gilt genauso für andere Länder, die sich an den schlechten Vorbildern orientiert haben. Dagegen verfügt Hamburg – nach der Aufarbeitung des Diäten- und Versorgungsskandals der Neunzigerjahre – bis heute über eine vorbildliche Diätenregelung.

Noch leichter wird das Verschleiern missbräuchlicher Regelungen, wenn das Parlament die Bewilligung und die Verteilung öffentlicher Mittel zur Politikfinanzierung in den Haushaltsplan abschiebt, wo sie in der Masse der vielen Tausend Titel untergehen, zumal Erhöhungen meist erst kurz vor der Beschlussfassung im Plenum in den Entwurf des Etatplans eingesetzt werden. Das Beispiel der Finanzierung von Fraktionen, Abgeordnetenmitarbeitern und Parteistiftungen zeigt, wie die Parteien sich in diesem vor der Öffentlichkeit abgedunkelten Verfahren abenteuerliche Erhöhungen ohne jede Begründung bewilligen konnten.

Auch die Besetzung von Ämtern durch zuverlässige Parteileute folgt dem Selbstbedienungsprinzip. Die Dominanz sachfremden parteilichen Denkens droht den öffentlichen Diskurs zu verderben und ist ein schleichendes Gift. Die Parteien zielen besonders auf Institutionen wie Verfassungsgerichte und Rechnungshöfe, die eigentlich die Parteipolitik kontrollieren und Auswüchse verhindern sollen, und auf Einrichtungen der politischen Bildung, die eigentlich über Probleme des Parteienstaats aufklären sollten. Als beispielhaft wird aber auch ein Rechnungshofpräsident genannt, der ohne Rücksicht auf die, denen er sein Amt verdankt, erfolgreich gegen Missbräuche der politischen Klasse vorging. Eine Skizze der neueren Rechtsprechung zur Konkurrentenklage gegen parteiliche Ämterpatronage einschließlich spektakulärer Einzelfälle schließt sich an.

Dass ein Vertrag bei Übermacht einer Seite seine Geltung verliert, weil er der anderen Seite aufgenötigt wird und sein Inhalt keinen fairen Interessenausgleich mehr verspricht, ist allgemein anerkannt. Dasselbe muss auch für Gesetze gelten, wenn einseitige Machtpositionen ihren Inhalt bestimmen und die Bürger entmachten.

Teil 3 behandelt ebenfalls Fälle aus der Praxis, und zwar anhand einzelner Urteile des Bundesverfassungsgerichts. Von besonderem Interesse ist dabei die grundlegende Rolle eines funktionierenden politischen Wettbewerbs. Dieser wird allerdings nicht nur durch selbstgemachte Regeln der Macht in seiner Funktion beeinträchtigt, sondern auch durch die programmatische Angleichung der etablierten Parteien, wobei sich in den Augen der entmachteten und verdrossenen Wähler beides vermischt.

Für die Parteienfinanzierung und das Wahlrecht hat das Gericht die Beurteilungsgrundsätze verschärft. 2004 hat es die zentrale Bedeutung des fairen Wettbewerbs herausgestellt. 2008, 2011 und 2014 kassierte das Gericht die Sperrklauseln bei Kommunal- und Europawahlen. Die strenge gerichtliche Prüfung begründet es treffend damit, dass das Parlament darüber »gewissermaßen in eigener Sache« beschließt und deshalb versucht ist, sich nicht am Gemeinwohl zu orientieren, sondern am eigenen Machterhalt.

Den Sprengstoff, der in der Anerkennung des Selbstbedienungsprinzips liegt, suchen manche Staatsrechtler dadurch zu entschärfen, dass sie – entgegen den tatsächlichen Verhältnissen – Entscheidungen der Politik in eigener Sache bagatellisieren und ihnen jede verfassungsrechtliche Bedeutung absprechen, eine Auffassung, die sich allerdings als unhaltbar erweist.

Was geschieht, wenn die Koalition ihre Interessen zunächst auf Kosten der Opposition durchzusetzen versucht, schließlich aber beide die Regelung gemeinsam treffen, zeigt sich an Fallbeispielen wie den Überhangmandaten oder der Transparenz von Nebeneinnahmen. Bei der Neutralisierung der Überhangmandate durch Ausgleichsmandate einigte man sich schließlich auf den größten gemeinsamen Nenner. Entstanden ist ein völlig undurchsichtiges Wahlgesetz, das droht, die Zahl der Mitglieder des Bundestags bei der Wahl 2017 explodieren zu lassen. Auch die Einführung von Abkühlungsfristen für Regierungsmitglieder, die in die Wirtschaft wechseln, wurde lange von der Politik blockiert, bis der Berg jüngst eine Maus in Form viel zu kurzer Fristen gebar. Für Abgeordnete gibt es überhaupt keine einschlägige Regelung.

Zahlreiche weiterführende Urteile des Bundesverfassungsgerichts schildert **Teil 4.** Bei Festlegung der Höhe von Sozialleistungen und der Besoldung von Beamten hat das Bundesverfassungsgericht eine nachvollziehbare Begründung im Gesetzgebungsverfahren verlangt und bei ihrem Fehlen das Gesetz insgesamt für verfassungswidrig erklärt. Durch besondere Anforderungen an das Gesetzgebungsverfahren soll ein Mindestmaß an gerichtlicher und öffentlicher Kontrollierbarkeit gewährleistet werden. Dieser Ansatz ist auch für Entscheidungen über Regeln der Macht nutzbar zu machen.

Schon in seinem Diätenurteil von 1975 hatte das Bundesverfassungsgericht erkannt, dass hier eine »Entscheidung des Parlaments in eigener Sache« vorliegt, und daran – unausgesprochen – eine intensive Gerichtskontrolle geknüpft. Gleichzeitig hatte es zur Ermöglichung von Öffentlichkeit, die bei Entscheidungen in eigener Sache die »einzige wirksame Kontrolle« darstelle, eine Regelung durch Gesetz (und nicht nur im Haushaltsplan) verlangt. Dieser sogenannte strenge Gesetzesvorbehalt kann einem unkontrollierten Wuchern in der Tat entgegenwirken.

Einkommenszulagen für Funktionsträger von Parlament und Fraktion hat das Bundesverfassungsgericht – angesichts ohnehin vollalimentierter Abgeordneter – bereits 1975 und dann 2000 am Beispiel Thüringens grundsätzlich untersagt und diese Rechtsprechung später mehrfach bestätigt. Solche Zulagen werden in Bund und Ländern dennoch gezahlt, teils in direktem Widerspruch zum gerichtlichen Verbot, teils werden sie – in Umgehung des Verbots – nicht mehr vom Parlament, sondern von den parlamentsfinanzierten Fraktionen übernommen. Die ungenierte Praxis der Funktionszulagen ist ein »Musterbeispiel« für die in Teil 6 näher beschriebene häufige Erfolglosigkeit des Verfassungsgerichts beim Versuch, seine Grundsätze gegen eine widerstrebende politische Klasse durchzusetzen.

Weitere Themen sind – im Anschluss an ein grundlegendes Urteil von 1992 – die direkte Staatsfinanzierung der Parteien; unter Bezugnahme auf ein Urteil von 1989 ihre indirekte Finanzierung durch Fraktionen und – unter Heranziehung eines Urteils von 1986 – ihre indirekte Finanzierung durch parteinahe Stiftungen sowie durch Abgeordnetenmitarbeiter. Es wird aufgezeigt, wie diese Ersatzorganisationen die Grenzen für die Staatsfinanzierung der Parteien systematisch unterlaufen.

Teil 5: Die vom Bundesverfassungsgericht entwickelten rechtlichen Prinzipien legen es nahe, sie auf weitere Regelungen, welche die Parteien im Parlament beschlossen haben, anzuwenden und auf diese Weise Fehlentwicklungen entgegenzuwirken. So lassen die Grundsätze, auf denen die Sperrklausel-Urteile bei Kommunal- und Europawahlen beruhen, die Höhe der Fünfprozenthürde und das Fehlen einer Alternativstimme auch bei Bundestags- und Landtagswahlen höchst zweifelhaft erscheinen, ebenso starre Wahllisten und das Fehlen von Vorwahlen. Eine entsprechende Klage hat der Verfasser in Karlsruhe anhängig gemacht, über die das Bundesverfassungsgericht noch vor der Bundestagswahl 2017 entscheiden will.

Der öffentlichen Kontrolle, ermöglicht durch bestimmte Vorkehrungen, kommt eine Schlüsselfunktion zu. So muss die Begründung im Gesetzgebungsverfahren, die das Gericht für Sozial- und Beamtengesetze verlangt, erst recht für Entscheidungen der Politik in eigener Sache gelten, jedenfalls wenn es um Leistungen etwa an Fraktionen, Stiftungen und Abgeordnete geht, für deren Höhe inhaltliche Maßstäbe genauso fehlen wie bei Sozial- und Beamtengesetzen und bei denen selbst gewaltige Erhöhungen regelmäßig ohne jede Begründung erfolgen.

Aus dem Öffentlichkeitsprinzip des Diätenurteils ergeben sich außerdem zwingend Mindestfristen zwischen den verschiedenen Stufen des Gesetzgebungsverfahrens, die bei »Blitzgesetzen« gerne ignoriert werden. Die öffentlichkeitsscheue Festlegung der Kostenpauschalen und der Mitarbeiterpauschalen sowie der Fraktionsmittel allein über den Haushaltsplan verstößt ebenso gegen den Gesetzesvorbehalt wie die Schaffung eines Diätenautomatismus, bei dem die Abgeordnetendiäten an andere Bezüge oder sonstige Indizes gekoppelt und fortan ohne jede öffentliche Diskussion automatisch erhöht werden. Daran kann auch die ins Abgeordnetengesetz hineingeschriebene Selbstermächtigung zu einem solchen öffentlichkeitsscheuen Vorgehen nichts ändern. Die Selbstermächtigung wurde ohnehin durch Täuschung der Öffentlichkeit erschlichen und weist deshalb selbst einen schweren Geburtsfehler auf, ähnlich wie die in Teil 2 behandelten Diäten- und Fraktionsgesetze der Länder.

Schließlich wird dargelegt, dass die mehrfach verfassungswidrigen Regelungen über Fraktionen, Stiftungen sowie über wichtige Teile der Abgeordnetenfinanzierung in der Summe ein vielfach missbräuchliches Gesamtsystem darstellen.

Das Bundesverfassungsgericht hat bisher aber keine der in **Teil 5** genannten Regelungen und Verfahrensweisen für verfassungswidrig erklärt, obwohl es sich um Missbräuche handelt, die Parteien in eigener Sache vorgenommen haben. Diese Feststellung leitet über zu den Grenzen der Rechtsprechung, die **Teil 6** thematisiert: Die Lücken der verfassungsgerichtlichen Kontrolle beruhen zum einen darauf, dass nicht alles, was unrichtig erscheint, auch verfassungswidrig sein muss. Zum anderen kann das Gericht selbst über eindeutige Verfassungswidrigkeiten nur entscheiden, wenn ein zur Klage Befugter vorhanden und auch zur Klage bereit ist. So kann ein Bürger nicht gegen die überhöhte Versorgung von Abgeordneten oder Ministern klagen, weil er nicht in seinen Rechten verletzt ist, und die Begünstigten selbst klagen aus naheliegenden Gründen schon gar nicht. Klagen, mit denen die Wahlgrundlagen als verfassungswidrig angefochten werden, sind zwar zulässig, beschränken sich aber auf diesen Bereich; zudem muss die verfassungswidrige Regelung den Wahlausgang möglicherweise beeinflusst haben. Deshalb sollte die Klagebefugnis allgemein erweitert werden.

Allerdings bleibt das Bundesverfassungsgericht, dessen Prozessgesetz von der Politik erlassen wird, dessen Urteile vom Parlament umgesetzt werden müssen und dessen Richter von den Parteien im Parlament bestellt werden, auf die Politik angewiesen. Die Befangenheitsvorschriften erlauben selbst ausgesprochenen Parteipolitikern, die sich früher gegen die Anliegen außerparlamentarischer Kläger ausgesprochen hatten, eine zweite Karriere als Verfassungsrichter einzuschlagen und als Berichterstatter die Weichen zu stellen, dürften also ebenfalls nicht gerade zur Kontrollbereitschaft des Gerichts beitragen. Am Beispiel der Rechtsprechung zur staatlichen Parteienfinanzierung wird deutlich, dass das Bundesverfassungsgericht dieser Form der Politikfinanzierung selbst den Weg bereitet und wohl auch ihrem gewaltigen Anwachsen unter vielfachen Umgehungen Vorschub geleistet hat.

Von der Rechtskontrolle durch den Bundespräsidenten und der Kontrolle durch Sachverständige, die auch eine politische Kontrolle ausüben könnten, sowie durch die Rechnungshöfe ist nach aller Erfahrung, von einzelnen Ausnahmen abgesehen, wenig zu erwarten, schon deshalb, weil sie alle von den Parteien meist gezielt eingesetzt werden. Durch kontaminierten Sachverstand kann der öffentliche Diskurs erst recht verdorben werden.

Teil 7: Entscheidungen der Parteien in eigener Sache ohne hinreichende Kontrolle bewirken nicht nur vereinzelte Fehlsteuerungen, sondern stellen einen strukturellen Mangel des ganzen Systems dar und machen die Parteiendemokratie zum exzessiven Parteienstaat. Sichtbare Anzeichen der Entwicklung sind Ämterpatronage, staatliche Parteienfinanzierung sowie die Bezahlung und Überversorgung von Amtsträgern, wobei die Verhältniswahl mit starren Listen und Sperrklauseln sowie die bundesdeutsche Ausprägung des Föderalismus die Durchsetzung der Eigeninteressen von Parteien und ihrer politischen Klasse erleichtern.

Die Väter und Mütter des Grundgesetzes hatten die von den Parteien drohenden gewaltigen Missbrauchsgefahren noch nicht vor Augen und haben dagegen kaum wirksame Schranken errichtet. Die Gewaltenteilung wird vielfach unterlaufen, und auch der Parteienwettbewerb droht stumpf zu werden. Beide können die fatale Entwicklung nur unzureichend aufhalten. Die politische Verantwortung der Parteien, die sich programmatisch immer mehr angleichen und bei den Regeln der Macht ohnehin gemeinsame Sache miteinander machen, verflüchtigt sich. Auch die einzelnen Politiker können die Bürger meist gar nicht wählen und abwählen und so für ihre Entscheidungen verantwortlich machen. Der bundesdeutsche Föderalismus treibt die organisierte Unverantwortlichkeit auf die Spitze, indem er derzeit zum Beispiel den Grünen als kleinster Bundestagspartei eine Blockademöglichkeit im Bundesrat verschafft.

Hinter der Fassade ist ein System entstanden, in dem das vordergründige Erscheinungsbild des Staates und sein tatsächliches Funktionieren auseinanderklaffen. Die öffentliche Sprache suggeriert Gemeinwohlorientierung, tatsächlich aber hat die Politik bei ihrem Handeln stets auch – und wenn es um Regeln der Macht geht, vornehmlich – den Erhalt von Macht, Posten, Geld und Status im Sinn. Zahlreiche Reformvorschläge zur Stärkung der Demokratie, die im Laufe der Jahre gemacht wurden, hatten keine Chance, es sei denn, es entstand größter öffentlicher Druck oder das Verfassungsgericht raffte sich zu einem einschränkenden Urteil auf, das aber häufig seinerseits wieder umgangen wurde.

Politische und wissenschaftliche Betrachter, die die Fehlentwicklungen schon früh kritisiert hatten, wurden von der Politik diskreditiert, die dabei von Teilen der Politikwissenschaft unterstützt wurde. Diese hatte die Entwicklung zwar verschlafen, versuchte aber im Nachhinein, sich die Thematik einzuverleiben, indem sie die Begriffe »politische Klasse« und »Kartellparteien« aufgriff, deren Bedeutung sie dann aber – im Bewusstsein ihrer Brisanz – mit untauglichen Argumenten wieder abzuschwächen sucht.

Das Verfassungsrecht unterstellt ein ausgewogenes politisches Kräftespiel in der pluralistischen Demokratie, aus dem tendenziell richtige politische Entscheidungen hervorgehen. Tatsächlich aber wird diese grundlegende Voraussetzung vom faktisch herrschenden Selbstbedienungsprinzip im Kern erschüttert – gerade hinsichtlich der zentral wichtigen Regeln der Macht. Damit ist die demokratische und rechtsstaatliche Legitimität unserer Verfassungsordnung insgesamt infrage gestellt.

Teil 8: Die weitverbreitete Unzufriedenheit mit der parteienstaatlichen Entwicklung vermengt sich mit der Skepsis über die Europäische Union. Auch dort ist die politische Willensbildung strukturell verzerrt. Ob Kommission, Parlament, Rat oder Gerichtshof, sämtliche Organe drängen auf die immer umfassendere Erweiterung und die immer intensivere Vertiefung der Union um ihrer selbst willen. Der vielbeschworene Grundsatz der Subsidiarität steht bloß auf dem Papier. Dabei müsste er – wegen der steigenden Anzahl der Mitgliedstaaten und der daraus resultierenden immer größeren geschichtlichen, kulturellen und wirtschaftlichen Unterschiede zwischen ihnen – eigentlich besonders sorgfältig respektiert werden.

Am Beispiel der europäischen Parteienfinanzierung, mit der sich die Etablierten selbst bedienen, wird die Bürgerferne und Selbstbezogenheit europäischer Politik deutlich. Hier werden alle Grundsätze untergraben, die das Bundesverfassungsgericht zur Sicherung der Bürgernähe und Chancengleichheit der Parteien entwickelt hat.

Die Diäten und bestimmte Pauschalen, die zur Verwendung im Heimatland bestimmt sind, werden allen in gleicher Höhe gezahlt. Das bedeutet für Europaabgeordnete aus Ländern mit niedrigem Preis- und Einkommensniveau, der Kaufkraft nach, eine Art Lottogewinn. Die Vereinheitlichung völlig unterschiedlicher Verhältnisse wird so zum Symbol für übertriebene Gleichmacherei in der Europäischen Union.

Die überzogene Bezahlung und Versorgung von Beamten, Kommissaren, Richtern und Finanzkontrolleuren, welche die Europäische Union erst recht als finanzielles Schlaraffenland erscheinen lassen, verstärken den Eindruck bürgerferner Selbstbezüglichkeit.

Das System zur Wahl des Europäischen Parlaments verdient den Namen nicht. Jetzt sollen auf dem Umweg über die EU auch noch eine Sperrklausel eingeführt und so die Urteile des Bundesverfassungsgerichts unterlaufen werden. Die Währungsunion ist Ausdruck ökonomischer Unvernunft, und die Rechtsregeln, die deren Auswirkungen einhegen sollen, werden vielfach gebrochen. Die Flüchtlingskrise hat die EU gespalten, das Dominieren nationaler Interessen und die Erosion des Rechts deutlich gemacht. Selbst der Brexit veranlasst die EU nicht zur Aufarbeitung ihrer Mängel.

Teil 9: Wegen der Kontrollschwäche der bestehenden Instanzen kann wohl nur das Volk selbst ein wirksames Gegengewicht gegen die auf Entscheidungen in eigener Sache beruhenden Fehlentwicklungen bilden. In diesem Zusammenhang werden gern verschiedene Möglichkeiten angeführt:

Umfragen werden zu allerlei Themen täglich erhoben und veröffentlicht. Sie beruhen aber auf wohlfeilen Augenblicksstimmungen und können verbindliche Volksabstimmungen nicht ersetzen, denen, richtig ausgestaltet, eine ausführliche öffentliche Diskussion der Thematik vorausgeht. Demonstrationen bilden – auch nach verfassungsgerichtlicher Rechtsprechung – gewiss ein Ventil für die Äußerung von Unzufriedenheit und Protest, können aber nur appellieren und zerschellen leicht an der Mauer der etablierten Eigeninteressen. Der sogenannte Bürgerbonus soll die Höhe und Verteilung der staatlichen Parteienfinanzierung in die Hand der Bürger legen; seine Einführung scheiterte bisher aber am Veto der Parteischatzmeister. Intelligente Ersatzformen direkter Demokratie sind in Deutschland die sogenannten Planungszellen und im angloamerikanischen Raum die »citizens' juries« (Bürgerversammlungen).

In Betracht kommt auch die Wahl von nicht ins Kartell eingebundenen Parteien. So sieht die 2013 gegründete AfD – was wegen ihrer alles andere überschattenden Flüchtlingspolitik wenig bekannt ist – in ihrem Programm neben nicht nachvollziehbaren Punkten auch zahlreiche Reformen vor, um die »Selbstbedienung« der politischen Klasse zu unterbinden und die Entfernung der Parlamentsparteien von den Bürgern zu verringern.

Die wirksamste Kontrolle von Entscheidungen des Parlaments in eigener Sache könnte direkte Demokratie durch Volksbegehren, Volksentscheide und Referenden darstellen. Von unten initiiert, könnten sie die Regeln der Macht dem Monopol der Machthaber entreißen. Verfassungsgebung und Verfassungsänderungen unmittelbar durch das Volk könnten ihm seine Souveränität zurückgeben.

Direkte Demokratie fehlt im Bund bisher aber völlig. Ihre Einführung und Erweiterung müssten Bundestag und Bundesrat selbst mit qualifizierter Mehrheit beschließen, was wiederum quasi eine Entscheidung des Parlaments in eigener Sache wäre. Das demonstriert die Ohnmacht der Bürger und die Usurpation der Souveränität durch die Parteien sowie die Errichtung eines neuen Absolutismus; dem Widerstandsrecht verschafft das neue Aktualität. In den Ländern sind direktdemokratische Initiativen zwar möglich, aber die Hürden für Volksbegehren sind zum Teil noch abschreckend hoch, und auch für Volksentscheide bestehen oft überhöhte Abstimmungs- oder Zustimmungsquoren. Hinzu kommt, dass über bestimmte Bereiche selbst in den Ländern direkte Demokratie ausgeschlossen ist (Besoldung, Haushalt, Finanzfragen). Die Regeln der Macht sollten davon eigentlich nicht betroffen sein. Aber die Richter, die hier korrigierend tätig werden könnten, werden allein von der politischen Klasse berufen. Auf Europaebene gibt es bisher nur die sogenannte Initiative, ein Trostpflästerchen angesichts des krassen Demokratiedefizits. Dabei sind hier Reformen zur Herstellung von Bürgernähe besonders dringend.

Teil 10: Der fatale Einfluss der politischen Klasse auf die Regeln der Macht und die darauf beruhende Entstehung des exzessiven Parteienstaats werden öffentlich noch kaum diskutiert. Dabei wäre die faire und bürgernahe Regelung von Wahl- und Parteienrecht, von Politikfinanzierung, Ämterbesetzung und direkter Demokratie für Demokratie und Rechtsstaat zentral. Dass die betroffenen Politiker an einer solchen Diskussion kein Interesse haben, versteht sich. Aber auch große Teile der Politikwissenschaft und der Staatsrechtslehre haben die Brisanz der Thematik bisher nicht erkannt oder verdrängen sie. Das wird durch die fachliche Trennung der Disziplinen erleichtert. Die Politikwissenschaft bereitet zwar die Thematik auf, scheut aber eine Bewertung, erst recht eine negative. Die Staatsrechtslehre begnügt sich dagegen mit normativen Analysen und geht so leicht an der realen Entwicklung vorbei. So drohen parteienstaatliche Fehlentwicklungen zwischen alle wissenschaftlichen Stühle zu fallen. Das ist für den Mainstream der Wissenschaften auch durchaus bequem. Denn sonst könnte er einer grundlegenden Überprüfung unserer Demokratievorstellung nicht mehr ausweichen.

Da die Parteien für das Funktionieren der Demokratie nun einmal unverzichtbar sind, nehmen große Teile der Staats- und Politikwissenschaften auch ihre Auswüchse in Kauf – nach der Devise: »Dem Ochsen, der da drischt, soll man das Maul nicht verbinden« – und ignorieren die Degenerierung des ganzen Systems. Sollte es aber nicht eigentlich die Aufgabe der Wissenschaft sein, gegen Missbräuche und Fehlentwicklungen anzuschreiben, um ihnen möglichst entgegenzuwirken? Schließlich hat es immer wieder Situationen gegeben, in denen Realität wurde, was gestern noch utopisch erschienen war.

Die Wissenschaft von Staat und Politik ist nun einmal, wie Ernst Fraenkel, ein Gründungsvater der Politologie nach dem Zweiten Weltkrieg, treffend schrieb, »kein Geschäft für Leisetreter und Opportunisten [...]. Eine Politikwissenschaft, die nicht bereit ist, ständig anzuecken, die sich scheuen wollte, peinliche Fragen zu stellen, die davor zurückschreckt, Vorgänge, die kraft gesellschaftlicher Konvention zu ›arcana societatis‹ [Tabus der Macht] erklärt worden sind, rücksichtslos zu beleuchten, und die es unterlässt, freimütig gerade über diejenigen Dinge zu reden, über die ›man nicht spricht‹«, habe »ihren Beruf verfehlt«. Für die Rechtswissenschaft sollte nichts anderes gelten.

Anhang

Anmerkungen

Teil 1: Darf die Politik in eigener Sache entscheiden und alle Kontrollen beseitigen?

1 Siehe schon Hartmut Klatt, Plädoyer für eine Neuordnung des parlamentarischen Diätwesens, Zeitschrift für Parlamentsfragen 1973, 407 (415): »Mit Ausdrücken wie ›Geheimniskrämerei‹, ›Tarnen und Täuschen‹, ›Nacht- und Nebelaktion‹ umschreiben Parlamentsberichterstatter die Praxis gesetzgebender Organe, entweder (in den Ausschüssen) überhaupt nur unter restriktiver Geheimhaltung zu tagen oder aber (bei Plenarsitzungen) über die eigenen Bezüge meist nur kurz und in den späten Abendstunden zu beraten, um einer ausführlichen Berichterstattung in den Massenmedien zu entgehen.«

2 Es kann allerdings auch andere Gründe für Blitzgesetze geben. Dazu Detlef Merten, »Gute« Gesetzgebung als Verfassungspflicht oder Verfahrenslast?, DÖV 2015, 349 (356).

3 Otmar Jung, Direkte Demokratie als Gegengewicht gegen Kartelle der herrschenden Klasse, in: Joachim Wieland (Hrsg.), Entscheidungen des Parlaments in eigener Sache, 2011, 81 (83).

4 Rudolf Wildenmann, Regeln der Machtbewerbung, Kölner Antrittsvorlesung (1963), in: ders., Gutachten zur Frage der Subventionierung politischer Parteien aus öffentlichen Mitteln, 1968, 70 ff.; Michael Th. Greven, Die Parteien in der politischen Gesellschaft sowie eine Einleitung zur Diskussion über die »allgemeine Parteientheorie«, in: Oskar Niedermayer/Richard Stöss (Hrsg.), Stand und Perspektiven der Parteienforschung in Deutschland, 1993, 277 (290, 292).

5 Siehe zum Beispiel BVerfGE 8, 56 (67).

6 Solche Regeln finden sich zum Beispiel in Art. 21 GG und im Parteiengesetz sowie für den Bund in Art. 38 GG und im Wahlgesetz, in Art. 48 GG und im Abgeordnetengesetz, welches in seinem elften Abschnitt

auch das Fraktionsgesetz mit enthält, sowie im Art. 33 Abs. 2–5 GG
hinsichtlich des öffentlichen Dienstes. Siehe z. B. BVerfGE 20, 56 (114):
Das »Bundeswahlgesetz, das zum materiellen Verfassungsrecht ge-
hört«. Das ist offensichtlich für das Wahlsystem und die Frage von
Sperrklauseln: Brun-Otto Bryde, Verfassungsentwicklung, 1986, 76 f.
Es gilt aber auch für andere einschlägige Regelungen: Klaus Stern,
Das Staatsrecht der Bundesrepublik Deutschland, Bd. I, 2. Aufl., 1984,
107 f.; von Arnim, Fetter Bauch regiert nicht gern, 1996, 302–305.
Grundlegend Werner Kägi, Die Verfassung als rechtliche Grundord-
nung des Staates, 1945.

7 von Arnim, Der strenge und der formale Gleichheitssatz, DÖV 1984,
85.

8 Siehe auch BVerfGE 5, 85 (199). Die Unterscheidung der Regeln vom
Spiel innerhalb der Regeln betonen auch die Politikökonomen Geoffrey
Brennan und James Buchanan, Die Begründung von Regeln, 1993. Siehe auch von Arnim, Die Schlüsselrolle von politischen Institutionen,
in: von Arnim (Hrsg.), Adäquate Institutionen: Voraussetzungen für
»gute« und bürgernahe Politik?, 1999, 9 ff. mit weiteren Nachweisen;
von Arnim/Regina Heiny/Stefan Ittner, Politik zwischen Norm und
Wirklichkeit (FÖV Diskussion Papers 35), 3. Aufl., 2007, 55–58 m.w.N.

9 Die Rolle von »Spielregeln im System« behandeln zum Beispiel Michel
Crozier/Erhard Friedberg, Macht und Organisation, 1979, 68ff., die
»rules of the game« analysiert Douglas C. Nord, Institutions, Instituti-
onal Change and Economic Performance, Cambridge 1990.

10 Theodor Eschenburg, Der Sold des Politikers, 1959, 76: Der Gleichheitssatz verlangt, »daß auch der Gesetzgeber unter seinem Gesetz leidet«.

11 Otmar Jung, a.a.O., 83. Zu weiteren möglichen Beispielen Heinrich
Lang, Gesetzgebung in eigener Sache, 2007, 30 mit weiteren Nachweisen.

12 Zitiert nach Josef Isensee, Nemo iudes in causa sua – auch nicht das
Parlament?, in: Dieter Dörr/Udo Funk/Christian Hillgruber/Bernhard
Kempen/Dietrich Murswiek (Hrsg.), Die Macht des Geistes, Festschrift
für Hartmut Schiedermair, 2001, 181 (182).

13 So zum Beispiel Thilo Streit, Entscheidung in eigener Sache, 2006, 148:
Die »Gleichgerichtetheit der Interessen der Abgeordneten bei Diätenentscheidungen [bestehe] grundsätzlich ebenso für die auch von den
Abgeordneten abzuführende Einkommensteuer.« Siehe auch Walter
Schmitt Glaeser, Das Bundesverfassungsgericht als »Gegengewalt«
zum verfassungsändernden Gesetzgeber? – Lehren aus dem Diäten-
Streit 1995, in: Joachim Burmeister (Hrsg.), Festschrift für Klaus Stern
zum 65. Geburtstag, 1997, 1183 (1195): »Das im Parlament repräsentierte Volk [entscheidet] gewissermaßen immer in eigener Sache.«

Ebenso Hans Hugo Klein, Die Entscheidung der Abgeordneten –
eine notwendige Erinnerung, ZParl 2000, 401 f. Näheres dazu siehe
S. 91 ff.

14 Rousseau, Contrat social, Buch III, Kap. 15 (2): »un mot d'esclave«.

15 Dürig, Einleitung, in: Grundgesetz (Beck-Texte), z. B. 19. Aufl., 1977, 7
(19). Zur überkommenen Finanzblindheit der Staatswissenschaften
auch Josef Isensee, Steuerstaat als Staatsform, in: Rolf Stelter/Werner
Thieme (Hrsg.), Hamburg – Deutschland – Europa, Festschrift für
Hans-Peter Ipsen, 1977, 409 (412).

16 So z.B. BVerfGE 120, 82 (105, 113 f.). Näheres siehe S. 90 f.

17 Vgl. z.B. § 33 Beamtenstatusgesetz.

18 § 21 VwVerfG.

19 Art. 20 Abs. 3 GG.

20 Für Mitglieder des Bundesverfassungsgerichts sind die entsprechenden
Vorschriften (§§ 18 und 19 BVerfGG) besonders großzügig und werden durch das Bundesverfassungsgericht selbst auch noch besonders
großzügig ausgelegt (siehe S. 194 ff.).

21 Überblick bei Heinrich Lang, Gesetzgebung in eigener Sache, 2007,
247 ff. m.w.N.

22 Grundlegend von Arnim, Abgeordnetenentschädigung und Grundgesetz, 1975, 70–74, ders., Parteienfinanzierung, 1982, 46–48. Siehe auch
schon ders., Die Abgeordnetendiäten, 1974, 41 f.

23 Art. 48 Abs. 3 Satz 3 GG.

24 Art. 38 Abs. 3 GG.

25 Art. 21 Abs. 3 GG.

26 Unter Mitwirkung auch des Bundesrats, des Bundespräsidenten und
ggf. der Bundesregierung.

27 Art. 29, 118, 118a; siehe aber Art. 20 Abs. 2 Satz 2 GG: »Wahlen und
Abstimmungen«.

28 In den Bundesländern ist dagegen neben der parlamentarischen Gesetzgebung auch die Gesetzgebung unmittelbar durch das Volk eröffnet
(siehe S. 330 ff.).

29 Art. 33 Abs. 2 GG.

30 Näheres zur Bedeutung des Verfahrens bei mangelnder inhaltlicher
Bestimmbarkeit bei von Arnim, Staatslehre der Bundesrepublik
Deutschland, 1984, 192–210; speziell zur Politikfinanzierung: von Ar-
nim, Die Partei, der Abgeordnete und das Geld, 1996, 26 f.

31 Siehe auch Renate Mayntz, Gibt es eine politische Klasse in Deutschland?, Festschrift für Klaus von Beyme, 1999, 425 (433): Gemeinsam ist
den Angehörigen der politischen Klasse eine »durch Quelle und Höhe
ihres Einkommens bestimmte objektive Lage, aus der ein […] Bündel
informeller Verhaltensregeln und Handlungsorientierungen erwächst,

die eher auf Herrschaft – Machterwerb und Machterhalt – als auf Funktionserfüllung (Leistungserbringung) bezogen« sind.
Allgemein zum Problem informaler Verhaltensweisen Eberhard Bohne, Der informale Rechtsstaat, 1981; Helmut Schulze-Fielitz, Der informale Rechtsstaat: Krisensymptom oder Normalität?, in: Schulze-Fielitz (Hrsg.), Bohne: Grenzgänger zwischen Theorie und Praxis, 2014, 5.

32 Im Sinne Montesquieus: Regierungsgewalt (Exekutive) und gesetzgebende Gewalt (Legislative). Die Rechtsprechung (Judikative) hatte Montesquieu noch nicht im Blick,

33 BVerfGE 102, 224 (236): Anders als »in der klassischen Lehre« stehen nicht mehr »Parlament und Regierung einander gegenüber«, sondern »die Grenze [verläuft] quer durch das Parlament [...]: Regierung und die sie unterstützende Parlamentsmehrheit bilden gegenüber der Opposition politisch eine Einheit«. Siehe auch Klaus Stern, Staatsrecht der Bundesrepublik Deutschland, Bd. 1, 2. Aufl., 1984, 1023–1044; von Arnim, Fetter Bauch regiert nicht gern, 1997, 330 f.

34 BVerfGE 85, 264 (292).

35 Otto Kirchheimer, Vom Wandel der politischen Opposition (1957), in: Schumann (Hrsg.), Die Rolle der Opposition in der Bundesrepublik Deutschland, 1976, 114 (115, 123–132). Siehe auch z. B. S. 268 ff.

36 Michael Kloepfer, Verfassungsänderung statt Verfassungsreform. Zur Arbeit der gemeinsamen Verfassungskommission, 1995, 138: »Wenn es [...] an die eigenen Belange der Parteien geht – genannt seien etwa Parteienfinanzierung, Parteistiftungen, Ämterpatronage, Altersversorgung der Funktionsträger –, entsteht zuweilen der Eindruck, als sei Deutschland zu einem ›Ein-Parteien-Staat mit mehreren Parteien‹ geworden.«

37 BVerfGE 68, 1 (86).

38 Jörg-Detlef Kühne, Parteienstaat als Herausforderung des Verfassungsstaates, in: Helmut Neuhaus (Hrsg.), Verfassung und Verwaltung, Festschrift für Kurt Jeserich, 1994, 309 (326).

39 Zur Bedeutung der öffentlichen Kontrolle auch von Arnim, Fetter Bauch regiert nicht gern. Die politische Klasse – selbstbezogen und abgehoben, 1997, 321–324.

40 BVerfGE 5, 85 (198).

41 Detlef Merten, »Gute« Gesetzgebung als Verfassungspflicht oder Verfahrenslast?, DÖV 2015, 349 (354).

42 So teilweise wörtlich: BVerfGE 82, 30 (36).

43 So etwa in den unten behandelten Fällen; siehe S. 43 ff. und S. 52 ff.

44 Exemplarisch ist die Haltung des Präsidenten des Bundes der Steuerzahler Bayern, Rolf von Hohenau. Dazu von Arnim, Politik Macht

Geld, 2001, 182 f.; ders., Die Selbstbediener, Neuausgabe Juni 2013, 192.

45 Für die EU Andreas Oldig/Hans-Martin Tillack, Raumschiff Brüssel, 2005. Für Berlin Uwe Krüger, Mainstream. Warum wir den Medien nicht mehr trauen, 2016.

46 von Arnim, Fetter Bauch regiert nicht gern, 338 f.

47 Dazu Dirk Jörke/Veith Selk, Der hilflose Antipluralismus, Leviathan 2015, 484–500.

48 Zitiert nach Der Spiegel 47/2016 vom 19.11.2016, S. 18 (23).

49 In der Talkrunde »Hart, aber fair« von Frank Plasberg am 14.11.2016.

50 In der Talkrunde von Anne Will am 20.11.2016.

51 Auch der Vorsitzende der SPD-Bundestagsfraktion Thomas Oppermann stimmte in der Sendung »Hart, aber fair« vom 14.11.2016 in die Selbstkritik mit ein: »Oft hatten Menschen das Gefühl, dass sie vorsichtig sein müssen, wenn sie sich zum Thema Flüchtlinge äußern, ob sie das Richtige sagen. Und dass sie schnell in eine bestimmte Ecke gestellt werden.« Auch er habe stets versucht, die politisch korrekte Fassade aufrechtzuerhalten – doch nun sehe er in gerade diesem verbreiteten Verhalten eine Wurzel des Übels.« »Viele Menschen haben das Gefühl, dass eine bestimmte Meinung verlangt wird und dass sie sich lieber gar nicht äußern, wenn sie dieser Meinung nicht 100-prozentig entsprechen.«

52 Nicht selten wird bei erhöhter Bewilligung im Haushaltsplan und Änderung des Verteilungsschlüssels nicht einmal diese Änderung genannt.

53 Anders teilweise in Schleswig-Holstein und Rheinland-Pfalz.

54 von Arnim, Die Partei, der Abgeordnete und das Geld, 2. Aufl., 1996, 145.

55 Auf 172,68 Mio. Euro.

56 2015: 172,45 Mio. Euro.

57 Entwurf zum Bundeshaushaltsplan 2016, Einzelplan 02, Deutscher Bundestag, Anlage zu Drucksache 18/5500.

58 Beschlussempfehlung des Haushaltsausschusses (Einzelplan 02) vom 11.11.2015, Bundestagsdrucksache 18/6124 vom 19.11.2015.

59 Ergänzung des Haushaltsausschusses zu seinen Beschlussempfehlungen vom 19.11.2015, Bundestagsdrucksache 18/6124, S. 5.

60 Am 29. November 2015.

61 Auskunft des Sekretariats des Haushaltsausschusses vom 20.10.2016.

62 Im Haushaltsvermerk zum entsprechenden Titel (411 03-011) heißt es: »Der Höchstbetrag [der Mitarbeiterpauschale] ändert sich um den gleichen Vomhundertsatz, um den die Entgelte der Arbeitnehmerinnen und Arbeitnehmer im Bundesdienst durch Entgelt-Tarifverträge durchschnittlich geändert werden.«

63 BT-Drucksache 18/1023 vom 18.6.2014.
64 Siehe Dr. Dietmar Bartsch, Protokoll der Bundestagssitzung vom 26.6.2014, S. 3906; Martin Gerster, a.a.O., S. 3910 f.
65 BT-Drucksache 18/700 vom 19.3.2014.
66 Ulrich Heisterkamp, Think Tanks der Parteien? Eine vergleichende Analyse der deutschen politischen Stiftungen, 2014, 167.
67 BVerfGE 85, 264 (292).
68 Helmut Kohl, Die Parteien in der freiheitlichen Bürgergesellschaft, Welt am Sonntag vom 19. 7. 1992, abgedruckt in: Gunter Hofmann und Werner A. Perger (Hrsg.), Die Kontroverse. Weizsäckers Parteienkritik in der Diskussion, 1992, 240 (244).
69 Näheres zur parteiinternen Kontrolle bei von Arnim, Fetter Bauch, 329–333.
70 BVerfGE 5, 85 (199).
71 Für den Bund: Art. 38 GG.
72 Näheres bei von Arnim, Die Partei, der Abgeordnete und das Geld, Ausgabe 1996, 421–424 mit weiteren Nachweisen.

Teil 2: Verdeckte Aktionen – Wie Parteien agieren

1 Gesetz zur Änderung des Abgeordnetengesetzes und des Europaabgeordnetengesetzes vom 11. Juli 2014, BGBl. 2014 S. 906.
2 § 11 Abs. 4 AbgG.
3 von Arnim, Abgeordnetengesetz ohne Kontrolle – Zur Diätennovelle der großen Koalition, DVBl 2014, 605 (607–609).
4 von Arnim, DVBl 2014, 605 (609 ff.).
5 Bericht der Unabhängigen Kommission zu Fragen des Abgeordnetenrechts vom 19.3.2013, Bundestagsdrucksache 17/12500.
6 von Arnim, Eine Kriegserklärung ans BVerfG. Zum Bericht der Schmidt-Jortzig-Kommission über Abgeordnetenrecht vom 19.3.2013 (BT-Dr 17/12500), Neue Zeitschrift für Verwaltungsrecht – Extra (online), Ausgabe 8a/2013 vom 12.4.2013, 1 (3 ff.).
7 von Arnim, Eine Kriegserklärung ans BVerfG, 1 (1 f.).
8 von Arnim, Eine Kriegserklärung ans BVerfG, 1 (2).
9 So zum Beispiel der Parlamentarische Geschäftsführer der Unionsfraktion Michael Grosse-Brömer. Siehe etwa Annett Meiritz, Diätendebatte entzweit Unionsfraktion, Spiegel online vom 2.4.2013.
10 So zum Beispiel Gundula Gause im heute-journal des ZDF vom 11. Juni 2014.

11 Art. 93 Abs. 1 Nr. 2 GG. So zum Beispiel Berliner Zeitung vom 12. Juli 2014.

12 von Arnim, Parteienfinanzierung, 1982, 29 ff., 110 ff.; ders., Staatliche Fraktionsfinanzierung ohne Kontrolle?, 1987, 23 ff.; ders., Verfassungsfragen der Fraktionsfinanzierung im Bundestag und in den Landesparlamenten, ZRP 1988, 81 ff.; ders., Die Partei, der Abgeordnete und das Geld, 1. Aufl., 1991, 82 ff., 123 ff. Siehe auch Bundespräsidialamt (Hrsg.), Empfehlungen der Kommission unabhängiger Sachverständiger zur Parteienfinanzierung (vom 17.2.1993), 1994, 80 ff., 97 f., 106 ff. Die Kommission übernahm hinsichtlich der Fraktionen im Wesentlichen die verfassungsrechtlichen Folgerungen von Arnims.

13 Gesetz zur Rechtsstellung und Finanzierung der Fraktionen im Bayerischen Landtag (Bayerisches Fraktionsgesetz) vom 26.3.1992, GVBl. 1992 S. 40.

14 Entwurf eines 16. Gesetzes zur Änderung des Abgeordnetengesetzes (Fraktionsgesetz) der Fraktionen der CDU/CSU, der SPD und der FDP vom 25.3.1993, Bundestagsdrucksache 12/4756.

15 §§ 45–54. 16. Gesetz zur Änderung des Abgeordnetengesetzes (Fraktionsgesetz) vom 11. März 1994, BGBl I S. 526.

16 von Arnim, Finanzierung der Fraktionen, August 1993, 61 ff.

17 von Arnim, Finanzierung der Fraktionen, 21 ff., 62 ff.

18 Siehe zum Beispiel die damalige SPD-Schatzmeisterin Inge Wettig-Danielmeier, zitiert in Der Spiegel 8/1993, 31 (32).

19 Siehe Bundestag, 12. Wahlperiode, 190. Sitzung vom 12.11.1993, Stenografisches Protokoll, S. 16.414–16.421. Dazu Hans Meyer, Man soll dem Ochsen, der da drischt, das Maul doch verbieten, Archiv des öffentlichen Rechts 1994, 492 (496 f.).

20 Hans Meyer. Die Fraktionen auf dem Weg zur Emanzipation von der Verfassung, Festschrift für Mahrenholz, 1994, 319.

21 Werner Schulz, Stenografisches Protokoll, a.a.O., 16.419.

22 Siehe z. B. Hans Meyer: Das fehlfinanzierte Parlament, in: Huber/Mößle/Stock (Hrsg.), Zur Lage der parlamentarischen Demokratie, 1995, 17 (32 ff.); von Arnim: Die Partei, der Abgeordnete und das Geld, 1996, 137 ff.

23 von Arnim: Der Verfassungsbruch, 2011, 40 ff.

24 Panorama vom 20.10.2011: »Party auf Staatskosten: Parteien missbrauchen Fraktionsgeld«.

25 BVerfGE 20, 56 (104 f.); 80, 188 (214).

26 Andreas Linde, Fraktionsfinanzierung in der parlamentarischen Demokratie, 2000, 205 f.

27 Hans-Jürgen Papier: Zur Verfassungsmäßigkeit der Fraktionsfinanzierung nach dem bayerischen Fraktionsgesetz, Bayerische Verwaltungs-

blätter 1998, 513 ff. Der Text stellt ein Gegengutachten zu von Arnims Schrift »Finanzierung der Fraktionen«, 1993, dar. Zur Kritik an Papiers Aufsatz siehe von Arnim, Der Verfassungsbruch, 2011, 33 f.; ders., Die Selbstbediener, 2. Aufl., Juni 2013, 45–47.

28 Der Spiegel vom 9.7.2012, S. 36.

29 Zum Beispiel von Arnim: Der Verfassungsbruch, 2011.

30 Aktenzeichen: 2 BvE 4/12. Prozessvertreter der ÖDP war der Verfasser.

31 BVerfG, DVBl 2015, 1523–1529 mit Anmerkung von Arnim (1529–1535). Siehe auch von Arnim, Die Angst der Richter vor der Macht, 2015.

32 Aktenzeichen 2 BvC 46/14. Die Antragsschrift findet sich unter http://www.uni-speyer.de/files/de/Lehrst%C3%BChle/ehemalige%20Lehrstuhlinhaber/VonArnim/KlagenBVG/2014.08.28Beschwerde.pdf (aufgerufen am 7.9.2016).

33 Siehe dazu von Arnim, Das neue Abgeordnetengesetz. Inhalt, Verfahren, Kritik und Irreführung der Öffentlichkeit, 1997 (Speyerer Forschungsberichte 169).

34 BVerfGE 40, 296 (316 f.).

35 von Arnim, Das neue Abgeordnetengesetz, 1997, 3–5.

36 von Arnim, »Der Staat sind wir!«, 1995, 43 ff.

37 Der Spiegel 40/1995 vom 2.10.1995 (»Ding um die Ohren«), 32 ff.

38 Siehe auch den Politikwissenschaftler Jens Joachim Hesse, in: Hesse/Ellwein, Das Regierungssystem der Bundesrepublik Deutschland, 10. Aufl., 2012, 391 f. Hesse verschweigt seinen Lesern allerdings den Zusammenhang, in dem das Wort »Ermächtigungsgesetz« fiel, und gefällt sich allein in der Empörung über die politisch unkorrekte Wortwahl.

39 Der Spiegel vom 18.9.1995.

40 Deutscher Bundestag, 13. Wahlperiode, 55. Sitzung vom 21.9.1995, Protokoll, S. 4584 ff.

41 Siehe von Arnim, »Der Staat sind wir!«, 1995.

42 Siehe auch Der Spiegel 39/1995 (»Augstein, Böser Bube, ich«), 32: »Der andere Bösling (neben Augstein selbst) steht seit langem in Gestalt des in Speyer lehrenden Staatsrechtlers Hans Herbert von Arnim fest. [...] Er wurde zum Gottseibeiuns erklärt, dessen Namen auch nur zu nennen einigen als Sakrileg erschien.«

43 So der Abgeordnete Hans Klein (CSU), Bundestag, a.a.O., S. 4602.

44 Kölner Rundschau vom 30. 9. 1995: »Union und SPD wollen keinen Schritt zurück.«

45 Tagespresse vom 11.10.1995. Siehe auch Joachim Linck, Kritisches zur Diätenkritik von 86 Staatsrechtslehrern, Zeitschrift für Parlamentsfragen 1995, 683 ff.

46 Nur die Ministerpräsidenten Biedenkopf und Stoiber votierten für die Verfassungsänderung. Instruktiv auch der Bericht des Spiegel vom 2.10.1995, 32 (»Ding um die Ohren«), der die Entscheidung des Bundesrats ankündigte, sowie das Interview mit dem Staatsrechtler Hans Meyer, der zusammen mit Arnim den Offenen Brief induziert hatte: Der Spiegel, ebenda, 34 ff. (»Alle in einem Boot«).

47 Stenografischer Bericht der 689. Sitzung des Bundesrats vom 13.10.1995, S. 456.

48 Frankfurter Allgemeine Zeitung vom 2.10.1995 (»Tadel für die Ministerpräsidenten«).

49 27. Gesetz zur Änderung des Abgeordnetengesetzes vom 22.12.2007, BGBl. I S. 3212. Dazu auch von Arnim, Die Deutschlandakte, 2008, 140 ff.; ders., Die Gier der Privilegierten, Spiegel online vom 5.11.2007; ders., Wie Politiker sich Privilegien verschaffen, Spiegel online vom 12.11.2007.

50 Gesetzentwurf der Fraktionen der CDU/CSU und der SPD vom 6.11. 2007, Bundestagsdrucksache 16/6924.

51 Erste Beratung am 9.11.2007, Bundestagsplenarprotokoll, S. 12986 ff.

52 Zweite und dritte Beratung am 16.11.2007, Bundestagsplenarprotokoll, S. 13305 ff. und 13311.

53 Siehe von Arnim, Die Deutschlandakte, 2008, 141 f.

54 Gesetz zur Änderung des Ministergesetzes vom 23.10.2008, BGBl. I S.

55 Angela Merkel: Interview, erschienen in der Neuen Presse Hannover und der Passauer Neuen Presse vom 9. 5. 2008 und von den Agenturen verbreitet.

56 von Arnim: Die Taschenspielertricks der Großen Koalition, Spiegel online vom 28.5.2008.

57 Bundestagesdrucksache 16/6924 vom 6.11.2007, S. 3 und 9.

58 Siehe z. B. von Arnim: Die Diäten-Lüge, Frankfurter Rundschau vom 16.5.2008, S. 1.

59 10. Gesetz zur Änderung des Parteiengesetzes und 28. Gesetz zur Änderung des Abgeordnetengesetzes vom 23.8.2011, BGBl. I S. 1748. Dazu von Arnim: Die Parteiendiätennovelle – Ein Blitzgesetz, Neue Juristische Wochenschrift 2011, S. 3013 ff.; ders.: Eine steile Gehaltskurve, taz vom 7.7.2011.

60 Fünftes Gesetz zur Änderung des Europawahlgesetzes vom 7.10.2013, BGBl I S. 3749.

61 BVerfGE 129, 300 (322 ff.).

62 von Arnim, Kritisches zur Kritik der Sperrklausel-Rechtsprechung des BVerfG, DVBl 2014, 1493 f.

63 Schreiben von Prof. Dr. Hans Heinrich Rupp vom 31.5.2013 an den Bundestagspräsidenten mit der Bitte, den beigefügten Appell von zu-

nächst 20 Staatsrechtslehrern auch den Fraktionen zur Kenntnis zu geben. Der Appell wurde im Nachrichtenmagazin Der Spiegel vom 3.6.2013, S. 15, veröffentlicht.

64 Stellungnahme des Bundesministeriums des Innern vom 16.11.2011. Diese Stellungnahme wurde dem Verfasser vom Ministerium zunächst verweigert. Erst als er sich mit Schreiben vom 22.5.2013 auf das Informationsfreiheitsgesetz berief und mit mehreren Mails »nachfasste«, wurde sie ihm mit Mail vom 8.7.2013 übermittelt.

65 Dazu von Arnim, Kritisches zur Kritik der Sperrklausel-Rechtsprechung des BVerfG, DVBl 2014, 1494.

66 So Mayer in der Sachverständigen-Anhörung des Bundestags am 10.6.2013. Ähnlich Hans-Jürgen Papier, Fünfprozenthürde ins Grundgesetz?, FAZ vom 11.3.2014, S. 1.

67 Gesetz über die Rechtsverhältnisse der Mitglieder des Bayerischen Landtags (Bayerisches Abgeordnetengesetz) vom 25.7.1977, GVBl. S. 369.

68 Siehe von Arnim, Die Selbstbediener. Wie bayerische Politiker sich den Staat zur Beute machen, 2. Aufl., Juni 2013, 125 ff.

69 Gesetzentwurf der Fraktionen der CSU und der SPD sowie der Abgeordnetengruppe der FDP vom 21.6.1977, Drucksache 8/5625, S. 1 (Vorblatt).

70 BVerfGE 40, 296 (314, 319). Siehe auch von Arnim, Die Selbstbediener, 128.

71 Eicher, Der Machtverlust der Landesparlamente, 1988.

72 Stephan Holthoff-Pförtner, Landesparlamentarismus und Abgeordnetenentschädigung, 2000, 72; von Arnim, Die Mär vom Landtagsmandat als Fulltimejob, ZRP 2005, 77; von Arnim/Drysch, Drittbearbeitung des Art. 48 GG im Bonner Kommentar, Dezember 2010, Rn. 162 ff.

73 Linck, Zurück zum ehrenamtlichen Landesparlamentarier?, in: von Arnim (Hrsg.), Defizite in Staat und Verwaltung, 2010, 91.

74 Janssen, Der Landtag im Leineschloss – Entwicklungslinien und Zukunftsperspektiven, in: Präsident des Niedersächsischen Landtags (Hrsg.), Rückblicke – Ausblicke, 1992, 15, 31.

75 Brief Gottfried Müllers vom 6.1.1992 an den Verfasser.

76 Bernhard fiel jüngst wieder unangenehm auf, als er beschuldigt wurde, ein sechsstelliges Honorar von einer gemeinnützigen Einrichtung ohne wirkliche Gegenleistung erhalten zu haben: Süddeutsche Zeitung vom 14.12.2015, S. 36, und vom 16.12.2015, S. 29.

77 von Arnim, Die Selbstbediener. Wie bayerische Politiker sich den Staat zur Beute machen, Erweiterte Neuausgabe, Juni 2013, 11 ff.

78 Gesetz zur Rechtsstellung und Finanzierung der Fraktionen im Bayerischen Landtag (Bayerisches Fraktionsgesetz) vom 26. März 1992, GVBl 1992, S. 39.

79 Bayerischer Landtag, Drucksache 12/4844.

80 Gesetzentwurf der Fraktionen der CSU, der SPD, der Grünen und der FDP vom 5.2.1992, Drucksache 12/4844.

81 Abgeordneter Michl (CSU), Bayerischer Landtag, Plenarprotokoll 12/44 vom 12.2.1992, S. 2783 ff.

82 Bundestagsdrucksache 7/5531, S. 7.

83 Hessischer Landtag, 9. Wahlperiode, 58. Sitzung vom 23.6.1981, Protokoll, S. 3593.

84 Dr. Wagner, Hessischer Landtag, 9. Wahlperiode, 57. Sitzung vom 22.6.1981, Protokoll, S. 3552–3555.

85 Zu den Einzelheiten von Arnim, Der Staat als Beute, 1993, 34–37. Siehe auch Erwin und Ute Scheuch, Cliquen, Klüngel und Karrieren, 1992, 168.

86 Dazu von Arnim, Macht macht erfinderisch. Der Diätenfall: ein politisches Lehrstück, 1988, 135–137.

87 von Arnim, Macht macht erfinderisch, 130–134.

88 von Arnim, Macht macht erfinderisch, durchgehend.

89 Siehe die Tagespresse vom 28.1.1988, zum Beispiel den Bericht in der FAZ.

90 Siehe von Arnim, Der hessische Diätenfall. Zweiter Teil, 1989, Tabellen 1–5.

91 Näheres bei von Arnim, Macht macht erfinderisch, 1988, 129 f. und durchgehend.

92 Darmstädter Echo vom 3.2.1988.

93 Hessenschau vom 2.2.1988.

94 von Arnim, Der Staat als Beute 45 ff., 50 ff.

95 Dieter Meng, Frankfurter Rundschau vom 30.9.1989.

96 Näheres bei von Arnim, Der Staat als Beute, 1993, 135 ff.

97 Der Spiegel 20/1992 vom 11.5.1992 (»Das Kartell der Vertuscher«), S. 28–33 (Titelgeschichte).

98 Alfred Schön, Die Minister und das Geld, Saarbrücker Zeitung vom 11.5.1992, S. 2.

99 §§ 45–54 AbgG

100 Landtag des Saarlandes – 11. Wahlperiode – 28. Sitzung am 18. September 1996, S. 1430 f.

101 Ebda., S. 1430.

102 Landtag des Saarlandes – 11. Wahlperiode – 31. Sitzung am 13. November 1996, S. 1605 f.

103 Siehe auch von Arnim, Der Staat als Beute, 1993, 88 ff. Dazu auch Scheuch/Scheuch, Cliquen, Klüngel und Karrieren, 1992, 160 f.

104 Näheres bei von Arnim, Der Staat als Beute, 1993, 67 ff.

105 Voscherau, Bürgerschaft der Freien und Hansestadt Hamburg, 14. Wahlperiode, 12. Sitzung am 11.12.1991, Protokoll 531.

106 Einzelplan 02, Titel 411 03 (Abgeordnetenmitarbeiter) und 684 01 (Fraktionen); Einzelplan 06, Titel 685 02 (Globalzuschüsse). Siehe auch Bundestagsdrucksache 17/7102, S. 2, und 17/7123, S. 4

107 Beispiele für derartige nichtssagende Formulierungen trotz gewaltiger Erhöhung der Fraktionszuschüsse in den Bundeshaushalten 1970 (Titel 685 01) und 1971 (Titel 684 01). Beispiele aus den Bundesländern: von Arnim, Finanzierung der Fraktionen, 1993, 15 ff.

108 Bundestagsdrucksache 18/1025 vom 18.6.2014, S. 38.

109 Siehe Dr. Dietmar Bartsch (Die Linke), Protokoll der Bundestagssitzung vom 26.6.2014, S. 3906; Martin Gerster (SPD), S. 3910 f. Es erfolgten lediglich vage Hinweise auf die Koalitionsvereinbarung.

110 Einzelplan 06, Titel 685 12 und 894 12.

111 Bundestagsdrucksache 18/1002, S. 3 und 4.

112 Bundestagsdrucksache 18/6124, S. 5. Näheres siehe S. 31 ff.

113 von Arnim, Abgeordnetengesetz ohne Kontrolle – Zur Diätennovelle der großen Koalition, DVBl 2014, 605 (607 f.) m.w.N. – Die Zulassung von Indexsteigerungen der absoluten Obergrenze durch das Bundesverfassungsgericht (BVerfGE 85, 264 [291]) steht dem nicht entgegen, weil die Indexierung nur die Obergrenze betrifft, nicht auch Entscheidungen des Parlaments innerhalb dieses Rahmens.

114 Dass übermäßige Bewilligungen in der Praxis auf eine verschleierte Parteienfinanzierung hinauslaufen, hat das Bundesverfassungsgericht am Beispiel der Fraktionsfinanzierung so formuliert: »Es wäre allerdings ein die Verfassung verletzender Missbrauch, wenn die Parlamente den Fraktionen Zuschüsse in einer Höhe bewilligen würden, die durch die Bedürfnisse der Fraktionen nicht gerechtfertigt wären, also eine verschleierte Parteienfinanzierung enthielten.« (BVerfGE 20, 56 [105]).

115 Dazu schon die Kritik von Arnims, Ämterpatronage durch politische Parteien, 1980; ders., Auswirkungen der Politisierung des öffentlichen Dienstes, Die Personalvertretung 1982, 449–456; ders., Die Deutschlandakte, 2008, 92–98.

116 Peter Müller, in: Der Präsident des Landtags Rheinland-Pfalz (Hrsg.), Volk oder Parteien – Wer ist der Souverän?, 2000, 29 (32).

117 Wolfgang Franz, Dilettanten im Amt. Zu Rechtsbruch und Inkompetenz in Politik und Verwaltung, 2007.

118 Dazu Christoph Heidemann, Missachtung der Justiz, BVDR-Rundschreiben (Bund der Verwaltungsrichter) 2/2012, S. 97 f.

119 Brocker/Messer, Fraktionszulagen für Abgeordnete und Oppositionszuschläge, Neue Zeitschrift für Verwaltungsrecht 2005, 895 ff.

120 Süddeutsche Zeitung vom 7.4.2014, S. 17.

121 Rhein-Zeitung vom 4.6.2014 (»CDU mutmaßt: Gesetzesänderung soll Weg für Steinbach als Rechnungshof-Vize ebnen – Rot-Grün: Opposi-

tion liegt falsch«); Rheinpfalz vom 20.11.2014 (»Rechnungshof: Steinbach neuer Vizepräsident«); Rheinpfalz vom 24.11.2014 (»Die Sichtweise ist falsch«).

122 Pressemeldung 6/2013 des Verwaltungsgerichts Mainz vom 29.8.2013; Focus online vom 30.8.2013 (»Ulrich Steinbach scheitert mit Wechsel in Ministerium«). – Seit 1. September 2016 ist Steinbach schließlich Ministerialdirektor (Amtschef) in dem von den Grünen geführten baden-württembergischen Wissenschaftsministerium.

123 So der Vorschlag von Frey/Serna, Eine politisch-ökonomische Betrachtung des Rechnungshofs, Finanzarchiv 1990, 244 (263 f.).

124 Siehe Beschluss der 1. Kammer des Zweiten Senats des Bundesverfassungsgerichts vom 24.9.2007 (Aktenzeichen: 2 BvR 1586/07), BayVBl 2008, 82.

125 BVerwGE 138, 102 (113 f.), Urteil vom 4.11.2010 (Aktenzeichen: 2 C 16.09). Das Gericht (BVerwGE 138, 114) berief sich dabei – neben dem in der vorangehenden Anmerkung genannten Beschluss des Bundesverfassungsgerichts von 2007 – auch auf einen weiteren Kammerbeschluss des Bundesverfassungsgerichts vom 28.4.2005, NJW-RR 2005, 998.

126 BVerwGE 138, 102 (117).

127 Überblick bei Josef Franz Lindner, Der politische Beamte als Systemfehler, Zeitschrift für Beamtenrecht 2011, 150 (153–154).

128 Art. 33 Abs. 2 GG.

129 BVerwGE 128, 329 (333 f.), Beschluss vom 25.4.2007. Dazu auch Wolfgang Franz, Zur Geltung des Leistungsprinzips bei sog. politischen Beamten, DÖV 2009, 1141.

130 BVerfGE 121, 205.

131 So auch Joachim Wieland, Interview, Weser-Kurier vom 16.8.2014.

132 Süddeutsche Zeitung vom 28.4.2016, S. 2 (»Blutschwüre im Kanzleramt«); Rheinpfalz vom 28.4.2016 (»Unruhe um den Ruhestand«).

133 Rheinpfalz vom 17.9.2016 (»Sanftes Ruhekissen«).

134 So auch Lindner

135 Siehe z. B. Dietmar Hipp, »Richter gegen Richter«, Der Spiegel vom 13.6.2015, S. 53.

136 Süddeutsche Zeitung vom 12./13.12.2015.

137 Dietmar Hipp, »Klüngel in Karlsruhe«, Der Spiegel vom 24.11.2014, 42.

138 BVerfGE 136, 9 (10), Urteil vom 25.3.2014, Leitsatz 2a.

139 Der Spiegel 8/2010 (»Das ZDF ist beschädigt«), S. 130.

140 Siehe auch das Minderheitsvotum des Verfassungsrichters Andreas Paulus zum Urteil, BVerfGE 136, 60 (68).

141 Hans Hoff, Süddeutsche Zeitung vom 9./10.7.2016 (»Zweiter so«), 46: »Natürlich sind auch im neuen Rat die Politiker mächtiger, als sie es

sein sollten. Sie sitzen nun halt nicht mehr als Abgesandte von Parlamenten oder Parteien im Rat, sondern von gesellschaftlich relevanten Gruppen.«

142 BVerfGE 136, 60 (65).

143 BVerfGE 89, 214 (232).

144 Dazu von Arnim, Gemeinwohl und Gruppeninteressen, 1977, 94 f. mit weiteren Nachweisen.

145 BVerfGE 89, 214 (234).

146 BVerfGE 81, 242 (254 f.).

147 BVerfGE 89, 214 (333).

148 Siehe den Überblicksartikel »Die betriebliche Altersversorgung hat Nachholbedarf«, Frankfurter Allgemeine Zeitung vom 20.9.2012: »Über die Hälfte der Beschäftigen besitzt eine Anwartschaft.«

149 Berrit Gräber, Mehr Betriebsrente holen, Rheinpfalz vom 22.12.2014.

150 So später auch BVerfGE 89, 214 (Leitsatz) – 1993: Die Zivilgerichte haben die »Pflicht zur Inhaltskontrolle von Verträgen, die einen der beiden Vertragspartner ungewöhnlich stark belasten und das Ergebnis strukturell ungleicher Verhandlungsstärke sind.«

151 BAGE 24, 177. Das Bundesarbeitsgericht stützte sich dabei u. a. auf die kurz vorher erschienene juristische Dissertation des Verfassers: von Arnim, Die Verfallbarkeit betrieblicher Ruhegeldzusagen, 1970. Siehe BAGE 24, 177 (181, 191, 192).

152 Gesetz zur Verbesserung der betrieblichen Altersversorgung (Betriebsrentengesetz) vom 19.12.1974 (BGBl. I S. 3610), zuletzt geändert durch Gesetz vom 21.12.2008 (BGBl. I S. 2940).

153 § 1b Gesetz zur Verbesserung der betrieblichen Altersversorgung (BetrAVG).

Teil 3: Der Kampf ums Recht:
Was darf die Politik in eigener Sache?

1 BVerfGE 111, 382 (397 ff.).

2 BVerfGE 111, 382 (404 f.).

3 Gesetz zur Neuregelung des Asylverfahrens vom 26. Juni 1992, BGBl I S. 1126; Gesetz zur Änderung des Grundgesetzes (Art. 16 und 18) vom 28. Juni 1993, BGBl I S. 1002; Gesetz zur Änderung asylverfahrens-, ausländer- und staatsangehörigkeitsrechtlicher Vorschriften vom 30. Juni 1993, BGBl I S. 1062.

4 Norbert Lepszy, Artikel »Republikaner«, in: Andersen/Woyke (Hrsg.), Handwörterbuch des politischen Systems der Bundesrepublik Deutsch-

land, 5. Aufl., 2003, 546 (548): »Nachdem dieses Thema [gemeint ist das Asylthema] mit dem Asylkompromiss 1992 an Sprengkraft in der Bevölkerung verloren hatte und ihnen das nationale Thema durch die deutsche Einheit ebenfalls abhandengekommen war, setzten die Republikaner nunmehr wieder verstärkt auf Anti-Europa/Euro-Ressentiments – allerdings ohne bisher vergleichbaren Erfolg.«

5 von Arnim, Volkswirtschaftspolitik, 6. Aufl., 1998, 9 f. und 46 ff. m.w.N.

6 Insofern trifft das Argument von Kritikern zu, dass die Politik stets in eigener Sache entscheide, ohne dass sie damit aber schlüssig begründen können, dass dem Begriff »Entscheidung des Parlaments in eigener Sache« deshalb die rechtliche Relevanz abzusprechen sei. Zu Hans Hugo Klein, Walter Schmitt Glaeser, Thilo Streit und Heinrich Lang siehe S. 91 ff.

7 Darin liegt auch der innere Zusammenhang zwischen den Urteilen von 2004 und denen von 2008, 2011 und 2014.

8 Das ist das Thema von Katz und Mair in ihrer Studie über »Kartellparteien« (siehe S. 268 ff.).

9 Klaus von Beyme, Die politische Klasse im Parteienstaat, 1993, 30 ff. Dazu auch von Arnim, Fetter Bauch regiert nicht gern. Die politische Klasse – selbstbezogen und abgehoben, 1997, 50 ff.

10 Dazu zuletzt Niels Petersen, Verfassungsgerichte als Wettbewerbshüter des politischen Prozesses, in: Dominik Elser u.a. (Hrsg.), Das letzte Wort – Rechtssetzung und Rechtskontrolle in der Demokratie, 2014, 59 ff.

11 Christoph Gusy, Parlamentarische Gesetzgeber und Bundesverfassungsgericht, 1985, 26; Alfred J. Noll, Verfassunggebung und Verfassungsgericht: Ein Essay zur rechtspolitischen Konzeption der Verfassungsgerichtsbarkeit, 1994, 141; Ulrich R. Haltern, Verfassungsgerichtsbarkeit, Demokratie und Misstrauen: das Bundesverfassungsgericht in einer Verfassungstheorie zwischen Populismus und Progressivismus, 1998, 176; Christoph Möllers, Die drei Gewalten, 2. Auflage, 2015, 138; Jan-Marcel Drossel, Das letzte Wort des Bundesverfassungsgerichts – Ein undemokratischer Mechanismus?, In: Dominik Elser u.a. (Hrsg.), Das letzte Wort – Rechtssetzung und Rechtskontrolle in der Demokratie, 2014, 255 (259 f., 265 ff.).

12 John Hart Ely, Democracy and Distrust. A Theory of Judicial Review, 1980.

13 Hans Meyer, Demokratische Wahl und Wahlsystem, HStR, Bd. III, 3. Aufl., 2005, 521 (541, Rn. 38); Brun-Otto Bryde, Verfassungsentwicklung, 1982, 326 ff.; Alexander von Brünneck, Verfassungsgerichtsbarkeit in den westlichen Demokratien, 1992, 81 ff., 166 ff.; Niels Petersen, Verfassungsgerichte als Wettbewerbshüter des politischen Prozesses,

Anhang

in: Dominik Elser u.a. (Hrsg.), Das letzte Wort – Rechtssetzung und Rechtskontrolle in der Demokratie, 2014, 59.

14 Ely, 77 ff.

15 Ely, 102 f. Siehe auch S. 103: »Malfunction occurs when the process is undeserving trust, when ... the ins are choking off the channels of political change to insure that the ins will stay in and the outs will stay out.«

16 Ely, 120: » We cannot trust the ins to decide who stays out.«

17 Ely, 117: Das Gericht habe die Rechte zu sichern, »(1) that are essential to the democratic process and (2) whose dimensions cannot safely be left to our elected representatives who have an obvious interest in the status quo.« Ferner: » Unblocking stoppages in the democratic process is what judicial review ought preeminently to be about.«

18 Ely, 105.

19 Ely, 89.

20 304 US 144 (1938).

21 »Legislation which restricts those political processes which can ordinarily be expected to bring about repeal of undesirable legislation.« Zitiert nach Winfried Brugger, Grundrechte und Verfassungsgerichtsbarkeit in den Vereinigten Staaten von Amerika, 1987, 365.

22 Bryde, Verfassungsentwicklung, 1982, 329.

23 Das ist Elys primäre Stoßrichtung. Vgl. auch Jürgen Habermas, Faktizität und Geltung, 1992, 321 f.

24 Brugger, 372, bei Darstellung des Konzepts von Ely.

25 Brugger, 371.

26 Brugger, 371.

27 Dabei hat das Gericht seine Prüfung sozusagen »vorverlegt« und nicht erst die Verfälschung des Wettbewerbs untersagt, wie sie etwa Sperrklauseln bewirken, sondern bereits die Gefahr der Verfälschung.

28 BVerfGE 8, 51 (67 ff.). Hervorhebung im Original. Ebenso BVerfGE 52, 63 (92 ff.).

29 Siehe die Kritik von Dietrich Murswiek, Anmerkung zu: BVerfG, Beschl. v. 22.5.1997 – Europawahlgesetz, DVBl 1980, 123; Dirk Ehlers, Sperrklausel im Wahlrecht, Jura 1999, 660 (665); von Arnim, Das Europa-Komplott, 2006, 246 ff.

30 BVerfGE 51, 222.

31 BVerfGE 120, 82. Siehe auch von Arnim, Die Unhaltbarkeit der 5%-Klausel bei Kommunalwahlen nach der Reform der Kommunalverfassungen, Festschrift für Klaus Vogel, 2000, 453 ff. m.w.N.

32 Zusammenfassend Bremer Staatsgerichtshof, Urteil vom 14.5.2009, NJOZ 2009, 4325.

33 BVerfGE 129, 300.

34 BVerfGE 135, 259.

35　BVerfGE 6, 104 (114–120). In diesem Urteil von 1957 hatte das Gericht
　　sogar für verfassungsmäßig erklärt, dass nur politische Parteien zur
　　Kommunalwahl zugelassen und Wählergemeinschaften davon ausge-
　　schlossen wurden.

36　BVerfGE 51, 222: Urteil vom 22.5.1979.

37　So zum Beispiel BVerfGE 120, 82 (105, 113 f.).

38　So auch Martin Will, Richtigkeit der Drei-Prozent-Klausel bei Europa-
　　wahlen, NJW 2014, 1421 (1423).

39　So vor allem Heinrich Lang, Gesetzgebung in eigener Sache, 2007, 28 ff.
　　(siehe sogleich S. 97). Auf ihn berufen sich bei ihrer Kritik an der Sperr-
　　klausel-Rechtsprechung des Bundesverfassungsgerichts z. B. Bernd Grzes-
　　zik, Weil nicht sein kann, was nicht sein darf: Aufhebung der 3 %-Sperr-
　　klausel im Europawahlrecht durch das Bundesverfassungsgericht und
　　dessen Sicht auf das Europäische Parlament, NVwZ 2014, 537 (538); Peter
　　Müller, Minderheitsvotum zum 3 %-Sperrklausel-Urteil: BVerfGE 135,
　　299 (303); Di Fabio/Mellinghoff in ihrem Minderheitsvotum zum 5 %-Ur-
　　teil: BVerfGE 129, 300 (352). Dazu von Arnim, Kritisches zur Kritik der
　　Sperrklausel-Rechtsprechung des BVerfG, DVBl 2014, 1489 (1495 ff.).

40　So z. B. Thilo Streit, Entscheidung in eigener Sache, 2006 (siehe so-
　　gleich S. 95); Martin Morlok, in: Joachim Wieland (Hrsg.), Entschei-
　　dungen des Parlaments in eigener Sache, 2011, 29 f. (Diskussionsbei-
　　trag).

41　Klein, ZParl 2000, 401: »Alle Gesetze sind Gesetze des Parlaments in
　　eigener Sache; denn alle Mitglieder des Parlaments sind von allen Ge-
　　setzen – zumindest potenziell – betroffen. Wahl- oder Steuergesetze
　　sind für manchen Abgeordneten von größerem Interesse als die Höhe
　　seiner Entschädigung.«

42　Hans Hugo Klein, in: Theodor Maunz/Günter Dürig/Roman Herzog,
　　Grundgesetz-Kommentar (Loseblatt), Art. 48 (Bearbeitung Dezember
　　2007), Rn. 149 f.

43　Carl Schmitt, Die geistesgeschichtliche Lage des heutigen Parlamenta-
　　rismus, 7. Aufl., 1991, 5 ff., 30 ff.

44　Walter Schmitt Glaeser, Das Bundesverfassungsgericht als »Gegenge-
　　walt« zum verfassungsändernden Gesetzgeber? – Lehren aus dem Diä-
　　ten-Streit 1995, in: Joachim Burmeister (Hrsg.), Festschrift für Klaus
　　Stern zum 65. Geburtstag, 1997, 1183 (1195).

45　Schmitt Glaeser, a.a.O., 1195 f.

46　Siehe Klein, Rn. 150, Fußn. 348: Schmitt Glaeser, »dessen Überlegun-
　　gen ich folge«.

47　Klein, Rn. 152.

48　Klein, Rn. 152.

49　Klein, Rn. 153.

50   Klein, Rn. 156 ff., 206.

51   Klein, Rn. 150.

52   Siehe zusammenfassend Hartmut Maurer, Staatsrecht I, 6. Aufl. 2010,
§ 1 Rn. 74: »Es ist allgemein anerkannt, dass die Auslegung von Rechtsnormen nur unter Einbeziehung der tatsächlichen Wirklichkeit, die
durch die Norm geregelt werden soll, möglich ist. Recht und Wirklichkeit stehen in einem sich gegenseitig bedingenden und befruchtenden
Wechselverhältnis. Bildlich gesprochen: Die Wirklichkeit fragt, das
Recht antwortet, aber durch die Frage wird auch die Antwort bis zu einem gewissen Grad bestimmt und präjudiziert. Wenn in der Praxis neue
Probleme auftauchen oder bestehende Konstellationen in neuem Licht
erscheinen, ergeben sich auch für die Auslegung neue Herausforderun-
gen. Sie muss darauf reagieren, was zur richterlichen Rechtsfortbildung
oder zu einem Verfassungswandel führen kann, das heißt zur Änderung
des ursprünglichen Sinns einer Verfassungsnorm ohne Textänderung.«

53   Klein hatte damals für die CDU ein Gutachten erstellt. Siehe von Arnim,
Abgeordnetenentschädigung und Grundgesetz, 1975, S. 9, Fußn. 1a.

54   Gerhard Leibholz, Das Wesen der Repräsentation und der Gestaltwan-
del der Demokratie im 20. Jahrhundert, 3. Aufl., 1966, 245; ders., Deutscher Juristentag 1950, C 2 (19).

55   Siehe Leibholz' akademische Antrittsvorlesung mit dem Titel »Zu den
Problemen des faschistischen Verfassungsrechts«, 1928. Dazu Susanne
Benöhr, Gerhard Leibholz' Parteienstaatslehre im Spiegel des faschistischen Verfassungsrechts, Quellen und Forschungen aus italienischen
Archiven und Bibliotheken 81 (2001), 504 (506): »Die Weichenstellung
der Antrittsvorlesung für Leibholz' Parteienstaatslehre wurde [bisher]
größtenteils ignoriert.«

56   Statt vieler Dieter Grimm, Die politischen Parteien, in: Benda/Maiho-
fer/Vogel (Hrsg.), Handbuch des Verfassungsrechts der Bundesrepublik Deutschland, 2. Aufl., 1994, 599 (615 ff.) mit weiteren Nachweisen.

57   Überblick bei von Arnim, Kritisches zur Kritik der Sperrklausel-Rechtsprechung des Bundesverfassungsgerichts, DVBl 2014, 1489 (1495–1499).

58   Thilo Streit, Entscheidung in eigener Sache, 2006.

59   Streit, 148 f. Siehe dazu oben Anmerkung 14.

60   Streit, 149 f.

61   Streit, 150.

62   Streit, 151: Abgeordnete würden »ihre Interessenabwägung viel mehr
am Dualismus Machterhalt/Machtverlust denn an ökonomischen Interessen« ausrichten.

63   Streit, 151. Er wendet sich gegen eine Wahrnehmung, die »belegfrei
und nur mit […] an ökonomische Interessen appellierende(n) Vermu-
tungen« arbeite.

64 Streit, 175.
65 Streit, 210; 208 Fußnote 98.
66 Streit, 97.
67 Streit, 99.
68 Streit, 91 ff.
69 von Arnim, Gemeinwohl und Gruppeninteressen, 1977, 150.
70 Siehe von Arnim, Fetter Bauch regiert nicht gern, 1997, 320 f.
71 Streit, 184 f.
72 Heinrich Lang, Gesetzgebung in eigener Sache, 2007.
73 Lang, 28.
74 Lang, 46.
75 Lang, 47 und 50–227.
76 Lang, 33-36.
77 Lang, 41–46.
78 Lang, 46.
79 Auch wenn Streit darüber bestehe, »ob und welche Konsequenzen sich aus der Entscheidung in eigener Sache ergeben«. Lang, 46.
80 Dies will er aber auch gar nicht, wie seine Rechtfertigung gegenüber dem »Vorwurf problemverkürzender Darstellung« zeigt (Lang, 46 f.).
81 Lang, 33 f.
82 BVerfGE 129, 82 (105, 113 f.); seit diesem Urteil von 2008 ständige Rechtsprechung. Siehe auch von Arnim, Wahlgesetze: Entscheidungen des Parlaments in eigener Sache, JZ 2009, 813.
83 BVerfGE 95, 335. Dazu Hans Meyer, Politische Klasse und demokratischer Rechtsstaat, 19 (29); von Arnim, Volksparteien ohne Volk, 2009, 132 f.
84 BVerfGE 131, 316 (376).
85 BVerfGE 131, 316 (370): »Der Senat ist sich bewusst, dass die Zahl von 15 Überhangmandaten als Akt richterlicher Normenkonkretisierung nicht vollständig begründet werden kann.«
86 Joachim Behnke, »Das neue Wahlgesetz, sicher nicht das letzte«, Recht und Politik 2013, 1; Florian Grotz, Verzerrte Stimmen, Frankfurter Allgemeine Zeitung vom 16.12.2013, S. 7.
87 von Arnim, Volksparteien ohne Volk, 2009, 135.
88 Siehe z. B. Robert Rossmann, »Übergröße und Obergrenze. Bundestagspräsident Lammert will das Wahlrecht vereinfachen, aber das ist kompliziert«, Süddeutsche Zeitung vom 14.4.2016, S. 5; Spiegel online vom 13.4.2016: »Bundestagspräsident Lammert will Mega-Parlament verhindern«. Lammert hatte vorgeschlagen, die Zahl der Überhangmandate zu kappen. Andere befürworten eine Anrechnung auf die Listenmandate derselben Parteien in anderen Bundesländern.

So zum Beispiel Frank Decker, Blamage mit Ansage. Warum verweigern sich die deutschen Parteien einer Wahlrechtsreform?, Süddeutsche Zeitung, 11.10.2016. Siehe auch das Modell des Mathema-
tikers Friedrich Pukelsheim, Erfolgswertgleichheit der Wählerstimmen zwischen Anspruch und Wirklichkeit, DÖV 2004, 405. – Eine
Übersicht über Möglichkeiten, die Aufblähung des Bundestags zu
vermeiden, findet sich auf der Homepage von wahlrecht.de unter
http://www.wahlrecht.de/news/2013/20131000901.html (aufgerufen
am 7.11.2016).

89 So der Fraktionsvorsitzende der SPD Thomas Oppermann im Bundestag, Bild-Zeitung vom 17.10.2016; Süddeutsche Zeitung vom 18.10.2016,
S. 6 (»Vorstoß für Wahlrechtsreform«).

90 Dazu von Arnim, Die Partei, der Abgeordnete und das Geld, 1996, 77 ff.

91 Ulrich Heisterkamp, Think Tanks der Parteien? Eine vergleichende
Analyse der deutschen politischen Stiftungen, 2014, 168 f.; von Arnim,
Die Deutschlandakte, 2008, 121.

92 BVerfGE 40, 296 (319).

93 § 44a Abs. 2 AbgG, eingefügt durch 26. Gesetz zur Änderung des Abgeordnetengesetzes vom 22.8.2005, BGBl I S. 2482.

94 BVerfGE 118, 277.

95 Dazu von Arnim, Nebeneinkünfte von Bundestagsabgeordneten. Die
Rechtslage nach dem Urteil des Bundesverfassungsgerichts vom 4. Juli
2007, DÖV 2007, 897.

96 von Arnim, Nachamtliche Karenzzeiten für Politiker?, ZRP 2006, 44–
47; Martin Bamberger, Nachamtliche Tätigkeitsbeschränkungen für
politische Amtsträger, 2014.

97 Gesetz zur Änderung des Bundesministergesetzes und des Gesetzes
über die Rechtsverhältnisse der Parlamentarischen Staatssekretäre vom
17.7.2015 (BGBl I S. 1322). Das Gesetz hat die §§ 6a bis 6d ins Bundesministergesetz eingefügt.

98 Berufen wurden der ehemalige Bundesminister Theo Waigel, der ehemalige Bundesverfassungsrichter Michael Gerhardt und die ehemalige
Hamburger Senatorin Krista Sager.

99 § 6b Abs. 2 Bundesministergesetz.

100 Es sei denn, die Beeinträchtigung dienstlicher Interessen liegt nur für
einen kürzeren Zeitraum vor (§ 105 Bundesbeamtengesetz).

101 § 61 Steuerberatungsgesetz. Finanzbeamte trifft diese Interessenkollisionen vermeidende Regelung selbst dann, wenn sie kein Ruhegehalt
beziehen. Sie haben – anders als sonstige Beamte – also nicht die Möglichkeit, sich von der Karenz zu befreien, indem sie auf die Beamten-
versorgung verzichten und sich entlassen lassen, worauf sie lediglich in
der Sozialversicherung nachversichert werden.

102 § 14 BMinG. Das Übergangsgeld läuft kürzer, wenn der Minister
sein Amt weniger als zwei Jahre ausgeübt hat. Dann ist aber nach dem
neuen Gesetz eine entsprechende Anpassung des Übergangsgeldes an
die Karenzzeit vorgesehen (§ 6d BMinG).

103 Stand: November 2016.

104 Übereinkommen der Vereinten Nationen gegen Korruption, angenommen von der Generalversammlung durch Resolution A/Res/58/4
am 31.10.2003. Deutschland hat die Konvention unterzeichnet und inzwischen auch ratifiziert: Gesetz vom 27.10.2014 (BGBl II S. 762), in
Kraft getreten am 12.12.2014 (BGBl II 2015 S. 140).

105 Art. 12 Abs. 2 Buchst. e in Verbindung mit Art. 2 Buchst. a.

106 Art. 48 Abs. 3 GG:»Die Abgeordneten haben Anspruch auf eine angemessene, *ihre Unabhängigkeit sichernde* Entschädigung.« (Hervorhebung vom Verfasser)

Teil 4: Das Bundesverfassungsgericht verschärft
die Regeln – die Politik ignoriert sie

1 Willi Geiger, Gegenwartsprobleme der Verfassungsgerichtsbarkeit
aus deutscher Sicht, in: Thomas Berberich u.a. (Hrsg.), Neue Entwicklungen im öffentlichen Recht, 1979, 141:»Der Gesetzgeber schuldet
[…] weder eine Begründung noch gar die Darlegung aller seiner Motive, Erwägungen und Abwägungen.« Ebenso Klaus Schlaich, Verfassungsgerichtsbarkeit im Gefüge der Staatsfunktionen, VVdStRL 39
(1981), S. 99 (109) – Vgl. zum Folgenden und zu S. 170 ff. auch von Arnim, Gesetzesbegründung und Gesetzesvorbehalt bei der Finanzierung
von Fraktionen, parteinahen Stiftungen und Abgeordnetenmitarbeitern, DÖV 2016, 368.

2 Generell eine Begründung durch den Gesetzgeber verlangt Gunther
Schwerdtfeger, Optimale Methodik der Gesetzgebung als Verfassungs-
pflicht, Festschrift Ipsen, 1977, 173 ff. Ders., Öffentliches Recht in der
Fallbearbeitung, 14. Aufl., 2012, Rn. 410.

3 Gemäß Art. 115 Abs. 1 Satz 2 Halbs. 2 GG in der bis zum 31.7.2009
geltenden Fassung.

4 BVerfG, 2. Senat, Urteil vom 18.4.1989, BVerfGE 79, 311 (343 ff.). Kritisch dazu Christian Pestalozza, Vom hohen Rang des Verfassungsver-
fahrensrechts, Neue Justiz 2006, 1 ff.

5 BVerfG, 2. Senat, Urteil vom 9.7.2007, BVerfGE 119, 96 (140 f.).

6 BVerfG, 1. Senat, Urteil vom 9.10.2010, sog. erstes Hartz-IV-Urteil,
BVerfGE 125, 175 (225 f.). Zustimmung zu diesem Urteil zum Beispiel

bei Ralf Rothkegel, Ein Danaergeschenk für den Gesetzgeber, ZFSH SGB 2010, 135; Miriam Meßling, Grundrechtsschutz durch Gesetzgebungsverfahren. Zum Urteil des Bundesverfassungsgerichts vom 9. Februar 2010 (SGB II-Regelsatz-Urteil), in: Festschrift für Renate Jaeger, 2011, 787; Jakob Nolte, Rationale Rechtsfindung und Sozialrecht: Die vom Bundesverfassungsgericht aufgestellten Anforderungen an die Bestimmung des Existenzminimums im Lichte neuer sozialgerichtlicher Rechtsprechung, Der Staat 2013, 245. – Kritik am Urteil zum Beispiel bei Timo Heberler, Ist der Gesetzgeber verfassungsrechtlich verpflichtet, Gesetze zu begründen?, DÖV 2010, 754 (759 ff.).

7 BVerfGE 125, 175 (225 f.).
8 BVerfGE 125, 175 (224).
9 BVerfGE 125, 175 (250).
10 BVerfGE 125, 175 (246).
11 Siehe auch Ralf Rothkegel, Ein Danaergeschenk für den Gesetzgeber, ZFSH SGB 2010, 135 ff.
12 BVerfG, 1. Senat, Urteil vom 18.7.2012, Asylbewerberleistungsurteil, BVerfGE 132, 134 (162 ff., 170 ff.)
13 Allerdings hatte der Erste Senat auch schon im ersten Hartz-IV-Urteil nachgeschobene Erläuterungen der Bundesregierung mit berücksichtigt, was die Unterscheidung zwischen beiden Urteilen etwas verschwimmen lässt: BVerfGE 125, 175 (241 f. Rn. 181).
14 BVerfG, Urteil vom 23.7.2014, BVerfGE 137, 34 (75 Rn. 83).
15 BVerfGE 137, 34 (76 Rn. 84).
16 BVerfGE 132, 134 (162 Rn. 69). Siehe auch S. 170 Rn. 90: »realitätsgerecht und begründbar bemessen«.
17 BVerfGE 132, 134 (165 f. Rn. 79).
18 BVerfG, 2. Senat, Urteil vom 14.2.2012, sog. erstes Besoldungsurteil, BVerfGE 130, 263.
19 Urteil des Zweiten Senats vom 5. Mai 2015 (2 BvL 17/09 u.a.), sog. zweites Besoldungsurteil, NJW 2015, 1935. Dazu und zur einschlägigen Rechtsprechung insgesamt Martin Stuttmann, Zeitenwende – Die Bestimmung der Minimalbesoldung nach dem BVerfG, NVwZ 2015, 1007; Anna Sanders/Damian Preisner, Begründungspflicht des Gesetzgebers und Sachverhaltsaufklärung im Verfassungsprozess, DÖV 2015, 761; Isabel Schübel-Pfister, Koordinatensystem für die Richter- und Beamtenbesoldung, NJW 2015, 1920. Siehe auch Simon Kempny/Heidi Krüger, Prozeduralisierung des (Grund)Rechtsschutzes – eine Analyse der jüngeren Rechtsprechung, SächsVBl. 2014, 153
20 BVerfG, 2. Senat, Beschluss vom 10.11.2015 (2BvL 19/09 u.a.).
21 BVerfGE 130, 263 (301 f.).
22 BVerfG, Urteil vom 5.5.2015, Rn. 129 f.

23 BVerfG, Beschluss vom 17.11.2015, Rn. 112 f.
24 BVerfG, Urteil vom 5.5.2015, Rn. 130; ebenso BVerfG, Beschluss vom 17.11.2015, Rn. 113.
25 Stuttmann, a.a.O., 1013.
26 Gemäß Art. 115 Abs. 1 Satz 2 Halbs. 2 GG a. F.
27 BVerfGE 79, 311 (344).
28 BVerfGE 79, 311 (344 f.).
29 BVerfGE 130, 263 (301 f.).
30 BVerfGE 130, 263 (301) unter Bezug auf BVerfGE 125, 175 (226) und BVerfGE 95, 1 (22).
31 Urteil vom Mai 2015, Rn. 130.
32 BVerfGE 132, 134 (166 ff. Rn. 80 ff.).
33 BVerfGE 130, 263 (304).
34 BVerfG, Beschluss vom 17.11.2015, Rn. 114–130.
35 Rn. 131–139.
36 Zum Verhältnis von Evidenz- und prozeduraler Kontrolle: BVerfGE 125, 175 (225 f.): »Da das Grundgesetz selbst keine exakte Bezifferung des Anspruchs erlaubt, beschränkt sich – bezogen auf das Ergebnis – die materielle Kontrolle darauf, ob die Leistungen evident unzureichend sind (BVerfGE 82, 60 [91 f.]). [...] Es erfordert aber eine Kontrolle der Grundlagen und Methode der Leistungsbemessung darauf hin, ob sie dem Ziel des Grundrechts gerecht werden.« So auch BVerfGE 132, 134 (165 Rn. 78 f.). Siehe auch schon BVerfGE 79, 311 (346): Der Gesetzgeber werde künftig »in den Fällen, in denen die Eignung zweifelhaft erscheint, die Eignungsprüfung des Bundesverfassungsgerichts im Hinblick auf den Einschätzungs- und Beurteilungsspielraum des Gesetzgebers maßgeblich darauf abstellen, ob er in dem für eine Überprüfung erforderlichen Umfang seine Einschätzungen und Beurteilungen dargelegt hat.«
37 BVerfGE 132, 134 (166 ff., Rn. 80 ff.); Urt. vom 17.11.2015, Rn. 114–130.
38 BVerfGE 130, 263 (304).
39 BVerfG, Urt. vom 17.11.2015, Rn. 131–139.
40 BVerfGE 125, 175 (222): »Grundrecht auf Gewährleistung eines menschenwürdigen Existenzminimums.« Urt. vom 5.5.2015, Rn. 92: Art. 33 Abs. 5 GG begründet »ein grundrechtsgleiches Recht der Beamten«.
41 Siehe auch von Arnim in einem das Urteil vorbereitenden Gutachten: Abgeordnetenentschädigung und Grundgesetz, 1975, 70–74; ders., Die Abgeordnetendiäten, 1974, 41 f.
42 So schon das Minderheitsvotum von Walter Seuffert, BVerfGE 40, 296, 330 ff.
43 Vom Gericht vorab in BVerfGE 38, 326, erledigt.

44 Siehe dazu schon von Arnim, Die Abgeordnetendiäten, 1974, 14 ff. und 34 ff.

45 Dazu von Arnim, Das Verbot von Interessentenzahlungen an Abgeordnete, 1976.

46 BVerfGE 40, 296 (328); 49, 1 (1 ff.).

47 Art. 48 Abs. 3 Satz 1 GG.

48 von Arnim/Drysch, Drittbearbeitung des Art. 48 im Bonner Kommentar, 2012, Rn. 110 ff.

49 BVerfGE 40, 296 (327), Siehe auch schon von Arnim, Die Abgeordnetendiäten, 1974.

50 BVerfGE 40, 296 (316 f.).

51 BVerfGE 40, 296 (316 f.).

52 Siehe etwa die prägnante Zusammenfassung durch den Thüringer Verfassungsgerichtshof: ThürVerfGH, Urteil vom 14.7.2003, Aktenzeichen: VerfGH 2/01, NVwZ-RR 2003,793 (794).

53 Statt vieler: Achterberg/Schulte, in: von Mangold/Klein/Starck (Hrsg.), Grundgesetz, Kommentar, Bd. 2, 6. Aufl., 2010, Art. 48 Abs. 3, Rn. 50; Schulze-Fielitz, in: Dreier (Hrsg.), Grundgesetz, Kommentar, Bd. II, 2. Aufl., 2006, Art. 48, Rn. 35. Weitere Nachweise bei von Arnim, Abgeordnetengesetz ohne Kontrolle – Zur Diätennovelle der großen Koalition, DVBl 2014, 605 (607 f.).

54 Verwaltungsgericht Schleswig Holstein, Gerichtsentscheid vom 24.5. 1995 (Aktenzeichen 6 A 286/94), Umdruck, S. 5.

55 von Arnim, Zur »Wesentlichkeitstheorie« des Bundesverfassungsgerichts, DVBl 1987, 1241 (1245–1248).

56 OVG Berlin-Brandenburg, Urteil vom 14.3.2012, NVwZ 2012, 1265 (1266 f.).

57 OVGE Berlin-Brandenburg, 1269.

58 Hans-Jürgen Papier hatte noch bestritten, dass die gesetzliche Festlegung der Höhe der Zahlungen tendenziell zu einer intensiveren öffentlichen Kontrolle führt: Papier, Zur Verfassungsmäßigkeit der Fraktionsfinanzierung nach dem Bayerischen Fraktionsgesetz, BayVBl. 1998, 513 (515 f.). Dazu von Arnim, Der Verfassungsbruch, 2011, 33 ff.

59 Die Bezifferung der Höhe der Beträge wurde in Niedersachsen durch das zwölfte Gesetz zur Änderung des Abgeordnetengesetzes vom 30.11.1992 (GVBl. S. 311) eingeführt, in Rheinland-Pfalz durch das Fraktionsgesetz vom 21.12.1993 (GVOBl. S. 342).

60 Siehe von Arnim, Finanzierung der Fraktionen, 1993, 76.

61 Änderungsgesetz vom 23.9.1968 (GVBl. S. 215). 1979 wurde die zahlenmäßige Nennung wieder eingeführt: Gesetz vom 15.5.1979 (GVBl. S. 221).

62 Siehe von Arnim, Finanzierung der Fraktionen, 73.

63 Gesetz vom 9.11.1967 (GVOBl. S. 237), Änderungsgesetz vom 28.10. 1968 (GVOBl. S. 305).

64 Verwaltungsgericht Schleswig-Holstein, Gerichtsentscheid vom 24.5.1995 (Aktenzeichen: 6 A 286/94), Umdruck, 5.

65 Zweites Änderungsgesetz zum Abgeordneten Entschädigungsgesetz vom 11.1.1969 (GBl. S. 31).

66 Siehe von Arnim, Finanzierung der Fraktionen, 73.

67 Gesetz über die Rechtsverhältnisse der Mitglieder des Landtags Nordrhein-Westfalen vom 24.4.1979 (GVBl. S. 238).

68 Siehe von Arnim, Finanzierung der Fraktionen, 74 f.

69 von Arnim/Drysch, Bonner Kommentar, Art. 48 GG (Drittbearbeitung 2010), Rn. 282 f.

70 § 11 Abs. 4 AbgG.

71 Art. 54 Abs. 2 Thüringer Verfassung; Art. 82 Abs. 2 Satz 2 Bremische Verfassung. Dazu auch von Arnim/Drysch, Bonner Kommentar, Art. 48 GG (Drittbearbeitung 2010), Rn. 130 f.

72 von Arnim/Drysch, Rn. 262.

73 BVerfGE 40, 296 (328); 49, 1 (1 f.).

74 von Arnim/Drysch, Rn. 261 ff.

75 von Arnim/Drysch, Rn. 271 ff.

76 Dazu von Arnim, Macht macht erfinderisch, 1988, 28–31.

77 So z.B. OLG Düsseldorf vom 6.2.1984 (Aktenzeichen Uf 151/82); BGH vom 7.5.1986, FamRZ 1986, 780.

78 OLG Düsseldorf, a.a.O., S. 8 des Urteilsumdrucks.

79 BGH, a.a.O., 783.

80 von Arnim/Drysch, Bonner Kommentar, Art. 48 GG, Rn. 271.

81 Vgl. von Arnim/Drysch, Rn. 264 und 268–272.

82 Art. 6 Abs. 2 bayAbgG.

83 Watzke, Bayerischer Abgeordneter kassiert Wahlkreispauschale ohne Wahlkreisbüro, Deutschlandradio vom 15.5.2013.

84 Focus vom 6.5.2013.

85 Prüfungsmitteilung des Bayerischen Obersten Rechnungshofs vom 12.8.2013, S. 8, 46 ff., 59.

86 BVerfGE 102, 224 (244).

87 BVerfGE 40, 296 (318); 102, 224 (244). – Hinsichtlich der stellvertretenden Parlamentspräsidenten meldet Hans Meyer allerdings Bedenken an: Meyer, a.a.O., 31.

88 BVerfGE 40, 296 (318).

89 von Arnim, Diener vieler Herren. Die Doppel- und Dreifachversorgung von Politikern, 1998, 126 f.: In Sachsen-Anhalt etwa hatte die Hälfte der Abgeordneten eine Extra-Diät, in Schleswig-Holstein waren es zwei Drittel.

90 BVerfGE 102, 224 (241).
91 BVerfGE 102, 224 (224).
92 BVerfGE 102, 224 (240).
93 Bremer Staatsgerichtshof, Urteil vom 5.11.2004, NVwZ 2005, 929, Leitsatz 1: »Im Rahmen der Verfassungsautonomie der Länder hat sich die Bremische Bürgerschaft (Landtag) zulässigerweise als Teilzeitparlament organisiert. Auf dieser Grundlage ist die Praxis, außer den Fraktionsvorsitzenden auch jeweils den beiden stellvertretenden Fraktionsvorsitzenden eine Funktionszulage zu zahlen, verfassungsrechtlich nicht zu beanstanden.« Siehe auch Hamburgisches Verfassungsgericht, Urteil vom 23.6.1997, NJW 1998, 911.
94 StGH Bremen, a.a.O., 931.
95 ThürVerfGH, Urteil vom 14.7.2003, NVwZ-RR 2003, 793 (795).
96 § 11 Abs. 2 AbgG.
97 Siehe auch von Arnim: Hundertfacher Rechtsbruch, Focus vom 28.3.2011.
98 Hans-Martin Tillack, Die Bundestags-Boni, Stern 43/2010 vom 20.10 2010, 46.
99 Gemäß § 52 Abs. 2 Buchst. a AbgG.
100 Kölner Stadtanzeiger vom 4.1.2010: »Zahlungen sind formell verfassungswidrig«.
101 SZ vom 7.7.2011 (»Linke schafft Zulagen ab«).
102 Angaben von 2011: von Arnim, Der Verfassungsbruch, 2011, 81.
103 Quelle: Das Parlament Nummer 4/5 vom 20.1.2014, S. 3.
104 Tillack, a.a.O.
105 Offener Brief, veröffentlicht am 19.1.2012: »Wie ist es um Ihre Transparenz bestellt, Herr von Arnim?«
106 Antwort Arnims vom 22.1.2012 auf den Offenen Brief des Abgeordneten Spahn: »Sie sollten erst einmal vor Ihrer eigenen Tür kehren, Herr Spahn!«
107 Der Tagesspiegel vom 28.1.2012: »1830 Euro obendrauf«.
108 BVerfGE 40, 296 (315 ff.); 102, 228 (237 ff.).
109 So zum Beispiel BVerfGE 119, 302 (309). In der Entscheidung ging es um Zulagen von Landtagsabgeordneten in Schleswig-Holstein.
110 Nach § 11 Abs. 2 AbgG.
111 Bundestagsdrucksache 18/477, S. 10.
112 Bericht der Unabhängigen Kommission zu Fragen des Abgeordnetenrechts, Bundestagsdrucksache 17/12.500, 33 rechts. Vorsitzender der Kommission war der frühere Bundestagsabgeordnete und Justizminister Edzard Schmidt-Jortzig.
113 Bericht der Kommission, a.a.O.
114 Treffend der Hinweis von Hans Meyer, Politische Klasse und demokratischer Rechtsstaat, in: von Arnim (Hrsg.), Politische Klasse und Ver-

fassung, 2001, 19 (24): »Die ersten Äußerungen parlamentsnaher Autoren – der eine ist, der andere war in der Bundestagsverwaltung tätig – versuchen der Unwilligkeit [des Bundestags, die Urteile auch für sich anzuerkennen,] eine argumentative Grundlage zu geben: Hölscheidt, DVBl. 2000, 1734 ff. und Kretschmer, Zeitschrift für Parlamentsfragen 2000, 787 ff.«

115 Brocker/Messer, »Fraktionszulagen für Abgeordnete und Oppositionszuschläge«, Neue Zeitschrift für Verwaltungsrecht 2005, S. 895 ff. Zu den groben Argumentationsmängeln Brockers und der beiden in der vorangehenden Anmerkung genannten Autoren siehe von Arnim, Der Verfassungsbruch, 2011, 76 ff.

116 So auch Martin Morlok, Gesetzliche Regelung des Rechtsstatus und der Finanzierung der Bundestagsfraktionen, NJW 1995,29 (31): »Was durch direkte staatliche Zahlung an die Abgeordneten nicht zulässig ist, darf auch auf dem Umweg über die Fraktionen nicht eingeführt werden.«

117 von Arnim, Der Verfassungsbruch, 14 ff., 49 ff.

118 Umfangreiche Nachweise bei von Arnim, Der Verfassungsbruch, 74, Fußn. 235.

119 Paul Kirchhof, Zur Zulässigkeit parlaments- und fraktionsinterner Funktionszulagen, Gutachtliche Stellungnahme, vorgelegt im Auftrag des Präsidenten des Landtags von Baden-Württemberg, September 2001, 28: »Zusatzentschädigungen sind nach der Rechtsprechung des Bundesverfassungsgerichts allein für den Parlamentspräsidenten und seine Stellvertreter sowie die Fraktionsvorsitzenden zulässig. Für eine weitergehende, fraktionsinterne Zusatzentschädigung [...] ist nach der Rechtsprechung des Bundesverfassungsgerichts von vornherein kein Raum.«

120 Empfehlungen der Unabhängigen Sachverständigenkommission zu Fragen der Abgeordnetenentschädigung, Schleswig-Holsteinischer Landtag, Drucksache 15/1500 vom 19.12.2001, 36: »Die vom Bundestag und anderen Länderparlamenten gewählte Variante, Funktionszulagen aus Fraktionsmitteln zu gewähren, wird von der Kommission nicht empfohlen. Das Bundesverfassungsgericht hat [...] in seiner Entscheidung zur Gewährung von Funktionszulagen [...] die materielle Berechtigung in dem bisherigen Ausmaß verneint.«

121 Rechnungshof Baden-Württemberg, Zuschüsse und sonstige Leistungen an die Fraktionen des Landtags in der 13. Wahlperiode, November 2008, 37: »Die inhaltlichen verfassungsrechtlichen Anforderungen des Bundesverfassungsgerichts an die Zulässigkeit von Funktionszulagen sind dieselben, unabhängig davon, ob sie gesetzlich geregelt oder der Regelung der Fraktionen überlassen werden.«

122 Ulrike Schmidt, Funktionszulagen aus Fraktionsmitteln, 2010, 14 ff. Schmidt bezieht sich auch auf Brandenburg und weist auch darauf hin

(S. 15 Fußn. 45), anderer Auffassung seien nur [die erwähnten parlamentsnahen Autoren] Kretschmer und Broker. Anderer Ansicht für Brandenburg neuerdings auch Norbert Janz/Stefan Luckas, Art. 67 Landesverfassung Brandenburg als verfassungsrechtlicher Anker für Funktionszulagen aus Fraktionsmitteln, LKV 2015, 261.

123 Gemäß § 31 Abs. 1 BVerfGG.
124 § 31 BVerfGG.
125 Nachweise bei von Arnim, Der Verfassungsbruch, 67 ff.
126 BVerfGE 115, 97 (108) unter Bezug auf § 31 BVerfGG.
127 § 11 Abs. 1 AbgG.
128 BVerfGE 64, 301 (317 f.).
129 BVerfGE 96, 345 (368 f.).
130 Nach Art. 93 Abs. 1 Nr. 4, 3. Fall GG. BVerfGE 102, 224 (231 ff.).
131 BVerfGE 102, 224 (244 f.).
132 BVerfGE 102, 224 (242 ff.).
133 LVerfGE 14, 458.
134 LVerfGE 14, 458 (479).
135 von Arnim/Drysch, Bonner Kommentar, Art. 48 (Drittbearbeitung, 2010), Rn. 274.
136 Siehe auch Jentsch, Report Mainz vom 28. September 2010.
137 So Beratung des Präsidenten des Thüringer Rechnungshofs vom 17.2.2015, 6, unter Bezug auf Elmar Otto, Thüringische Landeszeitung vom 21.6.2012.
138 A.a.O., 9 ff. (Zusammenfassung 22–24). – Zu der ansonsten meist bestehenden übermäßigen Zurückhaltung der Rechnungshöfe und ihrer Präsidenten siehe von Arnim, Der Verfassungsbruch, 2011, 104 f.
139 A.a.O., 25 ff.
140 Elmar Otto, Ramelow hinterfragt Scherers Persilschein, Thüringer Landeszeitung vom 23.6.2012.
141 Volkhard Paczulla, Einbuße für Abgeordnete mit Funktion, Ostthüringer Zeitung vom 26.3.2015.
142 Otto, a.a.O.
143 34. Landesgesetz zur Änderung der Verfassung für Rheinland-Pfalz vom 8.3.2000 (GVBl. S.65).
144 Gemäß Art. 93 Abs. 1 Nr. 4, 3. Fall GG.
145 BVerfGE 102, 245.
146 Siehe z. B. Gesetzentwurf der Fraktionen der SPD, CDU und FDP eines Landesgesetzes zur Änderung der Verfassung für Rheinland-Pfalz vom 10.12.1999 (Drucksache 13/5066), S. 15.
147 Siehe den Bericht von Erich Röper, Funktionszulage versus Freiheit und Gleichheit der Abgeordneten, DÖV 2002, 655 (658).
148 von Arnim, Zusatzdiäten in Bayern: verfassungswidrig und ohne Kontrolle, Münchner Merkur vom 23.8.2010, 4. Siehe auch ders., Die

Selbstbediener. Wie bayerische Politiker sich den Staat zur Beute machen, 2. Aufl., Juni 2013, 54 ff.

149 Report Mainz, Sendung vom 20.9.2010 (»Abgeordnete und ihre Zulagen. Wie so viele Volksvertreter zu Unrecht kassieren«).

150 Quelle für diese und die folgenden Gesamtsummen: Veröffentlichung der Rechenschaftsberichte der Fraktionen im Bayerischen Landtag für das Rechnungsjahr 2011, Landtagsdrucksache 16/13.030, 2 ff.

151 Bayerischer Oberster Rechnungshof, Jahresbericht 2012, Nr.20.4.5.

152 BVerfGE 119, 302 (309).

153 Zur Verteidigung der verfassungswidrigen Fraktionsfinanzierung (siehe von Arnim, Finanzierung der Fraktionen, 1993) hatte der Landtag den späteren Präsidenten des Bundesverfassungsgerichts Hans-Jürgen Papier mit einem Gutachten beauftragt: Papier, Zur Verfassungsmäßigkeit der Fraktionsfinanzierung nach dem Bayerischen Fraktionsgesetz, BayVBl. 1998, 513. Dazu von Arnim, Der Verfassungsbruch, 2011, 33 f.

154 Udo Steiner, Zulagen für besondere Fraktionsfunktionen im Verfassungsstreit, BayVBl 2013, 389.

155 Empfehlungen der Unabhängigen Sachverständigenkommission zu Fragen der Abgeordnetenentschädigung, Schleswig-Holsteinischer Landtag, Drucksache 15/1500 vom 19.12.2001, S. 30–37.

156 Urteil vom 30.9.2013, NVwZ RR 2014, 3.

157 BVerfGE 85, 264. Siehe dazu auch schon von Arnim, Die neue Parteienfinanzierung, 1989.

158 BVerfGE 73, 40.

159 Die Distanzierung steht bereits in den Leitsätzen: BVerfGE 85, 264 (265).

160 BVerfGE 73, 40 (103 ff.). Der Richter Ernst Gottfried Mahrenholz hatte sich Böckenförde angeschlossen (BVerfGE 73, 40 (117).

161 So hinsichtlich der Parteienfinanzierung erstmals von Arnim, Parteienfinanzierung, 1982, 46 ff.

162 BVerfGE 85, 264 (292).

163 BVerfGE 85, 264 (290).

164 BVerfGE 20, 56 (102); 24, 300 (339). Siehe auch Heino Kaack, Anhörung des Innenausschusses des Bundestages vom 21. 11. 1983, 117 f.; von Arnim, Die neue Parteienfinanzierung, 1989, 65 ff.

165 Ulrich Dübber, Geld und Politik, 1970, 97; von Arnim, Die Partei, der Abgeordnete und das Geld, 1996, 46–48.

166 Rechtliche Ordnung des Parteiwesens, Bericht der vom Bundesminister des Innern eingesetzten Parteienrechtskommission, 1957, 212, 216, 218. Siehe auch Erwin Hielscher, Die Finanzierung der politischen Parteien, 1955, 18.

167 BVerfGE 8, 51.

168 BVerfGE 6, 273 (279 ff.).
169 BVerfGE BVerfGE 8, 51 (63).
170 von Arnim, Die Partei, der Abgeordnete und das Geld, 2. Aufl., 1996, 76 ff.
171 Art. 21 Abs. 3 GG.
172 Art. 21 Abs. 1 Satz 3 GG.
173 BVerfGE 20, 56.
174 BVerfGE 24, 300.
175 Siehe auch S. 255 ff.
176 von Arnim, Die Partei, der Abgeordnete und das Geld, Neuausgabe 1996, 85–89 mit weiteren Nachweisen.
177 Bericht zur Neuordnung der Parteienfinanzierung, 1983.
178 BVerfGE 73, 40.
179 BVerfGE 24, 300 (341–343).
180 § 18 Abs. 4 PartG. Bestätigt durch BVerfGE 111, 382.
181 § 18 Abs. 3 PartG.
182 BVerfGE 85, 264 (292 ff.).
183 So auch Hans Meyer, Politische Klasse und demokratischer Rechtsstaat, in: von Arnim (Hrsg.), Politische Klasse und Verfassung, 2001, 19 (26).
184 BVerfGE 24, 300 (344 f.).
185 Hanns-Rudolf Lipphardt, Die Gleichheit der Parteien vor der öffentlichen Gewalt, 1975, 334.
186 BVerfGE 8, 56 (63).
187 Uwe Volkmann, Politische Parteien und öffentliche Leistungen, 1993, 191–196.
188 BVerfGE 24, 300 (346).
189 Siehe für den Bund: § 50 Abs. 2 Satz 1 AbgG.
190 Das bemerkt auch Michael Pinto-Duschinsky, The Party Foundations and Political Finance in Germany, in: F. Leslie Seidle (ed.), Comparative Issues in Party and Election Finance, Toronto 1991, 179 (232).
191 § 5 Abs. 1 Satz 4 PartG.
192 Hans Meyer, Politische Klasse und demokratischer Rechtsstaat, a.a.O., 19 (26).
193 BVerfGE 7, 99 108). Dazu Uwe Volkmann, Politische Parteien und öffentliche Leistungen, 1993, 213 ff.
194 Uwe Volkmann, Verfassungsrecht und Parteienfinanzierung, ZRP 1992, 325 (331).
195 Volkmann, Politische Parteien und öffentliche Leistungen, 195.
196 § 18 Abs.3 PartG.
197 § 19a Abs. 2 Satz 1 PartG.
198 § 20 Abs. 1 PartG.

199 § 19a Abs. 1 Satz 1 und 2 sowie Abs. 3 PartG.

200 Siehe dazu Deutscher Bundestag, Festsetzung der staatlichen Mittel für das Jahr 2013, S. 2 f.

201 § 18 Abs. 5 Satz 1 PartG.

202 § 18 Abs. 5 Satz 1 iVm § 24 Abs. 4 Nr. 5 a.F.

203 Dietmar Hipp, Der Spiegel 42/2016 vom 15.10.2016, S. 47 (»Kein Scheiß«).

204 Süddeutsche Zeitung vom 25.11.2016 (»Ich könnte jeden Abend in Champagner baden«), S. 22.

205 BGBl. I S. 2562.

206 § 39 Abs. 5 Satz 2.

207 § 19a Abs. 4 Satz 2 PartG n.F.

208 § 26 Abs. 4 Satz 3 PartG.

209 § 18 Abs. 3 Nr. 3 PartG.

210 § 10b Abs. 2 und § 34g Satz 1 Nr. 1 und Satz 2 EStG.

211 BVerfGE 85, 264 (290–292).

212 BVerfGE 85, 264 (290).

213 BVerfGE 85, 264 (291).

214 BVerfGE 24,300 (339). In der Literatur wurde das Bundesverfassungsgericht auch im Sinne einer solchen Begrenzung verstanden: Bericht der (ersten) Parteienfinanzierungskommission, 1983, 209; Heino Kaack, Anhörung des Innenausschusses des Deutschen Bundestags vom 21.11.1983, 117 f.; von Arnim, Die neue Parteienfinanzierung, 1989, 65 ff.

215 BVerfGE 24, 300 (339).

216 Landfried weist darauf hin, dass die Einnahmen der Parteien seit 1968 erheblich schneller gestiegen sind als mögliche Vergleichsdaten und auch schneller als die Kostenfaktoren (Landfried, Parteifinanzen und politische Macht, 2. Aufl., 1994, S. 92 ff., 317 ff.).

217 BVerfGE 85, 264 (291).

218 BVerfGE 85, 264 (291): »Unbeschadet der Notwendigkeit einer gesetzlichen Regelung«.

219 Dagegen hatte der Verfasser in seiner Abweichenden Meinung zum Bericht der Parteienfinanzierungskommission vorgeschlagen, die staatlichen Zuwendungen so zu bemessen, dass sie zunächst um etwa 50 Mio. DM unter der absoluten Obergrenze bleiben und dass pro Wählerstimme auf vier Ebenen 0,60 DM und pro Zuwendungsmark 0,20 DM an Staatszuschuss gewährt werden solle (Bundestagsdrucksache 12/ 4425, S. 51 [54 f.]).

220 So auch schon die Parteienfinanzierungskommission von 1993, Bundestagsdrucksache 12/4425, S. 28. Kritik an der Ausschöpfung der Obergrenze übt auch Christine Landfried, Parteifinanzen und politische Macht, 2. Aufl., 1994, 344 ff.

221 § 24 Abs. 9 PartG.

222 So erstmals von Arnim, Staatliche Fraktionsfinanzierung ohne Kontrolle, 1987, 23 f. (»Entscheidung in eigener Sache«).

223 So ausdrücklich auch Verfassungsgerichtshof Rheinland-Pfalz, Urteil vom 19.8.2002, NVwZ 2003, 75 (78 f.).

224 BVerfGE 20, 56 (104); 80, 188 (231 f.). – Die Frage des Gesetzesvorbehalts hinsichtlich der Höhe der Fraktionsmittel (BVerfGE 80, 188 [215]) hatte das Gericht damals ausdrücklich noch offengelassen.

225 BVerfGE 80, 188 (231).

226 BVerfGE 80, 188 (214).

227 BVerfGE 20, 56 (105).

228 BVerfGE 80, 188 (214).

229 Ortwin Lowack (fraktionslos), Plenarprotokoll, S. 13.218: »Mit dem sogenannten Fraktionsgesetz, einem verdeckten Parteienfinanzierungsgesetz ...« – »Sogar für die Öffentlichkeitsarbeit der Fraktionen, die angeblich nichts mit allgemeiner Parteiarbeit zu tun hat, wird der Steuerzahler in Zukunft aufzukommen haben.«

230 BT-Drs. 12/4756, S. 4 ff.

231 BT-Drs. 12/6067, S. 9 ff.

232 Das Bundesverfassungsgericht hatte in einem auf Organklage der ÖDP ergangenen Beschluss vom 15. Juli 2015 die Prüfung der Verfassungsmäßigkeit der Festlegung der bewilligten Mittel nur im Haushaltsplan sowie der Zulässigkeit von Öffentlichkeitsarbeit und der Beschränkung der Finanzkontrolle noch abgeschnitten. Denn es ging davon aus, das schon länger bestehende Fraktionsgesetz, das Derartiges absegnet, hätte innerhalb der Sechsmonatsfrist für Organklagen angefochten werden müssen (BVerfG, DVBl 2015, 1523; dazu von Arnim, DVBl 2015, 1529). Beim derzeit anhängigen Wahlüberprüfungsverfahren ist dieser prozessuale Einwand aber nicht gegeben.

233 BVerfGE 73, 1.

234 Dagegen legt das Bundesverfassungsgericht seinem Beschluss vom 15. Juli 2015 (DVBl 2015, 1523 [1527 f.]) das Urteil von 1986 zugrunde, ohne auf die im Folgenden dargestellten Kritikpunkte einzugehen.

235 BVerfGE 73, 40.

236 Nachweise siehe Anmerkung 246.

237 BVerfGE 85, 264.

238 Siehe von Arnim, Die Partei, der Abgeordnete und das Geld, 2. Aufl., 1996, 77.

239 BVerfGE 20, 56 (114).

240 § 1 Abs. 2 PartG: »Die Parteien wirken an der Bildung des politischen Willens des Volkes auf allen Gebieten des öffentlichen Lebens mit, indem sie insbesondere […] die politische Bildung anregen und vertie-

fen, die aktive Teilnahme der Bürger am politischen Leben fördern, zur Übernahme öffentlicher Verantwortung befähigte Bürger heranbilden [...].«

241 Günther/Vesper, Wie weiter mit dem Stiftungsgeld?, ZRP 1994, 289 (291): »Mit dem Urteil vom 9.4.1992 hat sich – wenn auch nicht im juristischen, so jedenfalls im politischen Sinn – das Urteil vom 14.7.1986 erledigt.«

242 Siehe auch Martin Morlok, Die Rechtsprechung des Bundesverfassungsgerichts zur staatlichen Stiftungsfinanzierung, Mitteilungen des Instituts für Deutsches und Europäisches Parteienrecht und Parteienforschung 6 (1996), S. 7 (10): »Bruch in der Argumentation des Gerichts«.

243 BVerfGE 73, 1 (38).

244 BVerfGE 73, 1 (37).

245 Dass hier in eigener Sache entschieden werde, weist das Gericht in seinem Beschluss vom 15. Juli 2015 allerdings zurück (DVBl 2015, 1523 [1528]). Gewiss liegt bei Festlegung der öffentlichen Mittel für die Stiftungen durch den Bundestag keine direkte, sondern nur eine mittelbare Bevorzugung der Bundestagsparteien vor. Dies ist bei Beschlüssen der Landtage über Sperrklauseln bei Kommunalwahlen und bei Beschlüssen des Bundestags über Sperrklauseln bei Europawahlen aber auch nicht anders. Dennoch bezeichnet das Gericht sie als Entscheidungen »gewissermaßen« in eigener Sache und leitet daraus eine strenge gerichtliche Kontrolle ab (siehe S. 111 ff.).

246 Diese Feststellung stimmt mit zahlreichen Äußerungen im Schrifttum überein, die es als offensichtlich ansehen, dass die Tätigkeit der Stiftungen ihren Mutterparteien wesentliche Vorteile bringt. So z. B. Göttrik Wewer, Die »Stiftungen« der Parteien: Weltweite Aktivitäten, aber geringe Transparenz, in: Peter Haungs/Eckhard Jesse (Hrsg.), Parteien in der Krise?, 1987, 215 (217 ff.); Christine Landfried, Parteienfinanzierung und politische Macht, 1990, 110; Michael Pinto-Duschinsky, German Party Foundations, 1991, 190; Uwe Günther/Michael Vesper, Wie weiter mit dem Stiftungsgeld?, ZRP 1994, 289 (290 f.); Bundespräsidialamt (Hrsg.), Empfehlungen der Kommission unabhängiger Sachverständiger zur Parteienfinanzierung, 1994, 88; Rolf Ebbighausen u.a., Die Kosten der Parteiendemokratie, 1996, 239 ff. (265); Michael Sikora, Politische Stiftungen – vita activa der Parteipolitik oder vita contemplativa der politischen Erkenntnis?, 1997, 29; Andreas Kießlinger, Das Recht auf politische Chancengleichheit, 1998, 118 f.; Heike Merten, Parteinahe Stiftungen im Parteienrecht, 1999, 137 f. Siehe auch schon Peter Lösche, Wovon leben die Parteien?, 1984, 76 f.

247 BVerfGE 73, 1 (38 f.).

248 Martin Morlok, a.a.O., 7 (9): »Es bedurfte schon eines gewissen Willens, die Augen vor der Realität zu verschließen, um trotz der aufgestellten normativen Prämissen die Stiftungsfinanzierung aus Haushaltsmitteln beizubehalten.«

249 Siehe auch Jörn Ipsen, Die unbegrenzte Parteienfinanzierung – Bemerkungen zu den Urteilen des Bundesverfassungsgerichts vom 14. Juli
1986, in: Göttrik Wewer (Hrsg.), Parteienfinanzierung und politischer
Wettbewerb, 1990, 74 (81).

250 Jörn Ipsen, a.a.O., 74 (96): Urteil mit »apologetischer Tendenz«.

251 Martin Lutz/Uwe Müller, Das Stiftungssystem, Welt am Sonntag vom
5. Oktober 2014,15.

252 BVerfGE 20, 56 (117); 41, 399 (421 f.).

253 BVerfGE 73, 1 (38 f.).

254 In diesem Zusammenhang ist auch zu berücksichtigen, dass manche
Bundesländer auf Landesebene parteinahe Stiftungen finanzieren.

255 Gemäß Art. 21 Abs. 2 GG. BVerfGE 111, 382 (410).

256 Wewer, Die »Stiftungen« der Parteien: Weltweite Aktivitäten, aber geringe Transparenz, 215 (219).

257 Siehe folgende Anmerkung.

258 http://www.kas.de/wf/de/71.5035/

259 BVerfGE 73, 1 (39).

260 Zum Beispiel Jürgen Ockermann, Die staatliche Finanzierung parteinaher bzw. parteibeeinflusster Organisationen im Lichte der Wesentlichkeitstheorie, ZRP 1992, 323.

261 Zur Problematik generell von Arnim, Finanzzuständigkeit, in: Isensee/
Kirchhof (Hrsg.), Handbuch des Staatsrechts, Bd. VI, 3. Aufl., 2008, 837.

262 BVerfGE 73, 1 (29 f.).

263 Siehe ARD-Fernsehmagazin Report Mainz »Wahlkampf auf Staatskosten: Wie Mitarbeiter von Bundestagsabgeordneten den Sommer verbringen«, Sendung vom 17.9.2013.

264 § 12 Abs. 3 Satz 1 AbgG.

265 Braun/Jantsch/Klante, Abgeordnetengesetz, 2002, § 12, Rn. 44.

266 Bundestagsdrucks. 18/1810, S. 291.

267 Nr. 7 der Ausführungsbestimmungen zu § 12 Abs. 3 AbgG für den Ersatz von Aufwendungen, die den Mitgliedern des Deutschen Bundestags durch die Beschäftigung von Mitarbeiterinnen und Mitarbeitern
entstehen: »Inhalt und Umfang der Beschäftigung seines Mitarbeiters
bestimmt das Mitglied des Bundestages, das auch die Verantwortung
für die bestimmungsgemäße Verwendung der Haushaltsmittel trägt.«

268 Bundestagsdrucks. 12/5659, S. 11. Die mangelnde Prüfung wird auch
durch eine Mail des Bundesrechnungshofs an den Verfasser vom
13.12.2010 bestätigt.

269 Siehe Art. 114 Abs. 2 GG.

270 Vgl. Bundespräsidialamt (Hrsg.), Empfehlungen der Kommission unabhängiger Sachverständiger zur Parteienfinanzierung, 1994, S. 110.

271 § 52 AbgG.

272 § 53 AbgG.

273 Siehe auch die damalige Bundestagsabgeordnete der Grünen Bettina Herlitzius gegenüber Report Mainz mit dem Appell an den Bundestag, eine Klärung herbeizuführen, »bis wohin bin ich noch bei parlamentarischer Arbeit, und wo geht es über in eine Wahlkampfaktivität« (Presseinformation von Report Mainz vom 17.9.2013).

274 Siehe Verfassungsgerichtshof Rheinland-Pfalz, Urteil vom 19.8.2002, NVwZ 2003, 75 (79). Dort wird die Frage am Beispiel der Abgrenzung der Öffentlichkeitsarbeit von Fraktionen, die nach § 47 Abs. 3 AbgG erlaubt ist, von Aktivitäten für die Parteien, die nach § 50 Abs. 4 Satz 2 AbgG verboten sind, behandelt. Den Verstoß gegen den rechtsstaatlichen Grundsatz der Bestimmtheit von Normen lehnt der Gerichtshof dort noch ab, weil die Fraktionen immerhin öffentliche Rechnung zu legen haben (§ 52 AbgG) und durch den Rechnungshof geprüft werden (§ 53 AbgG), was diesem die Möglichkeit gegeben hat, festzulegen, was erlaubt ist, und was nicht. Beide Kontrollen bestehen für Abgeordnetenmitarbeiter aber gerade nicht.

275 BVerfGE 44, 125 (126, Leitsatz 8).

276 BVerfGE 44, 125 (151).

277 BVerfGE 44, 125 (147).

278 BVerfGE 44, 125 (152).

279 Das bestätigten zum Beispiel der Bundestagsabgeordnete Martin Burkert (SPD) und ein Mitarbeiter der damaligen Bundestagsabgeordneten Bettina Herlitzius (Bündnis 90/Die Grünen) in der Sendung von Report Mainz vom 17.9.2013.

280 Art. 38 Abs. 1 Satz 2, Art. 48 Abs. 3 GG.

281 Siehe zur Prüfung der Gemeinden durch den Landesrechnungshof z. B. § 110 Abs. 5 Gemeindeordnung Rheinland-Pfalz. Zur Prüfung z. B. des ZDF durch den Rechnungshof siehe § 30 Abs. 3 des ZDF-Staatsvertrages. Zur Prüfung von Hochschulen durch die Rechnungshöfe z. B. § 103 Abs. 6 Hochschulgesetz Rheinland-Pfalz.

282 Die Freiheit der Fraktionen ergibt sich aus der Freiheit ihrer Abgeordneten, die Freiheit der Universitäten aus Art. 5 Abs. 3 GG, die des Rundfunks aus Art. 5 Abs. 1 Satz 2 GG und die der Gemeinden aus Art. 28 Abs. 2 Satz 1 GG.

283 Siehe die Beispiele in der Fernsehsendung von Report Mainz vom 9.5.2011. Darüber hinaus hat der Verfasser im Wege einer Internetrecherche zahlreiche weitere Fälle ermittelt.

284 BVerfG, Beschluss vom 15.7.2015, DVBl 2015, 1523 (1527, Rn. 99).

285 Im Wege der sogenannten abstrakten Normenkontrolle, Art. 93 Abs. 1 Ziff. 2 GG.

286 BVerfGE 8, 51.

287 BVerfGE 8, 51 (63).

288 Ulrich Heisterkamp, Think Tanks der Parteien? Eine vergleichende Analyse der deutschen politischen Stiftungen, 2014, 152 f.: »Sicher nicht zufällig wurden noch im gleichen Jahr [gemeint ist 1958] die FDPnahe FNS und die aus der Gesellschaft für christlich-demokratische Bildungsarbeit e.V. (1955) hervorgegangene Politische Akademie Eichholz – aus der dann 1964 die Adenauer Stiftung hervorging – ins Leben gerufen.«

289 Die Bundestagsfraktionen verdreifachen ihre Staatszuschüsse von 1958–1967: von 1,4 Mio. auf 4,3 Mio. DM (von Arnim, Finanzierung der Fraktionen, 1993, 77 f.).

290 BVerfGE 24, 30 (339).

291 Siehe schon Art. 21 Abs. 3 GG.

292 BVerfGE 24, 300 (339–343).

293 Das Bundesverfassungsgericht hatte in früheren Urteilen die Frage eines Gesetzesvorbehalts hinsichtlich der Höhe der Fraktionsmittel (BVerfGE 80, 188 [215]) und der Finanzierung parteinaher Stiftungen (BVerfGE 73, 1 [39]) noch ausdrücklich offengelassen.

294 Das »Fraktionsgesetz« ist als 11. Abschnitt in das Abgeordnetengesetz eingefügt.

295 So der Abgeordnete Konrad Schily, Welt am Sonntag vom 3.5.2009 (»Im Bundestag fällt das Geld wie Manna vom Himmel«).

296 Dazu auch Martin Lutz/Uwe Müller, Das Stiftungssystem, Welt am Sonntag vom 5.10.2014, S. 15 ff.

297 So zum Beispiel der frühere Landtagsdirektor von Thüringen Joachim Linck, Beruf Abgeordneter?, FAZ vom 28.8.2006 (Leserbrief).

298 Bundestagsdrucksache 18/4805 vom 12.5.2015.

299 von Arnim, Die Partei, der Abgeordnete und das Geld. Parteienfinanzierung in Deutschland, 1996, 77 ff.

Teil 5: Das Wahlrecht öffnen, die Politikfinanzierung begrenzen: Konsequenzen der Rechtsprechung

1 BVerfGE 120, 82 (111 f.); 129, 300 (335 f.).

2 Frank Decker/Eckhard Jesse, »Koalitionspakt« vor und nach der Bundestagswahl 2013, Aus Politik und Zeitgeschichte 48–49/2013, S. 47.

3　Gegen den Grundsatz der Wahlgleichheit wird verstoßen, »wenn die Regelung nicht geeignet und erforderlich ist, um die mit der jeweiligen Wahl verfolgten Ziele zu erreichen«. So BVerfGE 120, 82 (107); 129, 300 (321); 135, 259 (287). Siehe auch von Arnim, Was aus dem Urteil des Bundesverfassungsgerichts zur 5-Prozent-Klausel bei Europawahlen folgt, DÖV 2012, 224 (225).

4　Zu möglichen Einwänden gegen die Einführung einer Alternativstimme und zu ihrer Widerlegung siehe Hermann Heußner, Die 5 %-Sperrklausel: Nur mit Hilfsstimme!, LKRZ 2014, 7 ff. und 52 ff.; Matthias Damm, Die Nebenstimme bei Bundestagswahlen: Wer A sagt, darf auch B sagen?, DÖV 2014, 913 ff.; Frank Decker, Ist die Fünf-Prozent-Sperrklausel noch zeitgemäß? Verfassungsrechtliche und -politische Argumente für die Einführung einer Ersatzstimme, Zeitschrift für Parlamentsfragen 2015, 460 (464–471).

5　Zur Unzulässigkeit einer solchen »Verdoppelung« BVerfGE 20, 56 (117); 41, 399 (421 f.).

6　BVerfGE 3, 45 (49 ff.).

7　BVerfGE 7, 63.

8　Leibholz, zum Beispiel in: Parteien, Wahlrecht, Demokratie. Vorträge und Diskussionen einer Arbeitstagung der Friedrich-Naumann-Stiftung und der Deutschen Gruppe der Liberalen Weltunion vom 17. bis 19.3.1967 im Kurhaus Baden-Baden, 1967, 40 (47 f.); von Arnim, Wahlgesetze: Entscheidungen des Parlaments in eigener Sache, JZ 2009, 813 (819 f.).

9　Zuerst BVerfGE 89, 155 (171 f.).

10　von Arnim, Fetter Bauch regiert nicht gern, 1997, 101 ff. mit weiteren Nachweisen.

11　Beschwerdeführer war der Verfasser.

12　BVerfGE 129 (343). Siehe dazu auch von Arnim, Was aus dem Urteil des Bundesverfassungsgerichts zur 5-Prozent-Klausel bei Europawahlen folgt, DÖV 2012, 224 (226).

13　BVerfGE 41, 399 (418).

14　Siehe auch von Arnim, Wählen wir unsere Abgeordneten unmittelbar?, Juristen-Zeitung 2002, 578.

15　Dazu auch von Arnim, Gesetzesbegründung und Gesetzesvorbehalt bei Finanzierung von Fraktionen, parteinahen Stiftungen und Abgeordnetenmitarbeitern, DÖV 2016, 368 ff.

16　Philipp Dann, Verfassungsgerichtliche Kontrolle gesetzgeberischer Rationalität, Der Staat 2010, 630 (644 f.): Die verfassungsgerichtliche Kontrolle »sollte sich vor allem auf die Wahrung der Integrität des politischen Prozesses beziehen, die inhaltliche Kontrolle von Gesetzgebung dagegen reduzieren. Hierin liegt eine Anknüpfung an prozedurale Verfassungstheorien, wie insbesondere die von John Hart Ely. Sie lenken den Fokus auf die Sicherung von Fairness und Inklusion der Prozesse repräsentativer Demokratie und fundieren insofern die Voraussetzungen für demokratische Gesetzgebung.«

17 BVerfGE 40, 296.

18 Siehe zum Beispiel § 81 Abs. 1 Satz 2, zweiter Halbsatz, und § 126 GOBT.

19 § 126 GOBT: »…wenn die Bestimmungen des Grundgesetzes dem nicht entgegenstehen.«

20 So die vom Bundespräsidenten Richard von Weizsäcker eingesetzte Parteienfinanzierungskommission: Bundespräsidialamt (Hrsg.), Empfehlungen der Kommission unabhängiger Sachverständiger zur Parteienfinanzierung, 1994, S. 100–102.

21 BVerfGE 40, 296 (327): Bei Entscheidungen des Parlaments in eigener Sache »verlangt aber das demokratische und rechtsstaatliche Prinzip (Art. 20 GG), dass der gesamte Willensbildungsprozess für den Bürger durchschaubar ist«.

22 Für die Kostenpauschale in § 12 Abs. 2 Satz 3 AbgG, für die Mitarbeiterpauschale in § 12 Abs. 3 Satz 5 AbgG.

23 Für die Kostenpauschale: § 12 Abs. 2 Satz 2 AbgG.

24 Dazu von Arnim, Das neue Abgeordnetengesetz, 2. Aufl. 1997, Speyerer Forschungsberichte Nr. 169.

25 § 12 Satz 3 AbgG in der Fassung des Gesetzentwurfs der Fraktionen der CDU/CSU und SPD eines 18. Gesetzes zur Änderung des Abgeordnetengesetzes und eines 15. Gesetzes zur Änderung des Europaabgeordnetengesetzes vom 28.6.1995 (BT-Drs. 13/1825).

26 OVGE 45, 285 ff.

27 OVGE 45, 285 (285, 288 ff.).

28 Braun/Jantsch/Klante, Abgeordnetengesetz. Kommentar, 2002, § 11 Rn. 23 (S. 92).

29 Art. 48 Abs. 3 Satz 3 GG.

30 von Arnim, Der Staat sind wir, 1995, 136 mit Fn. 44 auf S. 185; ders., Das neue Abgeordnetengesetz, 15 f.

31 Der Staat sind wir, 133; Gesetz zur Änderung des Grundgesetzes vom 28.6.1995 (BT-Drs. 13/1824).

32 § 12 Abs. 2 Satz 3 AbgG.

33 BT-Drs. 7/5525.

34 BT-Drs. 7/5903, S. 27 (§ 22 Abs. 3 AbgG).

35 BT-Drs. 7/5903, S. 12. Ebenso der Abgeordnete Spitzmüller, 2. Lesung des Gesetzentwurfs, Protokoll der BT-Plenarsitzung, S. 18.572.

36 von Arnim/Drysch, Drittbearbeitung des Art. 48 GG im Bonner Kommentar (Dezember 2010), Rn. 286.

37 So in Baden-Württemberg und einigen anderen Ländern. Siehe von Arnim/Drysch, a.a.O., Rn. 285.

38 BVerfGE 40, 296 (317 f., 327).

39 Art. 20 Abs. 3 GG.

40 Bundespräsidialamt (Hrsg.), Empfehlungen der Kommission unabhängiger Sachverständiger zur Parteienfinanzierung (vom 17.2.1993), 1994, 86.

41 Erste Lesung des Gesetzentwurfs der CDU/CSU, SPD und FDP vom 20.4.1993, BT-Drs. 12/4756, Plenarprotokoll S. 13.215: Dr. Peter Struck (SPD): Über die Höhe »entscheiden wir jeweils, wenn wir über den Haushaltsplan entscheiden (Dr. Wolfgang Ullmann [Bündnis 90/Die Grünen]: Das ist aber das Problem!).«

42 Andrea Lederer (PDS/Linke Liste), Plenarprotokoll vom 12.11.1993, S. 16.419: »Zum einen beantragen wir, die Ausstattungen der Fraktionen mit Geld- und Sachleistungen in einem eigenständigen, vom Haushaltsgesetz unabhängigen Fraktionsausstattungsgesetz zu regeln.«

43 Werner Schulz (Bündnis 90/Die Grünen), S. 16.420: »Ein Fraktionsgesetz muss [...] Maßstäbe und Höhe der jährlichen Leistungen an die Fraktion exakt und auch für die Bürgerinnen und Bürger durchschaubar festlegen, also für Transparenz sorgen.«

44 Peter Struck, erste Lesung, S. 13.216: »Es ist absolut falsch [...], wir würden uns mit diesem Gesetz gegen Vorschläge dieser Kommission aussprechen.«

45 So BVerfG, Beschluss vom 15.7.2015, DV BL 2015, 1523.

46 Immerhin: Bei Wahlanfechtungen bestehen derartige prozessuale Hindernisse nicht.

47 BVerfGE 80, 188 (214). Siehe auch schon BVerfGE 20, 56 (105).

Teil 6: Grenzen der Kontrolle

1 Das Bundesverfassungsgericht hat selbst für Bundestagsabgeordnete keine Vollalimentierung vorgeschrieben, jedenfalls hat es insoweit das Diätenurteil von 1975 im Jahre 1987 korrigiert (BVerfGE 76, 256 (341–343). Das gilt erst recht und von Anfang an für Landtagsabgeordnete. Dazu von Arnim, Drysch, Drittkommentierung des Art. 48 GG im Bonner Kommentar (2010), Rn. 162–173.

2 von Arnim/Drysch, Rn. 206 f.

3 BVerfG, DVBl 2015, 1523.

4 BVerfGE 80, 188 (214 f.).

5 Zum Wüppesahl-Urteil BVerfGE 80, 188 (230–233); zum Stiftungsurteil siehe S. 149 ff.).

6 Siehe auch Martin Morlok, Das Bundesverfassungsgericht als Verfassungshüter, NVwZ 2005, 157 (160).

7 BVerfGE 111, 382.

8 Dafür gilt beim Bundestag eine Frist von zwei Monaten: § 48 Bundesverfassungsgerichtsgesetz in Verbindung mit Art. 93 Abs. 1 Nr. 4c GG.

9 BVerfGE 129, 300.

10 Bundestagsdrucksache 18/1810 vom 26.6.2010.

11 Stand: November 2016.

12 So für den Bundestag: § 2 Abs. 4 Satz 1 Wahlprüfungsgesetz.

13 Dass auch gravierende Fehler bei der parteiinternen Kandidatenaufstellung eine Wahlanfechtung begründen können, zeigt ein Urteil des Hamburgischen Verfassungsgerichts vom 4.5.1993 (3/92), NVwZ 1993, 1083.

14 Siehe Der Spiegel 42/2016 vom 15.10.2016, S. 42.

15 BVerfGE 34, 201 (203).

16 BVerfGE 122, 304 (306); Beschluss vom 25.2.2010, 2 BvC 6/07, juris.

17 BVerfGE 89, 155 (172).

18 So auch die Anregung von Niels Petersen, Verfassungsgerichte als Wettbewerbshüter des politischen Prozesses, in: Dominik Elser u.a. (Hrsg.), Das letzte Wort – Rechtssetzung und Rechtskontrolle in der Demokratie, 2014, 59 (65 f.).

19 Deshalb dürfte auch der Vorschlag Hans Meyers, »in Angelegenheiten der politischen Klasse eigene Verfassungsstreitigkeiten vorzusehen« und so das Bundesverfassungsgerichtsgesetz entsprechend zu ergänzen (Meyer, Politische Klasse und demokratischer Rechtsstaat, a.a.O., 19 [35]), kaum Realisierungschancen besitzen.

20 So die klassische Formulierung von Hamilton: »The judiciary has no influence over either the sword or the purse.« The Federalist (ed. E. Cooke), 1961, Nr. 78 (S. 523).

21 Werner Heun, Die politischen Wirkungen verfassungsgerichtlicher Entscheidungen, in: Werner Heun/Christian Starck (Hrsg.), Verfassungsgerichtsbarkeit im Rechtsvergleich, 2008, 225 (230 ff.).

22 Zur Fraglichkeit der Direktwahl des Parlaments bei starren Listen siehe S. 166 ff.

23 Siehe die Minderheitsvoten zu den Sperrklausel-Urteilen: BVerfGE 129, 300 (346 ff.); 135, 259 (299 ff.).

24 Grundlegend John Hart Ely. Siehe S. 86 ff.

25 Überblick bei von Arnim, Kritisches zur Kritik an der Sperrklausel-Rechtsprechung des BVerfG, DVBl 2014, 1489 (1495–1499).

26 Siehe die unverständige Kritik an den Sperrklausel-Urteilen in so einflussreichen Medien wie der Frankfurter Allgemeinen Zeitung und der Süddeutschen Zeitung: Hefty, Absichtliche Atomisierung, FAZ vom 11.11.2011, S. 1; Prantl, Ist eh schon Wurst, SZ vom 10.11.2011, S. 4.

27 Georg Vanberg, The Politics of Constitutional Review in Germany, 2005, 39 ff.,159 ff.; Niels Petersen, a.a.O., 64–66.
28 BVerfGE 129, 300 (343).
29 BVerfGE 129, 300 (342 f.).
30 BVerfGE 99, 84.
31 BVerfGE 85, 264 (328).
32 BVerfGE 73, 40.
33 Dazu von Arnim, Die neue Parteienfinanzierung, 1989.
34 BVerfGE 85, 264 (290–292).
35 BVerfG, DVBl 2015, 1523. Dazu von Arnim, Die Angst der Richter vor der Macht, 2015; ders., DVBl 2115, 1529–1535.
36 Siehe schon Heinrich Triepel, Wesen und Entwicklung der Staatsgerichtsbarkeit, VVdStRL 5 (1929), 2 (27): »Daß freilich der Verfassungsgerichtsbarkeit auch beim objektivsten Verfahren immer ein politischer Erdenrest ankleben wird, brauche ich nur anzudeuten. Es kann sein, [...] daß Parteiregierungen für parteipolitisch abgestempelte Richter sorgen, daß die Verteilung der Richterstellen nach den Stärkeverhältnissen der Parteien im Parlament erfolgt [...].« Hans Kelsen, ebenda, 30 (56 f.): »So wünschenswert es wäre, alle parteipolitischen Einflüsse von der Judikatur des Verfassungsgerichts fernzuhalten, so schwierig ist gerade die Verwirklichung dieses Postulats.« – Beispiele für den Einfluss der Berufung auf die Rechtsprechung sind die (damals noch mögliche) wiederholte Wiederwahl von Gerhard Leibholz, welcher der verfassungsrechtlichen Anerkennung des Parteienstaats und speziell der Einführung der staatlichen Parteienfinanzierung den Weg bahnte, und die Wahl von Hans Hugo Klein, der dann für das permissive Parteienfinanzierungsurteil von 1986 als Berichterstatter mitverantwortlich war, welches unter anderem eine fast unbegrenzte Steuerbegünstigung von Spenden erlaubte. Seine Wahl erfolgte, kurz nachdem er vorher die Begrenzung der steuerlichen Spendenbegünstigung durch das Gericht massiv kritisiert hatte (NJW 1982, 737). Ein weiteres Beispiel ist die Wahl des ehemaligen Ministerpräsidenten des Saarlandes und prominenten CDU-Politikers, Peter Müller, der das Dezernat »Wahlen und Parteienrecht« innehat (siehe S. 194 ff.). Zu einem vierten Beispiel siehe S. 68 ff.
37 BVerfGE 20, 1; 20, 9.
38 BVerfGE 24, 300.
39 BVerfGE 73, 40.
40 BVerfGE 73, 40 (64).
41 Hans Hugo Klein, Parteien sind gemeinnützig – das Problem der Parteienfinanzierung, NJW 1982, 735.
42 Saarländischer Verfassungsgerichtshof, Urteil vom 1.7.2010 – Lv 4/09.

43 Presseerklärung des Rechnungshofs vom 18.2.2014, S. 3.

44 Gesetzentwurf der Fraktionen von SPD, CDU und Bündnis 90/Die Grünen vom 16.9.1996, Landtagsdrucksache 11/856.

45 BVerfG, DVBl 2015, 1523.

46 Dass die Parteienfinanzierung in jedem Falle auch die Chancengleichheit der Parteien, auch der außerparlamentarischen, und die politische Gleichheit ihrer Wähler und Sympathisanten betrifft (siehe S. 136 ff.) und zudem politische Kartelle den Bürgern insoweit ihr Wahlrecht nehmen (siehe S. 191 f.), hat das Gericht bisher noch nicht erkannt.

47 Nach Art. 93 Abs. 1 Ziff. 2 GG.

48 BVerfGE 85, 264 (291): einschließlich des Chancenausgleichs und des Sockelbetrags, die der Senat für verfassungswidrig erklärte (294–295 und 296–312).

49 BVerfGE 8, 51 (63): »Da die Abhaltung von Wahlen eine öffentliche Aufgabe ist und den Parteien bei der Durchführung dieser öffentlichen Aufgabe von Verfassungs wegen eine entscheidende Rolle zukommt, muss es auch zulässig sein, nicht nur für die Wahlen selbst, sondern auch für die die Wahlen tragenden politischen Parteien finanzielle Mittel von Staats wegen zur Verfügung zu stellen.«

50 BVerfGE 20, 56.

51 BVerfGE 20, 56 (105): Es wäre »ein die Verfassung verletzender Missbrauch, wenn die Parlamente den Fraktionen Zuschüsse in einer Höhe bewilligen würden, die durch die Bedürfnisse der Fraktionen nicht gerechtfertigt wären, also eine verschleierte Parteienfinanzierung enthielten.«

52 BVerfGE 20, 56 (104).

53 BVerfGE 80, 188 (231).

54 In § 47 Abs. 3 AbgG.

55 BVerfGE 80, 188 (214).

56 Siehe z. B. Der Spiegel 18/2015, S. 43 (»Mit verbotenen Mitteln«): »Geheimbericht […] bis heute unter Verschluss«.

57 § 53 Abs. 2 Satz 1 AbgG.

58 BVerfGE 73, 1. Siehe dazu S. 148.

59 von Arnim, Die Partei, der Abgeordnete und das Geld, 2. Aufl., 1996, 168.

60 Ulrich Heisterkamp, Think Tanks der Parteien. Eine vergleichende Analyse der deutschen politischen Stiftungen, 2014, 168 f., 418.

61 Art. 48 Abs. 3 GG.

62 Die Verdoppelung erfolgte netto, also einerseits nach Abzug der neu eingefügten Besteuerung, andererseits nach Abzug des früher von den Abgeordneten abzuführenden Versorgungsbeitrags: von Arnim, »Der

Staat sind wir!«, 1995, 72 ff.; ders., Das neue Abgeordnetengesetz, 2. Aufl. 1997, 5.

63 BVerfGE 40, 296 (315; ähnlich auch 312 und 328).

64 Geiger, Der Abgeordnete und sein Beruf. Eine kritische Auseinandersetzung mit folgenreichen Missdeutungen eines Urteils, ZParl 1978, 522 (532). – Die Entscheidung BVerfGE 32, 157 (165), wonach es »verfassungsrechtlich die Möglichkeit einer begrenzten Altersversorgung« gebe, sollte durch das Diätenurteil offenbar überholt werden.

65 von Arnim, Abgeordnetengesetz ohne Kontrolle – Zur Diätennovelle der großen Koalition, DVBl 2014, 605 (610 f.).

66 BVerfGE 49, 1 (1 f.).

67 BVerfGE 40, 296 (314, 319). Vgl. auch von Arnim/Drysch, Drittbearbeitung des Art. 48 GG im Bonner Kommentar, Rn. 159, 162–173.

68 Geiger, ZParl 1978, 522 (528).

69 BVerfGE 40, 296 (305 f.).

70 Vgl. von Arnim, Die Deutschlandakte, 2008, 115.

71 BVerfGE 40, 296 (329 f.). Dazu von Arnim/Drysch, Rn. 237–247.

72 BVerfGE 40, 296 (318 f.).

73 Dazu von Arnim/Drysch, Rn. 307.

74 BVerfGE 40, 296 (318); 102, 224 (244).

75 Hans Meyer, Politische Klasse und demokratischer Rechtsstaat, a.a.O., 22.

76 BVerfGE 85, 264 (291).

77 BVerfGE 85, 264 (311 f.).

78 BVerfGE 85, 264 (292).

79 Deshalb hat Paul Kirchhof vorgeschlagen, das Gericht solle seinen Urteilen Rückwirkung, zumindest ab Rechtshängigkeit, verleihen.

80 BVerfGE 20, 56.

81 Hans Meyer, Politische Klasse und demokratischer Rechtsstaat, a.a.O., 26 f.

82 BVerfGE 24, 300.

83 BVerfGE 20, 56 (102).

84 BVerfGE 24, 300 (339).

85 Heisterkamp, Think Tanks der Parteien?, 2014, 168 f. m.w.N.

86 BVerfGE 102, 224 (Aktenzeichen: 2 BvH 3/91).

87 BVerfGE 102, 245.

88 Art. 82 Abs. 1 GG. Nach vorheriger Gegenzeichnung durch den Kanzler oder den zuständigen Bundesminister (Art. 58 GG).

89 Die Bundespräsidenten haben sich auf den Standpunkt gestellt, die Ausfertigung eines Gesetzes nur dann zu verweigern, wenn die Verfassungswidrigkeit »offenkundig und zweifelsfrei« sei. Siehe Bundespräsident Karl Carstens, Schreiben vom 26.6.1981, in: Bundesratsdrucksa-

che 267/81 (Ausfertigung des Staatshaftungsgesetzes vom 12.2.1981); Bundespräsident Johannes Rau, Erklärung zur Ausfertigung des Zuwanderungsgesetzes am 20.6.2002.

90 So Thilo Streit, Entscheidung in eigener Sache, 2006, 144.

91 Kritik daran zum Beispiel bei Nettesheim, Die Aufgaben des Bundespräsidenten, in: Isensee/Kirchhof (Hrsg.), Handbuch des Staatsrechts der Bundesrepublik Deutschland, Bd. III, 3. Aufl., 2005, § 62 Rn. 39: »Ergibt sich im Rahmen der Prüfung, dass das Gesetz verfassungswidrig ist, so darf der Bundespräsident es nicht ausfertigen. [...] Insofern stößt die in der politischen Praxis verwandte Formel, wonach die Ausfertigung nur im Fall ›offensichtlicher‹ Verfassungswidrigkeit verweigert wird, auf Bedenken.«

92 Siehe auch Stefan Ulrich Pieper, Das Ausfertigungsrecht des Bundespräsidenten, in: Klein/Pieper/Ress (Hrsg.), Rechtsstaatliche Ordnung Europas, 2007, S. 289 (305), wo dargelegt wird, dass bei der Prüfung durch den Bundespräsidenten auch die Frage eine Rolle spielt, »ob die Möglichkeit besteht, dass es über die verfassungsrechtlichen Fragen, die die Entscheidung begründen, faktisch und rechtlich zu einer bundesverfassungsgerichtlichen Überprüfung kommen könnte.« So auch Nettesheim, a.a.O., Rn. 38: »Die gebotene Prüfungstiefe hängt dabei [unter anderem ...] wohl auch von der Wahrscheinlichkeit, mit der zu erwarten ist, dass das Bundesverfassungsgericht zur Überprüfung eingeschaltet werden wird,« ab.

93 Bundespräsidialamt (Hrsg.), Empfehlungen der Kommission unabhängiger Sachverständiger zur Parteienfinanzierung, 1994.

94 Im Gespräch mit dem Verfasser am Rande der von ihm berufenen Parteienfinanzierungskommission hatte von Weizsäcker denn auch bemerkt, im Nachhinein betrachtet, hätte er seine Parteienkritik lieber unterlassen.

95 Hans Schneider, Gesetzgebung, 1982, S. 244: Bayern (innerhalb einer Woche); Hessen (binnen zwei Wochen); Baden-Württemberg (binnen eines Monats). – Aber auch der Bundespräsident muss »unverzüglich handeln, also ohne schuldhaftes Zögern« (Schneider, S. 242). Dasselbe gilt für die Gegenzeichnung, »wobei auch der Bundesregierung bei verfassungsrechtlichen Bedenken eine angemessene Frist einzuräumen ist. Ein Verzögern – etwa aus politischen Gründen – ist verfassungswidrig.« (Nierhaus, in: Sachs [Hrsg.], 6. Aufl., 2011, Art. 82 Rn. 18).

96 Siehe Art. 25 Europäisches Abgeordnetenstatut.

97 Art. 42 Abs. 1 GG.

98 Art. 52 Abs. 3 Satz 3 GG.

99 Pieper, a.a.O., S. 306.

100 So jedenfalls ein Appell von zuletzt 35 Staatsrechtslehrern an den Bundestag und den Bundespräsidenten (Der Spiegel 23/2013 vom 3.6.2013,

S. 15) und eine Analyse des Fünfprozenturteils durch das Bundesministerium des Innern (vgl. Der Spiegel 42/2013 vom 14.10.2013, S. 34).

101 BVerfGE 40, 296 (327).

102 BVerfGE 85, 264 (292).

103 Siehe von Arnim, Fetter Bauch regiert nicht gern, 1997, 324–328.

104 Bericht und Empfehlungen der Unabhängigen Kommission zu Fragen des Abgeordnetenrechts vom 19.3.2013, BT-Drs. 17/12.500.

105 Dazu von Arnim, Abgeordnetengesetz ohne Kontrolle – Zur Diätennovelle der großen Koalition, a.a.O.

106 Bundespräsidialamt (Hrsg.), Empfehlungen der Kommission unabhängiger Sachverständiger zur Parteienfinanzierung, 1994.

107 Siehe z. B. das vom Bayerischen Landtag bestellte Gutachten von Hans-Jürgen Papier (vgl. auch von Arnim, Der Verfassungsbruch 2011, 33–35).

108 Günter Krings, in: Morlok/Schließky/Wiefelspütz (Hrsg.), Parlamentsrecht, 2015, § 17 Rn. 74.

109 Philipp Austermann/Stefanie Schmal (Hrsg.), Abgeordnetengesetz, 2016.

110 Braun/Jantsch/Klante, Abgeordnetengesetz. Kommentar, 2002.

111 Kyrill-Alexander Schwarz, in: Austermann/Schmahl, § 12 Rn. 27.

112 Stefan Sinner, in: Austermann/Schmahl, § 11 Rn52–61.

113 BVerfGE 102, 224 (244); 118, 277 (329); 119, 302 (309).

114 So sogar Krings, in: Morlok/Schließky/Wiefelspütz, § 17 Rn. 80: »Funktionszulagen für Fraktionsämter im Rahmen der Abgeordnetenentschädigung [sind] nach der Rechtsprechung des Bundesverfassungsgerichts nur für den Fraktionsvorsitzenden zulässig.«

115 Christian Waldhoff, in: Austermann/Schmahl, § 52 Rn. 6.

116 Martin Morlok/Utz Schließky/Dieter Wiefelspütz (Hrsg.), Parlamentsrecht. Praxishandbuch, 2015.

117 So das Vorwort der Herausgeber, a.a.O., 8.

118 Wiefelspütz, in: Morlok/Schließky/Wiefelspütz, § 15 Rn. 1 f.

119 Wiefelspütz,§ 15 Rn. 10–19.

120 Wiefelspütz, § 15 Rn. 23.

121 Näheres bei von Arnim, Eine Kriegserklärung ans Bundesverfassungsgericht. Zum Bericht der Schmidt-Jortzig-Kommission über Abgeordnetenrecht vom 19.3.2013 (BT-Dr 17/12500), NVwZ-Extra 8a 2013, S. 1 (7 f.).

122 Krings, in: Morlok/Schließky/Wiefelspütz, § 17 Rn. 69–80.

123 Krings, in: Morlok/Schließky/Wiefelspütz, § 17 Rn. 75.

124 Krings, § 17 Rn. 73.

125 Laut Haushaltsplan 2014 erhielten die Bundestagsfraktionen 80,166 Millionen Euro, ein Betrag, den man bei Krings vergeblich sucht.

126 Krings, § 17 Rn. 80.

127 von Arnim, Abgeordnetenmitarbeiter: Reservearmee der Parteien?, DÖV 2011, 345 (305); ders., Politische Parteien im Wandel, 2011, 14 (mit Tabelle 6 auf S. 86).

128 von Arnim, Abgeordnetenmitarbeiter ohne Kontrolle, Münchner Merkur vom 6./7.8.2011.

129 von Arnim, Die Selbstbediener. Wie bayerische Politiker sich den Staat zur Beute machen, 2. Aufl., Juni 2013.

130 Dazu von Arnim, Die Selbstbediener, erweiterte Neuausgabe, Juni 2013, 193 ff.

131 von Arnim, Mit 35 ausgesorgt, Stern vom 6.2.1997, S. 21–24. Siehe auch von Arnim, Diener vieler Herren, 1998, 39 ff.

132 von Arnim, Diener vieler Herren, 165 ff.; Frank Decker, Regieren im »Parteienbundesstaat«, 2011, 91 ff. Auch Der Spiegel hatte mehr als 80 Bundestagsabgeordnete aufgelistet, die als frühere Minister, Senatoren oder politische Beamte – nur unzureichend gekürzte – Pensionen neben ihren Abgeordnetenbezügen erhielten (Der Spiegel vom 31.3.1997, 22 f.).

133 Gesetzentwurf der Fraktionen SPD und Bündnis 90/Die Grünen, Bundestagsdrucksache 14/2235 vom 30.11.1999.

134 21. Gesetz zur Änderung des Abgeordnetengesetzes und 18. Gesetz zur Änderung des Europaabgeordnetengesetzes vom 20.7.2000, BGBl. S. 1037.

135 § 29 Abs. 2 Satz 3 AbgG.

136 § 29 Abs. 2 Satz 1 AbgG.

137 Bemerkungen des Bundesrechnungshofs 1993, Bundestagsdrucksache 12/5650, 11.

138 Siehe von Arnim, DÖV 2011, 345 (349).

139 BVerfGE 80, 188 (214).

140 § 53 Abs. 2 Satz 2 AbgG.

141 Siehe z. B. Tillack, Öffentliche Rügen der Fraktionen sind tabu, Stern online (Aufruf am 8.5.2014); Der Spiegel 18/2015, 43.

142 BVerfGE 80, 188 (214).

143 § 96 Abs. 4 BHO. Dazu Holger Greve, Die Änderung der BHO: Eingeschränkter Informationszugang gegenüber dem Bundesrechnungshof unter Aufgabe der Regelungssystematik des IFG, NVwZ 2014, 275.

144 Spiegel online vom 4.4.2014 (»Neuer Präsident: Unionspolitiker soll Bundesrechnungshof leiten«); Süddeutsche Zeitung vom 7.4.2014, 17 (»Unbekannte Größe: Unionspolitiker Kay Scheller soll den Bundesrechnungshof leiten«).

Teil 7: Der Fehler liegt im System: Das Kartell auf dem Weg in den exzessiven, bürgerfernen Parteienstaat

1 So z. B. Klaus von Beyme, 30 Jahre Parteiengesetz – zum Stand der Parteienforschung, in: Dimitris Th. Tsatsos (Hrsg.), 30 Jahre Parteiengesetz in Deutschland, 2002, 44 (50). Aus dem folgenden Abschnitt dieses Buchs hatte der Verfasser bereits 2016 vorgetragen. Vgl. von Arnim, Parteienstaat oder Parteiendemokratie, DVBl 2016, 1213.

2 Weizsäcker, Im Gespräch mit Gunter Hofmann und Werner A. Perger, 1992, 132.

3 Näheres bei von Arnim, Die Partei, der Abgeordnete und das Geld. Parteienfinanzierung in Deutschland, Neubearbeitung 1996, 76 ff.

4 Christian Pestalozza, Der Popularvorbehalt. Direkte Demokratie in Deutschland, 1981, 32.

5 BVerfGE 85, 264 (290).

6 Theodor Eschenburg, Ämterpatronage, 1961; von Arnim, Ämterpatronage durch politische Parteien, 1980.

7 Roman Herzog, Verfassungsrechtliche Grundlagen des Parteienstaates, 1993, 34. – Stefanie John und Thomas Poguntke (Party Patronage in Germany: The Strategic Use, in: Peter Kopecky/Peter Mair/Maria Spirova (eds.), Party Patronage and Party Government in European Democracies, Oxford 2012, 121 ff.) relativieren das Problem der Ämterpatronage am Beispiel von Nordrhein-Westfalen. Es wird aber nicht deutlich, ob ihre potentiell betroffenen Gesprächspartner nicht ein geschöntes Bild wiedergeben.

8 Weizsäcker, 146 f.: »Der Einfluss der Parteien geht ohnehin über den politischen Willen, von dem allein die Verfassung redet, weit hinaus. Die Parteien wirken an der Bildung des gesamten gesellschaftlichen Lebens aktiv mit. Sie durchziehen die ganze Struktur unserer Gesellschaft, bis tief hinein in das seiner Idee nach doch ganz unpolitische Vereinsleben.«

9 Ernst Gottfried Mahrenholz, Eigeninteressen von Parteien, in: Martin Morlok/Ulrich von Alemann/Heike Merten (Hrsg.), Gemeinwohl und politische Parteien, 2008, 108 (109). Näheres z. B. bei von Arnim, Volksparteien ohne Volk, 2009, 23 ff.

10 Art. 79 Abs. 3 GG.

11 Rudolf Wildenmann, Regeln der Machtbewerbung, Kölner Antrittsvorlesung 1963; ders., in: Mühleisen (Hrsg.), Das Geld der Parteien, 1986, 80 (82); Michael Greven, Die Parteien in der politischen Gesellschaft sowie eine Einleitung zur Diskussion über die »allgemeine Parteientheorie«, in: Oskar Niedermayer/Richard Stöss (Hrsg.), Stand und Perspektiven der Parteienforschung in Deutschland, 1993, 277 (290).

12 von Arnim, Die Mär vom Landtagsmandat als Fulltimejob, Zeitschrift für Rechtspolitik 2005, 77; Stephan Holthoff-Pförtner, Landtagsparlamentarismus und Abgeordnetenentschädigung, 2000, 72.

13 Linck, Zurück zum ehrenamtlichen Landesparlamentarier?, in: von Arnim (Hrsg.), Defizite in Staat und Verwaltung, 2010, 91 ff.

14 Janssen, Der Landtag im Leineschloss – Entwicklungslinien und Zukunftsperspektiven, in: Präsident des niedersächsischen Landtags, Rückblicke – Ausblicke, 1992, 15, 31.

15 von Arnim, Die Privilegien von Landespolitikern, Zeitschrift für Rechtspolitik 2010, 56.

16 Siehe auch Emanuel V. Towfigh, Das Parteien-Paradox, 2015, 132–137 mit weiteren Nachweisen.

17 Mahrenholz, Eigeninteressen, 117.

18 Hans D. Jarass, Politik und Bürokratie als Elemente der Gewaltenteilung, 1975; Albert Janssen, Über die Grenzen des legislativen Zugriffsrechts, 1990. Siehe auch BVerfGE 7, 155 (162) und ständige Rechtsprechung: Das Berufsbeamtentum ist »eine Institution, die, gegründet auf Fachwissen, fachliche Leistung und loyale Pflichterfüllung, eine stabile Verwaltung sichern und damit einen ausgleichenden Faktor gegenüber den das Staatsleben gestaltenden politischen Kräften darstellen soll«.

19 Ulrich Pfeiffer, Eine Partei der Zeitreichen und Immobilen, Die Neue Gesellschaft/Frankfurter Hefte 1997, 392 ff.

20 von Arnim, Fetter Bauch regiert nicht gern. Die politische Klasse – selbstbezogen und abgehoben, 1997, 232 ff. mit weiteren Nachweisen.

21 Martin Morlok, Das BVerfG als Hüter des Parteienwettbewerbs, NVwZ 2005, 157 ff.; Nils Petersen, Verfassungsgerichte als Wettbewerbshüter des politischen Prozesses, in: Dominik Elsner u. a. (Hrsg.), Das letzte Wort – Rechtssetzung und Rechtskontrolle in der Demokratie, 2014, 59 ff.

22 In Sachen Flüchtlingspolitik fährt die CSU zwar eine eigene Linie, außerhalb Bayerns steht sie aber nicht zur Wahl.

23 Der Spiegel 12/2016 vom 19.3.2016 (»Das Zerwürfnis«), S. 14 (17): »57 % der Befragten stimmen der Aussage zu: ›Die da oben in der Politik machen sowieso, was sie wollen, meine Meinung zählt da nicht.‹ 41 % stimmen nicht zu.«

24 Johannes Wiedemann/Thomas Vitzthum, Die meisten Deutschen halten Parteien für realitätsfremd, Welt N24 vom 19.5.2016.

25 So die Studie »Die enthemmte Mitte«. Süddeutsche Zeitung vom 16.6.2016, S. 5.

26 Zu dem engen Miteinander auch vieler Medien mit den etablierten politischen Kräften siehe S. 29 ff.; ferner S. 57 ff. und S. 60 f.

27 Klaus von Beyme, Die politische Klasse im Parteienstaat, 1993, 30 ff.; von Arnim, Fetter Bauch regiert nicht gern. Die politische Klasse –

selbstbezogen und abgehoben, 1997; Jens Borchert (Hrsg.), Politik als Beruf. Die politische Klasse in westlichen Demokratien, 1999.

28 Klaus von Beyme, Die politische Klasse im Parteienstaat, 1993, 31.

29 Klaus Stolz, Die Entdeckung der politischen Klasse. Aktualität und Grenzen der Theorie Gaetano Moscas, in: Michael Edlinger/Werner Patzelt (Hrsg.), Politik als Beruf, PVS-Sonderheft 44/2010, 33 (35).

30 Zusammenfassung bei von Arnim, Politische Parteien im Wandel, 2011, 35 ff. mit weiteren Nachweisen.

31 So stiegen die Zuschüsse an Fraktionen des Bundestags von 1968–2015 auf das 35-Fache: von 4,9 Millionen DM auf 83,8 Millionen Euro. Die Bewilligungen für persönliche Mitarbeiter der Bundestagsabgeordneten, die 1969 eingeführt worden waren, stiegen von 1970–2015 auf das 33-Fache: von 10,1 Millionen DM auf 172,5 Millionen Euro. 2016 erfolgte eine weitere Erhöhung um 30 Millionen Euro. Nimmt man noch die Globalzuschüsse an die parteinahen Stiftungen hinzu, so stiegen diese von 1968–2015 auf das 25-Fache: von 9 Millionen DM auf 116 Millionen Euro. Zusammen mit den Zahlungen von Landesparlamenten für Abgeordnetenmitarbeiter und Fraktionen von rund 180 Millionen Euro, ergaben sich 2015 rund 550 Millionen Euro. In der Summe haben diese Zahlungen die staatliche Parteienfinanzierung nach dem Parteiengesetz, welche von 1968–2015 nur auf das 6,7-Fache gestiegen ist (von 47,3 Millionen DM auf 159 Millionen Euro) weit hinter sich gelassen.

32 von Arnim, Die Partei, der Abgeordnete und das Geld, Ausgabe 1996, 77 f.

33 Die spezifischen Wirkungen des bundesdeutschen Föderalismus behandeln Katz und Mair allerdings noch nicht.

34 Katz/Mair, Changing models of party organization and party democracy: The emergence of the cartel party, Party Politics 1995, 5 ff.

35 von Arnim, Die Mär vom Landtagsmandat als Fulltimejob, Zeitschrift für Rechtspolitik 2005, 247 ff.

36 von Arnim, Der Verfassungsbruch. Verbotene Extra-Diäten – Gefräßige Fraktionen, 2011.

37 Siehe z. B. von Arnim, Vom schönen Schein der Demokratie, 2000, 41 ff.

38 Katz/Mair, A Restatement, 2009, 759: »cartelization has clearly contributed to the rise of populist anti-party-system parties that appeal directly to public perceptions that the mainstream parties are indifferent to the desires of ordinary citizens.«

39 CDU und CSU bilden zwar im Bundestag eine gemeinsame Fraktion, sind aber eigene selbstständige Parteien mit durchaus unterschiedlichen Programmen, wie in letzter Zeit besonders deutlich wurde.

40 Siehe zum Beispiel Heiko Biehl, Noch vertrauenswürdig? Konzept und Empirie des gesellschaftlichen Vertrauens in politische Parteien, in:

Oskar Niedermayer/Benjamin Höhne/Uwe Jun (Hrsg.), Abkehr von den Parteien? Parteiendemokratie und Bürgerprotest, 2013, 67 ff.

41 Art. 38 Abs. 1 Satz 2 GG.

42 Gustav Radbruch, Die politischen Parteien im System des deutschen Verfassungsrechts, Handbuch des Deutschen Staatsrechts, Bd. 1, 1930, 285 (286).

43 Siehe von Arnim/Heiny/Ittner, Politik zwischen Norm und Wirklichkeit, 3. Auflage, 2007 (FÖV Discussion Paper 35), 41–43 m.w.N.

44 von Arnim, Gemeinwohl und Gruppeninteressen, 1977, 148 ff. (»pluralistische Harmonielehre«).

45 Karl R. Popper, Über das Problem der Demokratie, in: Lahnstein/Matthöfer (Hrsg.), Leidenschaft zur praktischen Vernunft, Festschrift für Helmut Schmidt zum 70. Geburtstag, 1989, 391 (392).

46 So jedenfalls die Co-Vorsitzende der Grünen-Fraktion im Bundestag, Katrin Göring-Eckardt. Siehe Süddeutsche Zeitung vom 19.7.2016, S. 5 (»Vergesst es. Wir entscheiden«).

47 Siehe auch Anthony Downs, Ökonomische Theorie der Demokratie (amerikanische Erstveröffentlichung 1957), 1968, 111 ff.

48 Renate Köcher, Umbrüche im Parteienspektrum, Frankfurter Allgemeine Zeitung vom 20.4.2016, S. 8 (Bericht über eine Erhebung des Instituts für Demoskopie Allensbach).

49 Die Auswirkungen der im Oktober und im Dezember 2016 zwischen Bund und Ländern vereinbarten Neuregelung ihrer Finanzbeziehungen ließen sich bei Redaktionsschluss noch nicht abschätzen.

50 von Arnim, Staat ohne Diener, 1993, 318–321; Wilfried Erbguth, Die Neugliederung des Bundesgebiets: eine Standortbestimmung, JZ 2011, 433.

51 Stand: Oktober 2016.

52 Auch Bundesfinanzminister Wolfgang Schäuble hat deshalb Anfang Oktober 2016 vorgeschlagen, Art. 52 GG dahin zu ändern, dass der Bundesrat seine Beschlüsse künftig mit einfacher Mehrheit fasst, mehr Ja- als Nein-Stimmen also ausreichen und Enthaltungen nicht mehr mitgezählt werden.

53 Süddeutsche Zeitung vom 18./19.6.2016, S. 1.

54 BVerfGE 138, 136.

55 BVerfGE 138, 136 (138, 250 f.).

56 Süddeutsche Zeitung vom 23.6.2016, S. 17; Süddeutsche Zeitung vom 19.7.2016, S. 7.

57 Presseerklärung des Bundesverfassungsgerichts Nr. 41/2016 vom 14.7.2016.

58 Siehe zum Beispiel Stefan Weber, Der Milliarden-Kompromiss, Süddeutsche Zeitung vom 6.10.2016, S. 26.

59 »Berliner Rede« von Bundespräsident Johannes Rau, Vertrauen in Deutschland – eine Ermutigung, Bulletin der Bundesregierung Nr. 48 von 2004, S. 1 (11): »Die politisch Verantwortlichen vom Bund bis zu den Gemeinden sind heute zu oft in einer Verflechtungsfalle gefangen. Diese Blockade muss aufgelöst werden. Die institutionalisierte Verantwortungslosigkeit muss aufhören.«

60 BVerfGE 41, 399 (418): In sicheren Wahlkreisen können die Parteien den Wählern die Abgeordneten »faktisch aufzwingen«.

61 Um die Einflusslosigkeit der Wähler auf das politische Personal zu demonstrieren, habe ich in meinem Buch »Volksparteien ohne Volk« (2008, 85 ff.) die »Wahl« von 100 Kandidaten vor der Bundestagswahl 2009 exakt vorhergesagt. Zur Problematik der starren Parteilisten näher von Arnim, Wahlgesetze: Entscheidungen des Parlaments in eigener Sache, JZ 2009, 813. – Dass auch das Wahlrecht von Weimar und das vom Parlamentarischen Rat beschlossene erste Bundeswahlgesetz starre Listen vorsahen (so Ute Sacksofsky, Wahlrecht und Wahlsystem, in Morlok/Schliesky/Wiefelspütz (Hrsg.), Parlamentsrecht, 2016, § 6 Rn. 42), überzeugt als Argument zur Verteidigung der starren Listen schon deshalb nicht, weil für das Wahlrecht, über das der Bundestag in eigener Sache entscheidet, inzwischen verschärfte Beurteilungsmaßstäbe gelten, was auch Sacksofsky einräumt (§ 3 Rn. 28).

62 Siehe z. B. von Arnim, Das System, 2001, 343–345.

63 von Arnim, Das System, 352 f.

64 Dazu von Arnim, Mehrheitswahlrecht und Partizipation, in: Gerd Strohmeier (Hrsg.), Wahlsystemreform, Zeitschrift für Politikwissenschaft, Sonderband 2009, 183 (194–196).

65 Nachdem die Politikwissenschaftler Theodor Eschenburg und Wilhelm Hennis einen solchen Vorschlag bereits in den Fünfzigerjahren gemacht hatten, hat der Verfasser das Thema in jüngerer Zeit wieder aufgegriffen: von Arnim, Staat ohne Diener, 1993, 344–354; ders., Systemwechsel durch Direktwahl des Ministerpräsidenten?, In: Arthur Benz/Heinrich Siedentopf/Karl-Peter Sommermann (Hrsg.), Institutionenwandel in Regierung und Verwaltung, Festschrift für Klaus König zum 70. Geburtstag, 2004, 371–385. Umfassende Analyse bei Jan L. Backmann, Direktwahl der Ministerpräsidenten. Als Kern einer Reform der Landesverfassungen, 2006. Zustimmend Frank Decker, Direktwahl der Ministerpräsidenten. Begründung, Ausgestaltung und Umsetzbarkeit eines Wechsels der Regierungsform in den Ländern, ZParl 2013, 296–314; ders. Der Irrweg der Volksgesetzgebung, 2016, 133–136.

66 Dazu Art. 28 Abs. 1 GG.

67 Siehe im Einzelnen von Arnim, Die politische Durchsetzung der Kommunalverfassungsreform in den neunziger Jahren, DÖV 2002, 58 ff.

68 Art. 54 GG.

69 In Art. 21 GG.

70 BVerfGE 41, 399 (418): In sicheren Wahlkreisen können die Parteien den Wählern das Ergebnis »faktisch diktieren«. Genauso können die Parteien durch Gewährung sicherer Listenplätze die Wahl faktisch vorwegnehmen.

71 Im Gegensatz dazu meint etwa Jürgen Habermas (Faktizität und Geltung, 1992, 627), die Institutionen seien so eingerichtet, dass die Abgeordneten es sich nicht leisten könnten, Gemeinwohlorientierung »bloß vorzuschieben«. Denn dann könnten sie »bei nächster Gelegenheit von ihren Wählern sanktioniert werden«. Gerade das aber ist eben nicht möglich (siehe S. 249 ff. und S. 28 f.).

72 von Arnim, Fetter Bauch regiert nicht gern, 1997, 111 ff.

73 Art. 38 Abs. 1 Satz 2.

74 Gerhard Leibholz, Der Gestaltswandel der Demokratie im 20. Jahrhundert (1955), abgedruckt in: Leibholz, Das Wesen der Repräsentation, 226.

75 Hans Apel, Die deformierte Demokratie, 1991, 231 ff.

76 Severin Wieland, Gauweiler stellt die 148-Milliarden-Euro-Frage, Spiegel online vom 26.6.2010.

77 BVerfGE 40, 296 (315).

78 BVerfGE 47, 253 (275); 83, 60 (71 f.); 93, 37 (66 ff.).

79 Brun-Otto Bryde, Die bundesrepublikanische Volksdemokratie als Irrweg der Demokratietheorie, Staatswissenschaft und Staatspraxis 1994, 305 (330): »das hat gelegentlich schon etwas Theologisches, erinnert an die Lehre von der apostolischen Sukzession: Hat irgendwo in der Kette ein Minister seine Hand aufgelegt [...]«.

80 Niklas Luhmann, Die Politik der Gesellschaft, 2000, 267.

81 Luhmann, Die Politik der Gesellschaft, 271.

82 Luhmann, Kausalität im Süden, 1995, 23; ders., Soziologische Aufklärung 6, 1985, 256.

83 Luhmann, Kausalität im Süden, 25.

84 Luhmann, Soziologische Aufklärung 6, 255.

85 Luhmann, Die Politik der Gesellschaft, 354.

86 Luhmann, Die Politik der Gesellschaft, 354.

87 Martin Morlok, in: Morlok/Schliesky/Wiefelspütz (Hrsg.), Parlamentsrecht, 2016, § 3 Rn. 6.

88 So Edwin Czerwick, Politikverdrossenheit – politische Selbstreferenz und die ›Stimme des Volkes‹, in: Josef Klein/Hajo Diekmannshenke (Hrsg.), Sprachstrategien und Dialogblockaden, 1996, 49 (64), auf der Grundlage von Luhmanns Systemtheorie.

89 Luhmann, Die Politik der Gesellschaft, 258.

90 Philip Kunig, Parteien, in: Isensee/Kirchhof (Hrsg.), Handbuch des Staatsrechts, Bd. III, 3. Aufl., 2005, § 40 Rn. 128: » ›Parteienstaatlich-

keit‹ ist deshalb ein Etikett für Zustände, der Bürgerstaat bleibt das Ideal, an dem sich ein ›Parteienstaat‹ messen lassen muss.« Zustimmend Paul Kirchhof, ebenda, Bd. XII, § 238 Rn. 117.

91 von Arnim, Mehrheitswahl und Partizipation, in: Gerd Strohmeier (Hrsg.), Wahlsystemreform, Zeitschrift für Politikwissenschaft, Sonderband 2009, 183–210.

92 Zum neuen italienischen Wahlrecht z. B. Oliver Meiler, »Lieber doch nicht«, Süddeutsche Zeitung vom 22.9.2016, S. 9.

93 Volker Best, Komplexe Koalitionen, perplexe Wähler, perforierte Parteiprofile. Eine kritische Revision jüngerer Befunde zur deutschen Koalitionsdemokratie und ein Reformvorschlag, ZParl 2015, 82 (97 ff.). Dazu die Replik von Joachim Behnke, Gegen einen wahlsystematischen Paternalismus, ZParl 2015, 426, sowie die Duplik von Best, Warum das deutsche Wahlsystem eine Mehrheitsprämie braucht, ZParl 2016, 212.

94 von Arnim, Das System, 2001, 345 f.

95 Z. B. von Arnim, Volksparteien ohne Volk, 2009, 33.

96 von Arnim, Die Partei, der Abgeordnete und das Geld, Neuausgabe 1996, 241 f.

97 Zur direkten Demokratie von Arnim, Vom schönen Schein der Demokratie, 2000, 167–302.

98 Dazu Jan L. Backmann, Direktwahl der Ministerpräsidenten. Als Kern einer Reform der Landesverfassungen, 2006; von Arnim, Staat ohne Diener, 1993, 344 ff.; ders., Systemwechsel durch Direktwahl des Ministerpräsidenten, Festschrift für Klaus König zum 70. Geburtstag, 2004, 371–385; Frank Decker, Der Irrweg der Volksgesetzgebung, 2016, 133–136.

99 von Arnim, Die politische Durchsetzung der Kommunalverfassungsreform der Neunzigerjahre, DÖV 2002, 585 ff.

100 Peter M. Huber, Regierung und Opposition, in: Handbuch des Staatsrechts, Bd. III, 3. Aufl., 2005, § 47 Rn. 6 ff.; Thomas Poguntke/Paul Webb (eds.), Presidentialisation of Politics, 2005; Poguntke, Die Präsidentialisierung des politischen Prozesses: Welche Rolle bleibt den politischen Parteien?, in: Julian Krüper/Heike Merten/Thomas Poguntke (Hrsg.), Parteienwissenschaften, 2015, 261–282. Siehe auch von Arnim, Parteien im Wandel, 2011, 31–33.

101 Elmar Wiesendahl, Der Parteienstaat im Wandel der Staatlichkeit der Bundesrepublik Deutschland, in: Sebastian Bukow/Uwe Jun/Oskar Niedermayer (Hrsg.), Parteien in Staat und Gesellschaft, 2016, 15.

102 Z. B. von Arnim, Der Bundespräsident. Kritik des Wahlverfahrens und des finanziellen Status, 2012 (FÖV Discussion Papers 71), 3–11.

103 Z. B. Süddeutsche Zeitung vom 26.4.2016, S. 3.

104 Stand: Anfang November 2016.
105 von Arnim, Die Partei, der Abgeordnete und das Geld, Neuausgabe 1996, 421 ff.
106 Paul Kirchhof, Der Bürger in Zugehörigkeit und Verantwortung, in: Isensee/Kirchhof (Hrsg.), Handbuch des Staatsrechts, Bd. XII, 3. Aufl., 2014, § 283 Rn. 23.
107 Wie sie etwa auch Franz Müntefering vorgeschlagen hat. Spiegel online vom 2.4.2000 (»Müntefering-Vorstoß. Mehr Macht für den Bürger«).
108 BVerfGE 129, 300; 135, 259.
109 Siehe dazu das vom Verfasser angestrengte Wahlprüfungsverfahren gegen die Bundestagswahl 2013: http://www.uni-speyer.de/files/de/Lehrst %C3%BChle/ehemalige%20Lehrstuhlinhaber/VonArnim/KlagenBVG/ 2014.08.28Beschwerde.pdf
110 BVerfG, Urteil vom 3.7.2008, Rn. 144: Der Gesetzgeber sei aufgefordert, »das für den Wähler kaum noch nachzuvollziehende Regelungsgeflecht der Berechnung der Sitzverteilung im Deutschen Bundestag auf eine neue, normenklare und verständliche Grundlage zu stellen.«
111 Lammert, Wahlrechtsreform vom 13.4.2016, Ausdruck aus dem Internetangebot des Deutschen Bundestags/documente/textarchiv/kw15-wahlrechtsreform/418312. Siehe auch Robert Rossmann,»Lammerts Kappungsgrenze«, Süddeutsche Zeitung vom 22.9.2015, S. 5.
112 von Arnim, Das System, 2001, 346 f. m.w.N.
113 Paul Kirchhof, a.a.O., § 283 Rn. 116.
114 von Arnim, Die Partei, der Abgeordnete und das Geld, Neuausgabe 1996, 393 ff.
115 von Arnim, Politikfinanzierung, Wahlrecht und legislative Manipulation, Festschrift für Martin Kriele, 1997, 627 (637 ff.); ders., Wahlgesetze: Entscheidung des Parlaments in eigener Sache, JZ 2009, 613 ff,; ders., Der Wandel der Parteien zu wettbewerbsbeschränkenden Staatsparteien, JZ 2012, 505 ff.
116 Gaetano Mosca, Die herrschende Klasse. Grundlagen der politischen Wissenschaft, 1893, nach der 4. Auflage (1947) übersetzt von Franz Borkenau, 1950, 68 ff. Siehe auch von Arnim, Das System, Taschenbuchausgabe 2004, 241 f.
117 Richard von Weizsäcker im Gespräch mit Gunter Hofmann und Werner A. Perger, Juni 1992. Von Weizsäcker hatte schon Anfang der Achtzigerjahre das unkontrollierte Umsichgreifen der politischen Parteien kritisiert, die sich wie ein Fettfleck in alle politischen und gesellschaftlichen Bereiche hinein ausdehnten, und damit eine Kampagne gegen den Berliner Filz eingeleitet, welche er im Berliner Wahlkampf propagierte, an dessen Ende er Regierender Bürgermeister wurde: von Weizsäcker, Krise und Chance unserer Parteiendemokratie, APuZ 1982, B 42, 3–12.

118 Weizsäcker mit Hofmann/Perger, 139 f.
119 A.a.O., 140.
120 A.a.O., 141.
121 A.a.O., 146 f.
122 A.a.O., 148.
123 A.a.O., 147.
124 A.a.O., 149.
125 A.a.O., 149 und 153.
126 A.a.O., 153.
127 A.a.O., 150.
128 A.a.O., 150 f.
129 A.a.O., 150.
130 A.a.O., 152.
131 A.a.O., 158. f.
132 A.a.O., 157.
133 A.a.O., 165.
134 A.a.O., 164.
135 A.a.O., 155.
136 A.a.O., 155.
137 A.a.O., 152 f.
138 A.a.O., 154.
139 A.a.O., 153.
140 A.a.O., 153.
141 A.a.O., 163.
142 A.a.O., 182.
143 A.a.O., 154.
144 Cliquen, Klüngel und Karrieren, 1992, 58 ff., 72 ff. und 126 ff.
145 A.a.O., 7.
146 A.a.O., 48 ff., 152 ff.
147 A.a.O., 7.
148 A.a.O., 158.
149 A.a.O., 54.
150 A.a.O., 117.
151 A.a.O., 157 f.
152 A.a.O., 152 f.
153 A.a.O., 171.
154 A.a.O., 170.
155 A.a.O., 175. Ebenso 117.
156 A.a.O., 159 ff.
157 A.a.O., 170.
158 A.a.O., 175.
159 A.a.O., 7.

160 Unter Berufung auf den früheren Bundestagspräsidenten Kai-Uwe von Hassel, Interview der Woche im Deutschlandfunk vom 26.2.1989.
161 Scheuch/Scheuch, Cliquen, Klüngel und Karrieren, 1992, 123 f.
162 von Arnim, Parlamentsreform, 1970; ders., Die Abgeordnetendiäten, 1974; ders., Abgeordnetenentschädigung und Grundgesetz, 1975, ders., Zweitkommentierung des Art. 48 GG im Bonner Kommentar, 1980; von Arnim/Drysch, Drittkommentierung des Art. 48 GG im Bonner Kommentar, 2010.
163 von Arnim, Die finanziellen Privilegien von Ministern in Deutschland, 1972.
164 von Arnim, Parteienfinanzierung, 1982.
165 von Arnim, Staatliche Fraktionsfinanzierung ohne Kontrolle?, 1987; ders., Finanzierung der Fraktionen, 1993.
166 von Arnim, Ämterpatronage, 1980.
167 Z. B. von Arnim, Wahlgesetze: Entscheidungen des Parlaments in eigener Sache, JZ 2009, 813.
168 Z. B. von Arnim, Die Partei, der Abgeordnete und das Geld, 2. Aufl., 5 –10 und durchgehend.
169 A.a.O., 10.
170 BVerfGE 40, 296.
171 BVerfGE 85, 264.
172 Siehe z. B. Fridhelm Boyken, Die neue Parteienfinanzierung, 1998, 144, 321.
173 BVerfGE 111, 382.
174 BVerfGE 129, 300.
175 BVerfGE 135, 259.
176 BVerfGE 51, 222.
177 BVerfG, DVBl 2015, 1523 mit Anmerkung von Arnim. Dazu auch von Arnim, Die Angst der Richter vor der Macht, 2015.
178 BVerfG, Aktenzeichen 2 BvC 46/14.
179 Stefan Immerfall: Die letzte Dekade westdeutscher Parteienforschung, Zeitschrift für Parlamentsfragen 1992, 172 (188 f.).
180 Ernst Fraenkel, Die Wissenschaft von der Politik und die Gesellschaft (1963), abgedruckt in: Ernst Fraenkel: Reformismus und Pluralismus, Hamburg 1973, 337 ff.
181 Göttrik Wewer, Politikwissenschaft und Zeitdiagnose in der Bundesrepublik Deutschland, Aus Politik und Zeitgeschichte B 46/89, 32 (38). – Wewers Aussage betraf neben den Versorgungsskandalen auch die damals hochkochende Barschel-Affäre in Schleswig-Holstein.
182 Dass dies in Reaktion auf die genannten Kritiker erfolgte, bestätigt Klaus Stolz ausdrücklich: Klaus Stolz, Die Entdeckung der politischen Klasse. Aktualität und Grenzen der Theorie Gaetano Moscas, in

Michael Edinger/Werner Patzelt (Hrsg.), Politik als Beruf, PVS-Sonderheft 44/2010, 33 (34 f.): Die politikwissenschaftliche Forschung über die politische Klasse in Deutschland »kann als direkte Reaktion« auf »Kritiker in Wissenschaft und Publizistik (von Arnim, Scheuch), aber auch aus der politischen Praxis (von Weizsäcker) ... verstanden werden.«

183 Katz/Mair, Party Politics 1995, 1 (21), befürworteten das sogar ausdrücklich, glaubten darauf aber nur einen einzigen Satz verwenden zu müssen (»The rise of the cartel-party model as an empirical phenomenon is also associated with a revision of the normative model of democracy«), so sicher meinten sie, sich des Einverständnisses des Mainstreams der Disziplin sein zu können. – Neuerdings aber räumen sie ein, dass der Prozess der Kartellierung »undemokratisch« ist (Katz/Mair, A Restatement, 2009, 759).

184 So z. B. Katz/Mair, Party Politics 1995, 5 (24 f.). Ebenso von Beyme, Die politische Klasse im Parteienstaat, 194.

185 von Beyme, Der Parteienstaat und die Vertrauenskrise in der Politik, in: Siegfried Unseld (Hrsg.), Politik ohne Projekt? Nachdenken über Deutschland, Frankfurt a. M. 1993, 23 (28 f.). Beyme ließ seinen Beitrag gekürzt auch in der Frankfurter Rundschau abdrucken.

186 von Beyme, Der Parteienstaat und die Vertrauenskrise, a.a.O., 32 f. Dabei hatte Arnim seine unentgeltlich geführte Klage auf die Rückgabe von 100 Hektar beschränkt und sich damit zwischen alle Stühle gesetzt. Früheren Besitzern von 4000 Hektar gefiel diese Begrenzung gar nicht. Die Klage hatte sich dagegen gerichtet, dass die Bundesrepublik die grob rechts- und völkerrechtswidrige Entrechtung einer »Klasse« nach der Wiedervereinigung aus opportunistischen Gründen aufrechterhalten hatte. Enteigneten unter 100 Hektar war grundsätzlich ein Rückgabeanspruch zuerkannt worden. Es ging also keineswegs primär um Eigentum und die Rückerstattung früherer Güter, sondern um die Verletzung fundamentaler Menschenrechte. Siehe auch von Arnim: Es ging nicht nur um Grundbesitz. Bei den Enteignungen in der SBZ wurden fundamentale Menschenrechte verletzt, Die Welt vom 7.2.2004, S. 9. Das Gericht hatte sich der Argumentation Arnims nur dadurch entziehen können, dass es nicht darauf einging.

187 von Beyme, Der Parteienstaat in der Vertrauenskrise. a.a.O., 32.

188 von Beyme in einem Brief an von Arnim vom 13.1.1992.

189 von Beyme, Die politische Klasse im Parteienstaat, 1993, 2. unveränderte Aufl., 1995.

190 von Beyme, Die politische Klasse im Parteienstaat, 194: Auswüchse seien »relativ rasch unter Kontrolle zu bringen«. Dazu von Arnim, Fetter Bauch regiert nicht gern, 1997, 45 mit Fußnote 48 auf S. 415 f.

191 von Arnim, Die Verfassung hinter der Verfassung, Zeitschrift für Rechtspolitik 1999, 326 ff., abgedruckt in: Almanach »Glanzlichter der Wissenschaft 1999« des Deutschen Hochschulverbandes, 51 ff.; ders., Das System. Die Machenschaften der Macht, 2001, durchgehend.

192 Die beiden Föderalismusreformen von 2006 und 2009 haben daran nichts Grundlegendes geändert.

193 Michael Greven, Parlamentsgröße und Wahlrecht in der aktuellen Diskussion, Vorgänge. Zeitschrift für Bürgerrechte und Gesellschaftspolitik 1995, 79 (84).

194 So z. B. der Bundestagsabgeordnete Gerhard Scheu (CSU) am 21.9.1995 im Bundestag, Stenografisches Protokoll, S. 4599 und S. 4614.

195 Greven, Parlamentsgröße, 82 f.

196 Michael Greven, Die Parteien in der politischen Gesellschaft sowie eine Einleitung zur Diskussion über die ›allgemeine Parteientheorie‹, in: Niedermayer/Stöss (Hrsg.), Stand und Perspektiven der Parteienforschung in Deutschland, 1993, S. 277 (290).

197 Greven war übrigens 2001 bis 2011 Mitglied der Ethik-Kommission der Deutschen Gesellschaft für Politische Wissenschaft und seit 2006 ihr Vorsitzender.

198 Siehe zum Beispiel Christine Landfried, Parteifinanzen und politische Macht, 1990 (2. Aufl., 1994), 144 (271 ff.), Hans-Dieter Klingemann/Richard Stöss/Bernhard Wessels (Hrsg.), Politische Klasse und politische Institutionen, 1992; Leif/Legrand/Klein, Die politische Klasse in Deutschland, 1992; Klaus von Beyme, Die politische Klasse im Parteienstaat, 1993; Jens Borchert/Lutz Golsch, Die politische Klasse in westlichen Demokratien: Rekrutierung, Karriereinteressen und institutioneller Wandel, PVS 1995, 609; Jens Borchert, Die Professionalisierung der Politik. Zur Notwendigkeit eines Ärgernisses, 2003; Renate Mayntz, Gibt es eine politische Klasse in Deutschland?, In: Wolfgang Merkels/Andreas Busch (Hrsg.), Demokratie in Ost und West, Festschrift für Klaus von Beyme, 1999, 425; Klaus Stolz, a.a.O. Dazu auch von Arnim/Heiny/Ittner, 34 ff.

199 von Beyme, 1993, 31.

200 Stolz, 35.

201 Klaus von Beyme, Die politische Klasse im Parteienstaat, 1993, 30 ff.; von Arnim, Fetter Bauch regiert nicht gern, 1997, 42–50.

202 So treffend Borchert, Die Professionalisierung der Politik, 40 f., 59, 63, 132.

203 Richard S. Katz/Peter Mair, Changing Models of Party Organization and Party Democracy. The Emergence of Cartel Party, Party Politics 1995, S. 5 ff.; dies. (eds), Party Organizations: A Data Handbook on Party Organizations in Western Democracies, 1960 – 1990, London 1992; dies. (eds.), How Parties Organize: Change and Adaption in Party Organizations in Western Democracies, London 1994. Dazu auch

von Arnim/Heiny/Ittner, Politik zwischen Norm und Wirklichkeit, 3. Aufl., 2007, S. 19 ff.

204 von Arnim, Fetter Bauch regiert nicht gern, 1997, 320 f., 351 ff.

205 Armin Hatje/Markus Kotzur, Demokratie als Wettbewerbsordnung, Veröffentlichungen der Vereinigung Deutscher Staatsrechtslehrer, Bd. 69, 2010, 135 ff., 173 ff., 227 ff.

206 Klaus von Beyme, Die politische Klasse im Parteienstaat, 1993, 44 ff.

207 Katz/Mair, Party Politics 1995, 15.

208 Elmar Wiesendahl, Die Parteien in Deutschland auf dem Weg zu Kartellparteien?, in: Hans Herbert von Arnim (Hrsg.), Adäquate Institutionen: Voraussetzungen für »gute« und bürgernahe Politik?, 1999, 49 ff.

209 Wiesendahl, a.a.O., 51.

210 von Arnim, Staat ohne Diener, Tabelle 1 (Taschenbuchausgabe 1995, 384).

211 Elmar Wiesendahl, Noch auf der Höhe der Zeit? Die Parteienforschung im Epochenumbruch der Moderne, in: Krüper/Merten/Poguntke (Hrsg.), Parteienwissenschaften, 2015, 161 (176–181).

212 Wiesendal (182 f.) betont mit Recht, dass der Wandel der Parteien nicht nur als Reaktion auf die sich wandelnde Gesellschaft zu verstehen sei. Vielmehr müsse man sich »von dem vorherrschenden endogenen Erklärungsmodell« lösen und die Parteien auch als Akteure ins Auge fassen.

213 Überblick bei Friedbert W. Rüb, »Sind die Parteien noch zu retten?« Zum Stand der gegenwärtigen Parteien- und Parteiensystemforschung, Neue Politische Literatur 2005, 397 (404 ff.). Weitere Quellen bei von Arnim, Politische Parteien im Wandel. Ihre Entwicklung zu wettbewerbsbeschränkenden Staatsparteien – und was daraus folgt, 2011, 35 ff.

214 Holtmann, 13 f.

215 A.a.O., 14.

216 A.a.O., 175.

217 A.a.O., 154.

218 A.a.O., 179.

219 A.a.O., 175

220 So aber Holtmann, 173.

221 A.a.O., 166 ff.

222 A.a.O., 16 f.

223 A.a.O., 16 und 25.

224 Demgegenüber sehr klar der Politikwissenschaftler Peter Graf Kielmansegg, Die Grammatik der Freiheit, 2013, 89: »Die Parteiendemokratie [ist] auf dem Weg in den Parteienstaat.« S. 97: Die Funktionsbedingungen der Parteiendemokratie seien gefährdet.

225 Holtmann, 245 ff.

226 A.a.O., 180.

227 A.a.O., 180.

228 Siehe S. 261 ff.

229 Katz/Mair, A Restatement, 2009, 759. – 1995 hatte eine solche Wertung noch gefehlt. Damals hatten Katz und Mair noch eine Neufassung des normativen Demokratiemodells empfohlen: Katz/Mair, Party Politics 1995, 1 (21): »The rise of the cartel party model as an empirical phenomenon is also associated with a revision of the normative model of democracy.«

230 Jens Borchert, Die Professionalisierung der Politik. Zur Notwendigkeit eines Ärgernisses, 2003, 40 f., 59, 63, 132.

231 Greven, Stand und Perspektiven der Parteienforschung, 292. Möglicherweise sieht Greven darin aber gar nichts Bedenkliches, ebenso wenig wie Holtmann (siehe S. 272 ff.).

232 Sternberger, Wir wollen keinen politischen Klerus (30.11.1959), in: ders., Ekel an der Freiheit?, 1964, 62 ff.

233 Herbert Wehner, Deutscher Bundestag, 4. Wahlperiode, 122. Sitzung vom 15.4.1964, Protokoll, S. 5777 f.

234 Deutscher Bundestag, 4. Wahlperiode, 122. Sitzung vom 15.4.1964, Protokoll, S. 5756.

235 BVerfGE 85, 264 (290).

236 Morlok, Für eine zweite Generation des Parteienrechts, MIP 4/1994, 53–66; ders., Für eine zweite Generation des Parteienrechts, in: Tsatsos (Hrsg.), 30 Jahre Parteiengesetz in Deutschland, 2002, 53–71. Siehe – neben vielen anderen – auch Peter Michael Huber, Der Parteienstaat als Kern des politischen Systems – Wie tragfähig ist das Grundgesetz, JZ 1994, 689 (692 ff.).

237 BVerfGE 5, 85 (135); 69, 315 (343 f.).

238 BVerfGE 12, 113 (125).

239 BVerfGE 69, 315 (346). Ähnlich BVerfGE 44, 125 (142).

240 BVerfGE 5, 85 (199).

241 BVerfGE 68, 1 (86). Siehe auch schon BVerfGE 49, 89 (139 f.). Ebenso BVerfGE 95, 1 (15); 98, 218 (251 f.).

242 Für den Bund: Art. 38 Abs. 1 Satz 1 GG.

243 Siehe auch BVerfGE 89, 155 (172).

244 Dazu Fritz Scharpf, Demokratietheorie zwischen Utopie und Anpassung, 1970, 54 ff.

245 Dazu von Arnim, Fetter Bauch regiert nicht gern, 1997, 343–345.

246 von Arnim, Die Partei, der Abgeordnete und das Geld, Ausgabe 1996, 26.

247 Scharpf, a.a.O., 21 ff.

248 Ernst-Wolfgang Böckenförde, Entstehung und Wandel des Rechtsstaatsbegriffs, Festschrift Adolf Arndt, 1969, 53 (54 ff.); von Arnim, Gemeinwohl und Gruppeninteressen, 1977, 39; ders., Fetter Bauch, 342 f.

249 BVerfGE 5, 85 (204 f.).

250 Zur Demokratie als Herrschaft durch und für das Volk siehe Abraham Lincoln, Gettysburg Address, übersetzt und kommentiert von Nicholas Krippendorf, 1994.

251 Vgl. von Arnim, Gemeinwohl und Gruppeninteressen, 1977, 13–15 mit weiteren Nachweisen.

Teil 8: Wohin treibt Europa?

1 Dazu Dieter Grimm, Europa ja – aber welches?, 2016, 124 f.; von Arnim, Das Europa-Komplott, 2006, 47.

2 Urteil des EuGH vom 16.6.2015, Rechtssache C-62/14.

3 BVerfG, Beschluss vom 14.1.2014, 2 BvR 2728/13 u.a., Rn. 55, 69, 84 ff. – Dass das BVerfG schließlich den Konflikt mit dem EuGH scheute und dessen Urteil mit Beschluss vom 21.6.2016 unter gewissen Voraussetzungen akzeptierte, ist ein anderes Thema. Dazu auch Stefan Kaiser, Karlsruhe scheut den Euro-Eklat, Spiegel online vom 21.6.2016.

4 Herzog/Gerken, Warum die EU-Verfassung problematisch ist, Die Welt vom 18.6.2007.

5 Der Spiegel 52/1999, 136 (»Die Brüsseler Republik«). Siehe auch Junckers desillusionierendes Wort: »Wenn es ernst wird, müssen wir lügen.« (Focus 28/2016: »Der Resteuropäer«).

6 Verordnung Nr. 1141/2014 des Europäischen Parlaments und des Rates über das Statut und die Finanzierung europäischer politischer Parteien und europäischer politischer Stiftungen vom 22.10.2014, Amtsblatt der Europäischen Union L 317/1.

7 So auch Winfried Kluth, in: Christian Calliess/Matthias Ruffert (Hrsg.), EUV/AEUV, 4. Aufl., 2011, Art. 224 AEUV, Rn. 15 (unter Bezug auf von Arnim, NJW 2005, 247 [249 ff.]). Zustimmend Jens Kersten/Stefan Rixen, Parteiengesetz und Europäisches Parteienrecht, Kommentar, 2009, Art. 191 EGV, Rn. 238.

8 Siehe von Arnim, Die EU-Politikfinanzierung ignoriert europarechtliche Grundsätze, NJW 2014, 2250 (2254).

9 Art. 3 Abs. 1 Buchst. b und Art. 17 Abs. 1 PartSt.

10 Peter Michael Huber, in: Rudolf Streinz (Hrsg.), EUV/AEUV, 2. Aufl., 2012, Art. 10 EUV, Rn. 57 f.

11 Ebenso Martin Morlok, Unionsweite Rechtspersönlichkeit der Europaparteien, in: Poguntke u. a. (Hrsg.), Auf dem Weg zur europäischen Parteiendemokratie, 2013, S. 29 (32); Merten, ebenda, S. 45 (61).

12 § 18 Abs. 4 PartG.

13 BVerfGE 111, 382 (398, 404 f.).

14 So schon von Arnim, NJW 2005, 247 (251). Ausdrücklich zustimmend Kersten/Rixen, Parteiengesetz und europäisches Parteienrecht, 2009, Art. 191, Rn. 244.

15 Nach Art. 10 Abs. 4 EUV und Art. 224 AEUV. Siehe dazu z. B. auch Morlok, in: Poguntke u. a. (Hrsg.), Parteiendemokratie, S. 29 (31): Europäische politische Parteien genügen in der bisherigen Form den Anforderungen des Art. 10 Abs. 4 EUV nicht.

16 Siehe Der Spiegel 3/2004 (»Meister der Verschleierung«).

17 von Arnim, 9053 Euro Gehalt für Europaabgeordnete? Der Streit um das europäische Abgeordnetenstatut, FÖV Discussion Papers Nr. 7, Speyer 2004.

18 von Arnim, Diätenwildwuchs im Europäischen Parlament, NJW 2004, 1422 ff.

19 von Arnim, Das Europa-Komplott, 2006, 353 f.

20 Urteile des Landgerichts Hamburg vom 16.4.2004 und vom 25.4.2005. Siehe auch Bild-Zeitung vom 17.4.2004, S. 2.

21 von Arnim, Das Europakomplott, 382.

22 EuGH, Sammlung 1981, 2205 Rn. 21 – Lord Bruce/Aspen.

23 Sven Hölscheidt, in: Grabitz/Hilf/Nettesheim, Das Recht der Europäischen Union (Stand 2011), Art. 223 AEUV Rn. 83.

24 Quelle: Homepages des Europäischen Parlaments.

25 Art. 2 Satz 1 EUV in Verbindung mit dem Demokratieprinzip (Art. 6 Abs. 1 EUV).

26 Bundestagsdrucksache 16/11108, S. 17.

27 Ab 1.3.2016.

28 Diese Zuordnung nahm auch die Bundesregierung bei Beantwortung einer Kleinen Anfrage im Januar 1997 vor (Bundestagsdrucksache 13/7624, S. 3).

29 Ab 1.7.2015.

30 Dieter Grimm, Europa ja – aber welches? Zur Verfassung der europäischen Demokratie, o. J., 123.

31 Übersetzung in Anlehnung an eine Übersetzung von Petra Malfertheiner, die Manfred C. Hettlage veranlasst hatte.

32 Entschließung des Europäischen Parlaments vom 11.11.2015 zu der Reform des Wahlrechts der Europäischen Union (2015/2035(INL)); Europäisches Parlament, angenommene Texte P8_TA-PROV(2015) 0395.

33 Siehe den Aufruf gegen die Währungsunion von 1998, den 155 deutsche Ökonomie-Professoren unterzeichneten: »Zweites Manifest der Euroskeptiker«, FAZ vom 9.2.1998: »Da der Wechselkurs in einer Währungsunion nicht mehr als Anpassungsinstrument zur Verfügung steht, müssen die Arbeitsmärkte erheblich flexibler werden [...] Wenn es

nicht vor Beginn der Währungsunion dazu kommt, muss mit wirkungs-
losen Experimenten der Nachfragestimulierung und vor allem mit politischem Druck auf die Europäische Zentralbank gerechnet werden.«
Bereits 1992 hatten 60 Ökonomen in einem Manifest davor gewarnt,
das Pferd am Schwanz aufzuzäumen und die Währungsunion ohne gemeinsame Wirtschafts- und Finanzpolitik einzuführen: »Erstes Manifest gegen den Vertrag von Maastricht«, FAZ vom 11.6.1992: »Die öko-
nomisch schwächeren Partnerländer werden bei einer gemeinsamen
Währung einem verstärkten Konkurrenzdruck ausgesetzt, wodurch sie
aufgrund ihrer geringeren Produktivität und Wettbewerbsfähigkeit
wachsende Arbeitslosigkeit erfahren werden. [...] Die Beschlüsse von
Maastricht, nicht die Kritik an ihnen gefährden ein konfliktarmes Zu-
sammenwachsen in Europa.« Darauf organisierten die Großbanken ein
Gegenmanifest von Wissenschaftlern und Bankfachleuten, das die Wirkung der Kritiker zumindest optisch neutralisieren sollte.

34 Neuerer Überblick der Europäischen Kommission siehe http://ec.
europa.eu/economy_finance/economic_governance/sgp/corrective_
arm/index_en.htm. Siehe auch die Beiträge zur Erosion des Rechts
von Paul Kirchhof, Verfassungsnot, FAZ vom 12.7.2012, und Udo Di
Fabio, Topjurist warnt vor »Erosion« des Rechts, Focus online vom
13.7.2016.

35 Z. B. Süddeutsche Zeitung vom 28.7.2016 (»Zeiten des Zweifels«),
S. 9.

36 Einen Überblick gibt das Maastricht-Urteil des Bundesverfassungsgerichts: BVerfGE 89, 155.

37 Spiegel online vom 25.8.2015 (»Dublin-Verfahren ausgesetzt. Syrien-
Flüchtlinge dürfen in Deutschland bleiben«); Frankfurter Allgemeine
Zeitung vom 31.8.2015 (»Juncker mahnt EU-Asylregeln an«); Udo Di
Fabio, Migrationskrise als föderales Verfassungsproblem, Gutachten
für die bayerische Staatsregierung vom 8.1.2016, 19–24. Überblick
über den Ablauf der Ereignisse im Herbst 2015: Der Spiegel 33/2016
vom 13.8.2016, S. 20–29 (»Das Märchen eines Sommers«).

38 Di Fabio, a.a.O., 116–121 (Zusammenfassung).

39 Schwabe, Rettungsfahrten im Rechtsnebel, NJW 8/2016 (Editorial).

40 Spiegel online vom 18.4.2016 (»So funktioniert das EU-Türkei-Ab-
kommen«).

41 Florian Rötzer, Visegrád-Staaten wehren sich gegen eine stärkere EU-
Integration, Telepolis vom 27.6.2016.

Teil 9: Das System korrigieren: Direkte Demokratie und ihre Ersatzformen

1 So wirft z. B. Jürgen Rüttgers (Dinosaurier der Demokratie, 1993, 51) demoskopische Befragungen und direktdemokratische Entscheidungsrechte in einen Topf. Ebenso erstaunlicherweise Claus Offe, Vox Populi und Verfassungsökonomik, in: Gerd Grötzinger/Stephan Panther (Hrsg.), Konstitutionelle Politische Ökonomik, 1998, 81 (82 f., 85 f.).

2 Das Grundrecht wird zwar nur Deutschen gewährt. Das Versammlungsgesetz erstreckt das Recht aber auf jedermann.

3 BVerfGE 69, 315 (346).

4 BVerfGE 69, 315 (347) unter Bezug auf Konrad Hesse.

5 BVerfGE 69, 315 (347) unter Bezug auf Thomas Blanke/Dieter Sterzel, Inhalt und Schranken der Demonstrationsfreiheit des Grundgesetzes, Vorgänge 1983, 67 (69).

6 Zusammenfassend Karl-Heinz Reuband, Pegida im Wandel? Soziale Rekrutierung, politisches Selbstverständnis und Parteipräferenzen der Kundgebungsteilnehmer, MIT 2016, 52–69. Vgl. auch Hans Vorländer/ Maik Herold/Steven Schäller, Wer geht zu PEGIDA und warum, Schriften zur Verfassungs- und Demokratieforschung 1/2015, 1 (46): »Deutlich wird in der Abbildung der Ergebnisse zunächst der mit 38,0 Prozent am häufigsten vertretene Realschulabschluss. Ins Auge fällt aber ebenso die mit 28,2 Prozent an zweiter Stelle geführte Gruppe der Akademiker, die einen Hochschul- bzw. Fachhochschulabschluss oder die erfolgreiche Ausbildung an einer Berufsakademie als letzten Bildungsabschluss genannt haben. […] Legt man die Ergebnisse des Mikrozensus 2013 zugrunde, so ist der von uns gemessene Akademiker-Anteil rund doppelt so hoch wie der Anteil der Akademiker an der Bevölkerung der Bundesrepublik mit 14,7 Prozent (bei eingeschränkter Vergleichbarkeit der Daten). Bemerkenswert ist ebenfalls der gesondert ausgewiesene Anteil der Befragten, die einen Meisterabschluss als letzten Bildungsabschluss angegeben haben.« S. 49 f.: »Beim Vergleich der Einkommensverteilung zeigt sich, dass das mittlere Einkommen (Median) in unserer Stichprobe deutlich höher liegt als das mittlere Einkommen bezogen auf ganz Sachsen.«

7 Reuband, 58 f.

8 Reuband, 59 ff.

9 Durchgezählt, Statistik zu Pegida in Dresden: https://durchgezaehlt. org/pegida-dresden-statistik/ [aufgerufen am 14.11.2016].

10 Reuband, 63 ff.

11 Parteienfinanzierungskommission, 1983, 217. Siehe dazu auch Volker Schütte, Ein Bürgerbeitrag gegen Parteienverdrossenheit, ZParl 1994, 262, von Arnim, Das System, 2001, 346 f.

12 BVerfGE 85, 264 (292 f.).

13 Peter C. Dienel, Die Planungszelle, 5. Aufl. 2002.

14 Jo Lenaghan/Anna Coote, Citizens' Juries: Theory into Practice, 1997. Dazu auch https://en.wikipedia.org/wiki/Citizens%27_jury

15 Einen Überblick geben: Hans-Liudger Dienel/ Kerstin Franzl/Raban D. Fuhrmann/Hans J. Lietzmann/Antoine Vergne (Hrsg.), Die Qualität von Bürgerbeteiligungsverfahren. Evaluation und Sicherung von Standards am Beispiel von Planungszellen und Bürgergutachten, 2014. Ferner https://de.wikipedia.org/wiki/Planungszelle

16 David Van Reybouck, in Der Spiegel 47/2016, S. 26. Reybrouck schlägt das Verfahren nach dem Trump-Schock als Instrument vor, Vorschläge für bürgernähere Verfahren der EU zu erarbeiten.

17 Einen Überblick über Entstehen und Vergehen kleinerer Protestparteien gibt Frank Decker, Parteiendemokratie im Wandel, in Frank Decker/Viola Neu (Hrsg.), Handbuch der deutschen Parteien, 2. Aufl., 2013, 21 (29–31).

18 In Thüringen (mit 10,6 Prozent), in Sachsen (9,7 Prozent) und in Brandenburg (12,2 Prozent).

19 In Hamburg im Februar 2015 mit 6,1 Prozent und in Bremen im Mai 2015 mit 5,5 Prozent.

20 Rheinpfalz vom 14.11.2016.

21 Oskar Niedermayer/Jürgen Hofrichter, Die Wählerschaft der AfD: Wer ist sie, woher kommt sie und wie weit rechts steht sie?, ZParl 2016, 267 (276): Die Flüchtlingspolitik war für AfD-Wähler bei den März-Wahlen von 2016 »das mit Abstand wichtigste Thema«.

22 Frank Decker sieht die Gegnerschaft zum Establishment als »Wesenselemente des Populismus«. (Decker, Verspätete Ankunft, Süddeutsche Zeitung, 4.4.2016.)

23 »Programm für Deutschland. Das Grundsatzprogramm der Alternative für Deutschland«, beschlossen auf dem Bundesparteitag am 30. April/1. Mai 2016 in Stuttgart.

24 A.a.O, S. 8: »Es hat sich eine politische Klasse herausgebildet, deren vordringliches Interesse ihrer Macht, ihrem Status und ihrem materiellen Wohlergehen gilt. Es handelt sich um ein politisches Kartell, das die Schalthebel der staatlichen Macht, soweit diese nicht an die EU übertragen worden ist, die gesamte politische Bildung und große Teile der Versorgung der Bevölkerung mit politischen Informationen in Händen hat. Nur das Staatsvolk der Bundesrepublik Deutschland kann diesen illegitimen Zustand beenden.«

25 A.a.O., S. 9.

26 A.a.O., S. 9.

27 Prantl, Der neue Bundespräsident: Gewählt von 62 Millionen?, SZ vom 11./12. 2016, S. 4.

28 AfD-Programm, S. 10 f.
29 A.a.O., S. 11 f.
30 A.a.O., S. 14.
31 A.a.O., S. 12 f.
32 A.a.O., S. 13.
33 A.a.O., S. 13.
34 A.a.O., S. 25.
35 A.a.O., S. 48.
36 A.a.O., S. 13.
37 Rheinpfalz vom 18.4.2016: »Buhrufe und ›Josef, Josef‹-Jubel«.
38 Rheinpfalz vom 4.7.2016, S. 2.
39 Siehe z.B. Der Spiegel 10/2016 (Alternative Lügenpresse), S. 52. Ähnliches passierte vor der Landtagswahl in Mecklenburg-Vorpommern Anfang September 2016 (Der Spiegel 33/2016 [»Werbung aus dem Nichts«], S. 12)
40 von Arnim, Die neue Parteienfinanzierung, DVBl 2002, 1065 (1068) mit der Forderung, die Lücke zu schließen. Siehe auch Rhein-Zeitung vom 4.3.2016 (Anonyme AfD-Werber nutzen Gesetzeslücke).
41 Deshalb sah sich auch Bundestagspräsident Norbert Lammert nicht in der Lage, dagegen vorzugehen: Rheinpfalz vom 25.5.2016 (Lammert: Werbung für AfD stellt keine Spende dar).
42 Otto Kirchheimer, Vom Wandel der politischen Opposition, in: Hans-Gerd Schumann (Hrsg.), Die Rolle der Opposition in der Bundesrepublik Deutschland, 1976, 114 (121–123).
43 Kirchheimer, 122.
44 Siehe Rheinpfalz vom 2.7.2016 (Karin Dauscher: »Fair spielen«).
45 Dazu z. B. Bayerischer Verfassungsgerichtshof, BayVBl 1989, 173.
46 Ernst Gottfried Mahrenholz, Über Quoren in direktdemokratischen Initiativen, in: Tobias Mörschel/Michael Efler (Hrsg.), Direkte Demokratie auf Bundesebene, 2013, 105–111.
47 So zuletzt Bundespräsident Joachim Gauck. Dazu Claudia Kade/Matthias Kamann, AfD und Heiko Maas widersprechen Joachim Gauck, Welt N24 vom 28.11.2016.
48 Dazu von Arnim, Vom schönen Schein der Demokratie, 2000, 290–299; Reiner Eichenberger, Direkte Demokratie ist besser – auch bei Haushaltsentscheidungen, in: Mörschel/Efler (Hrsg.), Direkte Demokratie auf Bundesebene, 2013, 113 (115–122), jeweils mit weiteren Nachweisen.
49 Dazu Otmar Jung, Direkte Demokratie als Gegengewicht gegen Kartelle der herrschenden Klasse, in: Joachim Wieland (Hrsg.), Entscheidungen des Parlaments in eigener Sache, 2011, 81 (100).
50 Bruno S. Frey, Efficiency and Democratic Political Organization. The Case for the Referendum, Journal of Public Policy 1992, 209; ders., Di-

rect Democracy: Politico-Economic Lessons from Swiss Experience, The American Economic Review 1994, 338.

51 Frey, Direct Democracy, 340.

52 Vgl. auch von Arnim/Heiny/Ittner, Politik zwischen Norm und Wirklichkeit, 3. Aufl., 2007, 65–67.

53 Christian Pestalozza, Der Popularvorbehalt. Direkte Demokratie in Deutschland, 1981 (Heft 69 der Schriftenreihe der Juristischen Gesellschaft Berlin).

54 Ernst-Wolfgang Böckenförde, Mittelbare/repräsentative Demokratie als eigentliche Form der Demokratie, Festschrift für Kurt Eichenberger, 1982, 301 (316); ders., Demokratische Willensbildung und Repräsentation, Handbuch des Staatsrechts, Bd. III, 3. Aufl., 2005, § 34 Rn. 3 und 23–25. – Dazu die sorgfältige Analyse der Demokratietheorie Böckenfördes im Hinblick auf Entscheidungen der Politik in eigener Sache durch Otmar Jung, in: Wieland, 92 f.

55 Peter Lerche, Grundfragen repräsentativer und plebiszitärer Demokratie, in: Huber/Mößle/Stock (Hrsg.), Zur Lage der parlamentarischen Demokratie, 1995, 179 (186 f.). – Dazu ebenfalls die Analyse Jungs, 93 f.

56 Klaus Vogel, Das Grundgesetz für die Bundesrepublik Deutschland, Vortrag in der katholischen Akademie in Bayern am 25. September 1992 in München, Typoskript, 18.

57 Paul Kirchhof, Handbuch des Staatsrechts, Bd. XII, 3. Aufl., 2014, § 283 Rn. 118 ff.

58 Zitiert nach Otmar Jung, in: Wieland, 94.

59 Gustav Radbruch, in Anschütz/Thoma (Hrsg.), Handbuch des Deutschen Staatsrechts, Bd. I, 1930, S. 196.

60 Böckenförde, Demokratische Willensbildung und Repräsentation, a.a,O., § 34 Rn. 25.

61 Gerhard Schmid, Diskussionsbeitrag, Veröffentlichungen der Vereinigung Deutscher Staatsrechtslehrer, Bd. 44 (1986), 135; ders., Politische Parteien, Verfassung und Gesetz. Zu den Möglichkeiten und Problemen einer Parteiengesetzgebung in der Schweiz, 1981, 53 ff.

62 Otmar Jung, in: Wieland, 96–99.

63 Einen Überblick über die Praxis in der Schweiz geben: Jung, in: Wieland, 96–99; Martino Caroni, Direkte Demokratie in der Schweiz – eine stetige Herausforderung, in. Österreichische Juristenkommission (Hrsg.), Direkte Demokratie, 2014, 65–76.

64 Jung, in: Wieland, 100. – Jung erkennt aber auch an, dass ohne Volksbegehren Situationen nicht beizukommen ist, in denen »das Parlament angesichts evidenter Missstände ›ein Schweigekartell bildet‹ und kritikwürdige Regelungen einfach fortbestehen lässt«.

65 Decker, Der Irrweg der Volksgesetzgebung, 2016, 162–166.

66 Decker, 166, 175.

67 Decker spricht von Entscheidungen in eigener Sache nur, wenn die Bürger direkte Demokratie »in eigener Sache‹ einsetzen, um Verfahrenserleichterungen herbeizuführen« (Decker, 174). Siehe auch den Klappentext seines Buchs: Das Modell der Volksgesetzgebung blockiere »eine zielführende Debatte um die Einführung von Plebisziten auf Bundesebene«.

68 Decker z. B. 169. Deutlich auch 170: Realisiere man Deckers Vorschläge nicht, »werden die in Art. 20 des Grundgesetzes postulierten Abstimmungen weiter auf sich warten lassen«.

69 Decker, 166, 157.

70 Art. 21 Abs. 3 GG.

71 von Arnim, Die Deutschlandakte, 2008, 15 ff.

72 von Arnim, a.a.O.

73 Heidrun Abromeit, Das Recht der Republik, 1999, 20 f.: Dies wäre ein Weg, »um die Volkssouveränität aus dem Reich demokratietheoretischer Fiktion in den Bereich der Praxisrelevanz zu überführen«.

74 Siehe auch Christian Pestalozza, Der Popularvorbehalt, 1981, 19: »Man sollte vermuten, dass jedenfalls die Länder, die das Volk über die Annahme der Verfassung haben entscheiden lassen, ihm auch die Änderungskompetenz zugestehen.«

75 Peter Preisendorfer/Axel Franzen, Der schöne Schein des Umweltbewusstseins, in: Andreas Dieckmann/Carlo C. Jaeger, Umweltsoziologie, 1996, 219 (234 f.). Weitere Nachweise bei von Arnim, Das System, 2001, 459.

76 John Rawls, Eine Theorie der Gerechtigkeit, 1975, 159–166.

77 Darauf haben die Schweizer Politikökonomen Bruno S. Frey und Gebhard Kirchgässner mit Recht hingewiesen: Frey/Kirchgässner, Diskursethik, Politische Ökonomie und Volksabstimmungen, Analyse und Kritik 1993, 129 ff.

78 Zu diesem Begriff siehe S. 90 f.

79 Vgl. auch Görg Haverkate, Verfassungslehre, 1992, 354 f.

80 Werner J. Patzelt, Welche plebiszitären Instrumente können wir gebrauchen?, Jahrbuch für direkte Demokratie 2009, 63 (97–100); Andreas L. Paulus, Direkte Demokratie wagen, Festschrift für Brun-Otto Bryde zum 70. Geburtstag, 2013, 273 (280–282).

81 Hermann K. Heußner/Arne Pausch, Der Griff nach dem Plebiszit, NVwZ – Extra 10/2014, 1 (7 mit zahlreichen Hinweisen auch aus dem Schweizer Schrifttum).

82 Zeit online vom 5.7.2016 (»Ungarn stimmt im Oktober über EU-Flüchtlingsquoten ab«); Karl Doemens, Referendum in Ungarn spaltet die Koalition, Frankfurter Rundschau vom 5.7.2018.

83 Gesetz zur Änderung des Landeswahlgesetzes vom 23.2.2015, GVBl S. 18.

84 LT-Drs. 17/1745. Die Volksbefragung sollte durch einfaches Gesetz ermöglicht werden. Dagegen bestanden von Anfang an verfassungsrechtliche Bedenken auch deshalb, weil fraglich ist, ob die geplante Regelung in das direktdemokratische System passt, das die Bayerische Verfassung bereits enthält. Die Frage wurde auf Antrag der Fraktion Bündnis 90/Die Grünen und der SPD-Fraktion dem Bayerischen Verfassungsgerichtshof zur Entscheidung vorgelegt.

85 Zum Inhalt des Gesetzentwurfs und zum seinerzeitigen Stand des Gesetzgebungsverfahrens Markus Möstl, Der Streit um Volksbefragungen in Bayern, BayVBl 2015, 217.

86 BayVerfGH, Entscheidung vom 21.11.2016, Vf. 8-VIII-14 und 15. Dazu auch schon Hermann K. Heußner/Arne Pautsch, Der Griff nach dem Plebiszit, NVwZ-Extra 10/2014, 1–8.

87 Wolfgang Wittl, »Damit Ruhe ist. CSU-Chef Horst Seehofer kämpft für Volksentscheide auf Bundesebene – und startet eine Befragung der Parteimitglieder«, Süddeutsche Zeitung vom 11.10.2016, S. 5.

88 Vgl. Art. 1 Abs. 2 GG.

89 von Arnim, Widerstand heute, in: von Arnim (Hrsg.), Widerstand, 2012, 47–56; ders., Über Widerstand, DVBl 2012, 879–884

90 Direkte Demokratie ist auch auf kommunaler Ebene eröffnet. Doch das ist ein eigenes Thema, dem hier nicht nachgegangen wird. – Einen aktuellen Überblick über den Stand der direkten Demokratie in den Ländern und in den Kommunen gibt das Volksentscheidsranking von Mehr Demokratie 2016: https://www.mehr-demokratie.de/fileadmin/pdf/volksentscheids-ranking_2016.pdf

91 Otmar Jung, Direkte Demokratie in den deutschen Bundesländern. Historische Entwicklung – aktuelle Rechtslage – empirische Erfahrungen, in: Österreichische Juristenkommission (Hrsg.), Wien 2014, 21 (34).

92 450 000 Unterschriften, maximal 15 Prozent der Wahlberechtigten.

93 80 000 Unterschriften.

94 Günther Jürgens/Frank Rehmet, Direkte Demokratie in den Bundesländern – Ein Überblick, in: Hermann K. Heußner/Otmar Jung (Hrsg.), Mehr direkte Demokratie wagen, 2. Aufl., 2009, 197 (203), Frank Decker, Der Irrweg der Volksgesetzgebung, 2016, 96 f.

95 BVerfGE 129, 300 (343). Siehe auch S. 193.

96 Nordrhein-Westfalen hat neuerdings aber wieder eine Dreiprozentklausel für Kommunalwahlen eingeführt und sie in die Landesverfassung geschrieben, um die verfassungsgerichtliche Rechtsprechung auszuhebeln.

97 Einen Überblick über die unterschiedlichen Formulierungen in den Landesverfassungen geben Heinrich Lang, Gesetzgebung in eigener Sache,

2007, 424 f., und Christian Pestalozza, Auf gutem Weg: Direkte Demokratie in Berlin, Jahrbuch für direkte Demokratie 2009 (2010), 295 (307 ff.).

98 BVerfGE 40, 296 (327).

99 Sächsischer Verfassungsgerichtshof, Urteil vom 11.7.2002, NVwZ 2003, 472.

100 So zum Beispiel Christian Piwarz (CDU) in der Debatte um das Änderungsgesetz zum Sächsischen Abgeordnetengesetz, Sächsischer Landtag, Protokoll der Plenarsitzung vom 29.4.2015, S. 879 (880): »Ich mache keinen Hehl daraus, dass ich gerne darauf verzichten würde, als nahezu einzige Berufsgruppe in unserem Land über unsere Bezüge selbst entscheiden zu müssen. Die starke und unabhängige Stellung des Mandats aber und die Rechtsprechung des Bundesverfassungsgerichts zwingen uns dazu. Wir stellen uns dieser Aufgabe.«

101 BVerfGE 68, 1 (86). Siehe auch schon BVerfGE 49, 89 (139 f.). Ebenso BVerfGE 95, 1 (15); 98, 218 (251 f.).

102 So auch die Grundannahmen der Wissenschaftsrichtungen der sog. public choice und des sog. rent seeking.

103 So im Ergebnis auch Pestalozza, Der Popularvorbehalt, 1981, 28.

104 Das gilt jedenfalls solange, als die Entschädigung nicht per Automatismus an die Besoldung gekoppelt ist. Zur Verfassungswidrigkeit einer solchen Indexierung siehe S. 112, 116 f.

105 BVerfGE 40, 296 (316); 76, 256 (341–343).

106 Für Thüringen: Stefan Storr, Staats- und Verfassungsrecht, 1998, Rn. 963; für Nordrhein-Westfalen: Menzel, in: Löwer/Tettinger, Verfassung Nordrhein-Westfalen, 2002, Art. 50 [in dem die Abgeordnetenentschädigung geregelt ist], Rn. 18 mit weiteren Nachweisen:»Gesetzgeber ist auch der Volksgesetzgeber gemäß Art. 68 NWVerf« [in welchem die Volksgesetzgebung geregelt ist]. Deshalb konnte auch der Bund der Steuerzahler 1978 erfolgreich mit einem Volksbegehren drohen und dadurch den Landtag von überzogenen Diätenbeschlüssen abbringen (von Arnim, Die Selbstbediener, 2. Aufl., Juni 2013, 130; FAZ vom 18.5.1975, S. 4). Das nordrhein-westfälische Innenministerium hatte damals die Zulässigkeit eines Volksbegehrens bei der Abgeordnetenentschädigung geprüft und bejaht.

107 So zum Beispiel Christian Starck, Die Verfassungen der neuen deutschen Länder, 1994, 29 f.; Manfred Baldus, in: Joachim Linck u.a.(Hrsg.), Die Verfassung des Freistaats Thüringen, Handkommentar, 2013, Art. 82, Rn. 19.

108 Für Bayern: BayVerfGH, VerfGHE 58, 113. In dieser Entscheidung ging das Gericht als selbstverständlich davon aus, dass Volksbegehren und Volksentscheid nicht an Art. 73 BV, wonach über den Haushalt kein Volksentscheid stattfindet, scheitern würden. Auch der Sächsische

Verfassungsgerichtshof geht ganz generell von einer ausgesprochen restriktiven Auslegung der Finanzvorbehalte aus: Sächsischer Verfassungsgerichtshof, a.a.O.

109 Dieter Birk/Rainer Wernsmann, Volksgesetzgebung über Finanzen, DVBl 2000, 669 (671); Dieter Birk, Volksinitiative und Abgeordnetengesetz, 2000, 10 f.; Klaus David, Verfassung der Freien und Hansestadt Hamburg, 2. Aufl., 2004, Art. 50, Rn. 52. So im Ergebnis auch Theodor Meder, Die Verfassung des Freistaats Bayern, 4. Aufl., 1992, Art. 73, Rn. 1.

110 Andreas Gross, Die unvollendete Demokratie, 2015, 246 ff.; Nadja Braun Binder/Hermann K. Heußner/Theo Schiller, Offenlegungsbestimmungen, Spenden- und Ausgabenbegrenzungen in der direkten Demokratie. Gutachten im Auftrag der Friedrich-Ebert-Stiftung, 2014, 65–72.

111 BayVerfGH, 17.9.1999, VerfGHE 52, 104, juris Rn. 103.

112 Hamburgisches Verfassungsgericht, Urteil vom 13.10.2016, HVerfG 2/16, Umdruck, S. 44, 51 f. – Dabei ging es um eine von Mehr Demokratie initiierte umfassende Reform der Hamburger Verfassung. In seiner Entscheidung überdehnt das Gericht den änderungsfesten Kern der Verfassung auch sonst in grotesker Weise und sucht so direktdemokratischen Reformen einen Riegel vorzuschieben.

113 Decker, Der Irrweg der Volksgesetzgebung, 2016, 155 ff.

114 Jung, in: Wieland, 112. Im Übrigen wäre, wie Jung fortfährt, ein Übergang zum Schweizer Konkordanzsystem »ja auch nicht das Schlechteste«. Vgl. auch Jung, Direkte Demokratie als Herausforderung der Repräsentativen Demokratie: Eine Auseinandersetzung mit Werner J. Patzelt, German Studies Review 2002, 285 (299): »Es geht um ›das Geheimnis der Dosis‹.« So auch Hermann K. Heußner, Zur Integration von Volksgesetzgebung in das politische System Deutschlands, in: Mörschel/Efler, 21 (36–38).

115 Art. 11 Absatz 4 EUV, Art. 24 AEUV.

116 Zu entsprechenden Ansätzen siehe von Arnim, Das Europa-Komplott, 2006, 82–95; Martin Morlok/Utz Schliesky/Dieter Wiefelspütz, Zukünftige Weiterentwicklung des Parlamentarismus, in: Dies. (Hrsg.), Parlamentsrecht, 2016, § 51 Rn. 125.

117 Näheres bei von Arnim, Das Europa-Komplott, 2006, 89.

118 Siehe von Arnim, a.a.O., 90.

119 von Arnim, a.a.O., 92.

Teil 10: Die fatale Rolle der Wissenschaft

1 Eine typisierende Betrachtung läuft allerdings leicht Gefahr, denjenigen Politikwissenschaftlern Unrecht zu tun, die in fruchtbarer Weise Wertungen einbeziehen und so gegen den Strom der Disziplin angehen. Genannt seien beispielsweise Fritz Scharpf, seit: Demokratie zwischen Utopie und Anpassung, 1970; Otmar Jung und seine bahnbrechenden Analysen zur direkten Demokratie (Jung, z.B. Direkte Demokratie in der Weimarer Republik, 1989; ders., Plebiszit und Diktatur: die Volksabstimmungen der Nationalsozialisten, 1995); Peter Graf Kielmansegg, Braucht die Demokratie Parteien?, in: Ders., Die Grammatik der Freiheit, 2013, 71–100; Sebastian Wolf, z.B. Wolf/Graeff (eds.), Ethical Challenges of Corrupt Practices, 2016.

2 Statt vieler Karl-Dieter Opp, Methodologie der Sozialwissenschaften, 6. Aufl., 2005, 223 ff. Vgl. aber etwa die Kritik von Christine Landfried (Parteifinanzen und politische Macht, 1990, 100 ff.) und Suzanne S. Schüttemeyer (Fraktionen im Deutschen Bundestag, 1998, 57 f.) an der öffentlichkeitsscheuen Bewilligung von Fraktionsmitteln bloß im Haushaltsplan.

3 Opp, 243 ff.; Werner Patzelt, Einführung in die Politikwissenschaft, 5. Aufl., 2003, 97 f., 197, 523.

4 So aber anscheinend Katz/Mair, Cartel Party, Party Politics 1995, 5 (21): »The rise of the cartel party as an empirical phenomenon is also associated with a revision of the normative model of democracy«, in which »the essence of democracy lies in the ability of voters to choose from a fixed menu of political parties« (S. 21), and »parties are partnerships of professionals, not associations of, or for, the citizens« (S. 22). Neuerdings bezeichnen sie die von ihnen diagnostizierte Entwicklung allerdings als »undemokratisch« (siehe S. 268 ff.).

5 Peter Graf Kielmansegg, Über Wilhelm Hennis, in: Jesse/Liebold (Hrsg.), 2014, 331 (334): »Das moderne Wissenschaftsverständnis, für das die Physik als Muster einer auf Erklärung durch Gesetzmäßigkeiten zielenden Wirklichkeitswissenschaft das Modell ist, lässt keinen Raum mehr für Sollensfragen.« Kielmansegg ist selbst Politikwissenschaftler.

6 Renate Mayntz: Über Governance, 2009, 31, am Beispiel der politikwissenschaftlichen Steuerungstheorie.

7 Verräterisch z. B. die positive Hervorhebung von Politikwissenschaftlern und Staatsrechtslehrern, »die sich als loyale Gehilfen des demokratischen Verfassungsstaats betrachten«, durch Franz Josef Strauß: Impulse für die Praxis, in: Hanns-Seidel-Stiftung, Eröffnung Wildbad Kreuth, o. J., S. 9 (12). – Siehe auch die Auflistung der beruflichen Stellen, die für Politikwissenschaftler in Betracht kommen bei Werner Pat-

zelt, Einführung in die Politikwissenschaft, 5. Aufl., 2003, 493–495: z.B. Tätigkeiten im Bereich der politischen Bildung, als Assistent von Abgeordneten oder Fraktionen, in den wissenschaftlichen Diensten von Parlamenten oder die Laufbahn als Berufspolitiker. Diese Positionen werden fast alle von den politischen Parteien dominiert. Da wäre eine kritische Haltung gegenüber etablierten Parteien eher hinderlich.

8 So mit großer Entschiedenheit auch Colin Crouch: Postdemokratie, 2008, S. 9 f.

9 Klaus von Beyme, Die politische Klasse im Parteienstaat, 2. unveränderte Aufl., 1995, 194: Auswüchse des Parteienstaates seien »relativ leicht unter Kontrolle zu bringen«. Dazu von Arnim, Fetter Bauch regiert nicht gern. Die politische Klasse – selbstbezogen und abgehoben, 1997, 424 f.

10 Katz/Mair, Party Politics 1995, 21.

11 Borchert, Die Professionalisierung der Politik, 44.

12 Heidrun Abromeit: Gesellschaften ohne Alternative, in: Jens Sambale/ Volker Eick/Heike Walk (Hrsg.): Das Elend der Universitäten, Münster 2008, 57 (58). Siehe auch Renate Mayntz, a.a.O.

13 Greven, »Politik« als Problemlösung und als vernachlässigte Problemursache. Anmerkungen zum Verhältnis zwischen der *policy*-Forschung und einem veränderten Reformverständnis in Gesellschaft und Politikwissenschaft, in: Klaus Dieter Wolf (Hrsg.), Staat und Gesellschaft – fähig zur Reform, 2007, 329 (337). Kursivsetzung im Original.

14 Pinto-Duschinsky, The Party Foundations and Political Finance in Germany, in: F. Leslie Seidle (ed.), Comparative Issues in Party and Election Finance, 1991, 179 (215). Übersetzung ins Deutsche vom Verfasser.

15 Erwin K. Scheuch in einem Brief an den Politikwissenschaftler Klaus von Beyme, zitiert nach Ute Scheuch, Bd. 3, 2015, 363.

16 So treffend wieder Renate Mayntz, Über Governance, 2009, 36.

17 Auch hier bittet der Verfasser um Nachsicht gegenüber den Kollegen, die dem kritisierten Mainstream gerade nicht folgen.

18 Gunnar Folke Schuppert: Veröffentlichungen der Vereinigung der Deutschen Staatsrechtslehrer (VVDStRL), Bd. 60 (2001), S. 115 (Diskussionsbeitrag).

19 Dazu die Kritik von Arnims auf der Freiburger Staatsrechtslehrertagung 2007: VVdStRL 67, 99–101 (Diskussionsbeitrag).

20 Zum Beispiel das letzte Fernsehurteil des Bundesverfassungsgerichts: BVerfGE 136, 9. Siehe S. 72 ff.

21 Siehe die Kieler Staatsrechtslehrertagung im Oktober 2012 mit Referaten von Markus Möstl und Margarete Schuler-Harms zum Thema »Elemente direkter Demokratie als Entwicklungsperspektive«, VVdStRL 72, 355 ff. und 417 ff. – Kritik von Arnims, ebenda, 474 f. (Diskussionsbeitrag).

22 So auch der Hinweis von Hans Christian Röhl (Öffnung der Methode durch Internationalität und Interdisziplinarität, Erscheinungsformen, Chancen, Grenzen, VVdStRL 74, S. 7 [29 f.]), der das aber als ständiges »Mantra der Wissenschaftspolitik« abwertet: Die These, »wissenschaftlicher Fortschritt spiele sich vor allem an den Randbereichen, zwischen den Disziplinen ab [sei] nicht unumstritten«, sondern beruhe auf politischer Setzung.

23 VVDStRL 67, 7 ff. und 57 ff.

24 von Arnim, VVDStRL 67, 99–101 (Diskussionsbeitrag). Dazu die ausweichende Antwort von Volkmann, 122: Es sei ihm um die Frage gegangen, wie »denn nun die Verfassung in der politischen Wirklichkeit« wirke, und dazu sage die Politikwissenschaft nichts Wesentliches.

25 Becker/Zimmerling: Einleitung zu dies. (Hrsg.): Politik und Recht, Wiesbaden 2006, 9 (10).

26 Ingeborg Maus, Über Volkssouveränität. Elemente einer Demokratietheorie, 2011, 357 f. – Auch hier sei aber nicht verkannt, dass manche Politikwissenschaftler in ihre Arbeiten rechtswissenschaftliche Erkenntnisse einbeziehen, z. B. Otmar Jung, Frank Decker und Sebastian Wolf (siehe auch S. 339 ff.).

27 Jörn Ipsen (Hrsg.), Parteiengesetz, 2010; Jens Kersten/Stephan Rixen (Hrsg.), Parteiengesetz und europäisches Parteienrecht, Kommentar, 2009; Sophie Charlotte Lenski, Parteiengesetz und Recht der Kandidatenaufstellung, Handkommentar, 2011. Siehe auch schon Martin Morlok, Kommentar zum Gesetz über die politischen Parteien, in: Das Deutsche Bundesrecht (Loseblatt), Lieferung Oktober 2007.

28 Art. 21 Abs. 3 GG.

29 Ausnahmen sind – neben den eigenen Publikationen – vor allem Arbeiten von Hans Meyer und Martin Morlok aus der Mitte der Neunzigerjahre, die Habilitationsschrift von Sven Hölscheidt, Das Recht der Parlamentsfraktionen, 2001, die Kommentierung der §§ 45–54 in Braun/Jantsch/Klante, Abgeordnetengesetz, 2002, und neuerdings in Morlok/Schließky/Wiefelspütz (Hrsg.), Parlamentsrecht, 2015; Austermann/Schmahl (Hrsg.), Abgeordnetengesetz, 2016 [zu diesen drei Kommentierungen siehe S. 213 ff.] sowie die Kommentierung des Art. 38 durch Martin Morlok, in: Horst Dreier (Hrsg.), Grundgesetz-Kommentar, Band II, 2006, Art. 38, Rn. 171–188.

30 Andreas Suchanek würde das wahrscheinlich den »nominalistischen Fehlschluss« der Staatsrechtslehre nennen, den er dem »naturalistischen Fehlschluss« mancher Sozialwissenschaftler gegenüberstellt: Suchanek, Erfolgreiche Therapie ohne gute Diagnose?, Zum Zusammenhang zwischen normativer und positiver Analyse in der Ökonomik, in: Martin

Held (Hrsg.), Normative Grundfragen der Ökonomik. Folgen für die Theoriebildung, 1997, 189 (192 f.).

31 Siehe S. 268 ff. und S. 272. Z.B. auch Thomas Poguntke, Parties in a Legalistic Culture: The Case of Germany, 191 ff. Ebenso z.B. Peter Mair, Party System Change, 1997, Kap. 6 (S. 120 ff.).

32 Zum Beispiel von Arnim, Parteipolitische Ämterpatronage, 1980; ders., Parteienfinanzierung, 1982, 25 ff.; ders., Staatliche Fraktionsfinanzierung ohne Kontrolle?, 1987, 14 ff.; ders., Die Partei, der Abgeordnete und das Geld, 1991, 88 ff., 100 ff., 120 ff.; ders., Die finanziellen Privilegien von Ministern in Deutschland, 1992.

33 Siehe z.B. Susan E. Scarrow, Party Decline in the Parties State? The Changing Environment of German Politics, in: Paul Webb/David Farrell/Ian Holliday (eds.), Political Parties in Advanced Industrial Democracies, 2002, 77 (89): Angaben nur bis 1991.

34 Richard von Weizsäcker, Krise und Chance unserer Parteiendemokratie, Aus Politik und Zeitgeschichte B 42/1982, 3; von Arnim, Der Staat als Beute, 1993.

35 Anders aber – neben dem Verfasser – ausdrücklich Martin Morlok, Für eine zweite Generation des Parteienrechts, in Tsatsos (Hrsg.), 30 Jahre Parteiengesetz in Deutschland, 2002, 53–71. Siehe auch schon die Kritik am Parteienstaat durch Klaus Schlaich, Christian Pestalozza und Dieter Grimm und das Erwägen plebiszitärer Gegengewichte: VVdStRL 44 (1986), 121–126. – Einschlägige neueste Kommentierungen des Parlaments- und Parteienrechts gehen dagegen über viele Probleme hinweg (siehe S. 213 ff.).

Register

446 Anhang